守望者

——

到灯塔去

# 莎士比亚
## 欲望之火

Shakespeare
René Girard
Les feux de l'envie

[法]勒内·基拉尔 著
唐建清 译

南京大学出版社

Shakespeare: Les feux de l'envie

# 目 录

导　论 / 1

第一章　爱情是喜欢听人恭维的
　　　　——《维洛那二绅士》中的凡伦丁与普洛丢斯 / 1

第二章　艳羡这一宗异宝奇珍
　　　　——《鲁克丽丝受辱记》中的柯拉廷与塔昆 / 22

第三章　真爱的进程
　　　　——《仲夏夜之梦》中的四位恋人 / 34

第四章　啊，你教我怎样流转眼波
　　　　——《仲夏夜之梦》中的海丽娜与赫米娅 / 50

第五章　他们心灵上都起了变化
　　　　——《仲夏夜之梦》中神话的产生 / 67

第六章　不是幻想中的景象
　　　　——《仲夏夜之梦》中的工匠 / 78

第七章　这些事似乎是真情实况
　　　　——《仲夏夜之梦》中的忒修斯与希波吕忒 / 91

第八章　选择爱人要依赖他人的眼光
　　——《仲夏夜之梦》中的摹仿性双关语 / 99

第九章　传闻之爱
　　——《无事生非》中的摹仿性策略 / 110

第十章　因为我爱他,所以你也要爱他!
　　——《皆大欢喜》中的田园风格 / 128

第十一章　叫她得意是你的恭维,不是她的镜子
　　——《皆大欢喜》中的自爱 / 140

第十二章　唉,冷然的神态多么美丽
　　——《第十二夜》中的自爱 / 148

第十三章　现在已经不像原来那么甜蜜了
　　——《第十二夜》中的奥西诺与奥丽维娅 / 157

第十四章　快活的希腊人中间伤心的克瑞西达
　　——《特洛伊罗斯与克瑞西达》中的恋情 / 170

第十五章　好色和战争
　　——颠覆中世纪的特洛伊罗斯与克瑞西达 / 193

第十六章　这些人的态度
　　——《特洛伊罗斯与克瑞西达》中的权力游戏 / 202

第十七章　啊,潘达洛斯
　　——《特洛伊罗斯与克瑞西达》和普遍的中间人 / 220

第十八章　苍白无力的竞争
　　——《特洛伊罗斯与克瑞西达》中的等级危机 / 232

# 目 录

第十九章　对你而言你父亲应当是一尊神明
　　——《仲夏夜之梦》中的等级危机 / 243

第二十章　对立混杂
　　——《雅典的泰门》及其他戏剧中的等级危机 / 253

第二十一章　啊,阴谋!
　　——《裘力斯·凯撒》中的摹仿性诱惑 / 271

第二十二章　残暴惨酷的内乱
　　——《裘力斯·凯撒》中暴力的极化 / 283

第二十三章　伟大的罗马将吸取复活的血液
　　——《裘力斯·凯撒》中的创始谋杀 / 293

第二十四章　让我们做献祭的人,别做屠夫,卡厄斯
　　——《裘力斯·凯撒》中的献祭 / 308

第二十五章　让我们把他当作一盘祭神的供品而切割
　　——《裘力斯·凯撒》中的献祭周期 / 324

第二十六章　世界之狼和世界猎物
　　——《特洛伊罗斯与克瑞西达》中的创始谋杀 / 334

第二十七章　好迫克!
　　——《仲夏夜之梦》中的献祭性解决 / 345

第二十八章　诱捕最聪明的人
　　——《威尼斯商人》和《理查三世》中献祭的矛盾
　　心理 / 358

3

第二十九章　你相信自己的见解吗？
　　——詹姆斯·乔伊斯的莎士比亚的"法国式的三角关系"/ 378

第三十章　哈姆莱特无聊的复仇
　　——《哈姆莱特》中的复仇 / 401

第三十一章　难道我们要把圣殿拆毁？
　　——《奥瑟罗》及其他戏剧中的欲望与死亡 / 429

第三十二章　你所以爱她,因为晓得我爱她
　　——十四行诗中的修辞手法 / 440

第三十三章　诱导您作恶一样
　　——《冬天的故事》(第一幕第二场) / 457

第三十四章　你能和伪妄合作！
　　——《冬天的故事》中的嫉妒 / 466

第三十五章　既不是恶意也不是事件
　　——《冬天的故事》中的原罪 / 476

第三十六章　向您的影子贡献我的真情
　　——《冬天的故事》(第五幕第一、二场) / 486

第三十七章　那石头不在责备我比它心肠更硬吗？
　　——《冬天的故事》(第五幕第三场) / 498

第三十八章　他们就会像猫儿舔牛奶似的
　　——《暴风雨》中的自嘲 / 513

# 导　论

图书馆书架上已有几千本有关莎士比亚的书，任何想要再写一本的人应该有个充满歉意的开场白。我的借口和往常一样：对这个主题怀有无法抑制的爱。然而，如果我声称这种爱就像伊曼努尔·康德在其美学著作中所建议的那样是无偿的、没有实质意义的，那我就是虚伪的。

我论述莎士比亚的著作与我写过的每一篇文字都密不可分，首先是一篇关于五位欧洲小说家①的文章。我平等和公正地喜爱这些作家，庆幸自己对文学时尚一无所知，这种时尚专横地要求批评家们去寻找那些让他们所选择的作家显得绝对"异常""独特""出类拔萃"和"无与伦比"——换句话说，与其他作家截然不同——的东西，我打赌我的五位小说家可能有共同之处。当然，这是一个令人震惊的想法，但至少在我看来，这笔赌注得到了回报：我发现了一样东西，我称之为"摹仿的欲望"（mimetic desire）②。

当我们想到摹仿可能扮演某种角色这一现象时，我们会列举出诸如衣着、举止、面部表情、言语、舞台表演、艺术创作等，但我

---

① "五位欧洲小说家"指塞万提斯、司汤达、福楼拜、普鲁斯特和陀思妥耶夫斯基，参见其著作《浪漫的谎言与小说的真实》。——译注
② 本书中 mimetic、mimesis 均译为"摹仿"，imitation 译为"模仿"。——译注

们从未想到欲望。因此，我们把社会生活中的摹仿看作这样一种力量，通过对某些社会模式（model）①的大量复制而形成合群和从众行为（conformity）。

如果摹仿也在欲望中发挥作用，如果它污染了我们获取和拥有的欲望，那么这种传统观点虽然并非完全错误，却忽略了要点。摹仿不仅将人们聚集起来，也将人们分开。吊诡的是，它可以同时做这两件事。渴望同样东西的人被某种强大的力量集结在一起，只要他们能分享他们想要的东西，他们就是最好的朋友；一旦不能，他们就变成了最坏的敌人。

这种和谐与悖谬之间完美的连续性（continuity）对莎士比亚和古希腊悲剧诗人一样至关重要，也是诗性悖论的丰富源泉。如果剧作家和小说家的创作要比稍纵即逝的时尚更持久，他们必须发现人类冲突的基本根源——**摹仿性竞争**（mimetic rivalry）——而且必须独自去发现，不能向哲学家、道德家、历史学家或心理学家求助，因为他们对这个问题总是保持沉默。

莎士比亚发现这一真相的时间如此之早，以至一开始他对待真相的方式显得幼稚，甚至带有讽刺意味。在年轻时期的作品《鲁克丽丝受辱记》中，那位潜在的强奸犯，不像罗马历史学家李维（Livy）笔下的塔昆，决定强奸一个他从未谋面的女人；他完全被她丈夫对她美貌的过分夸赞所吸引。我怀疑莎士比亚是在发现摹仿欲望之后才写出这一场景的。他是如此兴奋，如此渴望强调它的基础性悖论（constitutive paradox），他就创造了这个完全不可思议但又有点让人不安的怪物，一个盲目的强奸犯，就像我

---

① model 是本书中的一个重要概念，视上下文分别译为"模式""模型""模范""榜样"等。——译注

们说的"盲目的相亲"(blind date)。

现代批评家很不喜欢这篇诗歌。而对莎士比亚来说,他很快意识到,在公众面前挥舞摹仿欲望这面旗帜并不是通向成功之路(我想,我自己也从来没有学会成功)。不久,莎士比亚在处理欲望的过程中变得老练、含蓄和复杂,但他始终关注,甚至痴迷于摹仿。

莎士比亚可以像我们中的有些人一样清楚地表达摹仿欲望,并有自己的词汇,与我们的词汇相近,让我们可以立即识别。他说过"暗示的欲望""暗示""妒忌的欲望""仿效的欲望",等等。但基本用词是"嫉妒"(envy)①,单独使用或组合使用,如"嫉妒性欲望"(envious desire)或"嫉妒性仿效"(envious emulation)。

如同摹仿欲望,嫉妒即对某人拥有的某物有欲望。嫉妒觊觎的不是某人或某物独有的优越存在,而是这种存在归两者的结合所有。嫉妒不由自主地证明了嫉妒者的存在缺失及羞愧感,尤其是在文艺复兴时期形而上学的骄傲登上王位之后。这就是为什么嫉妒是最难承认的罪。

我们经常吹嘘说没有什么话能让我们丢脸,但是"嫉妒"呢?我们对禁忌的贪得无厌的欲望莫过于嫉妒。原始文化对嫉妒极为惧怕并大力压制,以至均无表述嫉妒的言语;我们很难使用我们现有的词汇,这一事实肯定很重要。我们不再禁止许多会产生嫉妒的行为,而是默默地排斥任何能让我们想起嫉妒的东西。我们被告知,精神现象的重要性与它们对披露心迹产生的阻力成正比。如果我们将这一标准应用于嫉妒以及精神分析所定义的压抑,那么在这两种现象中,哪一种更有可能成为保守得最好的

---

① 英语 envy 有"羡慕""嫉妒"之意。——译注

秘密？

谁知道摹仿欲望在学术界赢得的小小成功，是否部分原因在于它能够作为一种面具，一种对嫉妒的替代，而不是一种对莎士比亚所谓嫉妒的直接揭示？为了避免所有的误解，我选择了这个传统的词作为本书的题目，这个充满挑衅的词，严厉的和不受欢迎的词，也是莎士比亚本人使用的词——嫉妒。①

这是否意味着摹仿欲望不再有合法的用途？不完全这样。所有的嫉妒都是摹仿性的，但不是所有的摹仿欲望都是嫉妒性的。嫉妒暗示着一种单一的静态现象，而不是莎士比亚笔下冲突性模仿所形成的惊人的形式模型（matrix of forms）。

那些反对摹仿欲望的人，认为这是一种贫乏的文学还原论（reductionism），他们把模仿欲望与一组产生有限内容的有限概念相混淆。为了回答这个问题，莎士比亚本人选择了希腊变形神普洛透斯（Proteus）的名字来称呼他在《维洛那二绅士》中塑造的一个摹仿欲望拟人化的角色②。这部早期的戏剧没有成功地发展出这个名字的全部含义，但从《仲夏夜之梦》开始，摹仿欲望的"多变"（protean）性质在其喜剧杰作中变得明显了。

我的这项研究的目的是要表明，一个批评家对"模仿"理解得越充分，他对莎士比亚的忠诚度越高。毫无疑问，对大多数人来说，这种实践批评与理论批评的调和似乎是不可能的。本书旨在证明他们是错的。就莎士比亚而言，并非所有的理论都是平等适用的：他的创作遵循我所说的同样的摹仿原则，而且明确地遵循这些原则。

---

① 本文最初以英文写成，书名为 *A Theater of Envy：William Shakespeare*。——译注
② 即《维洛那二绅士》中的普洛丢斯。——译注

莎士比亚经常在他的喜剧中对摹仿欲望下定义:他称其为"爱取决于朋友的选择""选择爱人要依赖他人的眼光""传闻之爱"。他有自己独特的理论化的摹仿风格:谨慎,有时甚至隐秘——他从来没有忘记,摹仿的真相是不受欢迎的——但一旦我们拥有了打开这一领域所有门锁的钥匙,这一风格就会非常明显和具有喜剧性。这把钥匙不是老派的"摹仿性现实主义",这种被认为是独立的艺术摹仿,揭除了冲突的刺。而甚至莎士比亚的艺术也属于各种有毒的模仿。

目前使用的"阐释"(interpretation)一词并不适用于我的工作。我的研究更基本一些。我读到的这些文本此前从未被作为戏剧文学的重要主题来阅读:欲望、冲突、暴力、献祭。

这一研究的乐趣源于新摹仿方式(neomimetic approach)所允许的重复的文本发现。莎士比亚比我们意识到的更有喜剧性,他以一种尖锐的讽刺甚至愤世嫉俗的方式,比我们想象的更接近当代的态度。认为他的意图无法复原,这是一个误解。自从新批评派出现以来,阐述者一直认为诗人的意图是难以理解的,甚至是无关紧要的。就戏剧而言,这是灾难性的。一个喜剧作家心中有喜剧效果,除非我们理解这种效果,否则我们无法有效地将它搬上舞台。

这种摹仿方式解决了许多所谓的问题剧的"问题"。它赋予了许多剧本新的阐释,如《仲夏夜之梦》《无事生非》《裘力斯·凯撒》《威尼斯商人》《第十二夜》《特洛伊罗斯与克瑞西达》《哈姆莱特》《李尔王》《冬天的故事》及《暴风雨》。它揭示了莎士比亚戏剧的戏剧统一性(dramatic unity)及其主题连续性(thematic continuity)。它表明了他个人观点的巨大变化,他所有作品的历史也指向他自己的历史。最重要的是，摹仿方式揭示了一个原创的思想家比他的时代早了几个世纪，比我们所谓的思想大师更现代。

莎士比亚指出了一种力量，这种力量周期性地破坏文化的差异系统，并回到所谓的摹仿危机，他称之为等级危机（crisis of Degree）。他在寻找替罪羊（如裘力斯·凯撒）的集体暴力（collective violence）中看到了解决之道。一个文化周期的终结是另一个文化周期的开端。正是一致的受害者时代将摹仿性竞争的破坏性力量转变为献祭性摹仿（sacrificial mimesis）的建设性力量，周期性地重演最初的暴力（original violence），以防止危机的再次发生。

作为一名戏剧战略家，莎士比亚故意利用替罪羊的力量。在他职业生涯的大部分时间里，他把两部戏剧合而为一，刻意引导不同的观众群体对同一部戏剧有两种不同的解读：为大厅观众提供一种献祭性说明，这在大多数现代阐释中得以延续；为那些包厢观众提供一种非献祭性的摹仿性说明。

我在结构上力求统一，但按时间顺序的戏剧研究与摹仿过程的逻辑展开并不总是一致的，尽管摹仿过程也是一个时间过程。这两者的结合在喜剧中收到了相当好的效果，但在《特洛伊罗斯与克瑞西达》之后，由于需要逻辑的展开，我偶尔不得不在不同时期的戏剧之间来回切换。我希望可以不必这么做。

改动时间顺序并不是我最大的罪过。在本书四分之三的地方，我插入了一个关于乔伊斯《尤利西斯》的章节，更准确地说，是斯蒂芬·代达勒斯关于莎士比亚的演讲，但它代表了对莎士比亚作品的第一次摹仿性解读，是我在本书中提出的许多想法的一个令人眼花缭乱的浓缩。

乔伊斯的文本有个非同寻常的性质：它巧妙地让那些庸俗的人误读自己，而这种误读在文学界仍然占据着至高无上的地位。乔伊斯通过一种戏剧性的矛盾心理，不怀好意地策划了这场游戏，这种矛盾心理似乎是模仿莎士比亚的。所有乔伊斯认为不懂得他的作品的未来读者都被巧妙地误导，走上了斯蒂芬的敌意听众的道路；他们最终"牺牲"了演讲者和他的演讲。

乔伊斯是如此强大的盟友，支持着我标新立异的论点，以至我无法抗拒把一章给了他。但我该把它放在何处呢？为了卓有成效，斯蒂芬被误解的霹雳极其需要我煞费苦心的分析来澄清它的优点。因为乔伊斯非常优越，我只得把他放在比较靠后的章节。但我不想把他放在最后，以作为一种结论。我不想给人留下这个印象：我同意他对莎士比亚所说的一切。他的极度傲慢正是将莎士比亚这位"高贵的吟游诗人"(noble bard)从几个世纪的人文主义的虔诚和审美泥潭中拯救出来所需要的，但在我看来，乔伊斯并没有看到最后几部剧作中有什么特别重要的东西。莎士比亚最后的几部剧作引入了一种全新的东西，一种更人道甚至更宗教的东西，而乔伊斯在其他地方如此敏锐，却完全看不见这种东西。

我最终决定在讨论我和他意见一致的许多剧本与我们意见不一的少数几个剧本中间插入乔伊斯。但这个打断我的剧本分析的解决方案并不真正令人满意。

另一个问题是要选择最能阐明我的观点的剧本和具体场景。这是一种富有的尴尬。我选择的文本不一定是最丰富的，但对我的目的来说是最直接的。通常,它们是所要说明的任何摹仿格局的第一次戏剧化。这种选择模式解释了为什么我很少提及或根本没有提及的戏剧,往往出现在作者培养它们所属的特定类型的那个时期的末尾,如喜剧《一报还一报》和《终成眷属》,悲剧《麦克白》和《安东尼和克莉奥佩特拉》。传奇剧的情况则相反——基本不提《泰尔亲王佩力克里斯》,很少论及《辛白林》,长篇大论《冬天的故事》,适当讨论《暴风雨》。

历史剧几乎完全缺席。我知道历史剧中有很多摹仿性材料,尤其是《亨利四世下篇》,然而,就我最感兴趣的方面来说,它们是相当贫乏的作品,不能与大多数喜剧和悲剧相比。

诚然,本书的研究缺乏平衡感。许多剧作得到了讨论,最后只剩下少数几部付之阙如,它们的缺席似乎是没有道理的。我并非出于理论或美学的缘故而有意将这些剧作排除在外。"传奇剧"《罗密欧与朱丽叶》充满了摹仿性讽刺,但我有关这个剧本的文章写得太长了,不适合这本已够冗长的书,所以我决定不收录进来。

这本书的瑕疵都归咎于我。我希望我的读者能够分清麦粒和谷壳,或至少想象出一幅模糊的画面,那就是同一个项目如果能更接近完美地实现,可能会取得怎样的成就。

第一章

# 爱情是喜欢听人恭维的

## ——《维洛那二绅士》中的凡伦丁与普洛丢斯

在维洛那,凡伦丁和普洛丢斯自小就是朋友,他们两人的父亲想送他们去米兰接受教育。因为普洛丢斯爱上了一个名叫朱利娅的女孩,他拒绝离开维洛那;凡伦丁独自去了米兰。

然而,尽管有朱利娅的爱,但普洛丢斯非常想念凡伦丁,过了些日子,他也去了米兰。两个朋友在公爵府相聚;公爵的女儿西尔维娅也在场,凡伦丁将普洛丢斯介绍给她。她离去后,凡伦丁宣称他爱上了她,他夸张的激情惹怒了普洛丢斯。然而,一旦独自在场,普洛丢斯也有自己的隐情要宣布——他不再爱朱利娅,他也爱上了西尔维娅:

> 正像一阵更大的热焰压住原来的热焰,
> 一枚大钉敲落了小钉;
> 我旧日的恋情,
> 也因有了一个新的对象而完全冷淡了。

（第二幕第四场：192—195）①

如果有"一见钟情"，我们觉得这就是了，但普洛丢斯并不很确定。在关键的几行诗句中，他提出了不同的解释：

是我的眼睛在作祟？
是凡伦丁把她说得天花乱坠？
还是她真正的完美使我心醉？
或是见异思迁的罪恶让我失去了理智？（196—198）

整部喜剧很大程度上证实了凡伦丁在普洛丢斯突然对西尔维娅产生激情的过程中所起的关键作用。根据我们的浪漫主义和个人主义的意识形态，像这样一种借来的感情是不够真诚，也不够强烈。但在莎士比亚，这不是事实：普洛丢斯的欲望是如此强烈，如果瓦凡伦丁没有在危急时刻解救西尔维娅，他甚至会强暴她。

这就是摹仿性或中介性(mediated)欲望。凡伦丁是其模型(model)或中介者(mediator)；普洛丢斯是它的中介主体，西尔维娅则是他们共同的客体。摹仿欲望能以闪电般的速度进行攻击；它实际上并不取决于客体所产生的影响，只是表面看来如此。普洛丢斯对西尔维娅产生欲望，不是因为他们的短暂相遇给他留下了决定性的印象，而是因为他倾向于喜欢上凡伦丁想要的任何东西。

摹仿欲望是莎士比亚自己的观念。我们可以在普洛丢斯的

---

① 莎士比亚作品的所有引文来自河滨版《莎士比亚全集》(The Riverside Shakespeare)，G. 布莱克莫尔·埃文斯编(波士顿：霍顿·米夫林出版公司,1974)。(本书中莎士比亚作品的中译参照了朱生豪先生译文,《莎士比亚全集》,人民文学出版社,1978。——译注)

独白中再次看到这一点,他的独白尽可能减少感知(perception)在他对西尔维娅的欲望产生过程中的作用:

> 她是美丽的,我所爱的朱利娅也很美,
> 可我的爱……(199)

如果西尔维娅客观上并不比朱利娅更令人向往,那么她唯一的优势就是凡伦丁已经对她产生了欲望。莎士比亚破坏了"一见钟情"中"见"的优势。在《仲夏夜之梦》中,两位姑娘据说同样漂亮,这同样强化了摹仿欲望。

在莎士比亚的作品中,这一最初的摹仿欲望和其他许多欲望的戏剧性背景是两个主人公之间亲密而长久的友谊。当普洛丢斯要来米兰时,凡伦丁对西尔维娅和她父亲描述了这种友谊:

> 我知道他就像知道我自己一样,
> 因为我们从小就一起同游同学。

(第二幕第四场:62—63)

当两个年轻人一起长大,他们上同样的课,读同样的书,玩同样的游戏,几乎所有事情都意见一致。他们也倾向于对同样的客体产生欲望。这种永久的趋同不是偶然的,而是友谊的必要条件;它的发生如此有规律和不可避免,似乎是由某种超自然的命运决定的;它真的取决于一种自发和持续的相互模仿,以至它仍然是无意识的。

爱欲(Eros)不能像一本书、一瓶酒、一段音乐、一道美丽的风景那样被分享。普洛丢斯仍然在做他一直在做的事情——模仿他的朋友,但这一次的结果截然不同。突然之间,在没有任何事先警告的情况下,这种一直滋养着友谊的态度使友谊破裂了。因此,模仿是一把双刃剑。有时它产生的结果如此和谐,以至它可以被认为是人类最温和、最平常的动力;有时它产生如此多的冲突,以至我们拒绝承认它是模仿。

莎士比亚着迷于模仿的这种矛盾心理(ambivalence),并详尽地展示了促进友谊的态度和破坏友谊的态度之间令人不安的连续性。凡伦丁仍在维洛那时,普洛丢斯设法让凡伦丁卷入他与朱利娅的关系之中。他想阻止这个朋友离开,他的第一个念头就是朱利娅。他发现她很有吸引力,就很自然地觉得凡伦丁也应该认同这种吸引力;他赞扬她的美貌,其方式就像凡伦丁当下在米兰赞美西尔维娅一样。

每当他们意见不一致时,我们的两个朋友就会觉得不对劲;每个人都试图说服对方,他应该重新调整他的欲望,以便再次与自己的想法相吻合。友谊是两个人的欲望的永恒偶合。但羡慕与嫉妒完全是一回事。摹仿欲望既能产生最好的友谊,也能带来最坏的仇恨。这种明显的矛盾在莎士比亚的全部戏剧中扮演着重要的角色。

当普洛丢斯最终离开维洛那,他声称,他之所以离开是因为听从他父亲,但他之前并不听从父亲。朋友的榜样比父亲的愿望更有说服力。普洛丢斯的自尊心受到伤害,需要父亲给他提供借口。这是我们将在本书研究中反复看到的第一个例子。与普遍的看法相反,在莎士比亚的作品中,父亲的作用微乎其微。他们本身并不像弗洛伊德认为的那么重要,而是充当了摹仿欲望的面具。

当普洛丢斯到达米兰,他不禁想起凡伦丁对朱利娅的冷漠:

我的恋爱故事向来使你讨厌,
我知道你不爱听这种儿女私情。(126—127)

普洛丢斯对他朋友那种独立自主的精神有点反感,但又勉强地感到钦佩。这就是他最后离开维洛那的真正原因。凡伦丁的冷漠已经影响了他对朱利娅的欲望。

普洛丢斯的米兰之行是对凡伦丁的延迟的模仿;他对西尔维娅突然产生的激情也同样如此。把自己的情爱选择交给朋友比改变住所更引人注目,但模仿的模式是一样的。如果我们研究一下在普洛丢斯与西尔维娅的短暂相遇之后引发他欲望的对话,我们会发现这两种现象有相同的特点;在尝试了一段时间做自己的主人后,普洛丢斯无法坚持这种努力,突然屈服于凡伦丁的影响:

普洛丢斯:你所膜拜的偶像就是她吗?
凡伦丁:就是她。她不是一个天上的神仙吗?
普洛丢斯:不,她是一个地上的美人。
凡伦丁:她是神圣的。
普洛丢斯:我不谄媚她。
凡伦丁:为了我的缘故谄媚她吧,因为爱情是喜欢听人恭维的。

(第二幕第四场:144—148)

在基督教的语境中，称某人为"偶像"（idol）是一种侮辱。此词带有虚假崇拜的含义；上天的圣徒受到公正的尊敬，而不是不公正的崇拜。

普洛丢斯已经两次把西尔维娅带到人间，但凡伦丁仍然想把她带到天堂：

> 凡伦丁：然而，她即使不是神圣，也是
> 　　　　世间一切有生之伦的女皇。
> 普洛丢斯：除了我的爱人以外。（152—154）

最后这句话坦率地承认了普洛丢斯不高兴的真正原因；对西尔维娅的过分赞美是对朱利娅的一种含蓄的批评。普洛丢斯想休战，但凡伦丁要求无条件投降：

> 凡伦丁：不，没有例外，
> 　　　　除非你有意诽谤我的爱人。
> 普洛丢斯：我没有理由喜爱我自己的爱人吗？
> 凡伦丁：我也愿意帮助你抬高她的身份：
> 　　　　她可以得到这样隆重的光荣，
> 　　　　为我的爱人捧持衣裾，
> 　　　　免得卑贱的泥土偷吻她的裙角；
> 　　　　它在得到这样意外的幸运之余，
> 　　　　会变得骄傲起来，
> 　　　　不肯再去滋养盛夏的花卉，
> 　　　　使苛酷的寒冬永驻人间。（154—163）

当普洛丢斯听到这些话,他必定想象着在他那可怜的朱利娅的陪伴下,等待他的是一个凄惨的未来。他将永远被这对光彩照人的夫妇所掩盖,人们必然向他们致以谦恭的敬意。西尔维娅正好是在位公爵的女儿。这个事实不应该被过分强调,但值得一提。

凡伦丁赞美西尔维娅时,他主要使用了宗教性隐喻。传统批评家责备这种语言矫揉造作。他们说,这些话对所有的女人都适用,但没有一个是特别合适的。如今修辞学再次流行起来,但奇怪的是,正是出于这个原因,我们的前辈不喜欢它:它对真理的明显蔑视迎合了我们目前的自满情绪;我们想要语言和现实完全分离,我们确信会在修辞中发现我们的虚无主义得到了保证。

这种分离并不像看上去那么彻底。我完全同意,称一个女人"神圣",并不能描述"她真正的样子"。宗教隐喻没有如实地描绘出一个女人的美丽,但那不是它们的真正目的。我们已经看到,模仿的上下文使物质外观变得无关紧要。

争论是竞争性的,这些隐喻完全符合它们的目的。它们是按升序排列的,暗示着更高和更低程度的诱惑。朱利娅不是"一颗闪烁的星星";西尔维娅不是"天上的太阳";修辞上的夸张不无极端,但它并不比温度计更缺乏参考价值,如果温度计的数字乘以一百或十万的话。因此,即使西尔维娅不是"世间一切有生之伦的女皇",她也很可能是比朱利娅更理想的伴侣。即使凡伦丁娶了她之后并不能真正成为奥林匹斯神灵,他也可能比不幸的普洛丢斯及其平庸的恋人更高不可攀。

凡伦丁如此有效地使用这种语言,以至普洛丢斯听得越来越沮丧。前者使用的句子越来越长,而后者的话则总是简短而阴沉地脱口而出。以前在维洛那,普洛丢斯和凡伦丁现在一样感到荣耀;他对朱利娅的爱使他富有,使他人贫穷。现在只有凡伦丁富有,如此富有,他的巨大财富使他的朋友变成了一个贫民。

在屈服于瓦伦丁欲望的吸引力之前,普洛丢斯做了最后的努力来拯救他自己的独立的欲望。但凡伦丁是无情的:

> 凡伦丁:原谅我,普洛丢斯,我的一切溢美之词,
> 　　　对她毫无用处,她本身的美好,可以使
> 　　　一切美人黯然失色。她是独一无二的。
> 普洛丢斯:那你不要作非分之想吧。
> 凡伦丁:什么也不能阻止我去爱她。
> 　　　告诉你,老兄,她是属于我的。
> 　　　我有这样一宗珍宝,就像是二十个大海的主人,
> 　　　它的每粒泥沙都是珠玉,每滴海水
> 　　　都是天上的琼浆,每块石子都是纯金。
> 　　　　　　　　　　　　(第二幕第四场:165—171)

如果我们因被排斥而感到极度痛苦,迫害者那难以接近的世界就会获得一种超然的特质,让人想起一种特定的宗教体验,既古老又现代,在这种体验中,神灵的恶毒多于仁慈。

这一次,普洛丢斯明白地听到,在他的朋友眼里,他已经失去了一切的重要性:

> 不要因为我从来不曾梦到你而见怪,
> 你已经看见我怎样倾心于我的恋人。(172—173)

爱情重于友谊。被摧毁的普洛丢斯现在感到不仅失去了他的爱人朱利娅和他最好的朋友凡伦丁，而且最终失去了自我。瓦伦丁无意识的残忍把普洛丢斯变成了一个中世纪的麻风病人，一个绝对的贱民。

一个无底洞在他脚下打开，在远处，站着美丽的西尔维娅，由欣喜若狂的凡伦丁陪伴。她要是愿意向普洛丢斯伸出援助之手，就能把他带回人间。凡伦丁毁灭了他的朋友，但也指出了复活的道路。普洛丢斯不可抗拒地被引导去重新定位自己对更高神性的渴望。

天堂和地狱的语言是唯一与发生在普洛丢斯身上的事情相关的语言。起初，凡伦丁有点机械地求助于它，但在谈话过程中，这类语言获得了一种令人敬畏的意义。当普洛丢斯完全被凡伦丁的偶像崇拜的语言说服时，争论就平息了。他已皈依西尔维娅教。

不像普洛丢斯，凡伦丁似乎对摹仿欲望有免疫力。在维洛那，他拒绝了朋友的要求；在米兰，据我们所知，他在没有外界帮助的情况下坠入爱河。他对西尔维娅的欲望没有任何明显的模型或中介。但这种自主的欲望是欺骗性的外表，是另一种摹仿性错觉。凡伦丁比他看上去更复杂；我们刚刚看到他为了普洛丢斯的利益极力赞扬西尔维娅，而稍早，他同样为了西尔维娅和她父亲的利益极力赞扬普洛丢斯。如果他对她像对他的朋友那样有效，他们两人最终会互相拥抱。最后的结果将是一场灾难，甚至比凡伦丁所带来的更糟——这种灾难在后来的一些剧作中确实发生过，尤其是《特洛伊罗斯与克瑞西达》中。凡伦丁是一个不自觉的中间人，预示着后期喜剧中的有意识的中间人。他如此狂热地反对自己的利益，以至我们想知道他真正的欲望何在。

他是否暗自欣赏他的恋人和他最好的朋友之间的关系？这种推测是合理的，甚至是不可缺少的，但它不能导致我们用精神分析理论来代替莎士比亚的文本。我们所使用的工具可以把我们从正常欲望和异常欲望的错误二分法中解放出来。

我们千万别忘记凡伦丁和普洛丢斯试图使对方青睐自己的恋人有一个完全正常的理由：他们的童年友谊。择偶是如此重要，以至好朋友的消极甚至冷淡的反应都会让我们怀疑自己的选择是否明智。我们不会满足于敷衍的认同；我们需要热情的支持。

凡伦丁对朱利娅的冷漠先是削弱了普洛丢斯对她的欲望，然后又摧毁了这种欲望。凡伦丁试图避免类似的经历，这是可以理解的，这就是为什么他试图说服普洛丢斯，西尔维娅比朱利娅优越。如果普洛丢斯在米兰的反应和凡伦丁之前在维洛那的反应一样的话，凡伦丁对西尔维娅的信任就会像普洛丢斯对朱利娅的信任一样被削弱。凡伦丁对西尔维娅的过分赞美是为了消除这种危险。

为了摆脱普洛丢斯对西尔维娅可能有的最高评价，凡伦丁表现出了比他实际拥有的更多的自信。并不是说他对这个漂亮的女孩无动于衷，但从这种吸引力到他公开宣称的狂热崇拜，有一段距离，没有普洛丢斯似是而非的帮助是无法跨越的。虽然凡伦丁对西尔维娅的选择并不像普洛丢斯那样是由摹仿决定的，但他的欲望有一种摹仿的维度，他过度的赞美揭示了这一点。凡伦丁让他的欲望比实际的更真实，从而用它来影响普洛丢斯，并把这个朋友变成一个因果关系的摹仿性模型。

我们可以清楚地看到凡伦丁在使普洛丢斯相信西尔维娅是神圣的这一过程中所起的作用；普洛丢斯在说服凡伦丁接受同样的观点方面所起的作用不太明显，但依然不容置疑。随着普洛丢斯对西尔维娅欲望的增加，凡伦丁自己的欲望也有所增加，他的言辞也变得更加生动。

凡伦丁的策略并非特例；我们能看到周围的人大多如此，如果不是对自我检查太敏感的话，我们甚至能发现自己在做同样的事情。我们的欲望只有在被他人的欲望反映出来时才真正令人信服。在我们完全清醒的意识下，我们预期朋友的反应，并试图将他们引向我们自己不确定的选择上，我们的欲望应该坚定地保持这个方向，这样才不会显得摹仿性十足。并非每个人都认为这种坚定不移是天经地义的。在他以摹仿为条件的模型的帮助下，凡伦丁强化了他此前摇摆不定的欲望，从而把他对西尔维娅半真半假的爱变成了"完全的真实"。

凡伦丁对普洛丢斯的摹仿欲望的嗜好本身就是摹仿性的。这两个朋友不对称的姿态并没有破坏而是创造了他们摹仿性伙伴关系的基本对称性。

对心理学有兴趣的观察者会对凡伦丁和普洛丢斯的"症状"做出各种各样的诊断，而这些症状目前还只是隐约可见。这些症状远非凭空想象，因为它们将在莎士比亚的许多晚期戏剧中以更清晰的轮廓再现，包括《无事生非》《第十二夜》《特洛伊罗斯与克瑞西达》《奥瑟罗》《辛白林》及《冬天的故事》。

当凡伦丁激起普洛丢斯的嫉妒时，我们可以在凡伦丁身上看到"施虐狂"的一面,当他遭受嫉妒的强烈反弹时,我们看到了"自虐"的一面。当他在普罗洛丢斯面前展示西尔维娅时,我们可以称他为"裸露狂";我们也可以从他身上诊断出弗洛伊德所讨论的"潜在的同性恋"倾向。所有这些都不是无关紧要的,但是如果我们让这些精神病学词汇影响了我们对莎士比亚式智慧的源头——模仿欲望——的兴致,我们对作品的解读将会受到不良影响而不是得到帮助。

男人最能证明女人有魅力的方式,莫过于对她产生欲望。如果说普洛丢斯在维洛那或者凡伦丁在米兰真的想让他的朋友爱上他自己已经爱上的女人,那就太过分了。然而,在寻求朋友的鼓励和把他与那个女人推到对方的怀里之间,存在一条微妙的界线。

当这条界线明显被越过时,我们会觉得自己已经超出了某种"反常"或病态的界限,但基本情况并没有改变,准确的定义在旁观者眼中。眼下,我想要说的是,总有可能把这种或多或少"反常"的结构,带回两个儿时的朋友模仿彼此欲望的正常冲动上,因为他们总是这样做,因为这种模仿总是加强他们各自的欲望和共同的友谊。

一个竭尽所能向朋友表达自己的欲望的人,也会因为一点点成功的迹象而嫉妒得发疯。在莎士比亚后来的作品中,即使是最深思熟虑、最执拗的中间人潘达罗斯,也会如此。我们已经知道原因了:一旦主体的欲望被移植到朋友身上的欲望所激发,只要仍缺乏对手提供的活力,这种强烈的欲望就会害怕它所渴望的竞争。

与普遍看法相反,可辨认症状的存在并不能保证病理解释就是它自身的光源。在历时性发展的所有阶段,模仿性视角都更有意义。我们总能把所有的症状追溯到模仿性双重束缚的创伤经历,即凡伦丁和普洛丢斯同时发现:除了友谊的通常指令——模仿我,另一个指令也神秘地出现了——别模仿我。所有的"病理症状"都是由于朋友们无法从这种双重束缚中解脱出来,甚至无法清晰地感知它。

纯真的友谊和破坏友谊的摹仿性悖论是最重要的真实;正如我们将看到的,潘达罗斯不过是这个基本真理的摹仿性讽刺画。精神病理学的考虑是合理的,只要它们不是优先的考虑。在莎士比亚的作品中,欲望的扭曲从来都不是它自己的起源,而是从最初的双重束缚中摹仿性地衍生出来的;在本能驱动中,智慧的真正来源从来不是我们身体的某个地方,不是我们的本能冲动。对于最有洞察力的弗洛伊德来说也是如此,如果我们用现代术语来解释他的话,但弗洛伊德没有意识到这一点,而莎士比亚却意识到了。

摆脱这种摹仿性双重束缚的唯一方法,也是唯一激进的解决办法,就是让两个朋友彻底放弃所有的占有欲。真正的选择在于悲剧性冲突和彻底的放弃(即上帝的王国,福音书的黄金法则[①])之间。这种选择是如此可怕,以至莎士比亚笔下的男女主人公试图逃避它,因此,他们注定要被不断更新的摹仿性复制(mimetic duplications)所扭曲并变得错乱。寻求妥协会产生一种不健康的组合,这种组合是不应该发生的;放弃本身成了一种戏仿,带有性变态的滑腻色彩。价值和意义应该分离,否则它们会相互污染,包括友谊和色欲、占有和慷慨、和平与战争、爱与恨。

---

① 黄金法则(the Golden Rule),通常指一种绝对无疑的道德规则。——译注

在此剧接近尾声时，凡伦丁最引人注目的一句台词说明了这种根本的歧义性(ambiguity)。它发生在普洛丢斯试图强暴西尔维娅之后。在她获救后，是通常的和解，在此期间，获胜的凡伦丁刚刚和他的爱人团聚，却真的要把她送给那个潜在的强奸犯：

> 我愿意把我在西尔维娅心中的地位让给你。
>
> （第五幕第六场：83）

凡伦丁的这种慷慨不仅忽视了西尔维娅的感情，而且奖励了犯罪行为。传统批评家总是倾向于认为坏人应该受到严厉的惩罚，凡伦丁的过分慷慨让他们感到愤慨。这种严厉并没有理解凡伦丁必须为他朋友的背叛承担一部分责任。起初，凡伦丁自己也不明白他的摹仿性戏弄对普洛丢斯意味着什么，但现在他明白了，因此也就没有愤慨的情绪了。和平解决的唯一办法是让对手拥有有争议的对象——西尔维娅。凡伦丁宣称自己已经准备好像亚伯拉罕一样，在友谊的祭坛上奉献他的爱情。

悔悟的凡伦丁试图为他的过失赎罪。在无私友谊的语境中，不应该模棱两可。但我们的不安仍然存在；我们想用纯粹的友谊来解释凡伦丁的"过分慷慨"，但这不可避免地让人想起他对西尔维娅之美的夸耀起了很大的作用。

这两种解释相互矛盾，但在它们之间不可能也不应该做出选择。这个难题有它自己的解释，从某种意义上说，任何试图绕过模仿的双重束缚，而不是完全放弃的努力，必然会产生某种"怪物"，即不可调和的实体之间的一种虚假和解。这种矛盾状态是典型的莎士比亚风格，而且随着时间的推移会变得更加明显。摹仿性的爱/恨双重束缚是莎士比亚作品中最突出的创伤,它虽然没有暴力地破坏人际关系,但它扭曲了这种关系。

莎士比亚式的矛盾心理可以定义为悲剧被黄金法则所污染、黄金法则为悲剧所污染,以及这两者的不洁混合物。如果我们相信性冲动和性本能的伪科学,我们不仅会失去所有莎士比亚戏剧的悲剧维度,而且性本身也会变得不透明和难以理解。

这种摹仿欲望的双重束缚不仅对《维洛那二绅士》至关重要,而且对莎士比亚的整个创作也至关重要。在我看来,批评家对它的无视无疑损害了他们的整个工作。这与莎士比亚作品中从未公开讨论过的反常欲望在智性上是等同的。即使那些对凡伦丁和普洛丢斯的关系提出尖锐问题的阐述者,也最终化解了这一矛盾,而不是明确地面对它。

我认为安妮·巴顿(Anne Barton)[①]的情况就是如此,我发现她非常敏锐,但她将两位朋友之间的冲突定义为"友谊"与"爱情"之间的冲突。事实并非如此。这个问题不能归结为概念的对立。

让我们假设凡伦丁和普洛丢斯为了友谊而放弃各自所爱。这真的意味着他们可以自由地互相模仿,但他们迟早会渴望同一个女人或其他他们无法分享的东西。友谊将再次被摧毁。凡伦丁和普洛丢斯只有情趣相投时才能成为朋友,但如果情趣相投,他们就是敌人。没有谁可以为了爱情而牺牲友谊,或为了友谊而牺牲爱情,没有谁能够这么做而不牺牲他想保留的东西,或不保留他想牺牲的东西。

友谊和爱情之间的冲突是一种语言骗局,虚假地解释了这两

---

① 《莎士比亚全集》中对《维洛那二绅士》的介绍,第 143—146 页。

者之间纠缠不清的摹仿性关系。这让我想起法国的古典批评家，他们擅长把赤裸裸的摹仿性竞争隐藏在虚伪的道德辩论的高贵外衣下面：荣誉与爱情、激情与责任，等等。但法国人并不是唯一的罪魁祸首；每个人都在做同样的事情，只要摹仿性竞争的根本作用仍未得到承认，对悲剧的所有解释必然会重新陷入某种形式的概念错觉（conceptual illusion）。所有的批评家最终都用不相干的"价值"来掩饰悲剧。

悲剧不能归结为概念上的差别，没有人能像莎士比亚那样有力地证明这一点。他把这种模仿性双重束缚表现得如此明显，以至他的读者很难避开它，他引起了那些接近理解他在做什么的批评家的极度愤怒。当托马斯·里默（Thomas Rymer）抱怨《奥瑟罗》什么都不是，或几乎什么都不是，他说的是实话。① 莎士比亚的创作不像大多数人那样容易在人文主义喋喋不休的传统背后隐藏人的困境。

悲剧性对手并非为"价值"而战；他们渴望同样的东西，有同样的想法。他们并非偶然选择这些东西；这不是变化无端或无缘无故的，也不是基于一些无关紧要的原因；这不是一个经济体制（太多的人必须为太少的物品而竞争）的过错。这些主人公的想法和欲望是一样的，因为他们是亲密的朋友和兄弟（就"兄弟"一词的所有意义而言）。

当亚里士多德将悲剧定义为那些密切相关的人之间的冲突，我们不能从狭隘的家庭角度来解释这种说法。在人类心灵深处，摹仿性竞争在人类事务中达到了和谐与不和谐的同一本质。

---

① 托马斯·里默，《反对奥瑟罗》，见《悲剧简论》，引自 J. 弗兰克·克默德编《莎士比亚评论四百年》(纽约：埃文出版社，1965)，第 461—469 页。

悲剧的启示并不局限于悲剧写作，它始于对这一严峻现实的承认。这就是我们所读到的《维洛那二绅士》。除了我已经大量引用的普洛丢斯有些造作的独白，我们还发现了以下几行：

> 好像我对凡伦丁的友谊已经冷淡，
> 我不再像从前那样喜爱他；
> 啊，因为我太爱他的爱人了，
> 所以我才对他毫无好感。

（第二幕第四场：203—206）

这段文字不是特别优美或引人注目；我们对微妙和不透明的偏好使得这些信息似乎过于简单和明显。然而，它勾勒出了人际冲突的起源，这种冲突在现实生活中确实存在，而且不仅构成了莎士比亚戏剧的主旨，还构成了所有伟大戏剧的主旨。

凡伦丁和普洛丢斯之间的摹仿性竞争为这部喜剧提供了情节；这种竞争是戏剧和小说的主要内容。唯有给予它应有地位的才是伟大的作家，如古希腊悲剧诗人、莎士比亚和塞万提斯、莫里哀和拉辛、陀思妥耶夫斯基和普鲁斯特，以及其他极少数人。只有西方戏剧和小说杰作才承认摹仿性竞争的重要性。

最奇怪的是，文学批评家很少注意到这一点；他们熟视无睹。他们的理论研究与其说受到文学文本的影响，不如说受到哲学家和社会科学家系统性地忽视莎士比亚真正感兴趣的东西的影响。在他们看来，莎士比亚的作品似乎是老生常谈。摹仿性竞争从来没有出现在哲学家、心理学家、社会学家、精神分析学家，甚至战争学家、研究冲突的专家的概念表中。从柏拉图、亚里士多德到盖伯瑞尔·塔德①，所有的模仿理论家，所有现代模仿行为的实验性学者，都忽略了冲突性摹仿这一显而易见但至关重要的悖论。

研究冲突的学者提出了许多关于人类不和谐的本质及起源的理论，却从未将摹仿性竞争考虑在内。如果没有人是罪魁祸首，那一定是某种观念或者某种化学物质——某种与友谊和朋友本质上完全不同的东西。他们寻找某种深藏在我们基因中的人类攻击性原则；他们会查询我们的荷尔蒙；他们援引战神、俄狄浦斯和无意识；他们诅咒家庭和其他社会机构的压制；但他们从不提及摹仿性竞争。这是我们大多数人要逃避的人际关系丑闻，因为它违背了我们对这些关系的乐观看法。我们理所当然地认为，在人与人之间，尤其是在普洛丢斯和凡伦丁这样的好朋友之间，这种冲突是个例外，而和谐是规律。

悲剧作家的看法则不同。他们没有回避我们大多数人刻意回避的东西，而是着魔般地专注于它；甚至这部早期的喜剧已包含许多间接定义了悲剧性悖论的台词。当他目睹普洛丢斯强暴西尔维娅，凡伦丁声称：

> 自己的朋友竟会变成最坏的仇敌，
> 世间还有比这更痛心的事吗？
>
> （第五幕第四场：71—72）

这不是修辞上的夸张，而是对剧作真实主旨的一种几乎不加掩饰的表达，即摹仿性友谊和摹仿性仇恨之间不可思议的接近甚至是

---

① 盖伯瑞尔·塔德（Garbriel Tarde，1843—1904），法国社会学家、犯罪学家。——译注

同一性。在其整个职业生涯中,莎士比亚将描绘那些对一个非摹仿性旁观者而言,无缘无故就变成敌人的朋友和兄弟。反之亦然:死敌也会莫名其妙地成为亲密的朋友。

如果事实证明,在所有的仇敌中,朋友一定是最坏的,那么,在所有的朋友中,仇敌应该是最好的。如果最后这个悖论听起来有点夸张,那么看看莎士比亚最后一部伟大悲剧《科利奥兰纳斯》中发生了什么。科利奥兰纳斯和奥菲狄乌斯并非先是密友后成为敌人,然后再次成为朋友,而是两个凶猛的战士和致命的对手,他们在一段时间内是亲密的朋友。当他愤怒的同胞最终赶走不可战胜但又傲慢的科利奥兰纳斯时,这位英雄向他多年来一直与之激烈战斗的伏尔斯军事领袖奥菲狄乌斯求助。在一段独白中,他为自己向死敌发出的大胆求助辩护,理由是极端的爱和极端的恨是不稳定的情绪,总有可能相互转化:

> 啊,变化无常的世事!
> 刚才还是誓同生死的朋友。
> 两个人的胸膛里好像只有一颗心,
> 睡眠、饮食、工作、游戏,
> 都是彼此相共,亲爱得分不开来,
> 转瞬之间,为了些微的争执,
> 就会变成不共戴天的仇人。
> 同样,切齿痛恨的仇敌,
> 梦寐之中也念念不忘钩心斗角,
> 互谋倾陷,为了一个偶然的机会,
> 一些不足道的琐事,也会变成密友,

彼此援手合作。

（第四幕第四场：12—22）

剧中事件证实了科利奥兰纳斯的设想；他们非常相像，而且他们喜爱的东西完全一样，两个敌人投入了彼此的怀抱。奥菲狄乌斯委托科利奥兰纳斯指挥对罗马的军事远征。当然很快，竞争对手的野心又被唤醒了，奥菲狄乌斯最终杀死了他的摹仿性对手，他对科利奥兰纳斯的爱和恨同样强烈。

这种冲突性结构在喜剧和悲剧中是一样的。唯一的区别在于解决问题的方式，出于剧情需要，解决问题的方式可以是暴力的，也可以是非暴力的。

我们所有的冲突理论，甚至我们的语言都反映了一种常识，即冲突越激烈，对立双方之间的分歧就越大。悲剧精神是在相反的原则下运作的：冲突越激烈，分歧的空间就越小。莎士比亚以多种不同的方式阐述了这一根本性的摹仿性真实；一旦我们以摹仿的方式阅读它们，它们的合理性就显而易见了。凡伦丁和普洛丢斯、科利奥兰纳斯和奥菲狄乌斯是如此，《安东尼和克莉奥佩特拉》中的凯撒和玛克·安东尼也是如此：

她现在是他们两人之间感情的联系，
将来却会变成促动两人反目的原因。

（第二幕第六场：155—157）

要完全满意的话，我们对《维洛那二绅士》的解释需要稍加修正。出于论证的需要，我一定程度上夸大了两个主人公摹仿的对称性,这种对称性并不总是完美的——相反,应该有一种更平衡的观点。

这种对称不是想象出来的,但在这部早期戏剧中,它还没有达到后来莎士比亚戏剧中的程度。它有力地展示了自己,但与自己的对立面,也就是两个主人公的不对称的概念,不太协调地结合在一起。作者似乎在这部喜剧的两个截然相反的观点之间摇摆不定。

在某些时刻,我们觉得两个主人公都受到了摹仿欲望的同等影响,他们的对等或对称是完美的。在别的时刻,"邪恶"的摹仿欲望似乎只属于普洛丢斯,他的邪恶提供了一个黑暗的背景,在这个背景下,凡伦丁那虚幻的善良似乎成为现实。当这种情况发生,普洛丢斯变成了一个传统的恶棍,瓦伦丁则成了一个传统的英雄。

一个更成熟的莎士比亚会更坚决地破坏凡伦丁和普洛丢斯之间的这种传统的不对称;他将比在《维洛那二绅士》中更彻底地诠释英雄与恶棍的二分法(dichotomy)。这部早期作品仍然犹豫不决,一方面,它是一部传统喜剧,其中羡慕、嫉妒和其他不良(模仿)情绪只属于普洛丢斯,另一方面,它是一部更为激进的莎士比亚戏剧,凡伦丁对普洛丢斯的模仿性嘲弄与普洛丢斯的背叛完全相当。

既有的这部戏剧既包含了隐藏在替罪羊背后的摹仿性互动(mimetic reciprocity)的旧喜剧模式,也包含了将在《仲夏夜之梦》中获胜的激进摹仿的概念。我在这部戏剧中强调的是莎士比亚的未来,而不是它保留的戏剧传统,一个更有经验的莎士比亚将会坚决并彻底抛弃这一传统。

## 第二章

# 艳羡这一宗异宝奇珍

## ——《鲁克丽丝受辱记》中的柯拉廷与塔昆

摹仿欲望对年轻的莎士比亚来说不是一时的狂热;这是人际关系的结构,不仅体现在他的戏剧中,也体现在1594年出版的长诗《鲁克丽丝受辱记》中,这一年常被认为是创作《维洛那二绅士》的年份。

在这部喜剧的结尾,你会想起,普洛丢斯试图强暴西尔维娅,但没有成功,凡伦丁及时出现了。在这首诗中,野蛮的强奸得逞了;这真是同样的强奸,同样的摹仿性强奸。正如凡伦丁在普洛丢斯面前赞美西尔维娅一样,鲁克丽丝的丈夫柯拉廷也不明智地在塔昆面前赞美他美丽贤德的妻子,结果也一样。

《鲁克丽丝受辱记》是那部喜剧的悲剧版;而《维洛那二绅士》是这首长诗的喜剧版。我们真的不知道何者在先。许多人认为先有喜剧,对两部作品进行的比较研究也支持这一观点。我假设这个时间顺序是正确的,但是我的解释并不依赖于任何这种顺序;如果已被认定的顺序恰好被证明是错误的,那也只需要做一些微小的调整。

就像喜剧一样,这首诗也定义了摹仿欲望,但这一次是如此仔细和准确,因而毫无疑问:

> 他盛赞鲁克丽丝的无比高洁的德性，
> 也许恰恰暗示了这倨傲的王族子孙；
> 往往，我们的耳朵，会败坏我们的心灵；
> 也许，由于他艳羡这一宗异宝奇珍，
> 无情的对比刺痛了他那高傲的自尊——
> 品位较低的臣属，竟能够夸耀他们
> 享有他们的尊长也不曾享有的佳运。(36—42)

在我看来，决定性的是两个关键词的组合；一个当然是"艳羡"（envy），莎士比亚主要用来描述摹仿欲望，另一个是"暗示"（suggested）。如果出于某种原因，摹仿的欲望这一表述不适合你，如果你觉得它不像莎士比亚的用词，你可以用他自己的术语来代替，即暗示的欲望（suggested desire）。

然而，它们不是同义词。暗示的欲望是明确的，但我自己作为研究这一欲望的学者，我必须表达一些保留意见。其中隐含了太多的被动性；没有谁能从别人那里得到现成的欲望；即使是最容易接受的人也必须积极地与其中介者合作。没有谁能独自在他人身上产生摹仿的欲望；欲望总是不断地趋向摹仿，即使在莎士比亚的作品中，也没有鼓励，甚至没有对榜样的认知。我相信，说摹仿或模仿的欲望，而不说暗示的欲望是有原因的。

不过，我能理解莎士比亚为什么使用最后这个表述；它特别适合于他作品中占主导地位的摹仿的特定形式；如同凡伦丁，柯拉廷尽其所能地用他的欲望去影响他的对手；他也是一个成功的怂恿者：

> 只因前一天夜晚，在塔昆王子的帷幕，
> 他不该没来由向人夸耀自己的幸福，
> 说是上天赐予他无比珍贵的财富——
> 与这美貌的淑女，结成美满的眷属；
> 他矜夸他的幸运，口气高傲而自负，
> 说是帝王们或许能享有更高的声誉，
> 帝王或贵胄却休想匹配这无匹的仙姝。(15—21)

这些话虽然说得谨慎，却生动地再现了女性之美，是一场预示真实强奸的不雅展览。"他不该没来由向人夸耀自己的幸福"听起来好像柯拉廷在战友们面前脱去了鲁克丽丝的衣服。这些意象让人想到塔昆无法摆脱心中的欲念。

柯拉廷的冲动似乎是非理性的，但其中弥漫着一种奇怪的理性，一种疯狂而又严谨的逻辑，就像一个投机者的那种冷酷的狂热，他为了获得最大的利益而必须冒一切风险。最骄傲的人想拥有最令人向往的东西；唯有空洞的奉承能美化他们的选择，否则他们就不能肯定他们已经这么做了；他们需要更多切实的证据，有关别人的欲望，越多越好，越有名望越好。他们非得不顾一切地将他们最珍贵的财富暴露在这些欲望面前。

如果拥有者太安全，即使最珍贵的财产——妻子、情人、财富、王国、广博的知识，诸如此类——也会失去吸引力。就像一个赌徒，焦虑的欲望拼命地想让自己恢复活力。柯拉廷后来被定性为一个"悭吝的挥霍者"(79)，这不仅指他的语言，还指他的整个计划，指他对妻子的赞美所代表的鲁莽和贪婪的愚蠢：

> "美色"用不着如簧之舌,只凭自身,
> 就自然而然能把众人的眼睛说服;
> 那么,柯拉廷又何苦喋喋不休地申述,
> 在稠人广众之间,揄扬那无双的宝物?
> 既然那稀世之珍,是他独占的财富,
> 就该深藏不露,谨防觊觎者的耳目,
> 为什么它的主公,偏将它广为传布?(29—35)

一个拥有美妻的幸福之人,理应谨慎行事,甚至行踪诡秘,如同牧师拥有某种神圣的奥秘一样。柯拉廷这个大嘴巴收获了他播种的东西。莎士比亚不是简单地将强奸的责任从一个人转移到另一个人身上;他使两个人都对犯罪负有责任,为此,他们很快便互相惩罚了。

只有在嫉妒的目光下,柯拉廷才能真正欣赏妻子的美丽。对他来说,嫉妒是最好的壮阳剂,是爱的真正春药。塔昆的欲望是嫉妒性的,但柯拉廷亦然。他对塔昆的嫉妒使他变得像这位对手一样具有摹仿性,附体似的。英雄和恶棍之间的差异被消解了。

当鲁克丽丝试图说服塔昆不要强奸她时,我们可以再次领略莎士比亚式的魅力。她的论点之一是,鉴于塔昆显贵的地位,他的模仿性激情注定会滋生大量的模仿行为:

> 因为君王好比明镜、学校和书籍,
> 庶民的眼睛要来照看、研读和学习。
> "你可愿当一所学校,让淫欲前来求学,

> 在你那儿研习这种可耻的课程?
> 你可愿当一面明镜,让淫欲在镜中照影,
> 来辨认罪恶的权威,来察看暴徒的凭证?
> 你可愿容许诽谤来败坏你的姓名?"(615—621)

此诗开篇是一长段作者旁白,论及莎士比亚作品中最常见的摹仿模式;它暗示了莎士比亚决定写一首叙事诗而不是一部戏剧的可能的原因。如果叙事诗似乎不是对摹仿欲望进行理论观察的合适媒介,那戏剧更糟糕。剧作家只能通过剧中的某个角色来评论自己的戏剧,而这个角色必须具备高度的自我反省能力。有谁听过一个年轻人像普洛丢斯那样承认,他的"一见钟情"并非自发的天性?诗中主要的评论,比照普洛丢斯的独白,占据了相同的位置,就在他的摹仿欲望产生之后;它们是之前独白的一个更长、更丰富的版本。在剧中,这些话必须由塔昆来说,这至少会很尴尬。这可能是莎士比亚在这个时刻选择写一首叙事诗而不是一部戏剧的原因或原因之一。

在莎士比亚作品中,我们比以往任何时候都更清楚地看到,摹仿欲望并不是一个陌生的实体;这不是一件我作为批评家将之从外部应用到这部作品中的"批评工具"。作者的评论是他在《维洛那二绅士》一书中所开始的内容的延续和扩展,反映了他认为自己作品中最值得注意的地方。

此诗开篇处,塔昆疯狂地赶回罗马,唯一的目的就是要强奸鲁克丽丝:

> 情欲熏心的塔昆,离开了罗马军营,
> 从那被围的阿狄亚,向柯拉廷堡急行,
> 他振着不可凭借的淫邪欲念的双翼,
> 把那无光之火暂时隐藏于心,
> 这火恰似埋在灰白余烬中的火星,
> 只等化作烈焰熊熊的火环,去紧紧
> 把柯拉廷贤淑的妻子——鲁克丽丝抱定。(1—7)

这种欲望是"虚假"的,因为这是塔昆从他的中介者柯拉廷那里借来的。这并不是说,在这首诗的某个地方,存在一种真正的欲望,能够胜利地反击强奸犯的虚假欲望。

浪漫主义和现代意识形态总是在促进一种"真正的爱情",或者,在今天,一种"真正的欲望",它为我们提供一种自发性(spontaneity)的标志。强度和真实性应该相辅相成。摹仿欲望被认为是软弱的,因为它只是一种复制,而复制永远达不到原创的水平。这些观点在我们心中根深蒂固,不知不觉中,我们很容易把它们应用到莎士比亚身上,并在这个过程中严重歪曲他。普洛丢斯和塔昆的欲望既是虚假的,也是不可抗拒的。摹仿欲望是最强烈的欲望,是悲剧和喜剧的实质。

在《维洛那二绅士》和《鲁克丽丝受辱记》中,丈夫或情人对竞争对手的摹仿性戏弄是用某种传统的语言表达的。莎士比亚很快就会使用一种更加个人化的习语,但他仍然会关注同一现象,或者更确切地说,关注同一组现象。愚蠢的丈夫宣扬妻子的魅力而导致自己被戴绿帽子,这整个主题有点古旧,让人想起民间智慧,但它也是典型的莎士比亚风格。

这些早期作品的套路不能让我们低估它们的重要性；我们的摹仿性视角(mimetic perspective)将使它们与后期杰作的连续性更加明显。莎士比亚选择了最具摹仿性潜力的情节。在后期的剧作中，文字会有所不同，但文字背后的现象是相同的。

在《维洛那二绅士》中，普洛丢斯在爱上西尔维娅之前，认识她的时间不长，但他至少见过她。塔昆的情况并非如此，当他怀着犯罪意图前往罗马时，他从未见过那位未来的受害者。后面的诗句明确地证实了强奸犯的这种惊人的无知；当塔昆最终见到鲁克丽丝，这必定是第一次，因为他发现她比她丈夫所说的还要美丽：

> 这时他不禁想起：她丈夫的迟钝的舌锋，
> 虽盛赞她的美貌，其实是将她诬枉，
> 恰似悭吝的挥霍者，难将这重任承当；
> 他那贫乏的口才，远不足将她颂扬，
> 对这丽质的礼赞，柯拉廷亏下的欠账，
> 心神眩惑的塔昆，用沉思遐想来补偿，
> 以惊奇歆羡的目光，噤默无言地凝望。(78—84)

批评家们通常指责这首诗虚伪做作。它的离奇开头与这种指责有很大关系。我的目的不是要把这首诗"恢复为一件艺术品"。毫无疑问，一个更成熟的莎士比亚会有不同的表现，但审美品质的问题不应该掩盖这一开篇之谜。为什么莎士比亚选择如此公然反对我们关于欲望的可能性和不可能性的看法？

## 第二章 艳羡这一宗异宝奇珍

莎士比亚写下《鲁克丽丝受辱记》后,很快就成了剧作家,我们认为他对人类心灵的了解无人能及。如果塔昆激情的起源就像我们所认为的那样夸张,那么这位作家在接近最高天才的门槛时,怎么会犯这样的错误呢?关于他的欲望概念以及关于我们自己,这首诗教给我们什么呢?

这首诗和它的来源——李维的《罗马史》(History of Rome)——之间存在显著的差异,莎士比亚的"梗概"并没有试图掩盖这一差异,这让谜团变得更加有趣:

> 路歇斯·塔昆涅斯(他由于极端倨傲,被人称为"骄傲的塔昆涅斯")……率领他的儿子们和罗马的其他贵族,去围攻阿狄亚城。在这次攻城战役中,罗马军队的高级将领们有一天晚上在国王的儿子塞克斯特斯·塔昆涅斯的帐篷里聚会;晚饭后闲谈的时候,每人都夸耀自己妻子的美德,其中柯拉廷纳斯更盛赞其妻鲁克丽丝贞淑无比。在这种愉快的心情中,他们并辔向罗马疾驰,意欲借此意想不到的突然到来,来验证每个人对妻子的赞誉是否虚夸。结果唯独柯拉廷纳斯发现他的妻子(虽然已是深夜)正坐在侍女中间纺线,其他贵妇却都在家中跳舞和饮宴,或进行不同的嬉戏。于是众贵族一致承认了柯拉廷纳斯的优胜,一致首肯了他的妻子的令名。这时候,塞克斯特斯·塔昆涅斯已因鲁克丽丝的美貌而动心,但暂时遏住欲念,同众人一起返回军营;不久以后,他就秘密离开军营,来到柯拉廷城堡,靠着他的王子身份受到鲁克丽丝优渥的款待,并在那儿留宿。当夜,他背信弃义地

潜入她的卧室，强暴地污辱了她，而于翌日凌晨仓皇离去……①

李维的塔昆爱上鲁克丽丝是在认识她之后，在确信她是所有罗马贵妇中最贤惠、最美丽的人之后。如同莎士比亚的作品，在李维的书中柯拉廷对妻子的赞美在先，但它不是塔昆犯罪计谋的起因。李维比莎士比亚更接近我们对欲望的常识性看法。为什么莎士比亚要用一种我们认为离谱和难以置信的方式曲解李维？

塔昆的欲望的奇怪起源证实了这首悲剧性诗歌和《维洛那二绅士》之间的相似之处：年轻的莎士比亚想让模仿欲望显现出来，想要我们把注意力集中在它上面；对他来说，悄悄开发这些资源是不够的。在塔昆的欲望产生之前，通过消除主体和客体之间所有的视觉接触，而非忠实地追随李维，他让这种欲望更加不可避免地具有模仿性。

甚至在欲望产生之前对客体最短暂的了解也可以用来反对欲望的模仿性解释。这就是一见钟情的概念，这在喜剧中是有可能的，但在诗中则不可能。莎士比亚写这首诗是为了消除这种可能性。他这样改写李维可能没有别的理由。

如果我们假设《维洛那二绅士》先问世，我们也可以假设莎士比亚对公众对普洛丢斯欲望的摹仿性质漠不关心感到失望。为了引起人们的注意，他决定写一部作品，在这部作品中，摹仿欲望会在"看不见"的情况下产生，可以说，完全是在中介者的影响下产生。他把此前作品的一见钟情变成了一种根本看不见的爱恋。

---

① 《莎士比亚全集》，第 1722 页。

莎士比亚的《鲁克丽丝受辱记》改写了它的拉丁素材，但不无矛盾的是，这种改写揭示了原始文本的一些本质。一种摹仿性阐述可以指出李维作品中摹仿性竞争的迹象；将领之间的竞争不是关于他们妻子的美貌，而是关于她们的美德；对他们来说，这不是宫廷辩论，而是关乎个人荣誉的问题，因此是一场极其严重的争执。妻子们（除了鲁克丽丝）无序的生活方式也暗示了她们所处的社会的动荡，这与欧里庇得斯的《酒神女信徒》(*Bacchae*)很相似。

这些迹象是神秘的准神话文本的特征。所有这些主题最终导致了罗马末代国王的被逐，而国王的被逐导致了共和国的创立。模仿理论将神话解释为对某些受害者形象（victimage）的必然扭曲的描述，这些描述将一个被摹仿性竞争破坏的群体重新集合起来。替罪羊效应（scapegoat effect）在这些文本中只是间接可见；因为它在这些文本中所起的生成作用，至少在一定程度上总是被伪装起来。

阐释者必须注意官方信息与间接的线索之间可能存在的矛盾：根据官方信息，仅塔昆一人是暴力的，而间接的线索则指出，在君主制被摧毁之前，所有将领都存在暴力倾向。竞争观念最小化了其他将领的暴力行为，而塔昆这宗强奸案的主题最大化了这个替罪羊的暴力行为。对一个神话文本的阐释不能充分说明问题，必须使用比较参照的方法。当然，这儿不是充分探索这个主题的地方；我建议读者参考我的论神话的著作。[①]

---

[①] 见勒内·基拉尔,《暴力与神圣》(*Violence and the Sacred*,巴尔的摩：约翰·霍普金斯大学出版社,1977);《"双重束缚"：文学、摹仿和人类学文集》("*To Double Business*": *Essays on Literature, Mimesis and Anthropology*,巴尔的摩：约翰·霍普金斯大学出版社,1986);《自创世来万物隐藏》(*Things Hidden since the Foundation of the World*,斯坦福,加州：斯坦福大学出版社,1988)。

莎士比亚将李维描写的集体危机简化为柯拉廷和塔昆之间的私人冲突,但他展示了自己表现神话背后的相互暴力方面的天赋。甚至对鲁克丽丝丈夫的强调也并非没有文本基础。为什么柯拉廷在李维笔下如此突出?为什么将领中只有他的名字被提及?这首诗有力地回答了这些问题,一个摹仿性的回答。莎士比亚充分阐明了这一神话字里行间暗示的一些东西,即在替罪羊的差异结构前后极度的无差别化(undifferentiation)。

李维从替罪羊的角度写他的故事,这是标准的神话视角。只有塔昆一个人是暴力的,但间接的线索指向另一个方向——所有真正的悲剧性诗歌的道路;莎士比亚在一定程度上解构了共和主义者把塔昆当作替罪羊的做法,因为他在强奸犯和丈夫之间平均分配暴力,因为他选择了暴力互动的非差异性而不是替罪羊的神话性差异。莎士比亚把所有的神话来源都解释为摹仿性竞争的隐秘资料库——在我看来,这是一种卓越的洞察力,即使诗中纯粹的虚构因素也能成为现实。

在《鲁克丽丝受辱记》中,莎士比亚已经做了在他所有的戏剧中他将要做的事:他对他的主人公不加区别,让我们更接近神话主题的暴力中心,即自发性受害者形象的集体暴力,这将在《裘力斯·凯撒》中得到充分揭示[①]。在他对李维的悲剧性解读中,已经存在一种力量,这种力量是历史学家、语言学家乃至结构人类学家都无法模仿甚至承认的。

《鲁克丽丝受辱记》之后,莎士比亚再也没有试图把他对摹仿欲望的意识强加给不情愿的公众。他第二次理解了他第一次没

---

① 见第 21—25 章。

能理解的东西；整个计划是无用的。这首诗相当成功，但不如他的另一首长诗《维纳斯和阿都尼》成功，此诗不包含任何摹仿欲望，可能是莎士比亚在发现这一现象之前写的。

然而，莎士比亚从未放弃摹仿欲望。如果他放弃了，我们所欣赏的那些戏剧似乎就不那么值得欣赏了，我们也不知道为什么。对一个戏剧天才来说，冲突性摹仿并非可有可无的技巧，也并非可以在不影响作品基本质量的前提下可以抛弃的东西。喜剧性误解的纠葛只能是摹仿性的，悲剧中不可避免的冲突也是如此。没有这一因素，任何对人类动荡的描写都不可能令人满意，但作家不能过于明显地指出这一事实，不能强迫读者看到他们不愿看到的东西。如果他们感到不舒服，他们会找出各种借口来诋毁冒犯他们的文学作品，却从未提及他们产生敌意的真正原因，甚至没有真正发现个中原因。

在《仲夏夜之梦》的开头，莎士比亚采取了一种策略，这种策略非常适合太多的摹仿性揭露必然会引起的那种抵抗。对摹仿性知识的反感通常是，只要有另一种解释可用，摹仿就不必精心伪装。即使它像《仲夏夜之梦》中的精灵一样脆弱和荒谬，或者是不可避免的一见钟情，虚假的解释也会被普遍接受。

在接下来的章节中，我们将研究莎士比亚越来越复杂的摹仿模式，首先是《鲁克丽丝受辱记》之后的喜剧，然后是几部悲剧；所有这些戏剧都是莎士比亚的摹仿性揭露和掩饰的双重技巧的例子。我们将看到，这些作品可以非常直白，但那些讨厌承认这一现象的人，永远不会在他的戏剧中找到蛛丝马迹。在《仲夏夜之梦》的开头，莎士比亚娴熟地运用他那宝贵而危险的欲望科学，以至直到今天，欲望在他的戏剧中所起的巨大作用仍未被发现。

## 第三章
# 真爱的进程
## ——《仲夏夜之梦》中的四位恋人

《仲夏夜之梦》在世界各地的戏剧观众中很受欢迎,但通常不受哲学批评家的欢迎。后者喜欢英国乡村的诗情画意,但不喜欢他们认为是虚假的爱情辞藻。他们徒劳地寻找智性和精神上的养料。乔治·奥威尔(George Owell)注意到这部"最受欢迎的戏剧"是莎士比亚戏剧中最不受人赞赏的作品之一,他显然没有发现其中有什么值得赞赏的地方。[①] 这种鄙视背后的传统可以追溯到很久以前。塞缪尔·佩皮斯[②]在看完演出后,在日记中写道:"这是我一生中看过的最平淡可笑的戏剧。"

三个次要情节似乎同样毫无意义。没有头脑的恋人甚至对他们所做的事都不负责;迫克——淘气鬼,奥布朗的助手——不停地往"错误的眼睛里"倒他的爱汁。谁会在乎与"真爱"(true love)无关的嫉妒和不忠呢?在雅典公爵忒修斯的婚礼上,当地一些乡巴佬荒谬地排练一出拙劣的讽刺剧,而有谁会真正在乎他们的滑稽行为呢?这两个故事之间唯一的联系是脆弱的神话故事,但这种联系似乎纯粹是形式上的,没有重要的内容。

---

[①] 乔治·奥威尔,《李尔、托尔斯泰和傻瓜》,见弗兰克·克默德编《莎士比亚评论四百年》(纽约:埃文出版社,1965),第519页。
[②] 塞缪尔·佩皮斯(Samuel Pepys, 1633—1703),十七世纪英国作家和政治家。——译注

## 第三章　真爱的进程

我自己对此剧的看法有所不同：我将《仲夏夜之梦》视为莎士比亚的第一部成熟的杰作，一部名副其实的天才之作。剧情与伦理没有"直接关系"，但从其他角度看，戏剧也可以很有趣。它的剧情可以不连贯，但作为一件艺术品和一种智性陈述，它是连贯的。古希腊悲剧始终涉及混乱，但又远非混乱。乍一看，莎士比亚似乎随意制造了恋人们的反复无常，并没有什么目的，但他们在追求不同目的的方面的天赋是绝对可靠的，绝非偶然。他们总是选择最有可能产生挫折和冲突的道路。

对于这种反向的奇迹，一定有某种解释。魔法之花的名字——三色堇①被认为是所有的恶作剧的罪魁祸首，这表明在主要的次要情节中描绘的年轻贵族都是被宠坏的青少年；此剧不乏社会意义，甚至政治意义。然而，我不认为这有多么重要。情侣们自己通过精灵们的行为来解释这个夜晚发生的事情，即使是在喜剧的背景下，我们也必须对他们的解释有所保留。此剧本身暗示了一些更可信的东西。

我的读者会马上猜出我的想法。仲夏夜是摹仿性的，但比早期作品的情节更复杂。关系不再是单一的，我们有一个相互摹仿、相互交织的网络，不断的竞争达到了如此激烈的程度，最终演变成混乱的暴力。然而，一旦整个结构触底，它就会向光明反弹，一个美好的结局就在眼前。

当我们在它自身的摹仿之光中阅读此剧时，我们可以省去爱情魔药，最满意地解释每一个事件。如此，这部戏剧就不再是批评家们所描绘的形形色色的主题马赛克了。它变成了包含全部三个次要情节的单一动态过程，不断恶化的无形状态

---

① 三色堇（love-in-idleness），字面有"懒散之爱""枉然之爱"的意思。——译注

(formlessness)突然变得有序了。这是戏剧组织的杰作,也是语言技巧的惊人壮举。在这儿,摹仿欲望并没有像在已经讨论过的作品中那样被明确定义,而是通过看似无关紧要的恋人的修辞来表达,这种修辞偶尔会成为极具启发性的双关语(puns)。

在这部作品中,莎士比亚第一次完全掌握了支配人类关系的摹仿欲望,并将其戏剧化为一种普遍性机制(a global system),这一机制是所有社会融合和瓦解的根源。在其轻浮的表象背后,此剧构成了一个惊人的理论,不仅涉及摹仿的冲突的一面,而且涉及摹仿的凝聚力,并以仪式和戏剧的形式表现出来。

奥布朗、提泰妮娅、其他精灵及整个奇幻的次要情节都是由另外两个次要情节的摹仿性相互作用所产生的神话梦境。莎士比亚将自己的戏剧变成了一种极其强大的诠释,将自己的戏剧性诡计视为神话般的发生形态(mythical morphogenesis)。随着夜晚歇斯底里症的加剧,无论是在排练摹仿性戏剧的工匠们中间,还是在排练各自的模仿性冤情的恋人们中间,它产生了可怕的幻觉,最终引发精灵的出现。

本章和随后四章主要关注但不局限于《仲夏夜之梦》的无序方面。之后,我将在考察《特洛伊罗斯与克瑞西达》后,第一次回到《仲夏夜之梦》,并在我们从《裘力斯·凯撒》中了解了献祭之后,第二次回到这个剧本。只有这样,我才能处理此剧的仪式层面,即献祭秩序在其中的重生。只有这样,我才能为我关于这部奇妙的喜剧的总体论点辩护。在这部作品中,莎士比亚对摹仿欲望的关注扩展到了人类学的视野。魔法性宗教(magical religion)是最普遍和最完美的摹仿性互动的面具,是原始的面具,是人类文化本身。在《仲夏夜之梦》中,面具被揭开。这部戏剧应该成为所有现代人类学家的必读作品。

为了做出论证,我必须首先指出它与《维洛那二绅士》的相似之处。在某种程度上,《仲夏夜之梦》是对已经支配其前身的原则的更复杂和更系统的说明。

在第一部喜剧中,有一个父亲也是公爵,他试图阻止他女儿和主人公凡伦丁结婚。在《仲夏夜之梦》中,父亲和公爵是两个不同的角色,但联合起来反对赫米娅,她像西尔维娅一样,违背父亲的意愿决定嫁给拉山德。如果赫米娅拒绝嫁给狄米特律斯,她要么去死,要么在一个相当于传统修道院的异教徒修院中度过余生。在宣告这一令人敬畏的法令之后,父亲庄严地离开,不再在年轻一代的事务中扮演任何角色。如同第一部剧中的凡伦丁和西尔维娅,赫米娅和拉山德决定私奔。

不急不忙地,他们沉迷于一时的诗情画意中,直到他们被海丽娜打断,她热切地听她的好朋友赫米娅自豪而兴奋地告诉她私奔的计划。赫米娅向朋友倾诉心事,正如瓦凡伦丁向普洛丢斯推心置腹一样。所有这些摹仿的爱好者都在寻找摹仿的满足感,在这个过程中,他们为模仿者和竞争对手提供武器,而这些武器总是会反过来对提供者不利。

在《维洛那二绅士》中,凡伦丁告诉普洛丢斯他的私奔想法,这个奸诈的朋友立马带着这个热门消息去找公爵。在《仲夏夜之梦》中,背叛者是海丽娜,她径直去找狄米特律斯。狄米特律斯爱恋赫米娅,愿意跟随她去任何地方。而海丽娜爱狄米特律斯,愿意跟随他去任何地方。这样,两个别有用心的恋人将在夜间时刻陪伴拉山德和赫米娅,渴望挑起事端。正如凡伦丁至少一定程度上要为破坏爱情的敌意的干涉负责一样,赫米娅一定程度上也要为她和拉山德关系的破裂以及仲夏夜的混乱负责。

夜晚伊始,拉山德和狄米特律斯都疯狂地爱着赫米娅;任何一个人都可能抛弃她,这似乎是荒谬的。"真爱"是作者在此剧中的正统视角;不言而喻,所有恋人都应该永远保持对彼此的忠诚。然而,几乎在一瞬间,意想不到的事情发生了。拉山德抛弃赫米娅,爱上了海丽娜。赫米娅刚把她的名誉,甚至她的生命,托付给了这个年轻人,而现在,在没有任何事先警告的情况下,他无情地利用她的睡眠,把她一个人留下,让她成为森林野兽的潜在猎物。这种兽性的行为意味着拉山德不再是一个"真正的爱人",当然,除非可以证明当他严重违背"真爱"的时候,他的头脑并不清醒。迫克的爱情魔药解决了这个问题。有了精灵的帮助,一个聪明的剧作家几乎无所不能。

仲夏夜的剧情进展很快;在我们从拉山德的不忠中走出来之前,狄米特律斯同样忘记了赫米娅,爱上了海丽娜。就在片刻之前,他还恶狠狠地虐待这个可怜的姑娘,大声地侮辱她,但是现在,这两个青年男子却同样大声地赞美她的天仙之美。当第一次看起来难以置信的事情几乎立即第二次发生时,我们的惊讶会大大增加,当然,除非我们意识到重复是由于摹仿,在这种情况下,我们的惊讶就消失了。相信"真爱"的人有很强的信仰能力,从不认为在激情的情感世界里有模仿的可能性。只要有一点机会,他们就会欣然接受爱情药汁,把它作为一种优于摹仿欲望的解释。莎士比亚不想动摇他们的信仰,所以他写了第二轮的"枉然之爱"(love-in-idleness)。

## 第三章　真爱的进程

如果仔细阅读文本,我们就会发现到处都有更愤世嫉俗的解读的线索。首先要注意的是,虽然这两个青年男子从来没有长时间地爱过任何一个女孩,但他们在任何时候都爱着同一个女孩。我们也可以在他们两人的话语中看到很多相似之处,当他们都从一个女孩转向另一个女孩时,两人的话语并没有改变,当然,除了海丽娜是一个高个子金发女郎,而赫米娅是一个矮个子黑发女郎这一事实所引起的细微调整。下面是拉山德的话:

> 跟赫米娅心满意足吗?不,我真悔恨
> 和她在一起度着的那些可厌的时辰。
> 我不爱赫米娅,我爱的是海丽娜;
> 谁不愿意把一只乌鸦换一头白鸽?
> 男人的意志是被理性所支配,
> 理性告诉我你比她更值得敬爱。
>
> (第二幕第二场:111—116)

拉山德和狄米特律斯都坚信,他们新的一见钟情是他们所做过的最自然、最理性的举动。这种"理性"甚至不如迫克的"爱汁"有说服力。狄米特律斯在和拉山德较劲的过程中,话语听起来更加夸张和刻板,但这种差别不值一提:

> 啊,海伦!完美的女神!圣洁的仙子!
> 我要用什么来比附你的秀眼呢,我的爱人?
> 水晶是太昏暗了。啊,你的嘴唇,吻人的樱桃,
> 瞧上去是多么成熟,多么诱人!

> 你一举起你那洁白的妙手,
> 被东风吹着的陶洛斯高山上的积雪,
> 也显得像乌鸦那么黯黑。
> 让我吻一吻那纯白的女王,
> 这幸福的象征吧!
>
> (第三幕第二场:137—144)

批评家们并没有认为莎士比亚本人相信精灵的存在,但他们觉得莎士比亚的喜剧结构是围绕着精灵的,这几乎同样糟糕。他们误将《仲夏夜之梦》当作一部玄幻剧了。但尽管有精灵,这部作品还是非常现实的;它所包含的一切都是有意义的,从各种事件中可以很容易推导出一种摹仿性逻辑。让我们从狄米特律斯开始,他的情况最明显:他模仿拉山德,因为拉山德从他那儿带走了赫米娅,像所有被打败的竞争者一样,他的生活离不开获胜对手可怕的介入。他对赫米娅的欲望依然强烈,只要拉山德为之提供一个榜样;一旦拉山德转向海丽娜,狄米特律斯也移情了。这只完美的鹦鹉是普洛丢斯的更喜剧性版本。模仿对他来说是如此不可抗拒,以至如果人群中有第三个女孩,他肯定会爱上她,但不是在拉山德爱上她之前。

拉山德自己怎么样呢?当他移情海丽娜,他并无可以借鉴的榜样,因为没人爱这个可怜的女孩。这是否意味着他的欲望真是自发的?为了说服我们自己情况不是这样的,我们必须回到戏剧开始前发生的事情。第一场概述了仲夏夜的前史。这是一个关于情欲替代(erotic substitutions)和背叛的故事,就像此剧本身一样。所提供的信息简明扼要,没有什么戏剧性影响;讲述这个故事唯一可能的原因是它揭示了四个恋人之间所有的性爱恶作剧的系统性。

一开始,海丽娜爱狄米特律斯,狄米特律斯也爱她。这种幸福状态没有持续多久。温柔的海丽娜在独白中解释说,她的爱情被赫米娅毁了:

> 狄米特律斯没有看见赫米娅之前,
> 也曾像下冰雹一样发誓,
> 说他是完全属于我的,但这阵冰雹
> 一感到身上的一丝热力,便立刻溶解,
> 无数的盟言都化为乌有。
>
> (第一幕第一场:242—245)

赫米娅为什么想要引诱狄米特律斯离开她最好的朋友?由于赫米娅现在想嫁给另一个青年拉山德,她的动机不可能是"真爱"。还能是什么呢?我们一定要问吗?这件事的摹仿性质,再一次由它与《维洛那二绅士》的相似之处暗示出来。赫米娅和海丽娜是与凡伦丁和普洛丢斯同一类型的朋友:她们从小就生活在一起;她们一起受教育;她们总是以同样的方式行动、思考、感受和渴望。

在前史中,我们有了第一个同《维洛那二绅士》中的一样的摹仿三角,只是性别颠倒了。海丽娜是这部喜剧中的凡伦丁,赫米娅是普洛丢斯,狄米特律斯是更狡诈的西尔维娅。开头一样,但结尾不同:精力充沛的赫米娅成功了,而普洛丢斯失败了。

狄米特律斯仍然深爱着赫米娅,因为是她甩掉了他,就像狄米特律斯之前抛弃海丽娜一样。积极进取的赫米娅先是偷走了她最好的朋友的爱情，然后对他失去了兴趣，这让两个人都极度不开心，而不是一个人。如果赫米娅生活在我们的时代，她可能宣称，像她这样聪明、现代、独立的年轻女性需要比狄米特律斯和海丽娜更具挑战性的朋友。对赫米娅来说，狄米特律斯和海丽娜似乎不够具有挑战性，因为她发现支配他们太容易了。首先，她在为狄米特律斯而战中彻底击败了海丽娜，这毁掉了这位朋友作为中介者的声誉。由于不再具有摹仿性竞争的力量，狄米特律斯也失去了声誉，似乎不再受人欢迎。每当模仿者成功地占有他或她的榜样所对应的客体时，变形机（transfiguration machine）就停止工作了。在看不到任何有威胁性的对手的情况下，赫米娅觉得狄米特律斯缺乏生气，便转向更特别的拉山德。

这个解释同样适用于狄米特律斯，我们第一个有关不忠的例子。他屈从于赫米娅的甜言蜜语，因为海丽娜太温柔、太慈爱了，她没有给她的爱人制造足够的麻烦。当摹仿欲望受挫时，它会增强；当它成功时，它就枯萎。《仲夏夜之梦》是一部谨慎而系统地利用这两个方面的戏剧。两者共同构成了仲夏夜的动力学。

在《维洛那二绅士》中，莎士比亚强调了未实现欲望的力量和稳定性。在《仲夏夜之梦》中，这种强调仍然存在，但它还补充了对已实现欲望的不稳定性的同样重视。我们现在可以理解拉山德抛弃赫米娅的原因：所有的遗弃都植根于对和平占有的觉醒。拉山德战胜了他的摹仿性对手狄米特律斯。赫米娅真正属于他，所以他缺乏摹仿性竞争中不可缺少的刺激。海丽娜就此一定很有吸引力，因为她没有表现出对拉山德感兴趣的迹象；另外，也没有其他人可以追求。

是夜的历史延续了它的前史,不同的摹仿性角色起着不同的作用。换句话说,在仲夏夜开始之前,它就已经开始了。先是狄米特律斯对海丽娜不忠,然后是赫米娅对狄米特律斯不忠,接着是拉山德对赫米娅不忠,最后是狄米特律斯对赫米娅不忠。这四桩不忠行为如此排列,以便用最少的事件最大限度地说明摹仿理论。

重要的是要注意,爱情的汁液不能作为仲夏夜之前出轨的借口。一切都可以而且必须统一用摹仿的方法来解释,也就是用理性的方法来解释。如果只有发生在我们眼前的不忠行为,这样的例子就会太少,不足以把我们引到摹仿法则(mimetic law)上来,但是加上前史和历史就足以达到目的了。所以,不是一个单一的三角冲突保持不变直到终场,《仲夏夜之梦》暗示了一种万花筒式的组合,以加速的节奏相互产生。莎士比亚把几个客体依次给予同样的摹仿对手,以便喜剧性地展示中介者在摹仿性欲望三角中的优势。《仲夏夜之梦》之于《维洛那二绅士》,就像广义相对论之于牛顿式的大千世界。

模仿原则(mimetic principle)中固有的永久的不安必然意味着没有任何单一的组合能在任何时间满足任何恋人。因此,如果有足够的时间,就应该尝试所有可能的组合,而且确实如此。即使此剧不能详尽地处理所有的可能性(如果它能做到,那也将是乏味的),但它还是暗示要详尽。戏剧文学中,我想只有另一部戏剧或多或少地追求着同样的目标,并像《仲夏夜之梦》一样优雅地实现了这一目标——法国剧作家博马舍(Beaumarchais)的《费加罗的婚礼》(Mariage de Figaro)。

因为《维洛那二绅士》和《仲夏夜之梦》中都有四个主要人物,

乍一看，同样的法则似乎不会产生第二部戏那样复杂的情节；但不同之处在于对女性角色的处理。在《维洛那二绅士》中，女性在情欲上是被动的，仅仅是男性对手之间争夺的对象。正如我之前指出的，我们有时甚至有这样的印象，即摹仿欲望仅限于普洛丢斯一个人。在《仲夏夜之梦》中，女孩和男孩一样喜欢摹仿，有四个活跃的玩家，而不是两个或一个。

传统认为女性的不忠行为比男性更令人震惊；莎士比亚在舞台上没有表现任何不忠的女人。他展示了两个男孩为一个女孩而战，而不是两个女孩为一个男孩而战。他把最可耻的事件留给仲夏夜的前史。然而，我们不应被这种谨慎对待女性的方式所愚弄；这部戏需要一个与男性互动及对应的女性角色，而且已经有了。在这部喜剧的整个系统中，海丽娜和赫米娅的摹仿性竞争，加上赫米娅的不忠，起着与主要涉及男孩的夜晚事件完全相同的作用。赫米娅对狄米特律斯的忠诚并不多于狄米特律斯和拉山德对她的忠诚。就像男孩们一样，女孩们首先是竞争对手，其次是恋人，最后，就像男孩们一样，女孩们最终也会彼此对掐。说到底没有什么区别：每个恋人都是另外三个人的镜像，无关性别。

如果我们必须在仲夏夜开始前指定一个大麻烦制造者，那就是赫米娅，但我们不能把我们的前史与我们的历史分开来考虑。强调任何角色的独特性都是与戏剧精神相违背的，戏剧精神侧重于摹仿法则所产生的矛盾的统一性。莎士比亚在这部戏中既不讽刺也不颂扬女性。他的兴趣在于对摹仿过程的描述；他的喜剧与性别差异的关系并不比与其他任何差异的关系更大。摹仿过程似乎强调差异，但实际上它破坏了差异。剧作家决定加以戏剧化的正是这种隐藏的后果，而不是多样性的外观。

第三章 真爱的进程

对于我们的摹仿性恋人来说,没有失败的爱情是不会成功的,没有成功的爱情是不会失败的。他们私下里憎恶他们的言辞所宣扬的那种宁静的"真爱"的享受。在仲夏夜的任何一个被广泛理解的时刻,四人组的每个成员都渴望得到另一成员的爱,而此人对他或她并无欲望,同时,每个成员又成为自己并无欲望的第三个成员的欲望对象。在任何时候,这些恋人之间的交流最少,而挫败感则最强。

每个人都是如此具有摹仿性,以至在任何给定的时间,所有的摹仿欲望都趋向于凝聚并形成对同一客体的单一的巨大欲望。一开始,每个人都爱赫米娅,包括海丽娜,甚至赫米娅自己,她显然觉得自己配得上所有对她的欲望。在这个夜晚的高潮,不再是赫米娅,而是海丽娜处在这个团体的中心:每个人都被海丽娜迷住了,包括赫米娅,她嫉妒得发狂,因而对她的朋友进行人身攻击。

所有四个恋人都崇拜同样的绝对性爱,同样理想的诱惑形象,每个女孩和男孩在其他人的眼中都是如此。这种绝对与真实的品质无关;它多半是形而上学的。这四个恋人就像同一根电话线上的鸟儿,总是吵架,却又分不开。时不时地,没有明显的理由,它们会飞到另一根电话线上,再次开始争吵。他们的欲望被肉体所迷惑,却又完全脱离了肉体。它从来不是本能和自发的,不能依赖眼睛等感官的愉悦。它不断地追逐欲望,就像投机经济中金钱追逐金钱一样。当然,我们可以说,这四个人物"爱上了爱情"。这并非不准确,但一般来说,没有所谓的爱情,这样的表述模糊了关键的一点,榜样(model)的存在不可避免会转化为竞争对手(rival),对同一客体的摹仿性趋同必然带有嫉妒和冲突的性质。

　　毫无疑问,这种情欲的不稳定是轻浮的,但它的表现绝不是微不足道的。题材无关紧要;剧作家的天才就在于对它巧妙而系统的处理。莎士比亚讽刺了一个完全彼此奴役的潜在个人主义者的社会。他意在嘲笑一种欲望,这种欲望总是试图通过摹仿别人来寻求区分和区别自己,但结果总是适得其反。《仲夏夜之梦》是男女皆宜(unisex)和万物皆一(uni-everything else)思想的早期胜利。它涉及增强所有角色之间对称性的过程,但并不十分完美,以至演示变得笨拙。

　　不像那个多疑的迫克,他嘲笑恋人是因为他什么都懂,奥布朗对"真爱"充满敬意,他的语言却不时地捉弄他,暗示着与他想说的完全相反的内容。迫克为他的爱汁选错了人之后,奥布朗听起来很愤怒,好像"真""假"爱情之间的差异如此巨大,以至迫克错把这两种爱放在一起是不可原谅的。他实际上说的话表明情况恰恰相反:

　　　　你干了些什么呀?你把事情弄错了,
　　　　把爱汁去滴在一个真心的恋人的眼上。
　　　　为了这次错误,真爱的会改变心肠,
　　　　而假爱的并不会成真。

　　　　　　　　　　　　(第三幕第二场:88—91)

　　谁能说出"真爱"和"假爱"的区别呢?这些听起来像是一样的,虔诚的奥布朗所坚持的区别被幽默地削弱了。"真爱"与其摹仿性赝品之间所谓的差异,反映了传统美学中复制品(copy)相对于原创物（original）的低劣。问题是没有原创，一切都是仿制（imitation）。

"真爱变假"和"假爱变真"的不和谐循环具有讽刺意味，它暗示了差异的和个人主义的意识形态对日益增长的摹仿一致性的悖论式贡献；差异主义（differentialism）是一种摹仿性冲动的意识形态，其可笑之处在于，它是一种自我挫败的意识形态。这一切与我们当代世界惊人地相似。

外部障碍和非摹仿性暴君的传统是喜剧的优秀传统。今天，它比以往任何时候都更强大；它是精神分析的意识形态，是我们"反文化"的意识形态，是各种"解放"的意识形态，是整个青年崇拜的意识形态。它比以往任何时候都更加重视自己。我们都必须假装相信，"年轻人"在某种程度上受到了迫害。每一代人都宣称这一信息是前所未有的新事物。自古希腊以来，戏剧一直是这种意识形态的重要载体，但莎士比亚是一个特别的例外。他的态度如此不同寻常，以至被忽视而不是被承认。我们没有意识到《仲夏夜之梦》真正的革命性。

外部障碍的神话在一般文化和戏剧中的存在是如此强大，以至莎士比亚在第一次尝试时无法摆脱。《维洛那二绅士》是部过渡剧，一半是传统的，一半是莎士比亚式的。它是一部混杂剧，在这部剧中，非摹仿冲突和非摹仿差异，例如英雄/恶棍二分法，已经被削弱，但仍未被清除。

在《维洛那二绅士》中，当普洛丢斯得知西尔维娅和凡伦丁私奔的计划，他求助于公爵，公爵有效地进行了干预；凡伦丁必须放下西尔维娅逃离米兰。由于摹仿性对手构成了比父亲更大的障碍，我们可以看到父权在走下坡路，但仍然健在。但在《仲夏夜之梦》中，海丽娜得知拉山德和赫米娅要逃离雅典时，她甚至没有想到伊吉斯和忒修斯；她直接去找那个摹仿性对手狄米特律斯。父亲和公爵成了纸老虎。

在所有成熟的喜剧中，冲突的唯一缘由是摹仿欲望的纵横交错，这些欲望不断地集中在同一客体上，因为它们相互模仿。尽管第一场戏有欺骗性，但《仲夏夜之梦》有其真实性。恋人们的道路上唯一的障碍就是他们自己，即模仿性对手。他们比任何父亲都强壮、年轻、凶悍。他们极度渴望制造麻烦，而通常情况下，父亲们却不是这样。

《仲夏夜之梦》代表了莎士比亚式喜剧的第一个独特的例子，这种喜剧取笑欲望本身，谴责欲望是某种压迫——压制性的神灵、压制性的父母、压制性的大学校长等的受害者的永恒谎言。在所有纯粹的莎士比亚戏剧中，恋人的幸福受到的威胁都来自内部一群同龄人，而不是来自外部。然而，公众的偏见是如此根深蒂固，以至要认可传统的《仲夏夜之梦》的神话，只需要在喜剧的开头安置老式稻草人就可以了。四个世纪后，它们仍然主导着对一部与它们毫无关系的戏剧的诠释。

第一场戏把所有备受珍视的成见诱人地摆在我们面前：孩子反对父母；年轻人反对老年人；潇洒而真诚的恋人被不公平地剥夺了选择的自由；虚伪的成年人握着权力的缰绳。这纯粹是伪装。父母的权威已不复存在；它再也不会在莎士比亚戏剧中扮演重要角色了。

构思和写作第一场戏的传统方面——还有其他方面，我们稍后讨论——时，莎士比亚很可能不如完成该剧本的其余部分成熟,至少部分是这样。它可能是早期观念的最后残余,接近《维洛那二绅士》,是莎士比亚尚未完全抛弃的戏剧遗产的一部分。我认为,莎士比亚故意保留了这种传统性质的第一场,因为它符合他在摹仿性竞争方面的半隐秘性策略。如前所述,他总是对他所做的事情提出两种不同的解释。误导性的第一场在其中起了作用;多亏了它,《仲夏夜之梦》可以被当作一部令人安心的喜剧,在这部喜剧中,"真爱"的胜利只是被父辈形象和超自然生物的联盟暂时推迟了。

莎士比亚似乎有很好的理由不让他戏剧中最轻率的部分过于引人注目。《仲夏夜之梦》很可能是为伊丽莎白宫廷的一场贵族婚礼而写的。① 反复无常与喜庆的婚礼气氛格格不入:莎士比亚必须小心。在保守的朝臣看来,他的喜剧必须是无害和传统的。同时,他知道他的观众中会有一些非常聪明的人,他不想让他们失望。大家都以为他胆子大、出格而且机智。他试图同时为两个群体写作,这样每个群体都能在他的剧本中找到符合自己口味和气质的东西;他可能在一些更敏感的同时代人中取得了成功,但遗憾的是,他在后人身上失败了。这出戏的喜剧性与其摹仿性实质是分不开的,但再也无人能领会。

---

① 莎士比亚,《仲夏夜之梦》,见贺拉斯·霍华德·弗内斯编《新集注本》(*A New Variorum Edition*,费城和伦敦:J. B. 利平科特,1953),第259—267页。

第四章

# 啊,你教我怎样流转眼波

——《仲夏夜之梦》中的海丽娜与赫米娅

  只有一个人物,海丽娜,没有在仲夏夜之前的任何时候改变她的欲望的对象。她是摹仿性不忠的世界中的一个例外。但她的坚贞并不意味着她的欲望是真正属于她自己的——远非如此。在戏剧的大部分时间里,海丽娜似乎与自信的赫米娅截然不同。然而,在这个夜晚的高潮中,甚至这个可爱的女孩也愤怒地回应她朋友的侮辱:她的温柔一度屈服于摹仿性竞争的飓风。

  这种关系与凡伦丁和普洛丢斯的关系是一样的。这两个女孩一起长大,她们相互模仿的过程及其后果比前一部戏剧描述的要充分得多。我们可以看到,莎士比亚对此思考了很多,在这个主题上,他写了一首优美的诗,这首诗也是对摹仿性复制(mimetic doubling)的一个有力的中介:

> 海丽娜:我们两人从前的种种推心置腹,
>     约为姊妹的盟誓,在一起怨恨疾足的时间
>     这样快便把我们拆分的那种时光,
>     啊!你难道都已经忘记了吗?
>     我们同学时的那种情谊,

## 第四章 啊,你教我怎样流转眼波

> 一切童年的天真,完全丢脑后了吗?
> 赫米娅,我们曾像两个巧手的神匠,
> 一起绣同一朵花,描同一个图样,
> 我们同坐一个椅垫,唱同一个歌儿,
> 就像我们的手、我们的身体、
> 我们的声音、我们的思想,
> 都是连在一起不可分的样子。
> 我们生长在一起,正如并蒂的樱桃,
> 看似两个,其实却连生在一起;
> 我们是结在同一茎上的两个可爱的果实,
> 我们的身体虽然分开,
> 我们的心却只有一个——
> 我们的身子好比两个互通婚姻的名门,
> 我们的心好比男家女家的纹章合而为一。
> 难道你竟把从前的友好丢弃不顾,
> 和男人们联合嘲弄你可怜的朋友?
> 太没有朋友情谊,也不合少女的身份。
> 不单是我,女人都可以攻击你,
> 虽然受到委屈的只是我一个。
> 赫米娅:你这种愤激的话真使我惊奇,
> 我没有嘲弄你,似乎你在嘲弄我。

(第三幕第二场:198—221)

教学样本是最好的范本。女孩子总是摹仿同样的榜样,她们自己也总是彼此的榜样。其结果是完美的统一,恰如隐喻所说同一茎上的两个樱桃:她们有着同样的声音、同样的思想、同样的手、同样的身体。结构对称的意象是克洛德·列维-斯特劳斯最喜欢的形象之一:纹章。

所涉及的爱与恨也是一体的;摹仿欲望是两者的本质。这两个对手完全以同样的方式误解了发生的事情。谁也不相信自己以任何方式得罪了友谊或朋友,事实上谁也没有;谁都觉得对方背叛了自己。

复制品或双重形象(doubles)[①]是这种关系的摹仿性理论术语,并不像拉康所说是虚构的,而是真实的,因为它为滑稽的误解和悲剧性冲突提供了基础。我们在第一章所讲的凡伦丁和普洛丢斯的一切都可以在海丽娜和赫米娅身上重复。此处所需强调的是前一部戏中几乎没有提到的一件事,即两个主角在冲突中继续保持其身份和相互作用。这种强调意味着对中心悖论(central paradox)有更好的理解:作者也逐渐发现了自己思想的含义。

从摹仿理论的角度来看,关于海丽娜的语句往往是最有趣的;它们代表了所研究作品的重大进展。一开始,赫米娅是情爱成功的化身,两个男孩都爱上了她,而海丽娜深受他们的热情的影响。毫不夸张地说,她对待她一生的朋友就像对待神明一样。

男孩们的欲望都集中在赫米娅身上,这纯粹出于摹仿,并没有客观的理由。赫米娅并不比她的朋友漂亮,我们可以相信海丽娜稍后所说:

---

[①] double 是本书的一个重要概念,指酷似的人,或由两个相等、相同、相似的部分组成的东西,书中大致译为"复制品""双重形象(人物)"等。——译注

## 第四章 啊,你教我怎样流转眼波

在全雅典大家都认为我跟她一样美。

(第一幕第一场:227)

这与我在论《维洛那二绅士》一章中所引用的普洛丢斯的说法相似:

她是美丽的,我所爱的朱利娅也是美丽的。

(第二第四场:199)

这儿,莎士比亚再次告诉我们,摹仿欲望与现实无关。几年前,英国广播公司《仲夏夜之梦》的导演认为赫米娅应该比海丽娜漂亮。这是一个误解,他的依据是海丽娜在男孩中不受欢迎,但一开始我们对她的身体魅力一无所知。后来到了夜里,当整个摹仿行为都朝对她有利的方向发展时,我们必须假定她的容貌奇迹般地变美了吗?

海丽娜和赫米娅一样漂亮,海丽娜知道这一点,但这对她来说不是安慰。客观事实是一回事,摹仿性时尚是另一回事。这两者不一定相互矛盾,但也不一定重合。在人际关系中,摹仿是最主要的因素。摹仿的失败可以摧毁一个女孩的自尊,不管她"实际上"有多漂亮。我们的心理学和精神分析学总是强调单一主体的作用,而掩盖了摹仿现象的强大作用,这不仅体现在我们的爱情生活中,而且也体现在我们的职业生活、政治以及文学和艺术风尚等方面。在这个夜晚开始时,海丽娜似乎比赫米娅更"神经质",但我们没有充分的理由相信她是这样的。

当我们的中介者阻止我们拥有他们指定给我们的对象时,我们就会越来越珍惜指定的对象,但这只在第一阶段是正确的;当竞争进一步加剧时,客体退居幕后,中介者的影响越来越大。这种进程在海丽娜的第一段话语中得到了显著的体现,即她第一次出现并定义了她自身存在中的中介者的角色之时,她和神性本身,即她最好的朋友赫米娅有如下一段谈话:

> 赫米娅:上帝保佑美丽的海丽娜!你到哪里去?
> 海丽娜:你称我美丽吗?把这两个字收回了吧!
> 　　　狄米特律斯爱你的美丽;幸福的美丽!
> 　　　你的眼睛是两颗明星,你的甜蜜的声音
> 　　　比小麦青青、山楂蓓蕾的时节
> 　　　送入牧人耳中的云雀之歌还要动听。
> 　　　疾病会传染。唉,美貌要能传染的话,
> 　　　美丽的赫米娅,我但愿染上你的美丽:
> 　　　我要用我的耳朵捕获你的声音,
> 　　　用我的眼睛捕获你的睇视,
> 　　　用我的舌头捕获你那柔美的旋律。
> 　　　要是除了狄米特律斯,整个世界都属于我,
> 　　　我愿意捐弃一切,但求变身为你。
> 　　　　　　　　　　　(第一幕第一场:180—191)

说这段话的原因很明显。如果海丽娜可以变成赫米娅,她不仅可以吸引狄米特律斯,而且可以吸引其他所有已经或可能爱上赫米娅的男孩。我们很清楚为什么海丽娜想成为赫米娅。狄米特律斯是海丽娜想拥有的,赫米娅是她想成为的。成为显然比拥有更

重要。

在《欺骗、欲望与小说》(Deceit, Desire and the Novel)中,通过对五位伟大小说家的考察,我对欲望的终极目标的定义如下:

> 客体只是到达中介的一种方式。欲望的目的在于中介的存在。普鲁斯特把这种可怕的欲望比作他人的干渴:"渴望——就像火烧干枯的土地——一种生活,一种更适合我的灵魂大口畅饮的饮料,因它从未尝过一滴,便喝得愈加贪婪。"
> ……如同普鲁斯特,陀思妥耶夫斯基的主人公也梦想着吸收和同化中介的存在……①

像"存在"(being)和"本体的"(ontological)这样的词,在轻浮的青少年的语境中似乎是一种浮夸的哲学,但它们是不可避免的。存在是摹仿欲望真正追求的,海丽娜说得很明确。

海丽娜想要"变身为"(translated)赫米娅。这是《仲夏夜之梦》中的一个关键词;它将四位恋人的本体欲望与仲夏夜的神话变形联系了起来。如同《维洛那二绅士》,对存在的渴望与准神化的过程密切相关;但在第一部戏中,这个过程仍然是指向客体的,而现在它指向了中介。我们可以称这种演化过程为"非理性的""强迫性的",甚至"病态的",但在满足欲望本质的意义上,它总是合乎逻辑的。

海丽娜很爱狄米特律斯,可他很少被提及;赫米娅不在的时候,他显得高大无比,而在她面前,他的身材几乎萎缩为零。这

---

① 勒内·基拉尔,《欺骗、欲望与小说》(巴尔的摩:约翰·霍普金斯大学出版社,1966),第53页。

样,摹仿欲望的真正优先权就得到了揭示:无论客体多么令人满意,与赋予它价值的模型相比,它都显得苍白无力。

我们的文本的一个显著方面是它的感性(sensuousness)。海丽娜想获得赫米娅的"青睐",就像她想通过身体接触感染疾病一样。她希望她身体的每一部分都能和赫米娅相匹配。她想要赫米娅的整个身体。剧中的同性恋含义不是无意识的,而是有意的;很难看出精神分析可以提供什么样的帮助。莎士比亚描绘了一种不成功的欲望倾向,即越来越多地关注失败的原因,并把中介者变成第二个情爱对象——这必然是同性恋,如果最初的欲望是异性恋的话;情敌是指与主体具有相同性别的个体。同性恋的内涵与中介者越来越受到重视是分不开的。

海丽娜稍后就会证明她并没有忘记狄米特律斯;在这个夜晚,她面对他的行为举止比其他任何角色的所作所为都有更浓厚的情欲"受虐"色彩。然而在这一点上,她的恋人被她的中介者掩盖了,尽管不是因为像弗洛伊德所说的"潜在的同性恋"(latent homosexuality),一种不顾作者有意识的意图的无意识弥漫在文本中。莎士比亚的意图是向我们传达这一非常重要的意义。

对海丽娜来说,赫米娅是摹仿欲望的模型/障碍/对手;经由中介者的主体显得歇斯底里,因为她在获胜的中介者手中极度沮丧。莎士比亚特意阐明这一逻辑;把他看作一个受了迷惑的傀儡,而傀儡的线索可以被我们自己超凡的解密能力解开,这是一种自命不凡的荒谬。他写的不是海丽娜和她的朋友,而是欲望本身。他在同化摹仿过程的关键时刻写下了这一场。他第一次完全掌握了中介者的作用,他尽最大努力以戏剧的形式,以他自己的形式来表达他的洞察力;他做了任何作家在发现真正重要的东西时必须做的事：将它转化成文学。

当欲望自身的内在历史展开时，它自己的摹仿真相变得越来越明显。这种演变"始终已经"开始了；这是摹仿欲望的命运，只要有机会将自己的事业追求到底，它就会实现自己。我们之前说过，我们还会再一次说，莎士比亚戏剧的内在历史就是欲望本身的历史。

《维洛那二绅士》中凡伦丁将他的爱人让给他的对手的场景，预见了莎士比亚后来在海丽娜的话语中更充分表达的主旨：模型对客体的优势。在《欺骗、欲望与小说》中，这种转移（drift）的同性恋含义被界定如下：

> 我们应该尝试从三角欲望的角度来理解至少某些形式的同性恋。比如，普鲁斯特式的同性恋可以被定义为逐渐过渡到性爱价值的中介者，而在"正常"的唐璜主义中，这种中介者仍然依附于客体本身。这种逐步转移不是先验的，但并非不可能；它甚至有可能发生在内部中介的敏感期，其特点是中介者的优势明显增强，而客体逐渐消失。《永恒的丈夫》（The Eternal Husband）中的某些段落清楚地显示了对迷人的对手的性爱偏离的开始。（第47页）

海丽娜和赫米娅之关系将这一文本试图表达的概念清楚地戏剧化了。这就是为什么莎士比亚如此强调海丽娜对她的摹仿性榜样的迷恋；他并没有试图暗示这一定是她心灵构造的永久组成部分。与莎士比亚相比，弗洛伊德的观念显得死板又带有本质主义色彩。

海丽娜所经历的是她的"仲夏夜"的一部分。许多青少年对优秀的同学有着强烈的迷恋,这可能会,也可能不会永久地影响他们。莎士比亚是一个奇妙的例子,说明了在我们这个野蛮时代似乎不可能做到的事情,他对问题的平衡而幽默的看法,现在则充满了意识形态的包袱,几乎只要一提及,我们就会觉得好像一吨重的砖头卸在了我们身上。

对海丽娜话语中同性恋含义的摹仿性解读,让我们想到了一部截然不同的戏剧中非常相似的文本——《科利奥兰纳斯》。在一直在战场上被对手击败的奥菲狄乌斯眼中,科利奥兰纳斯就像战神一样,是他作为一个逊色者想要成为的一切的典范。毫无疑问,海丽娜也被打败了,在一场完全不同的战争中,但对她来说,这场战争就像奥菲狄乌斯和科利奥兰纳斯的战争一样重要。结果也完全一样:奥菲狄乌斯是本体欲望(ontological desire)的一个受害者。所有的莎士比亚的人物都想成为他们获胜的竞争对手。

当科利奥兰纳斯被逐出罗马,并向他的宿敌提议结盟时,奥菲狄乌斯回答如下:

啊,马歇斯,马歇斯!
你所说的每个字,已从我心里去除了
旧日怨恨,不再存留一些芥蒂。
要是朱庇特从那边的云中宣示
神圣的诏语,说"这是真的",
我也不会相信他甚于你,高贵的马歇斯。
让我用胳膊围住你的身体;

## 第四章 啊,你教我怎样流转眼波

> 我这样拥抱着我的剑砧,
> 热烈而真诚地用我的友谊和你比赛,
> 正像过去雄心勃勃和你比赛勇力一样。
> 我告诉你,我曾经热恋我的妻子,
> 为她发过无数挚情的叹息,
> 但我现在看见了你,高贵的英雄!
> 我狂喜的心,比我第一次看见我的恋人
> 成为我的新妇,跟进我的门槛的时候
> 还要跳跃得厉害。啊,战神,
> 我对你说,我们已有一支军队准备行动;
> 我已经再度下了决心,
> 一定要从你的胸前割下一块肉来,
> 即使牺牲自己的一只胳膊,我也心甘。
> 你曾经打败我十二次,
> 每天晚上我都做和你交战的梦;
> 睡梦中,我们常常一起倒在地上,
> 争着解开彼此盔上的扣子,拳击彼此的咽喉,
> 梦醒之后,已经无缘无故地累得半死。
>
> (第四幕第五场:102—126)

当奥菲狄乌斯把他的妻子牵扯进来,我们并不怀疑同性恋的内涵是经过深思熟虑的;其意义显然和《仲夏夜之梦》中的一样。在这两部剧作中,莎士比亚描述了一种对中介者的情色化,这种情色化也以同样的方式发生在其他摹仿性作家的作品中,如陀思妥耶夫斯基和普鲁斯特。

就像我之前所说，奥菲狄乌斯和科利奥兰纳斯在一段时间内是亲密的朋友，直到矛盾心理的负面因素再次强烈出现，奥菲狄乌斯杀死了科利奥兰纳斯。尽管表达得不那么悲剧性，但这种矛盾心理在海丽娜和赫米娅身上是完全一样的。

莎士比亚是否被那些不仅扮演奥菲狄乌斯和科利奥兰纳斯，而且扮演海丽娜和赫米娅的男孩所吸引？对中介者产生情欲是因为他在自己的生活中经历过吗？可能是，也可能不是；这个问题没有明确的答案。我们对摹仿过程的理解取决于我们自己的摹仿性洞察力，这与性偏好无关。摹仿因素可能会影响性取向，但也可能不会。此外，我们有充分理由相信，我们欲望的摹仿维度不受性偏好的影响，在异性恋和同性恋的欲望中，在男性和女性中都是一样的。

当然，不从存在主义角度来解读十四行诗是很困难的，如果我们从存在主义角度解读十四行诗，它们暗示了一种双性恋，这与戏剧所暗示的似乎非常一致。当然，对莎士比亚私生活的猜测是不可避免的，但并不能带来任何确定性；即使它们真能证明什么，其作用仍然有限。我发现莎士比亚的欲望概念和当前的摹仿理论之间的一致性比传记方面的考虑更有趣。这种巧合是可以通过对尽可能多的莎士比亚文本进行仔细比较而明确记录下来的。我觉得这个任务比那个永恒的问题——莎士比亚到底是个什么样的人——更有意义。

莎士比亚的摹仿理论在《仲夏夜之梦》中以几乎说教的方式展开：海丽娜的话语涉及榜样的欲望的本体论性质，然后是一段关于实现这种欲望的方法的对话。一个女孩怎样才能把自己变成她的中介者呢？她的生活一定是对赫米娅的一种神秘的模仿，由于神明就在眼前，海丽娜直接向她寻求建议：

啊，你教我怎样流转眼波，用怎样一种
魔力操纵狄米特律斯的心？

（第一幕第一场：192—193）

她的话听起来像学生在向老师求助做家庭作业的事。赫米娅认为自己没有这个能力，但回答得很中肯：

我向他皱眉头，但他仍然爱我。（194）

一个像狄米特律斯这样受虐的人，为什么要如此拼命地依附于迫害他的人呢？在摹仿性语境下，这是很清楚的：成功的竞争会熄灭欲望，而失败会激化欲望。赫米娅和狄米特律斯的关系说明了第一个命题，海丽娜和狄米特律斯的关系说明了第二个命题；海丽娜爱狄米特律斯，因为他对她的轻蔑冷漠。作为一个性爱策略的老师，赫米娅比她想象的更有能力，但正如她笨拙的评论所显示的那样，这一信息超出了海丽娜的理解范围：

唉，要是你的颦蹙能把那种本领传授给我的微笑就好了！（195）

我们摹仿得越多，我们就越难理解支配我们行为和语言的摹仿法则。所有这些恋人都在不停地给彼此上一堂他们谁也不懂的课。拼图的各个部分都已就位,并完全吻合;随着两个女孩不断交换意见,这幅画变得越来越清晰,然而画这幅画的人仍然对它的含义一无所知。那观众呢?为了启发他们,莎士比亚让赫米娅和海丽娜再一次例行公事地交代一番:

赫米娅:我给他咒骂,但他给我爱情。
海丽娜:唉,要是我的祈祷也能引动他的爱情就好了!(196—197)

赫米娅第二次提出了唯一有效的策略,海丽娜第二次反向得到了信息。这四个恋人用同样荒谬的自我挫败的方法追求着同样的本体论梦想。他们越是坚持,就越容易迷失在仲夏夜的迷宫中;很快,荒谬的误解就会变成夜间暴力。他们都要对所发生的事情负责,但他们不明就里。然而,莎士比亚给了我们一次机会,让我们看到他们从未看到的东西:

赫米娅:我越是恨他,他越是跟着我。
海丽娜:我越是爱他,他越是讨厌我。(198—199)

在被动忍受了自身荒谬的不良影响之后,可以说,摹仿欲望会勇敢地面对困难,并积极地寻求同样的效果;它把过去摹仿性竞争的最坏结果变成了现在和未来欲望的先决条件。它以最痛苦和可悲的被误解的经历为基础,直接集中于最令人沮丧的障碍。每一个愉快的、心甘情愿的客体都被唾弃,每一个唾弃我们自己欲望的欲望都被热情地拥抱;只有轻蔑、敌意和拒绝才是可取的。摹

## 第四章 啊，你教我怎样流转眼波

仿欲望有效地为受害者设计了程序，以获得最大程度的挫败感。

精神科医生和精神分析学家撕开了摹仿欲望的无缝外衣，试图将其分割成不同的"症状"，而这些症状并不会真正导致心理疾病的高度分化；我们必须远离他们的语言和伴随他们的心理习惯。他们没有觉察到所有这些恋人之间正在进行的那种奇怪的反向战争。恋人的欲望需要胜利的对手；如果我们援引一些具体化的受虐狂的概念来解释海丽娜对狄米特律斯的依恋，或者一些激烈的施虐狂的概念来解释赫米娅对他的漠然或他自己对海丽娜的漠然，我们就忽略了支配所有对立态度的单一的摹仿原则。

在非摹仿的观察者看来，对失败本身的欲望，或对痛苦本身的欲望，实际上是早先定义的本体论欲望的一部分，如海丽娜想成为赫米娅的欲望，或任何人想成为中介者的欲望，这些欲望被胜利所改变，也就是被主体失败的欲望所改变。至少在这个阶段，人们不崇拜失败和失利；它们是模型作为模型的有效性的标志。我们永远不应该相信这些人物的真实面目，就像他们的行为所暗示的那样；他们总是对一些摹仿性信号做出反应，所有的情况都可能在任何时候发生逆转。

精神病学的标签会产生永久性差异的印象，但这种差异并不存在。一开始就被打败的海丽娜似乎天生比她的三个同伴更受虐，但她并非如此。另外三个人会在这个夜晚赶上她。

尽管精神分析不像旧的"特性描述"（characterization）那样具有本质主义，但对于不断加速的万花筒般的《仲夏夜之梦》来说，它仍然过于静态。它的虚假差异化只会掩盖所发生事件的完美透明度。把握普遍挫折机制的唯一途径是面对各种欲望的含义，这些欲望根本上都是彼此模仿的,没有任何固定和永久的模式。

游戏规则解释了为什么所有参与者在夜晚结束前要经历同样的整个过程。这些经历发生的顺序是无关紧要的;我们决不能被某些本来就不同的幻觉所愚弄,那才是"真的"不同。这四个恋人一直渴望爱情,因为每一次,他们都把纯粹的地位差异放大成一种虚假的绝对。超越的循环幻象推动着整个系统。

仲夏夜并不是对这个或那个角色或多或少的稳定的"神经症"或"情结"的描述,而是以同样的方式和程度对所有角色产生影响的一个"漆黑的夜晚"(noche oscura)——一种集体的磨难,最终,一种他们都成功完成的成年仪式。

这些人物从不互相倾听,甚至也不听自己的。他们说着同样的道理,却没有加以领会。他们也不太相信他们实际上所说的。在这部看似无关紧要的戏剧中,内容的密度是异乎寻常的,但剧中人物和剧外批评家都以错误的方式对语言和事件做出反应;他们都真诚地宣称,一部极其连贯的作品很不连贯(incoherence)。

这些恋人使用的是完全刻板的语言,充满了华丽的修辞;他们总是借用人类活动中两个同样险恶的领域:一是巫术,二是复仇和暴力、战争和军事破坏。除了习惯意义上的"修辞",这种语言在"修辞学"上的意思是被不加思考和机械地重复的,是愚蠢的业余爱好者古老的陈词滥调。四个恋人不听他们说什么,因为他们说得太多了:

> 拉山德和美丽的赫米娅在哪儿?
> 我要把拉山德杀死,但我的命却悬在赫米娅手中。
>
> (第二幕第一场:189—190)

## 第四章 啊,你教我怎样流转眼波

我们的摹仿性阅读可以一劳永逸地驱除一直困扰着这些批评家的"不良品位"的幽灵。对矛盾修饰(oxymora)的偏爱不是文体选择的问题;它反映了欲望的"矛盾心理",即希望中介者同时被奉为榜样,又被唾弃为不可逾越的障碍。这儿还有一个"修辞性"演讲的例子。海丽娜宣称:

> 你吸引我,你这硬心肠的磁石!
> 但你吸的不是铁,因为我的心
> 像钢一样坚贞。去掉你的吸引力,
> 那么我也就没有力量跟着你了。

(第二幕第一场:195—198)

狄米特律斯对海丽娜的粗暴对待确实是通往她心灵的最短和最可靠的道路。所有的修辞性陈述都在某个时刻变成真实;每个人都是别人的"硬心肠的磁石"。我们看不到这个真理,因为它既不是客体的,也不是主体的,而是个体间的(interdividual)。相对于说话人在欲望结构中的位置而言,每一个陈述都是真实的。由于这种位置的数量是有限的,团体的所有成员轮流处于所有这些位置,所以,言辞总是对正在发生的事情的正确描述。

传统修辞学中的暴力和战争表达了摹仿欲望本质上的冲突性和破坏性。暴力似乎纯粹是隐喻,血腥和毁灭的语言被认为是一种荒谬的夸张,一种纯粹的"修辞效果",纯粹的精确,但在仲夏夜的高潮中,当拉山德和狄米特律斯拔出剑来,真正想要互相残杀时,这就不再是象征性的,而是实实在在的。

对于二流作家,创造的努力从现实转向隐喻,而对于真正的天才，这个方向是相反的：他们从隐喻回到现实。但是，他们的现实并不是那些试图通过"取消修辞"来达到这一目标的人的现实。莎士比亚超越了语言虚无主义和偶像崇拜的结合，这是所有修辞学时代的特征，我们的时代和他的时代都是如此。他将这四个恋人的修辞话语重新投入"个体间"的熔炉中，为其可怕的内涵辩护，结果就发生了变形。如果让他来指导我们，我们将看到最疲惫的陈词滥调变成炽热的岩浆；我们需要做的就是倾听它们的暴力，并将其与这些年轻人对待彼此的方式进行比较。这些言辞讲述了在仲夏夜的高潮中几乎把所有年轻人都吞没的悲惨命运。这四个恋人侥幸逃过一劫，因为他们是喜剧中的角色，而不是他们应得的悲剧，他们竭尽所能造成的悲剧。

# 第五章
# 他们心灵上都起了变化

——《仲夏夜之梦》中神话的产生

到目前为止，我们主要研究的是这四个恋人之间的双边关系和三角关系；是时候看看他们的"群体动态"了。当高潮来临的时候，他们都失去了离开的理由；他们像森林里的野兽一样四处游荡，互相辱骂，最后是身体上的打击。他们都用同一种药物下药，都被同一条蛇咬伤。徒劳渐渐让位于悲剧。

与此相关的是，我们必须研究《仲夏夜之梦》中充满风情的语言的一个显著特征：动物形象的扩散。为了表达她的自卑，海丽娜把自己比作各种各样的野兽。与这些卑微的隐喻相反，崇高和神性的意象表达了对达不到的客体狄米特律斯和优越的中介者赫米娅的超越。

四个恋人一发现自己身处树林中，就出现了这种隐喻的极化。海丽娜情绪极不稳定。首先，在赫米娅面前，她赞美这位中介者无与伦比的美丽。但是赫米娅一离开，海丽娜，正如已经引用的段落所示，注意到雅典人认为她和她的朋友一样美丽。然而稍后，她又改变了主意，痛苦地责备自己，因为她在赫米娅面前不恰当地表现出独立：

> 不，不，我像一头熊那么难看，
> 野兽看见我也会因害怕而逃走；
> 难怪狄米特律斯会这样逃避我，
> 就像逃避一个丑怪一样。
> 哪一面欺人的镜子使我居然
> 把自己跟赫米娅明星一样的眼睛相比呢？
>
> （第二幕第二场:94—99）

在所有强烈的摹仿关系中，主体都试图与自我轻视做斗争，而自我轻视必然伴随着对中介者的高估。海丽娜尊敬她的中介者，但也讨厌她是自己的竞争对手，海丽娜徒劳地试图在一段已经变得完全不平衡的关系中重新占据上风。对海丽娜来说，赫米娅和狄米特律斯越神圣，她就越觉得自己是禽兽。动物形象是表达摹仿欲望所产生的自卑的一种特殊手段。欲望主体没有上升到他们在榜样身上所感知到的近乎神性的水平，而是下降到动物性的程度。

把这种关系比作主人和奴隶的辩证法是很诱人的，但黑格尔的方案带来了一种持久、稳定和理性的光环，这使它不适用于作品分析。《仲夏夜之梦》的隐喻体系则意味着不同的东西。我所知道的唯一一个能捕捉到其意味的思想家是帕斯卡尔，他著名的格言是"想做天使的往往做了野兽"。海丽娜在狄米特律斯面前"做了野兽"比在赫米娅面前更引人注目：

> 我是你的一条狗，狄米特律斯；
> 你越是打我，我越是向你献媚。

> 待我像条狗吧,踢我、打我,
> 冷淡我,不理我,都行,
> 只容许我跟随你,虽然我这么不好。
> 在你的爱情里我要求的地位
> 还能比一条狗都不如吗?
> 但对于我已经十分可贵了。
>
> (第二幕第一场:203—210)

这与普洛丢斯开始嫉妒他的朋友时对凡伦丁和西尔维娅的感觉非常相似,但在《维洛那二绅士》中,这种极端的自卑和超然的优越感一旦在两个朋友之间建立起来,关系就不会改变,直到戏剧的终场。在《仲夏夜之梦》中,关系一直在变化,当这个夜晚趋向高潮时,这种逆转变得越来越快。

随着结局的临近,形而上学的绝对性从一个角色转到另一个角色,摹仿关系也失去了所有的稳定性。当两个男孩抛弃赫米娅,转向海丽娜,整个结构根据相同的对位关系进行重新组织,但是使用了新的角色分配。一个曾经被鄙视的成员变成了团体偶像,一个曾经的偶像失去了所有的威望;在我们隐喻性两极的语言中,它实际上意味着一头野兽变成了一个神明,反过来,一个神明也变成了一头野兽。上下翻转。当拉山德和狄米特律斯爱上海丽娜时,轮到赫米娅感觉自己像条狗了。

随着仲夏夜危机的加剧,动物隐喻不仅成倍增加,而且经历了作者本人强调的壮观的倒置和逆转:

> 你就跑吧,故事也要改写了。

> 阿波罗逃走,达芙妮追赶;
> 鸽子追逐鹰隼,温柔的
> 牝鹿追捕着猛虎。

(第二幕第一场:230—233)

这是海丽娜在追逐狄米特律斯。批评家不知道如何解读这种语言,他们往往根据自己对"修辞"的一般感觉来加以谴责或称赞。一些批评学派赞同,另一些则反对,他们都认为这只不过是一种文体上的自我放纵。但仅有这种审美判断是不够的。我们必须要问,这些逆转在仲夏夜的整个过程中是否有其目的,这是所有文化等级关系的普遍性逆转。只有理解了这个过程,我们才能理解这四个恋人的遭遇。

事实是,仲夏夜逐渐瓦解了这四个恋人,因为它动摇了他们的关系;这是通过摹仿性竞争的加速而发生的,这和结构解体(destructuration)或去象征化(desymbolization)的过程是一回事。相对位置的反复交换就像跷跷板,一个上升,另一个下降,反之亦然。每个恋人开始都觉得自己不如别的恋人,然后又觉得自己高人一等;他们都有着同样的经历,只是时间不同,但每个人都觉得自己的经历是独一无二的。随着仲夏夜高潮的临近,所有真实的差异都趋于零,想象中的差异看似巨大,却失去了所有的稳定性。

一部戏剧有限的维度迫使莎士比亚简明扼要地向我们描述他的想法,但起作用的原则是明确的,其后果正在逐渐展开。如果恋人们对彼此关系的片面看法总是以一种不断加速的节奏发生逆转,那么,所有的差异都会如此迅速地瓦解,以至不可能对他们所定义的两极对立有一个独立而又清晰的理解;所有的极端相互影响。超过一定的不稳定阈值，就会让人头晕目眩，视力受损；幻觉会出现，但并非完全反复无常或凭空想象。

当狗和神明，野兽和天使，以及所有这类对比物晃动得足够快时，它们就会合而为一，但不是黑格尔所说的和谐的"综合体"（synthesis）。实体开始合并，但它们永远不会真正成为一体；其结果是一堆从组件借来的碎片。如果出现统一的幻觉，它将包括以前无序排列的对立的碎片。不是一个神明和一条狗作为两个不可减约的特性面对面，而是我们会有不断变化的组合和混合物，比如一个具有野兽特征的神明，或一头类似神明的野兽。快速并连续看到许多图像，就会产生单一的运动图像的错觉，看起来或多或少像一个生命体，但在这种情况下，它将具有某种"怪异的形状"，或者更确切地说，某种无形状态。

对不同的生物来说，神话中的怪物通常是特定元素的组合；如果替换的数量足够多，速度足够快，以至无法察觉，那么它就会自动从莎士比亚所提议的过程中产生。人首马身怪物（centaur），特定的马和人的元素结合在一起，就像特定的驴和人的元素在波顿的怪异变形中结合在一起一样。由于可以混在一起的差异是没有限制的，所以怪物的多样性似乎是无限的，而且似乎是可以彼此"结合"的。波顿"沸腾的大脑"即将把隐喻性的婚姻变成一段真正的婚姻，他自己的婚姻，和美丽的提泰妮娅仙后的婚姻。

剧作家不只是邀请我们去见证那些纯粹装饰性仙子优雅但毫无意义的进化；他为我们提供了神话起源的一致性观点。这些仙子是"怪物"，波顿也变成了一头驴。怪物是人、神、兽三者的结合体，是动物和超验形象的使用及滥用所引发的过程的产物。

其中一些形象来自奥维德的《变形记》。它们直接与早期的神话起源有关,这显然极大地激发了莎士比亚的天才。莎士比亚比奥维德有更大的抱负,奥维德的变形故事完全是描述性的;他想要展示的是,超越了一定的集体强度的阈值,模仿性竞争成了我们所说的神话的生成机制:这就是仲夏夜和它的仙子们的真正意义所在。

迫克在波顿头上装上纸板驴头,就其后果和起源而言,是一种"真正的变形"。这让那些碰巧和恋人们在同一片树林里的工匠感到恐惧,他们四处逃窜时,都惊叫起来:"波顿……你变啦!"(第三幕第一场:119)

"变"是海丽娜用来表达她的摹仿欲望的本体论目标的词:

> 要是除了狄米特律斯,整个世界都属于我,
> 我愿意捐弃一切,但求变身为你。
>
> (第一幕第一场:190—191)

"变"一词的重复并非偶然;这表明,对莎士比亚本人来说,波顿的怪异变形源于通过动物形象的摹仿交互作用。这部戏中的"超自然"事件不是作者对其作品的智性统一漠不关心而无端捏造出来的。仙子神话是人们被模仿的狂热征服的产物。

换句话说,摹仿欲望确实有效;它确实实现了为自己设定的个人蜕变的目标,但是以一种自我挫败的方式。恋人真的变成了彼此,但不是以他们希望的方式;他们觉得被道德甚至身体上的怪物包围着,自己也变成了怪物。就像童话里的坏姐妹一样,她们的愿望实现了,但是如果她们知道最终的结果,她们会许一个不同的愿望。

## 第五章 他们心灵上都起了变化

让我们确保我们真正理解了怪物的起源。在这四个主角之间的分歧似乎最为严重的时刻,它们确实消失了。在一场竞争中,总有一方迟早会反败为胜。这些人物越是否认他们之间的互动关系,他们就越能体现这种互动关系,每一次否认都会立即得到回应。角色消解,人格分裂。矛盾明显增加,任何坚定的判断都不能成立。每一个主人公都与另外三个人作对,指责他们以虚假和多变的外表掩盖自己的真实存在。他们都认为他们的对手要为他们脚下的地面下陷负责。当海丽娜指责赫米娅是个玩偶——她们都是玩偶,摹仿欲望的玩偶——赫米娅回答道:

> 玩偶!噢,原来如此。
> 现在我才明白她为什么
> 把她的身材跟我比较,自夸她生得长,
> 用她那高高的身材,赢得了他的心。
> 因为我生得矮,他便把你看高了吗?
> 我就矮了?你这涂脂抹粉的花棒儿!
> 你说说,我怎么矮了?矮虽矮,
> 我的指爪还挖得着你的眼珠哩!
>
> (第三幕第二场:289—298)

在《莎士比亚的节庆喜剧》(*Shakespeare's Festive Comedies*)一书中,C. L. 巴伯(C. L. Barber)正确地注意到,这四个年轻人试图通过一些"显然与他们个人身份相关"的东西来解释他们的冲突,但都是徒劳的:

>……只有偶然的差异才能得到表现。海丽娜个子高,赫米娅长得矮。虽然男人们认为"理智上说"现在的赫米娅或现在的海丽娜是"更有价值的少女",但性格与此无关……这些恋人的生活不是被个人的言辞所吸引,而是被整部闹剧的运动所吸引,每一出闹剧都以一种共同的模式波动和旋转,这种演变似乎有一种非个人的力量。①

真正的过程是不断增长的相互作用和一致性;必须将它与想象的过程,即恋人的主观体验仔细区分开来,这是一种极端但不稳定的差异。两者在怪物"生成"中同样不可或缺,真正的统一性促成了电影效果所要求的替代(substitution)。

在提泰妮娅与奥布朗的宏大场景中,她详细地描述了自然界的一种失调,这种失调与发生在人类世界中的失调是由同样的无差别化构成的。在英国乡村,猛烈的风暴抹去了英国文化本身在土地上留下的痕迹和图案:

> 空了的羊栏露出在一片汪洋的田中,
> 乌鸦饱啖着瘟死了的羊群的尸体;
> 跳舞作乐的草泥板上满是湿泥,
> 杂草乱生的曲径,
> 无人行走,已经无法辨认。
>
> (第二幕第一场:96—100)

"无法辨认"是个重要的词语。四季正在经历与四个恋人相同的

---

① C. L. 巴伯,《莎士比亚的节庆喜剧》(克里夫兰和纽约:子午线出版社,1963),第 128 页。

## 第五章 他们心灵上都起了变化

无差别化过程;它们已经变成了一个可怕的混合物,混合了它们所有的一切,它们成为一个整体,而不是彼此分开。怪物是混乱之前的最后一个阶段,一切都变得很相似:

> 天时不正,季候也反常:
> 白头的寒霜倾倒在红颜蔷薇的怀里,
> 年迈的冬神却在薄薄的冰冠上
> 嘲讽似的缀上了夏天芬芳的蓓蕾的花环。
> 春与夏,丰收的秋季和暴怒的冬季,
> 都改换了他们素来的装束,
> 惊愕的世界不再能
> 凭他们的出产辨别出谁是谁来。
>
> (第二幕第一场:106—114)

认为按照莎士比亚的模式,自然是第一位的,且必须对人类世界中发生的人际关系负责,这种想法是错误的。这是神话本身,当然还有神话学者让我们相信的,他们认为神话主要是对自然的一种解释。莎士比亚没有犯这样的错误。在提泰妮娅言说的最后,他让她明确地对奥布朗说,整个危机的根源在于他们所面临的冲突:

> 这都是因为我们的争吵
> 我们的不和所致,
> 我们是一切灾祸的根源。
>
> (第二幕第一场:115—117)

莎士比亚没有在奥布朗和提泰妮娅的争执上停留太久,当然,时间长到足以在其中展示一个摹仿性竞争的生动例子:仙王和仙后都想在自己的追随者中增加一个小侍从,唯一的理由就是对方也想要他。那个引起争议的孩子从不说话,而是像网球一样在奥布朗和提泰妮娅之间来回弹跳。重点再次不在于欲望的客体,而在于竞争的精神。

在提泰妮娅暗示奥布朗可能与希波吕忒有染,以及奥布朗反诉提泰妮娅与忒修斯有染时,此剧也流露出一种摹仿性嫉妒。无论我们在这部戏里看到什么,摹仿欲望总是占主导地位。我相信,提泰妮娅关于混乱时代的最终责任的三句话,与莎士比亚本人对人类冲突及其在五朔节和仲夏夜等节日中的作用的解释是一致的,这为剧中的事件提供了民俗背景。我们先不讨论这个问题,稍后再说。

从梦中醒来后,提泰妮娅清楚地表明,她与波顿的"婚姻"是差异瓦解的不幸结果。即使最大的差异——自然和超自然之间的分离——在仲夏夜也暂时消失了:

> 告诉我一切缘故,
> 这些人来自何方,
> 当我熟睡的时光。

(第四幕第一场:100—102)

差异的消失,即模仿性对手的充满敌意的双重形象(doubling)是如此重要,以至莎士比亚在仲夏夜结束后又回到了这一点上:从恍惚状态中走出来,这些恋人带着更坚定的目光回望这段冒险之旅——

> 狄米特律斯：这些事情似乎细微无从捉摸，
> 　　　　　　好像化为云雾的远山一样。
> 赫米娅：我觉得好像用昏花的眼睛看这些事情，
> 　　　　一切都化作了层叠的两重似的。
> 海丽娜：我也这么想。
>
> （第四幕第一场：187—190）

现在，他们恢复了理智，海丽娜和赫米娅可以看清夜间完美的互动和身份的所有关系。幻觉性差异的迷雾已经消散，他们把彼此看作曾经的自我，在某种意义上不是对立的巧合，而是"巧合"的对立。这种回溯性的幻象不再是一个怪物，而是真相本身，即恋人们现在正确感知到的一种体验的现实，但这种体验缺乏反思，无法深入思考：他们把它当作某种视幻觉（optical illusion）。

## 第六章
## 不是幻想中的景象
### ——《仲夏夜之梦》中的工匠

仙子不仅出现在恋人面前,也出现在波顿和他的同伴们面前,他们在某种程度上都有相同的经历。为什么这两个次要情节会出现在同一种"超自然"经历中呢?当然,这个问题没有任何意义,除非我们假设这个剧本可能完全缺乏内部连贯性。人们总是或隐或显地做这种假设。工匠没有恋人那么受关注,甚至两个次要情节最明显的相似之处也没有被发现。然而,这些人的滑稽行为相当于一种摹仿性危机,与我们刚刚在恋人之间观察到的危机非常相似,它导致了同样的现实变形。这些相似性解释了为什么同样的仙子会干扰这两群人的活动。

我们第一次见到这些恋人时,他们还在雅典,工匠们也是。忒修斯的这些忠实臣民决定用一出戏来庆祝他的婚礼,并希望在前往恋人们避难的那片树林进行排练之前分配角色。很不幸,他们改编的著名故事《皮拉摩斯和提斯柏》仍然超出了这些半文盲业余爱好者的能力。

这群人的头儿是木匠昆斯,他负责分配角色。织工波顿被要求出演主角皮拉摩斯。他更愿意演一个"霸王",但这个角色是个情郎,为情所伤的情郎。波顿信口开河地说,他演起来管保"风云失色"。昆斯急切地想做完他的事，就找修风箱的弗鲁特来演提斯柏这个角色。这个男子很羞怯，而波顿大大咧咧；弗鲁特"胡子长起来了"，他请求原谅，因为他觉得女人的角色不适合他。波顿马上自告奋勇要演这个少女的角色，不是不演皮拉摩斯，而是再演一个角色：

> 咱也可以把脸孔罩住，提斯柏也让咱来扮吧。咱会细声细气地说话，"提斯妮！提斯妮！""啊呀，皮拉摩斯，奴的情哥哥，是你的提斯柏，你的亲亲爱爱的姑娘！"
> 
> （第一幕第二场：51—54）

昆斯不同意；男女主角必须由不同的人扮演：

> 不行，不行，你必须扮皮拉摩斯。弗鲁特，你必须扮提斯柏。(55—56)

担心受到更多的干扰，昆斯赶紧又分配了两个角色。一切都很顺利，但现在轮到狮子了；要演狮子的斯纳格不愿意，而波顿又跃跃欲试，他请求昆斯把这个角色给他：

> 让咱也扮狮子吧，咱会嚷嚷，叫每一个人听见了都非常高兴；咱会嚷着嚷着，连公爵都传下谕旨来说，"让他再嚷下去吧！让他再嚷下去吧！"(70—73)

为了打击波顿的信心，昆斯警告他不要过于逼真地再现野兽：

> 昆斯：你要嚷得那么可怕，吓坏了公爵夫人和各位太太小姐们，吓得她们尖声叫起来，那准可以把咱们一起给吊死了。
>
> 众人：那准会把咱们一起给吊死，每一个母亲的儿子都逃不了。（74—77）

工匠们紧紧抓住他们头领的每一个字，并且，最具摹仿性地、虔诚地、像一个人一样说话，他们重复着他的智慧的结晶。面对这种一致的反对，哗众取宠的波顿紧紧抓住这个角色不放，但改变了对这个角色的看法：

> 朋友们，你们说得很是；要是你把太太们吓昏了头，她们一定会不顾三七二十一把咱们吊死。但是咱可以把声音压得高一些，不，提得低一些；咱会嚷得就像一只吃奶的小鸽子那么温柔，嚷得就像一只夜莺。（79—84）

先是皮拉摩斯，再是提斯柏，接着是凶猛的狮子，而现在则是温柔的小鸟。不像《指环》（*The Ring*）中的艾伯里希，一个像波顿这样天生的演员不需要神奇的装置来把自己变成最多样化的形象。只要他的观众发出一点信号，他就会变成一条凶猛的龙，或变成一只可爱的夜莺。

这只鸟必须保持其作为狮子的特性，因此保留了它以前的一些特征，它必须既是狮子又是鸟。因此，就像这些恋人一样，按照我们上一章的定义，波顿也在编造对立的、羽毛未丰的怪物。早些时候,波顿声称他会以"'怪异的'(monstrous)小声"说话,这是一个在莎士比亚作品中很重要的词。波顿狂热的角色扮演是生成怪物的有效工具,就像不断变化的四个恋人的情欲特性一样。

接下来的问题是,月亮该如何表现,还有那可怕的墙,那把皮拉摩斯和提斯柏残酷分开的臭名昭著的墙。解决方案是现成的:让一个演员扮作月亮;让另一个演员扮作墙。波顿很想成为那个月亮,也想扮演那面墙。不管昆斯怎么努力,他都找不到一个与波顿才能不相配的角色;除了爱人和被爱的人,他可以是这两者之间的所有障碍。他和他的伙伴们可以把自己变成超越最疯狂的扮演梦想的物体;角色成倍增加。他想要所有这些角色,而想到放弃哪怕是最小的角色都会让他觉得是一种巨大的个人损失。

自柏拉图和亚里士多德以来,摹仿一直是戏剧批评的主要概念。文艺复兴时期,对戏剧的摹仿性解释并非最受欢迎;它只是一种解释。根据亚里士多德,人类喜欢戏剧,是因为他们喜欢摹仿。莎士比亚在其戏剧的次要情节中显然说明了这种喜爱。这些工匠并非专业演员。就算要履行对公爵的义务,他们也不必演一部戏,他们可能会想出与自己平庸才能更相配的东西。他们为什么要选择演戏呢?因为他们喜欢模仿。

在一部戏中表演似乎比仅仅去看一场戏更可取;它要求更积极地参与摹仿。这种对戏剧的迷恋并不局限于像波顿这样的"天生演员"。他的同伴们也被迷住了,当昆斯召集他们的时候,他们全都来了,甚至那些声称自己不会演戏的胆小者也来了。不情愿的行动者的不情愿最终意味着与波顿的疯狂渴望相同的事情。

为什么扮演是令人愉快的?亚里士多德从未回答这个问题,但莎士比亚做了回答:这是对成为榜样的一种欲望。表演将其神秘和矛盾的声望归功于它所摹仿的摹仿性转化（translation）。一旦某个角色真正成为我们自己，一旦我们正式地在文化上得到授权扮演这个角色，它就失去了其威望。别人的角色似乎比我们自己的更吸引人。如同海丽娜和她的朋友，波顿和他的朋友想要"变身为"一些有名望的模型。他们对摹仿的欲望与恋人们的摹仿欲望有着同样的本体论目的。

在戏剧表演中，有一些色情的东西会随着演员的表演所面对的人群的规模和热情的增加而增强。相反，在大多数莎剧人物的色情欲望中，有着强烈的戏剧性。在我们所研究的作品中，色情欲望的戏剧性就像波顿剧情中戏剧的色情维度一样明显。从凡伦丁和柯拉廷开始，爱欲之神就喜欢在尽可能多的仰慕者面前展示自己；她招摇过市；她总是上演戏中戏（play within the play）。

《皮拉摩斯和提斯柏》的排练就安排在恋人们疯狂追逐的树林里。在这两个场景的间隔，工匠们的兴奋之情高涨起来。波顿找到了一个吸引昆斯注意的方法：

> 在《皮拉摩斯和提斯柏》这部喜剧里，有几个地方准难叫人家满意。第一，皮拉摩斯得拔出剑来结果自己的性命，这是太太小姐们受不了的。你说对不对？
>
> （第三幕第一场：9—12）

昆斯是那个早先想起受惊的女士幽灵的人，但他的真正目的是要挫败自告奋勇的波顿。织工波顿现在把这种难以置信的担忧变成了自己的，并延伸到皮拉摩斯的自杀。通过模仿昆斯，他操纵了这群人，使自己沉浸在有灵感的导演的情景中。因为这整个想法原本是属于他的,所以昆斯不可能自相矛盾地让波顿闭嘴,他的权威也就被削弱了。混乱势所难免。

所有用来防范女士们假想的恐慌的装置,都是工匠们自己正在酝酿的真正恐慌的真实症状。他们彼此之间表现出歇斯底里的症状,并且不由自主地加以模仿。他们把自己的恐惧投射到较弱的性别身上,就像那些原始社会的男性一样,那些男性不仅创造了巴克哀,还创造了厄里倪厄斯、瓦尔基里、阿玛宗人①,以及其他恐惧和可怕的女性神话形象,以取代男性解体的隐喻:

> 斯诺特:凭着圣母娘娘的名字,这可真的不是玩儿的事。
> 斯塔弗林:我说咱们把什么都做完了之后,这一段自杀不用表演。
> 波顿:不必,咱有一个好法子。给咱写一段开场诗,这段开场诗大概这么说:咱们的剑是不会伤人的;实实在在皮拉摩斯并不真的把自己干掉了;顶好再声明一下,咱扮着皮拉摩斯的,并不是皮拉摩斯,实在是织工波顿。这么一下她们就不会受惊了。
>
> (第三幕第一场:13—22)

开场诗应该说:"我叫波顿,我只是扮演一个叫皮拉摩斯的,他的自杀是假的。"相反,波顿以第一人称直呼皮拉摩斯的名字,好像这是他的真实身份,并希望这无疑是真的。他的真名排在第二位,他提起来就好像它是别人的,或者就像它出现在《仲夏夜之

---

① 巴克哀(Bacchae),希腊神话中的酒神女信徒;厄里倪厄斯(Erynyes),希腊神话中的复仇女神;瓦尔基里(Valkyries),北欧神话中的女武神;阿玛宗人(Amazons),希腊神话中的女武士。——译注

梦》的标题页上一样。他认为他的真实自我是虚假的,虚假自我是真实的。观众不知不觉地受邀加入我们这位全能演员正在散布的摹仿性混乱中。

波顿正在失去他的认同感。在有关恋人们的次要情节中同等意义的节点上,赫米娅声称:

难道我不是赫米娅了吗?难道你不是拉山德了吗?

(第三幕第二场:273)

我们在两个次要情节中看到了同样的"身份危机"(identity crisis),由于没有更好的术语,我们必须使用这个表述,尽管它并不十分令人满意。现代精神病学的灰色术语没有传达出仲夏夜的气氛;它们是为现代神经症患者发明的,他们多年来待在同一个地方,陷入了与所谓的"问题"没完没了的对话中,两者共存,直到死亡将他们分离。但我们这里没有这样的问题;波顿的危机无疑是严重的,却是暂时的,而且没有留下任何痕迹。四个恋人的情况也是如此。

稍后,我们有了另一个线索,我们的工匠处理现实的方式正在迅速瓦解。我们的老朋友狮子回来了,就连斯诺特和斯塔弗林这样比较平静的工匠,现在似乎也为它所困扰:

斯诺特:太太小姐们见了狮子不会害怕吗?

斯塔弗林:咱担保她们见了一定会害怕。

波顿:列位,你们得好好想一想,把一头狮子——老天
　　　爷保佑咱们!——带到太太小姐们中间,还有比

> 这更荒唐得可怕的事吗？在野兽中间，狮子是再凶恶不过的。咱们可得再考虑考虑。
>
> 斯诺特：那么说，就得再写一篇开场诗，说他并不是真狮子。
>
> （第三幕第一场：27—35）

现在是斯诺特要求再来一段波顿式的开场诗。但就像所有强迫性摹仿一样，波顿讨厌被人复制；他把创意看得比什么都重要，一看到别人赞成他的想法，他就予以否定。对他而言，摹仿需要复制，也需要拒绝：

> 不，你应当把他的名字说出来，他脸蛋的一半要露在狮子头颈的外边；他自己就该说着这样或者诸如此类的话："太太小姐们"，或者说，"尊贵的太太小姐们，咱要求你们"，或者说，"咱请求你们"，或者说，"咱恳求你们，不用害怕，不用发抖；咱可以用生命给你们担保，要是你们想咱真是一头狮子，那咱才真是倒霉啦！不，咱完全不是这种东西；咱是跟别人一样的人"。这么着让他说出自己的名字来，明明白白地告诉她们，他是细工木匠斯纳格。（36—46）

狮子的第二次变形在第一次变形的基础上有所改进，比原剧本壮观多了。要做到真正的不可思议，怪兽必须结合人类和动物的特征。一想到这个更可怕的怪物，它惊奇的创造者就会全身感到令人愉快的战栗。

这张有着狮子特征的人脸的碎片让人想起一种原始艺术，这种艺术直到二十世纪才流行起来。莎士比亚可能从来没有见过宗教面具，但他的摹仿性天才不需要任何"实地测量"（fieldwork）来重建面具最显著的特征，即它的"怪异性"，它与通常分离的实体或这些实体的碎片的结合。

在我们的摹仿性危机中，我们已经到达了这样一个时刻：在一个类似这个场景的仪式中，参与者会戴上与波顿所想象的非常相似的面具——人和动物特征的奇怪组合。灵感是一样的，因为体验基本上是一样的。剧作家的时间感很出色。

波顿的强迫性扮演与占有性的迷恋状态相似，就像他的经验所唤起的混乱的形象与原始面具相似。我们生活在一种不鼓励这种现象的文化中，但曾经情况有所不同。五朔节和仲夏节庆似乎根植于与古代和原始文化中的狂欢仪式（orgiastic rituals）类似的仪式中。这种仪式的占有性迷恋类似于演戏，但不应将二者相提并论；"真正的"迷恋是一种如此全面的参与，以至扮演成为无意识的，不能被随意打断。这种高度的自我剥夺（dispossession），高于西方戏剧所能达到或想要达到的水平，这正是莎士比亚在这个次要情节中所表现的，一种戏剧体验如此强烈，以至它又回到了戏剧最初出现时的那种沉醉状态。

正常的表演是一种非常温和的迷恋状态，即使最好的演员也可以随意摆脱这种状态；他们总是有意识地扮演一个角色。关于戏剧的起源，我们所知道的一切都表明，在这种艺术之前，一定有一种仪式的弱化形式，在这种仪式中，迷恋状态逐渐被表演所取代，献祭性宰杀被制止。可以想象，在特别"有利"的情况下，戏剧可以沿着同样的道路倒退，特别是在有像波顿这样高度敏感的人的情况下。这正是莎士比亚的意思。

先是波顿,然后是他的那些乡巴佬,都陶醉在角色的万花筒里,不停地转并转得越来越快。纷至沓来的角色扮演让我们想起了疯狂的催眠师手中高度暗示性的主题。但这儿没有催眠师,除了演员自己和他们对戏剧的疯狂想法。

波顿就像那些小丑,他们的表演包括快速换衣服,以至他们似乎穿着一件"五颜六色的外套"。我们还想到一种电影效果,几乎和恋人们的情况一样。怪异性逐步增强达到了沸点。到目前为止,工匠们还不太相信自己的扮演效果;顷刻,他们会亲眼见到。就在一瞬间,波顿变成了驴子,娶了提泰妮娅:

(迪克重上,波顿戴驴头随上)
波顿:美丽的提斯柏,咱是整个儿属于你的!
昆斯:怪事!怪事!咱们见了鬼啦!列位,快逃!快逃!
救命哪!
(众下)
……
昆斯:天哪!波顿!天哪!你变啦!(105—119)

昆斯似乎是工匠中最通情达理的,但波顿的愚蠢插嘴打破了他的常识。出于摹仿性同情,整个剧组一下就到了崩溃的边缘。在许多迹象表明麻烦越来越多之后,工匠的疯狂和恋人的疯狂一样,跨过了决定性的门槛,他们都带着自己的摹仿性幻觉出现在舞台上。

随着新的角色扮演不断增加，整个体系开始旋转，最后爆炸成众多碎片，这些碎片杂乱地重组成奇形怪状的片段，就像碎玻璃拼成的马赛克。波顿把自己不同角色的装扮弄成了一堆杂乱的碎片，但还保持着原先驴子的大致模样。从波顿的脖子边可以看到驴子的半张脸。身体的大部分仍然是人——一个伟大的情人，无疑只适合仙后。这头动物说话像开场诗一样机智，但对草有明显的偏爱，而且如砖墙般一动不动，这是这头驴的两个明显的特点。

迫克的介入不是没有动机的；它将一系列的结构错位推向高潮，它提供了一个在正常知觉和对可怕幻觉的迷恋般接受之间的渐进过渡，两个情节既独立，又同时向前推进。

在纯粹的戏剧性层面上，自然世界和超自然世界之间存在一种不连续性，我们不应该只看表面。我们应该足够仔细地观察连接三个次要情节的摹仿性过程；然后我们会意识到，仙子的次要情节实际上是由恋人之间的摹仿性竞争和工匠的摹仿性扮演而产生的。迫克在波顿头上安的纸板驴头，既可以代表两个世界的分离，也可以代表它们的完全融合，纸板驴头同样符合这两种解释。乡巴佬的这出粗俗的闹剧与四个恋人的强迫性不忠有着同样的含义；两者并不是纯粹的喜剧性崩溃的装饰性前奏。莎士比亚提出了神话起源的摹仿性理论。

让我们来概括一下这两个次要情节的相似之处。在这两个情节中，第一个场景是角色的分配。原则上，每个人只能扮演一个角色，但是恋人和工匠都在不断地发明新的角色，交换角色，彼此窃取角色。恋人的情话被动物形象和狗/神的摆动侵入，这与波顿和他的伙伴们对可怕的狮子以及这头野兽的几次变形的过度关注是一致的。在这两个次要情节中,语言怪物的扩散为同样的最终幻觉做了准备。在这两个次要情节中,这些奇异的幻影来自正常分化的生物的伸缩和肢解(dismembering),接着是一种混乱的记忆(remembering),这种记忆与日常生活所规定的文化差异相矛盾。

这两个与人相关的次要情节的对称性表明审美模仿和摹仿性爱欲是同一原则的两种形态。波顿的摹仿欲望在工匠中传播,就像在恋人中传播的情欲一样具有传染性,它对这两类人产生了同样的破坏性影响,产生了同样的神话。

在工匠这个次要的戏剧情节中,莎士比亚注入了美学家们一直忽略的元素——竞争性欲望。在恋人的次要情节中,他注入了研究欲望的学者从未考虑过的成分——模仿。这种双重回归将两个次要情节变成了彼此忠实的镜子,是对西方哲学和人类学传统的挑战的两个互补部分。

波顿和他的朋友最终"做"了和那四个恋人一样的"梦"。传统批评家在讨论模仿、扮演和模拟的作用方面的失败,在工匠的例子中比在恋人的例子中更令人吃惊,因为在这里,摹仿的美学方面——这是传统公认的一个方面——得到了突出的展示。

莎士比亚的巨大力量来自他同时摆脱两个糟糕的抽象概念的能力:唯我独尊的欲望及美学家的那种空洞乏味的模仿。摹仿之爱是一种与摹仿欲望相同的维系审美事业的欲望。这是《仲夏夜之梦》的真正信息。

西方哲学和科学传统基于相反的原则。摹仿和爱欲被视为分离的。它们相互独立的神话可以追溯到柏拉图,他从不把这两个概念联系起来，尽管他对摹仿性传染的极度恐惧和对艺术，尤其是戏剧的不信任，都指向了他的正式体系所否定的统一性。美学、文学批评以及心理学和其他社会科学，仍然反映出一种摹仿与欲望的分离，这种分离在我们的分析性思维中根深蒂固，弗洛伊德本人也无法克服。在我看来，这是精神分析学的巨大失败。

模仿与欲望的分离一直是传统美学家和文学批评家所推崇的，因为它确保了他们学科的自主性，并将艺术与世俗欲望的不洁隔离开来；它宣告了美学关注的非功利性（disinterestedness）。摹仿的哲学自残，实际上是一种精神上的自恋，为此人们付出了沉重的代价。

莎士比亚的摹仿与欲望的完美结合是三个次要情节的统一，也是《仲夏夜之梦》的统一。摹仿和欲望的分离是一种如此强大的传统，以至它们在莎士比亚戏剧中深度结盟的神秘消息尚未传达给我们；这消息仍然湮没不闻。

在我们的现代世界，对传统美学的普遍厌倦终于产生了一种合理的反叛，反对自古希腊以来所设想的模仿观念，但这并没有与过去真正决裂；它是试图否认它无法反思的现实的虚假反叛的循环。反叛者没有把模仿和欲望结合起来，而是试图把摹仿从我们的文化场景中驱逐出去；他们的反叛是虚假的，是旧奴役的延续。即使一种贫困的摹仿也比没有摹仿强。更好地理解《仲夏夜之梦》可以帮助我们走出这一僵局。

第七章

# 这些事似乎是真情实况

## ——《仲夏夜之梦》中的忒修斯与希波吕忒

第五幕开始,忒修斯与希波吕忒刚刚听到那四个恋人讲述他们在夜里发生的事情。希波吕忒想知道忒修斯是怎么想的:

希波吕忒:忒修斯,这些恋人们所说的话真是奇怪得很。
忒修斯:奇怪得不像是真实,我永不相信
　　这种古怪的传说和胡扯的神话。
　　情人和疯子都富于纷乱的思想和成形的幻觉,
　　他们理会的永远不是冷静的理智所能充分了解的。
　　疯子、情人和诗人,
　　都是幻想的产儿;
　　疯子见到的鬼,多于广大的地狱能所容纳;
　　情人同样疯狂,从埃及人的脸上见到海伦之美;
　　诗人的眼睛在神奇狂放的一瞥中,
　　能从天上看到地下,从地下看到天上。
　　诗人之笔使它们具有如实形象,
　　空虚的无物也会有了居处和名字。

> 强烈的想象往往具有这种本领,
> 只要领略到一些快乐,
> 就会相信这种快乐背后有一个赐予者;
> 夜间一转到恐惧的念头,
> 一株灌木便会马上变成一头熊!

(第五幕第一场:1—22)

忒修斯概述了一种纯粹个人主义的神话理论。如果他为造物主说话,他那优美而又平庸的长篇大论让人对我刚刚结束的关于仲夏夜的解读产生了怀疑。仲夏夜既不是通常意义上的个人主义,也不是社会性的,而是主体间的(intersubjective),更是模仿理论意义上的个体间的。①

希波吕忒的回答表明忒修斯误解了她问题的主旨。她觉得这四个恋人的奇妙故事很吸引人,所以想讨论一下,而忒修斯却把她的求知欲误以为是女性焦虑的表现,因此给了她他认为合适的安慰。带着男性特有的傲慢,他认为只有他自己才有足够的理性来抛弃所有的迷信;他雄辩的台词实际上很空洞,但它们回答了一个比希波吕忒提出的问题更简单的问题。狭隘的理性主义有一种巨大的能力,可以把最有趣的问题简化成一些华丽的陈词滥调。

为了理解忒修斯所说的公正的价值,我们不能把它孤立于它所涉及的对话之外,仿佛它是某种神谕。希波吕忒说得很简短,但在忒修斯之后;最后,她这么说:

---

① 勒内·基拉尔,《自创世来万物隐藏》(斯坦福,加州:斯坦福大学出版社,1988),第299—305页。

> 但他们所说的一夜间全部的经历,
> 以及他们心灵上都起了同样的变化,
> 可以证明那不是幻想中的景象。
> 这些事似乎是真情实况,
> 无论多么怪异而令人惊奇。(23—27)

如果我们允许忒修斯的老生常谈支配我们的思想,那么这几句台词就显得不重要了,我们几乎不会去听它们。这些话将证实我们的一般印象,即阿玛宗女王是一个相当羞怯和轻信的女人,她试图证明仙子的存在。当然,她并没有做这种事。公爵的态度有点让人想起工匠,他们彼此提醒必须低调,以免吓到观众中的女士。

希波吕忒提出并简要回答了神话起源的问题;如果她同意忒修斯的观点,她的这几句台词不会以"但"开头。忒修斯从仲夏夜得到的教训并不能真正让她满意,所以她得出了自己的结论,没有公爵肤浅的智慧那么引人注目,但深刻得多,她在三个基本问题上谨慎而坚定地反对他。第一,神话是一种集体现象,而不是个人现象;这无疑就是"他们心灵上都起了同样的变化"的意义。为了充分欣赏"他们心灵上"的价值,我们必须认识到,这个公式真的不仅适用于恋人,也适用于恋人和工匠的结合。"起了同样的变化"意味着相互模仿的作用。

第二,虽然神话在客观上是不真实的、具有欺骗性的,但不应将它与纯粹的虚构、个人想象的产物或在完全孤立的状态下发挥作用的诗歌灵感混为一谈。神话不是主观捏造。尽管不合逻辑,前后矛盾,而且全是谎言,但"一夜间全部的经历……可以证明那不是幻想中的景象"。这是一份资产说明(capital statement),与忒修斯愚蠢的怀疑论不可调和。

第三,尽管神话的起源和内容十分奇特,但它"似乎是真情实况"。它有一个稳定的结构,换句话说,它有各种各样的影响,这些影响是忒修斯的纯主观理论所未加考虑的。

当然,我非常高兴希波吕忒能够挑战忒修斯的观点,正是这些观点使得他的长篇大论与我对仲夏夜的分析不一致。她从这四个恋人的叙述中看不出支持公爵狭隘主观的关于神话起源的观点的任何东西;她暗中否定了他把诗人、疯子和情人当作替罪羊的做法,这与现代文学批评中长盛不衰的对"纯粹虚构"的正统偶像崇拜相反,但殊途同归。

希波吕忒的陈述证实了这种摹仿性阅读的有效性,并迫使我们得出结论:希波吕忒,而不是忒修斯,代表作者说话。希波吕忒的这几句台词相当于莎士比亚自己写的一篇关于神话本质的评论性文章;仲夏夜把同样的思想戏剧化了。剧作家似乎在探索一种比戏剧更概念化的表达方式。他所使用的体裁和他所处时代人类学反思的状态,使他的思想无法得到更全面的发展,这是一个很大的遗憾。然而,考虑到他的戏剧的类型,我们必须感谢希波吕忒的这几句宝贵的台词。

希波吕忒是个女性,她的这几句台词表面上不引人注目,也缺乏戏剧性影响;它们不是毕业典礼演讲的材料。学术机构完全恪守忒修斯的信条。大多数批评家评论《仲夏夜之梦》时,好像希波吕忒的这几句台词根本不存在。然而,莎士比亚一定觉得这几行台词很重要,否则他就不会把它们插到剧本里,也不会如此有策略地把它们安排好。毫无疑问,这是对忒修斯的高亢陈词的一种无声而坚决的反驳。在很多场合，公爵的观察都很敏锐，但在这个特殊的场合，他的新娘却让他听起来像个夸夸其谈的人。

他的口才和威望造成了一种他的演讲并不真正具有的权威的假象；它只是重申了在十六世纪和十七世纪之交大多数人认为是理所当然的事情（今天仍然如此）。忒修斯是乐观的人文主义的大祭司，以诗歌、疯狂和爱的三重标题，对仲夏夜进行了一次干净利落的驱逐。这种巧妙的操作使受尊敬的人不必为他们自己的摹仿性想象可能对他们耍的任何花招负责；它使他们忘记了自己的仲夏夜。

具有讽刺意味的是，对神话的理性驳斥应该委托给一位伟大的神话人物。现代人文主义在"迷信"或"想象"的简单化标题下，驱逐——及崇拜——魔幻和神话思想的姿态，恰当地说，是我们现代神话的替代品，前提是神话耗尽了说服性力量。狭义理性主义的功能与早期的魔法解释相同；甚至对《仲夏夜之梦》的受众来说，它也使摹仿性竞争完全隐而不彰，忒修斯的哲学是神话学自相矛盾的继承者。

希波吕忒轻轻抓住忒修斯的衣袖，但忒修斯什么也没听见。四百年来，她一直在拉这只袖子，却没有任何结果，她的话语被永远埋没在令人印象深刻的获胜的人文主义的脚手架下。她永远沉默了，因为我们需要得到安慰，这种安慰首先是我们对神话的信仰，然后是忒修斯所代表的那种对神话的不信任。

为什么忒修斯的反驳如此谨慎？为什么作者会让对他剧作的错误的解读比正确的解读显得更有说服力、更有声望、更有戏剧效果呢？为什么对莎士比亚文本中大胆创新的东西的不屑一顾，要比对作者所做事情的真正定义——这是故事的一部分，尽管只是很小的一部分——被更大张旗鼓地呈现出来呢？

一般说来，一个好的作家会尽力提高而不是降低自己的成就。莎士比亚充分意识到自己杰出的创造力，却一次又一次地刻意让自己的剧本显得肤浅和轻佻。这种奇怪的行为是我们在分析开始时发现的另一个例子。从戏剧的开端到结尾，他都追求同样的策略。他满足所有人的要求。对于那些只想做浅薄的仲夏夜之梦的人，他提供了他们所渴望的；如果有人追求得更多，他们也不会失望。

关于《仲夏夜之梦》的第一次批评性争论发生在第一次演出期间，而且每次演出时都会重复，当然，除非希波吕忒的台词被取消，而这种情况经常发生。即使表演中不取消，它们也很可能被忽视或被误解。观众不明白，莎士比亚对忒修斯的明显偏爱是一种应被忽视的表面现象。

忒修斯和希波吕忒充满欺骗性的对话进一步证明了我之前说过的，这部喜剧是两部戏合而为一。在第五幕的开头，这两部戏作为不同的角色真的出场了。忒修斯体现的是浅薄的喜剧，而希波吕忒体现的则是更深层的摹仿性互动。后者具有"更深层"的含义，并非指被埋在字里行间，埋在一些人所谓的"基础设施"（infrastructure）的底部。它不像表层戏剧那样引人注目。它并不是真的被隐藏起来，只是看起来如此，而我们视而不见的原因总是一样的：我们对莎士比亚戏剧中无处不在的摹仿性维度的顽固拒绝。

《仲夏夜之梦》中神话的起源揭示了莎士比亚整个戏剧中怪异性和神话变形（metamorphosis）的作用。回顾过去，我们可以看到,在《维洛那二绅士》一剧中,有着《仲夏夜之梦》中得以圆满完成的第一个迹象。如果我们问自己,为什么莎士比亚把自己创造的第一个深受摹仿欲望折磨的角色命名为"普洛丢斯",答案是显而易见的:他是希腊的变形神。

在莎士比亚职业生涯的一开始,他就将神话的变形根植于摹仿欲望之中——不是传统美学中无伤大雅的摹仿,也不是对公开承认的模型明显而平静的摹仿,而是那种对摹仿性竞争的冲突性摹仿,即试图假装自己的对立面、自主性、自我满足的摹仿。神话与摹仿性复制品(mimetic double)的强烈对称性是分不开的,如果这些摹仿性复制品是整个世界的神话中最常见的主角,那就不是偶然的巧合了。

摹仿欲望把人变成道德上和肉体上的怪物。当莎士比亚写作《维洛那二绅士》时,我们在《仲夏夜之梦》中发现的神话起源已经在为一种无法实现的表达方式而挣扎。莎士比亚再次进行尝试,这一次他完全成功了。

站在后来剧作的角度,我们只能通过从后往前推论来理解莎士比亚为什么给自己的第一个摹仿性角色起名叫普洛丢斯。普洛丢斯将自己变成了第二个凡伦丁;他的摹仿欲望使他变化无常。只有从这两部喜剧共同的摹仿主题以及这一主题的不均衡发展的角度来设想,我们才能理解这一点;普洛丢斯这个名字用在第二部剧中比用在第一部剧中更合适,但莎士比亚显然不想再用它了。在第一部喜剧中使用这个名字,显示了早期莎士比亚是如何发现摹仿欲望的转化力量并试图将其戏剧化的。在他的创作中,欲望和怪异的变形的联系永远不会停止;这种联系遍及他的整个戏剧创作。它在主要的摹仿剧《特洛伊罗斯与克瑞西达》

中再次出现,与主人公的摹仿之爱有关,其道德意蕴甚至比之前的喜剧更加明显地消极。

在悲剧中,超自然的幽灵被同化为怪物;可以很容易看出,或多或少,它们都根植于摹仿危机的背景以及随之而来的幻觉中。《裘力斯·凯撒》中凯撒的鬼魂、《哈姆莱特》中老哈姆莱特的鬼魂,以及《麦克白》中怪异的姐妹和其他鬼魂都是如此。

《暴风雨》中的凯利班也是如此。我完全相信蒙田那篇著名散文里的食人族可以解释这个怪物的名字,因为这部剧里还有这位法国作家的其他回声,但是凯利班的主要意义,在我看来,似乎与这种文学影响无关。凯利班与对原始人的负面评价几乎没有任何关系。我把他看作莎士比亚戏剧中所有摹仿性怪物的一种再现(见第三十八章)。

第八章

# 选择爱人要依赖他人的眼光

## ——《仲夏夜之梦》中的摹仿性双关语

对赫米娅和拉山德来说,文学榜样就像对堂吉诃德和包法利夫人一样重要,几乎和人类的中介者一样重要。在此剧第一场,忒修斯和伊吉斯走后,两个年轻人悲叹他们的悲惨命运,但他们也暗自高兴,因为他们在父辈的迫害中看到了巨大价值:这使他们更接近他们所效仿的浪漫主人公,这些人物都是权威的受害者。如果我们的两位恋人受到严重威胁,他们就会逃离迫害他们的人;他们不会沾沾自喜地庆祝与历史上所有著名情人的亲缘关系:

拉山德:真正的爱情,所走的道路永不平坦,
　　　　不是因为血统的差异——
赫米娅:不幸啊,尊贵的要向微贱者屈节臣服!
拉山德:便是因为年龄上的悬殊——
赫米娅:可憎啊,年老的要和年轻人发生关系!
拉山德:或者因为信从了朋友们的选择——
赫米娅:见鬼啊,选择爱人要依赖他人的眼光!

(第一幕第一场:134—140)

这段诗意的二重唱属于一个著名的类型,关注爱的各种障碍:年龄、社会条件的差异,最后但并非最不重要的是,他人的胁迫。这份障碍清单从未改变。

如果"真正的爱情,所走的道路永不平坦",恋人们主要责怪他们自己——他们奴性地服从摹仿法则,但他们并不知道这一点。由于看不到他们不断遇到的真正障碍,也就是他们摹仿欲望的纵横交错,他们需要用虚假的障碍来代替真实的障碍。幸运的是,对于他们过度的想象力来说,他们不需要发明;他们只是重复他们在流行文学中读到的东西,而这正是他们渴望读到的。

前五行台词标志着一种渐变并导向最后两句,这正是重点所在:这些"朋友"是谁,不应该信从他们对爱的选择?这个他人是谁,他的选择可能会过度影响我们自己对爱人的选择?在这一点上,该剧的所有编辑都在脚注中告知读者,"朋友"这个词指的是父母,而不是我们意义上的朋友。在伊丽莎白时代,"朋友"确实可以指近亲,甚至是父母。但编辑们怎么能如此肯定?如果"朋友"偶尔指的是父母,通常这个词有它的现代意义。它的意义可以扩大到包括父母,但绝对不会如此受到限制以至排除普通朋友。

就在《仲夏夜之梦》中,我们发现朋友和朋友的这些词在现代意义上一再被使用。在仲夏夜的高潮,海丽娜和赫米娅发生争吵:

> 难道你竟把我们从前的友好丢弃不顾,
> 和男人联合嘲弄你可怜的朋友?
> 这种行为太没有朋友的情谊,
> 也不合一个少女的身份。

(第三幕第三场:215—217)

为什么所有的编辑都排除了"朋友"最自然、最明显的词义？答案显而易见：如果他们不这样做，如果他们只是按照应该解读的那样去解读这两句台词，他们就必须从中认识到这部戏真正的含义——模仿欲望。

因为拉山德，当狄米特律斯从赫米娅移情海丽娜时，他当然是依赖他人的眼光选择爱人。赫米娅亦然，因为她的朋友海丽娜，她选择了狄米特律斯。我们前面研究的作品中情况也是如此。普洛丢斯对西尔维娅的爱立足于他朋友凡伦丁的选择；因为塔昆从未亲眼见过鲁克丽丝，他必然"选择爱人要依赖他人的眼光"。

这是没有人愿意面对的。排除摹仿欲望无疑是一种没有明说却非常严格的规则。约定俗成。考虑到这两句台词出现的语境，暗中排除字面解读是审查制度最惊人的成就。剧中大量存在的摹仿欲望使它更加引人注目。字面解读是最适合上下文的，却被断然拒绝，甚至没有就此做出任何解释。整个行动不言而喻；这完全是无意识和自发的。

为了获得"更好的确定性"，正如波顿所说，让我们更仔细地看看这两句台词。如果莎士比亚真想谈论那些强迫孩子违背自己意愿而结婚的父亲，"朋友"就不是一个很好的选择，"爱"就更糟糕了。在这种情况下，重要的不是爱情，而是建立在"朋友"选择基础上的婚姻。第一句中的单词"选择"(choice)和第二句中的单词"选择"(choose)[1]也证实了非摹仿阅读的破产。在完全受胁迫的情况下，被胁迫者别无选择；她什么都不选择。毫无疑问，那些有摹仿欲望的人放弃了选择的自由，但他们选择了自己想要模仿的榜样；只是他们真的可以说"选择爱人要依赖他人的眼光"。

---

[1] 英语 choice 是名词，choose 为动词。——译注

这两句台词就其本身而言是完全可以理解的；它们不需要脚注，这也当然是编辑们加脚注的原因。他们还能怎样保护他们的学者不受摹仿阅读的危险污染呢？编辑干预的唯一目的是拒绝正确的阅读。当然，他们都是诚心诚意的；他们只是在剧中没有察觉到任何与冲突性摹仿相关的东西。"摹仿欲望"在莎士比亚作品中扮演重要角色的想法似乎太荒谬了，难以想象。

多亏了这些脚注，我们才能够充分证实，在莎士比亚作品中或其他地方，无论何时出现摹仿性竞争的想法，我们中的许多人都强烈地想要压制它。当然，这种压制理应受到谴责，但必须认识到，在目前的情况下，这种压制并非完全没有理由。有一些真正的论点支持非摹仿阅读，有必要指出来。

首先是拉山德和赫米娅过于自欺欺人，无法想象如他们自己的这两句台词这么聪明的摹仿性解释。他们将与无数平庸的诗人在精神上联合起来，不断重述他们永恒的障碍，直到世界末日。这些令人沮丧的陈词滥调代表了他们全部的心理学。前五句之后，我们所能期待的莫过如此了。摹仿性阅读不可能是它们真正的意思。它们只能代表现代编辑们认为这两句台词唯一可能的含义。

在一系列的障碍中，专横的父亲注定会在某个时候出现；从古希腊到我们伟大的反文化革命，通过西格蒙德·弗洛伊德，父亲始终是突出的障碍，是头号献祭的野兽，是我们知识盛宴的主食，是浪漫失败不可或缺的托词。很自然会认为最后两句台词必定与他有关。确实如此，从这种意义上说，拉山德和赫米娅只能想到这个被遗弃的人物。尽管他们的话不太符合对父亲的解读，却足以满足我们所有人心中永恒的弗洛伊德观念。此外，这些台词出现在戏剧的开头，就在伊吉斯和忒修斯的场次之后，此时，我们仍有理由期待，父亲和公爵的恐吓将不会像事实证明的那样根本无效。

这些上下文的论证是否足以威胁到摹仿性阅读？一点也不；与这一切相比，摹仿的意义就像一千个太阳那样明亮。

错误的解释所依赖的证据远非决定性的，但不能被忽视，因为它来自作者本人，作者知道他在做什么。为什么莎士比亚要在虚假障碍的误导性上下文中插入这两句令人难以置信的台词呢？我们已经知道，在《仲夏夜之梦》的开场，他想引导大部分观众从摹仿欲望转向浪漫阅读，他好心地把它放在我们手中。我们已经看到一些引人注目的例证，它们表明这种双重战略将一部分公众引向一个方向，将另一部分公众引向完全不同的方向。这是这种双重技巧的一个特别出色的例子。

一个优秀的剧作家知道语境比文字更重要。无论这两句台词的真正含义是什么，大多数观众都只是听到它们满足了他们固有的期待。莎士比亚非但没有试图避免对这些台词可能的误读，反而鼓励这样做。但与这场景其余部分的对比使得最后两句对真正理解它们的人来说显得很滑稽；那些不理解的人，那些把它们仅仅看作早期陈词滥调的延续的人，一点也不感到不安；有脚注倾向的编辑也不受干扰。所有这些都与这些人对喜剧的期待完全一致。

我们的这两句台词并不完全符合非摹仿性阅读，但它们足够接近，不会在大多数人的头脑中触发警报系统，当达到某个不合适的阈值时，警报系统就会被激活。低于这个阈值，我们的批判意识仍然很薄弱。这些台词就是一个测试；它们迫使我们在两部喜剧之间做出选择：一部是带有外部障碍的喜剧，二重唱的前五句就属于这类喜剧；另一部则是真正植根于摹仿性竞争的莎士比亚式喜剧。如果我们没有意识到我们必须选择，如果我们在没有意识到选择的情况下做选择，我们肯定会做出错误的选择。

这场景就像一个高超的双关语。如果我们从父亲、公爵和仙子的角度来解释它，我们渴望一种非摹仿性解释，这就是我们得到的；如果我们以摹仿的方式来解释这一双关语，我们不仅接受了摹仿性版本，也理解了非摹仿性版本，此剧的喜剧力量就显露出来了。在传统的障碍中，浪漫失败的真正原因出现了：自我产生的障碍，相互干扰的模仿欲望的相互冲突。

双关语想表达得好，越有趣的意思就越不明显，越罕见，之所以具有这种品质，一定不是因为某种毫无意义的低级语言把戏，而是因为出于某种根本原因，我们在面对客观事实时的某种根深蒂固的抗拒。我们的这两句台词出色地满足了这些要求；它们在客观上不是矛盾的，但由于我们顽固的反摹仿的偏见，它们显得矛盾。它们的运作与它们所明确揭示的现象完全一样，而这种现象在其揭示的透明之中仍有所隐藏。

双关语想表达得好，它决不能违反逼真的法则。摹仿欲望并不比正常的呼吸更有自我意识。赫米娅刚移情别恋；几小时后，一往情深的拉山德也将把她遗弃在树林里。然而，他们两人都坚定地相信自己的神话，如此坚定以至他们不注意自己的语言，偶尔也会说出他们的有意识思维无法承认的事实。就像弗洛伊德，莎士比亚也有口误，但其内容是摹仿性的，而不是精神分析的。

这四个恋人是典型的普通人，与我们大多数人一样，我们倾向于逃避任何可能破坏我们作为独立个体的行为和思考的令人欣慰的确定性的东西。大多数观众和读者与拉山德和赫米娅的相似之处在于,他们理解的不是台词的真正含义,而是角色的真正含义,这也是他们想听到的。人们对这部戏的接受是此剧本身的一种"套层"(mise-en-abyme)。

莎士比亚以最直接、最幽默的方式挑战公众的抵抗,而不冒这种风险,即那些如果理解这种挑战就会憎恨这种挑战的人会做出敌意的反应。他知道他不必担心;他们什么也不懂。像一个优秀的斗牛士,他冒着很大的风险;他非常接近公牛,但如此轻松优雅,几乎没有人意识到他身怀绝技。

莎士比亚给谁写了这些佳句?我们只能再次提出我们的假设:一个同行的圈子(a circle of initiates),一些受了启蒙的狂热追随者,他们熟悉作者的思想,肯定了解所有的事情。这些人不可能没有注意到一些显而易见的说法,比如"依赖他人的眼光"。

在《仲夏夜之梦》的开头至少还有一个非常重要的使用双关语的例子,双关语触及戏剧的智性和精神核心:

在我不曾遇见拉山德之前,
雅典于我就像是一座天堂;
啊,我的爱有一种多么神奇的力量,
竟能把天堂变成一座地狱!

(第一幕第一场:204—207)

这儿再一次,赫米娅轻快地说出了一个她自己并没有明确承认的事实,而且如此自信地说出来,以至到最后,我们都不确定她是否真的说了我们实际听到的话。

赫米娅把她的爱的"神奇"等同于地狱本身,并证实她的激情最独特的一面就是给她带来的痛苦;这种痛苦证明了她现在的爱情具有美妙浪漫的性质。我相信,这几句中的地狱(hell)和刚才分析的那句中的地狱是一样的意思:"见鬼啊①,选择爱人要依赖他人的眼光!"依赖别人的眼光去选择爱情就是地狱。"地狱"在这四个恋人的语言中反复出现,我相信它起着关键的作用。地狱,作为一种宗教上的夸张说法,与仲夏夜最为相关;赫米娅告诉我们她已经坠入地狱。我们仍然处于仲夏夜的史前阶段,赫米娅证实地狱和仲夏夜本身是一样的。当童年的天堂让位于模仿性竞争时,地狱就开始了。

莎士比亚不像我们今天这样对欲望怀有无限的崇敬,这种崇敬总是被认为是极其现代的,尽管在最近的动荡之前,在我们的西方文化中这是一种必要的礼仪。我们总是急于为可怜的、受压迫的欲望辩护,因为我们已经演绎这个神话很多个世纪了。

伊丽莎白时代的潮流已经要求我们自己的潮流所要求的;它采用了同样风格的贵族版本。欲望不会作恶的信条在古希腊喜剧中已经很流行了,我们理所当然地认为莎士比亚应该恪守这一信条。然而,要真正理解他的天才,这是最糟糕的假设。我们无意识地把我们虔诚的卢梭主义投射到一个完全抵触文学中对欲望的颂扬的思想家身上。许多欣赏所谓莎士比亚"心理学"的人,如果能从安全的距离看到它的真正含义,会感到震惊。

在当代的价值尺度上,欲望的神圣性——"真正的"欲望,当然是赫米娅和海丽娜的"真爱"——已经取代了以前所有的美德。说欲望的坏话是不合情理的亵渎。以我们目前的标准来看,莎士比亚的颠覆性太强,让人很难理解。我们认为所有伟大的作家,

---

① 原文为"Oh Hell!"——译注

我们书中的"好人",都在为正义而战;他们站在可怜的、无辜的欲望一边,受到无数迫害者的压迫。但莎士比亚永远是现代的,因为他揭示了我们所谓无禁忌文化的永久禁忌。当我们模糊地感到他的欲望概念和我们的欲望之间的距离时,我们就暗中警告彼此,他很可能是"保守的"。在欲望的领域里,我们总是把自己喜爱的思想视为"颠覆性的""新奇的";这些确实是莎士比亚在喜剧中嘲笑的老掉牙的陈词滥调。

戏中戏终于在忒修斯、希波吕忒和他们的宫廷前上演了,他们的宫廷现在包括了四个恋人,按照"真爱"的法则巧妙地重新排列。英俊的皮拉摩斯和美丽的提斯柏是隔壁邻居,他们之间只有一堵墙——当然是他们的父辈筑起了这堵墙,但鉴于他们的热情,它并不是致命的障碍:

> 墙啊!亲爱的、可爱的墙啊!
> 你硬生生地隔开了咱们两人的家!
> 墙啊!亲爱的、可爱的墙啊!
> 露出你的裂缝,让咱向里头瞧瞧吧!
>  (墙举手叠指作裂缝状)
> 谢谢你,殷勤的墙!上帝大大保佑你!
> 但咱瞧见了什么?咱瞧不见提斯柏。
> 刁恶的墙啊!不让咱瞧见可爱的伊;
> 愿你倒霉吧,因为你竟这样把咱欺!

(第五幕第一场:174—181)

对这堵墙的祝福和诅咒似乎会永远延续下去：

> 我的樱唇常和你的砖石亲吻，
> 用石灰和头发粘得紧紧的砖石。(190—191)

可怜的墙是"最下流也最勇敢的"，如波顿喜欢说的；他所有的口误在适当的时候都显得恰当。在伊丽莎白时代的英国，头发被用来建墙，有助于将湿石灰粘在一起。（这个习俗在诺曼底仍然存在；我不知道它在英国是否还保留着。）

忒修斯对昆斯混乱的开场诗的评论也适用于波顿，而且整个戏中戏及作为整体的《仲夏夜之梦》也都如此："他的话像是纠缠在一起的一根链索，并没有欠缺，可是全弄乱了。"(203—204)

这对恋人终于厌倦了他们的"悲喜参半"，决定在不那么狭窄的环境中相见。"你肯不肯到宁尼的坟头去跟咱相聚？"皮拉摩斯问。提斯柏欢快地回答道："活也好，死也好，咱一准立刻动身。"(203—204)

当墙上有扇门，两边的人都有足够的常识去使用它时，这堵可怜的墙所能做的也就不多了。它的戏剧可能性消失了，这个壮观的纪念碑庄严地离开，就像戏剧开始时的伊吉斯和忒修斯在他们虚伪的权威展示之后离开一样：

> 现在咱已把墙头扮好，
> 因此咱便要拔脚跑了。
>
> （下）(204—205)

## 第八章 选择爱人要依赖他人的眼光

就像哲学一样,浪漫艺术系统地把摹仿性对手变成客体,变成虚假的障碍,比如这道呆滞的隔墙,在不再被需要的时候就非常灵活地避开了。在拉山德和赫米娅二重唱中列出的障碍清单中,还应该加上这道神奇的墙。所有外在的障碍其实都是伪装成墙的人。借助天才之举,莎士比亚把工匠们对模仿的强烈欲望变成了他讽刺的另一个来源。如果你看得仔细,你会发现,所有浪漫作品,如《皮拉摩斯和提斯柏》,都天真地展示了它们想要隐藏的东西:墙内的男人,浪漫主义怨恨背后的摹仿性对手(这种怨恨本质上是对恋人怀有敌意的世界的神话)。

忒修斯说,如果这堵墙真的是人,他应该像人一样做出反应;他应该对诅咒、打击及恭维给予回击:

这墙并非没有知觉,我想他应当反骂一下。(182—183)

墙和野兽比摹仿性对手更能适应环境。受到赫米娅的侮辱时,即使温文尔雅的海丽娜也会报复;同样,当狄米特律斯拔剑指控拉山德时,拉山德也会拔出自己的剑来自卫。人不会像墙那样只是站在那里。

狮子和墙一样受到了不公正的指责;皮拉摩斯看见提斯柏的围巾在野兽的嘴里,便猛地刺了自己一刀;根据剧本,他应在她回来之前死去,这不超过四十五秒。看到他已经死了,她也像他一样自杀,虔诚地模仿这位完美的情人。

就像作为整体的《仲夏夜之梦》,戏中戏也是二合一,一场关于无能演员的粗俗闹剧,一个深层戏剧的延续,不过也是另外一种对浪漫的陈词滥调令人眼花缭乱的解构。

109

## 第九章
# 传闻之爱
## ——《无事生非》中的摹仿性策略

《无事生非》中最可爱的人物是贝特丽丝和培尼狄克。他们互相吸引,却不断地唇枪舌剑。许多现代电影和情景喜剧都是基于贝特丽丝-培尼狄克原则。这对争吵不休的恋人最终会投向对方的怀抱;我们的心因期待而温暖。

这种情况很常见,但当我们试图确定阻止贝特丽丝和培尼狄克说"我爱你"的原因时,我们的答案通常很模糊,不能令人满意。我们总是说这些年轻人"害怕情感投入",就好像情感投入是某种超越他们自身的超然力量。当然没有这样的事情;贝特丽丝和培尼狄克真的害怕对方。他们两个人既聪明又敏感;他们到底害怕什么?我们被告知,在过去的某一时刻,贝特丽丝和培尼狄克几乎要宣布他们相爱,但他们都从悬崖边退缩了。他们都感觉到,第一个说"我爱你"的人面临着一种神秘的危险。

可能双方都不确定对方的感情?我并不这么认为。我们这些旁观者对此一清二楚;主人公对彼此的了解怎么可能还比不上我们呢?他们互相观察,比我们观察他们俩更仔细。贝特丽丝完全意识到培尼狄克迷恋她,反之亦然;然而,这种意识并不能让人安心。两人不可能同时向对方表白,谁先开口,谁就有可能损害自己的利益，进而改变这种关系。

首先表白的欲望把自己展示出来，因此，可以成为尚未表白的欲望的摹仿性榜样。展示出来的欲望冒着被复制而不是回馈的风险。为了渴望一个对我们有渴望的人，我们不能模仿他表现出的欲望，我们必须对此欲望给予回馈，这是非常不同的。积极的互动关系需要一种摹仿欲望所缺乏的内在力量。为了真爱，人不能自私地利用伴侣的欲望。

如果培尼狄克先开口，并且贝特丽丝以他的欲望为榜样，她可能会模仿培尼狄克的欲望，重新调整自己的欲望；她更愿意按自己的欲望行事。伊丽莎白时代的人称之为自爱（self-love）。如果贝特丽丝先开口，同样的可能性也适用于培尼狄克。贝特丽丝和培尼狄克都害怕在主从关系中走到错误的尽头，这种关系可能是模仿任何一种隐藏起来的欲望而产生的。他们都害怕《仲夏夜之梦》中支配恋人的法则，但与这些前辈不同，他们意识到它的存在，并以最谨慎的方式行事，以避免他们预料的后果。

贝特丽丝和培尼狄克让我想起了自行车比赛，在这种比赛中不领先是有好处的；谁能在开始时设法骑在后面，谁就有可能率先完赛，因为他有一个可以跟随的人，一个可以在关键时刻在他身上产生竞争能量的看得见的榜样，这是领先者所缺乏的。为什么爱情应该被解释为一种比赛，一种竞争形式？无疑，这是个问题。无论贝特丽丝还是培尼狄克，都不会真的希望这样的事情发生，但谁也不能保证这是可以避免的。

旁观者耸耸肩，宣称整个游戏毫无意义。游戏当然无意义，但我们屈尊俯就本身很可能是一直在进行的战略定位的一部分，只是以防不得不玩游戏。这"以防万一"增加了最终玩游戏的可能性。或许游戏已经开始了。我们总是试图说服别人，我们自己从来不玩这种游戏，但这些免责声明必然是模棱两可的：如果我们已经在玩这个游戏了，那它们太像我们必须采取的行动了。

当像贝特丽丝和培尼狄克这样的两个年轻人有一种强烈的"戏谑关系"（这是人类学家对原始文化中这一现象的定义）时，一个愉快的解决方案所需要的保证不可能来自主人公自己，而是来自社区，不管现代版本的故事暗示了什么。现代版本往往被我们的乐观个人主义所扭曲。

这个解决方案是由堂·彼德罗亲王设计的，他是《无事生非》中最负盛名的人物，公认的中介者。他安排培尼狄克无意中听到一段对话，对话中说到贝特丽丝已经在许多证人面前承认了她对培尼狄克的爱。亲王还安排贝特丽丝听到关于培尼狄克的同样虚假的传闻。在这两种情况下，许多证人是必不可少的：他们把恋人之间对对方的欲望变成了一个公开确定的事实，一个社会事实，任何个人都无法抹杀这个事实，即使这个人的欲望产生了危机。

希罗自告奋勇担任表妹贝特丽丝的首席操盘手，并指导她的侍女欧苏拉：

> 欧苏拉，我们就在这条路上走走，
> 一等贝特丽丝来了，
> 我们必须满嘴都讲着培尼狄克；
> 我一提起他的名字，你就恭维他，
> 好像走遍天下也找不到他这样一个男人；
> 我就告诉你，

## 第九章 传闻之爱

> 他怎样为贝特丽丝害相思,
> 
> 就这样用谎话做丘匹德的一枝利箭,
> 
> 凭着传闻的力量射中她的心。
> 
> (第三幕第一场:15—23)

传闻之爱(love by hearsay)是指依赖他人的声音来爱,这个公式让人想到"选择爱人要依赖他人的眼光",正如我们所知,这种爱在《仲夏夜之梦》中扮演着重要的角色(见第八章)。这两个公式相互呼应;当莎士比亚写下"传闻"之爱,我们在上一章中解读的那些台词,他一定还记得。眼睛和耳朵之间的对立表明,作者不希望重复自己,他强调这两部喜剧之间的对比。的确,不仅在贝特丽丝和培尼狄克的故事中,而且在整个剧作中,我们很快就会看到,听和偷听的重要性就像《仲夏夜之梦》中的看和偷看一样。

无疑,这种差异是重要的,但如果没有一个基本身份,一个共同的基础——当然是摹仿欲望——差异就不会存在。传闻之爱和选择爱人要依赖他人的眼光是同样的摹仿欲望的两种形态。听和看的本质区别,可以从许多莎士比亚笔下的恋人倾向于将这两种感官与他们的欲望联系起来来认识。他们傲骄地认为,既然他们信任的耳朵和眼睛是他们自己的,那么欲望也必定是真实的。当然,我们知道最好不要相信这些欲望的自发性;这些对看和听的暗示往往讽刺性地指向摹仿欲望。

《特洛伊罗斯与克瑞西达》中的主人公就是一个很好的例子,他在接下来的几句台词中赞美自己选择克瑞西达所体现的独立性和良好的判断力,完全没有意识到他的爱情已经被潘达洛斯巧妙地安排好了:

> 假如我今天娶了一个妻子，
> 我的选择取决于我的意志，
> 我的意志受我的耳目所左右；
> 耳目则是有经验的舵手，
> 穿梭在意志和判断的险岸之间。
>
> （第二幕第二场：61—65）

十四行诗第 141 首关注恋人的五种微不足道的感觉；不妨从字面上来理解：

> 说实话，我的眼睛并不喜欢你，
> 它们发现你身上百孔和千疮；
> 但眼睛瞧不起的，心儿却着迷，
> 它一味溺爱，不管眼睛怎么想。
> 我耳朵也不觉得你嗓音好听，
> 就是我那容易受刺激的触觉，
> 或味觉，或嗅觉都不见得高兴
> 参加你身上任何官能的盛酌。
> 可是无论我五种机智或五官
> 都不能劝阻痴心去把你侍奉，
> 我昂藏的丈夫仪表它再不管，
> 只甘愿做你傲慢的心的仆从。
> 　　不过我的灾难也非全无好处：
> 　　她引诱我犯罪，也教会我受苦。

克劳狄奥真的被希罗吸引。但他想确保自己对她的长期兴趣得到那些他看重其判断力的人的认可。他希望别人告诉他，他正在做出正确的选择。他希望培尼狄克能像他自己一样觉得希罗可爱，但培尼狄克更喜欢贝特丽丝。失望之余，克劳狄奥转向他最信任和钦佩的人，即他的军事长官堂·彼德罗亲王，而亲王原就认为希罗，里奥那托唯一的继承人，将是克劳狄奥的一个很好的配偶。克劳狄奥一直都知道这一点，我们不应该认为他把婚姻主要看作一场商业交易。经济考虑是婚姻中最不让人尴尬的方面，对这个缺乏自信的年轻人来说似乎也是个好的切入点。

克劳狄奥请求堂·彼德罗劝说希罗和她父亲，他们应该接受他做她丈夫。甚至他的话还没讲完，堂·彼德罗就领会了他的意思，急切地自愿担当中间人的角色：

> 要是你果然爱希罗，就爱下去吧，
> 我可以替你向她和她的父亲说情，
> 一定让你如愿以偿。你转弯抹角
> 说一通，不就是为了这个目的吗？
> 
> （第一幕第一场：310—313）

亲王决定就在那天晚上的化装舞会上对希罗说。他想速战速决，而克劳狄奥有些胆怯，他更喜欢别那么匆忙，也许可以采用一种迂回的方法。

克劳狄奥和堂·彼德罗的谈话被人听到了，他们都以为亲王自己想要得到希罗。整个谣言最终回到了起点，在化装舞会结束时，培尼狄克对克劳狄奥说："您的希罗已经给亲王夺去啦。"克劳狄奥误解了这一模棱两可的说法，认为他那位有权势的朋友背叛了他。他亲耳听到亲王的许诺，应该相信堂·彼德罗，但他所知道的事实似乎不如没有第一手材料的人所散布的未经证实的传言可信：

> 必定如此，亲王为自己去求婚。
> 友谊在别的事情上都很可靠，
> 在恋爱的事情上却不能信托；
> 所以恋人们都用他们自己的唇舌。
> 让眼睛自己去传达情愫，
> 总不要请别人代劳，美貌是个女巫，
> 忠诚会在她的热情里溶解。
> 这是每时每刻都可以找到的例证，
> 毫无怀疑的余地。永别了，希罗！
>
> （第二幕第一场：174—182）

这种放弃的态度并不意味着克劳狄奥对希罗漠不关心；他心灰意冷，不会做出过激的反应。即使平时，这个年轻人似乎对自己也没有什么信心，在这种情况下，他就更没有信心了。一切都对他不利：亲王的威望；事情还没有眉目就急不可耐的心情；关于他对希罗有兴趣的流言蜚语；最主要的是克劳狄奥自己，他总是倾向于相信最坏的情况，他一贯秉持自我挫败的态度。克劳狄奥并不真的需要一个中间人；他求助于亲王，因为他想从他的中介者手中接过他的新娘。他需要堂·彼德罗给他自己的选择赋予合法性，并担心他的成功超出了预期。他相信事情已经发展到这样的地步:堂·彼德罗现在希望为自己得到希罗,而不是为他。

克劳狄奥应对自己的不幸负责。当他说,"这是个意外……我不信任",他对自己有点不诚实。亲王的过分热情使他从一开始就犹豫不决;这显然引起了他的一些忧虑,他现在觉得这是有道理的。在他煽动他的中介者的那一刻,他隐约地担心他现在相信的事情会发生。因此,缺乏安全感的克劳狄奥转向亲王,其理由与瓦伦丁、柯拉廷等人在潜在对手面前对自己的情人、妻子大加赞扬的理由十分相似。

又是摹仿欲望!我希望能谈谈俄狄浦斯情结或者其他同样让人安心的东西,但这不会有什么帮助。在这里,摹仿欲望不再是我自己的解释,就像在之前的作品中所考察的那样;这显然是其中一个人物提及的。培尼狄克责备他的朋友把自己的欲望的命运托付给亲王,他把克劳狄奥的行为比作:

> 犯了一个小学生的过失,因为发现了一窝小鸟,高兴非常,指点给他的同伴看见,让他的同伴把它偷走了。
>
> (第二幕第一场:222—224)

克劳狄奥没有反驳这种说法。这个年轻人很清楚,当他邀请有名望的朋友成全他的欲望时,他是在冒险;他希望亲王对希罗的兴趣仅限于与真挚的友谊相容的程度。但正如我们已经多次观察到的那样,这是最后一步;一个人的欲望若过多或不足,就容易越界。

克劳狄奥觉得自己没有资格,甚至没有能力去追求希罗,直到亲王认同了他的选择。无疑,我们必须把这个人物添加到莎士比亚主人公的长名单中,他们需要的不仅是一些有声望的榜样人物的敷衍认可,来验证他们自己的性爱选择。然而,他们之间还是有所不同。凡伦丁和柯拉廷,拉山德和狄米特律斯,他们不明白要面对什么,他们真的对自己所做事情的后果感到惊讶,而克劳狄奥是我们所熟悉的那类人的一个更具反思性也更复杂的版本。当他求助于彼德罗介入他自己的事情时,他非常清楚自己是在诱惑魔鬼,亲王可能会变成一个难以战胜的对手。

这种预见正是他通过短时间内为数不多的证据揭示的,这让他相信堂·彼德罗为了他自己才向希罗求爱。他不加思考便接受了希罗和亲王结婚的谣言,就像那些不知道他和他的长官之间有约定的外人一样。这个悲观的年轻人因一种自我挫败的内省而瘫痪,批评家们把这种内省误认为是冷漠和肤浅的机会主义。他相信无论他做什么、说什么都会给自己带来灾难性的后果——并非没有理由。

莎士比亚的后期戏剧往往比早期戏剧表现出一种更"成熟"和更"高端"的欲望。后来的主人公清楚地认识到欲望的各个方面,并将其主题化,这是早期的人物所不理解的。这些主人公有更多的经验,可以预见摹仿法则的效果,这会让他们的前辈感到惊讶,但这种更宽泛的知识并不能解决他们的问题,也不能消除他们的欲望;他们更清醒的意识甚至恶化了他们的状况,使他们不得不为欲望服务。

克劳狄奥觉得自己无法与亲王竞争,因而失去了勇气。他的摹仿性结构的才智非但没有帮助他,反而进一步削弱了他理性行动的能力。他似乎不记得亲王曾决定像克劳狄奥本人那样,以中间人的方式履行自己的职责。这种做法也许不明智,但那是另一回事,我们稍后将加以研究。

克劳狄奥从不觉得他的中介者是无辜的。堂·彼德罗并不完美,但他没有背叛他的朋友;他说话诚恳。他确实去找了希罗,但只是为了克劳狄奥的利益,正如他所承诺的那样。克劳狄奥将娶希罗。

克劳狄奥这一次真的应该"喜出望外",但他没有。批评家发现他在戏剧的后半部分比前半部分更令人费解。他为什么那么愿意相信对希罗的诽谤呢?他为什么对她那么残忍?

克劳狄奥很自然地被她吸引,他倾向于相信亲王也被她吸引了。当他确信亲王想把她据为己有时,她似乎比以往任何时候都更有魅力了。他无法想象,如果让希罗选择,她会在副将和指挥官之间有所犹豫:如果她做选择,她只会选择亲王。就像所有的超级摹仿者一样,当克劳狄奥处于在对事件的几种可能的解释之间犹豫不决的境况时,最后他总是选择对自己最糟糕的那种。一旦亲王淡出,克劳狄奥准备相信希罗乱交的虚假谣言,就像他早些时候相信她与这位大人物订婚的虚假消息一样。

如果克劳迪奥真的被许可娶希罗,那就意味着亲王本人对她没有兴趣;如果事实正好相反,她就很快不那么有趣了。与那个其欲望使她变形的榜样断绝关系后,她就显得不那么有吸引力了;克劳狄奥严重怀疑她的客观价值。他想,也许有什么秘密的耻辱能解释她为什么愿意把自己的命运和他这样一个卑贱的人绑在一起。

克劳狄奥对发生在自己身上的任何事情都抱着一种摹仿性的自我轻蔑的态度,这使他不能独自行事,也不能未经中介者同意,擅自提出任何要求。在希罗接受他的求婚之前,他不敢相信她会答应;她似乎高高在上,只适合亲王享用。堂·彼德罗一旦淡出,克劳狄奥就走向了另一个极端。这就是为什么他觉得堂·约翰和波拉契奥捏造的诽谤性指控如此容易让人相信。他自己已经准备好捏造这些谣言了。

从盲目的偶像崇拜到直率的蔑视,这种转变在克劳狄奥对希罗的公开指控中显而易见:

> 我看你就像
> 月亮里的狄安娜一样纯洁,
> 就像未开放的蓓蕾一样无瑕;
> 可你却像维纳斯一样放荡,
> 像纵欲的禽兽一样无耻!
>
> (第四幕第一场:56—60)

没有任何一个欲望的客体经受得住与这种欲望的榜样的分离,这一法则在莎士比亚作品中是普遍存在的;它当然适用于克劳狄奥,但有所不同。当希罗与亲王分开,通常在这种情况下发生的形而上的觉醒,此次并没有导致单纯的冷漠,而是导致一种基本的肉体欲望。

克劳狄奥从来没有在肉体上占有希罗,这一点很重要,尤其在她所谓淫乱的背景下。他相信希罗屈从于许多莫名的欲望。他现在痴迷于许多色情意象,这些意象实际上替代了亲王的模仿性榜样。这些意象产生了一种欲望,与之前"形而上"的欲望非常不同,是一种基本的肉体欲望,这种欲望把这个恋人变成了另一个人，一头道德怪兽。

我们可以从克劳狄奥想诋毁这个女人（之前她看起来像个仙女）的欲望中看出这种欲望的本质。这种男人不知道在理想化和玷污之间的中间地带，而两者都使他们的对象失去人性。贬低希罗的欲望表现在克劳狄奥在流产的婚礼上的残暴中，表现在他公开对她进行指控的虐待狂的暴力和亵渎神明的行为中。这位昔日偶像已经被玷污了，他还想进一步玷污她；他和那些可能把她当作享乐工具的人有一种模仿性的亲近感。

克劳狄奥在此剧的最初阶段高估了她，而在后期又低估她，这完全与整个人群中关于这个不幸女孩的两种传言不谋而合。第一种传言对希罗有利，因为似乎她就要嫁给亲王了；第二种传言是堂·约翰和波拉契奥的恶毒诽谤，显然对希罗不利。我相信堂·约翰的背信弃义远没有看上去那么重要。真正重要的是亲王的态度；他先是抬举希罗，让她看起来时尚迷人，但当人们得知第一个传言不实的时候，她就失去了吸引力。

当亲王似乎对希罗感兴趣时，她的价值就大幅上升；当每个人都知道她未来的丈夫只是克劳狄奥时，她就相应贬值。随着谣言从一个人传到另一个人，它们产生了极端的偶像崇拜和替罪羊效应，这与像克劳狄奥这样一个缺乏安全感的人的疯狂想象非常相似。

当每个人都认为希罗将要嫁给亲王的时候，第一个谣言与克劳狄奥对这个女孩的强烈渴望不谋而合，但他觉得她永远不会是他的。第二个谣言恰逢克劳狄奥对这个女孩的幻想破灭且他也拒绝与她结婚。这种巧合不只是偶然的。亲王不仅是克劳狄奥的个人中介者。他是里奥那托最重要和最有声望的客人，所有的目光都集中在他身上。他是整个聚会的模范人物。当他向克劳狄奥解释他将和希罗一起跳舞时，谈话被两个人听到了，即老安东尼奥和波拉契奥。他们两个的传言夸大了亲王在这件事中的作用。他们对堂·彼德罗的印象如此深刻，以至无意中削弱了克劳狄奥的作用。这正是克劳狄奥需要提高他对自己偏低的评价的原因。

老安东尼奥认为，在他们的谈话中，亲王只是简单地告诉克劳狄奥他自己对希罗的爱，以及他打算在化装舞会上向她求婚。虽然不太准确，但波拉契奥的传言也夸大了亲王的作用。据他说，"约定由亲王出面去向希罗求婚，等她答应以后，就把她让给克劳狄奥伯爵"（第一幕第三场：59—61）。亲王参加任何活动都会让他的同伴相形见绌。当一个人成了公众人物，即使他卷入了一件小事，他也会独占聚光灯：所有的谣言都自然而然地集中在他身上；他是流言蜚语的唯一对象。奥菲利娅对哈姆莱特的定义，"举世瞩目的中心"，也很适用于堂·彼德罗。

这种在同一中介者身上的极化，解释了大众的肤浅反应和像克劳狄奥这样非常注重个人隐私的人的激情反应之间的调和。独立思考比浪漫主义和个人主义神话所引导我们相信的要困难得多。

个体的摹仿欲望与集体的摹仿欲望相辅相成、相互印证。《无事生非》极好地展示了摹仿性传染在一个小群体，尤其在那些似乎对基本趋势漠不关心甚至怀有敌意的群体内的运作方式。欲望的集体性没有那么激烈，但在《无事生非》中和在《仲夏夜之梦》中一样重要，它完全是通过传闻和偷听来运作的。

这部喜剧的真正主题是集体情绪的变化，而不是堂·约翰的粗鄙邪恶，他在剧中扮演的角色相当于《仲夏夜之梦》中父亲和仙子的角色。没有堂·约翰，许多人会觉得这部戏令人不安和反感；莎士比亚让他们把暴力投射到替罪羊身上，而事实上，暴力在所有角色中都是平均分布的。

当许多表面上正常的人聚在一起，他们可能会产生与克劳狄奥这样的超级摹仿性个体相同的幻想。在此剧的下半部，对希罗淫乱的谣言的集体反应不仅几乎毁掉了这个可怜的女孩的名誉，而且几乎毁掉了她的生活。在莎士比亚所写过的最可怕的一个场景中，她自己的父亲也参与了对女儿的迫害。大多数人相信流言蜚语，追随摹仿性主流趋势，即使这与他们向来对这一趋势的受害者的了解大相径庭。

摹仿是克劳狄奥与希罗的奇异关系的原因，也是他们与大众共识一致的原因。除了摹仿性传染的不可抗拒的本质之外，这一共识完全没有证明任何东西。在这部喜剧中，不仅名声和财富，甚至生命和死亡，都来自道听途说。

《无事生非》中还有一个导致普遍的观念不稳定的原因。这就是亲王本人，每个人都围绕着他转，但他不能提供一个稳定的中心，因为他和其他人一样偏执，一样爱模仿。因为他把所有的欲望都极端化了，这个有时被称为亲王，有时被称作堂·彼德罗的人不应该是又一个普洛丢斯。他应该是人群中头脑最冷静的人，是一个固定的参照点，围绕着这个参照点，每个人、每件事都可以形成一个稳定的结构。然而恰恰相反，他是莎士比亚式人物的极端扭曲，当然，这也是这部喜剧在大多数阐释者看来如此神秘的主要原因。

不像克劳狄奥，亲王原本似乎并不喜欢希罗，但他模仿克劳狄奥就像克劳狄奥模仿他一样，当他得知他的副将对这个女孩感兴趣时，他不能无动于衷。堂·彼德罗非常急切地在克劳狄奥和希罗之间斡旋，甚至代替克劳狄奥，因为他决定扮演他的副将。如果克劳狄奥没有把自己的心愿告诉他，他是不会这么做的。这是意料之中的；据我们所知，克劳狄奥想要如此去做——把自己的心意告诉亲王，以强化自己的目的——的欲望驱使他最初要求堂·彼德罗充当他的中间人。

因此，克劳狄奥对这件事的疑虑是可以理解的，即使事实证明这些疑虑是多余的。亲王有点急于完成他微妙的使命，他的行为充满了矛盾。他热切地成了自己副将的副将，他的语言表明了这一点：

> 我可以化装一下冒充你，
> 对希罗说我是克劳狄奥，
> 当她的面倾吐我的心曲，
> 动人的情话迷惑她的耳朵；
> 爱的力量会将她俘虏。
>
> （第一幕第一场：321—325）

亲王让我们想起了希腊的天神，如安菲特律翁神话中的宙斯，这些天神为了接近他们所渴望的女人，便显露出他们所嫉妒的幸福的丈夫或情人的特征。这种幸福是真正的神性，神必须从她的丈夫那里偷走，篡夺后者与他妻子在一起时的位置。神真的成了他的对手的替身(double)。

堂·彼德罗是一个出众者,他的摹仿性顺从有时很难察觉,但在该剧的后半部分,当希罗被堂·约翰诽谤时,这种顺从表现得更为明显。一旦克劳狄奥背叛希罗,亲王就像他显然模仿的副将一样暴力,他似乎没有意识到,他自己至少要对克劳狄奥眼中她的耻辱负部分责任。

当里奥那托让他说几句,他说:

叫我说些什么呢?
我竭力替我的好朋友跟一个
淫贱的女人撮合,我自己也丢尽了脸。

(第四幕第一场:63—65)

他克制住为自己向希罗求爱的诱惑,从而避开了与克劳狄奥进行摹仿性竞争的危险。他应该为此庆贺,但现在,他没有发挥我们可以对一个更年长、更明智的人期待的温和影响,而是通过模仿克劳狄奥粗俗和侮辱性的行为,进一步恶化了局势。

亲王和克劳狄奥互为中介者,他们的相互模仿使得克劳狄奥的出尔反尔更趋极端。两个人都没有察觉到镜子效应,但最后当亲王看起来很悲伤时,一切都变得清晰起来,培尼狄克建议他给自己找个妻子。克劳狄奥和希罗的婚姻意味着亲王和他的摹仿性友谊已经结束,亲王感到被抛弃的孤独。这种悲伤与《威尼斯商人》末尾安东尼奥的忧伤相似。他与巴萨尼奥的友谊因巴萨尼奥与鲍西娅的婚姻而结束,如果没有他的帮助,两人不可能成婚。

堂·彼德罗和其他人一样容易受到摹仿的影响;他的行为纯

粹是反应性的，但因为他是亲王，被认为代表了一种秩序的原则，他对一般混乱的作用也就增加了。

莎士比亚作品中有各种各样的中间人，不仅有情欲的、婚姻的，还有政治的、外交的、社会的。许多人出于正当理由需要中间人和调解者。如国王，他位高权重，以至无法在各种事务中主动与未来的伙伴直接接触。当国王想要一个遥远国度的公主，或者一位住在附近但他不愿亲自拜访的公主时，他就会求助于使节。他不必冒被公开拒绝的风险。

《亨利六世上篇》中就有这样一位中间人；萨福克主动建议玛格莱特·德·瓦卢瓦嫁给亨利，并且滔滔不绝地谈论他的国王，因为他觉得她极有魅力，希望她成为他的情妇，如果她成为英国王后的话。他自己想占有正在洽谈的对象的欲望促使他决定为国王的婚姻出谋划策。当萨福克回到国王身边，他如此热情地描述玛格莱特，大大激发了亨利的想象力；他在他的听众身上唤起了对她的欲望，以至亨利为了一个贫穷的女孩而放弃了几个富裕的法国省份，但几乎一无所获。这表明，在莎士比亚的职业生涯早期，他就摹仿性地设想了一个"媒人"的角色。萨福克不只是个工具；他个人也卷了进去，而他本该只顾及他的君王的利益。

克劳狄奥对亲王的戒心与《第十二夜》中所发生的事情非常相似，奥西诺要薇奥拉代表他去求见奥丽维娅，但奥丽维娅并没有爱上公爵，而是爱上了这位使者。由于他们屈从于这个角色不可避免的暗示的摹仿性诱惑，中间人有着一种基本的不稳定性。中间人可能成为欲望的主体，并在一种奇怪的角色转换中，把他应该服务的对象变成自己的代理人，他自己的中间人。

如果我们要求别人帮助我们满足自己的欲望,如果我们想让这个人得到我们想要的东西,我们不仅把自己的欲望展示出来,而且要求我们的中间人采取行动,这通常会导致对欲望客体的挪用和消费。客户将中间人置于这样一种情境中,这种情境不仅会引起模仿性传染,还会促进由此获得的欲望的满足。

中间人的主题在莎士比亚作品中非常普遍,因为它最终是关于人际关系的摹仿的不稳定性,以及它们的传染性和其他摹仿性"悖论"。在这部戏剧里,代理人——使者、中介者及各种中间人——的扩散是对欲望的间接性质的沉思的一部分。

这一典型的莎士比亚式主题几乎无处不在,包括《温莎的风流娘儿们》,在这部剧中福斯塔夫决定短暂地做个中间人。这一主题的神化出现在《特洛伊罗斯与克端西达》中,这是一部潘达洛斯在精神上支配的戏剧,潘达洛斯是莎士比亚摹仿欲望和摹仿操控的最大象征。在某些方面,亲王是这个神秘人物的预兆,他的重要性并没有被围绕着他的丑闻光环所耗尽。中间人总是鼓动别人扮演各种各样的角色,或者自己扮演这些角色。他在莎士比亚作品中无处不在,这就是为什么戏中戏是这部戏剧固有的。他是兼顾导演和剧作家的演员的一个象征。不可能不在他身上看到莎士比亚本人的影子。

# 第十章
# 因为我爱他，所以你也要爱他！
## ——《皆大欢喜》中的田园风格

就莎士比亚的作品而言，摹仿欲望法则有不适用的吗？最有希望入选的似乎是《皆大欢喜》,《无事生非》之后的一部喜剧。在这部田园喜剧中，主人公之间的关系就像传统的田园诗一样。

西莉娅是弗莱德里克公爵的独生女儿，弗莱德里克是个恶棍，他篡夺了哥哥老公爵的位置，老公爵现在和一些追随者住在田园之地亚登。罗瑟琳，被放逐者的独生女儿，因堂妹西莉娅，一直待在宫廷里。这两个女孩一起长大，是最亲密的朋友：

> 我们一直都睡在一起，
> 同时起床，一块儿读书，同游同食；
> 无论到什么地方，就像朱诺的天鹅，
> 永远成对，拆不开来。
>
> （第一幕第三场：73—76）

我们知道，同窗或闺蜜之间的这种完美的亲密关系是摹仿性竞争的温床。西莉娅和罗瑟琳尤其容易受到影响，因为她们都是敌对的父亲的唯一继承人，但她们从未成为竞争性对手。

## 第十章 因为我爱他,所以你也要爱他!

莎士比亚让西莉娅的父亲,一个恶棍,试图用他的恶行感染他的女儿。弗莱德里克公爵责备女儿没有按照生活中那些摹仿性事实所要求的那样,对堂姐嫉妒得够深:

> 她这人太阴险,你敌不过她;
> 她的和气,她的沉默和忍耐,
> 都能感动人心,叫人民可怜她。
> 你是个傻瓜,她已经夺去了你的名誉;
> 她去后,你就可以显得
> 格外光彩和贤德……
> 你是个傻瓜。
>
> (第一幕第三场:75—85)

我们的摹仿性对手似乎总是比我们强,所以公爵试图给他的女儿一种"自卑情结",在他看来,这是现实形势所要求的。西莉娅应该同意放逐罗瑟琳,因为罗瑟琳的声望危及她的政治前途:"你是个傻瓜。"

在此剧开头,两个堂姐妹之间出现了一种更可怕的摹仿性竞争。迷人的奥兰多挑战弗莱德里克公爵那位战无不胜的摔跤冠军查尔斯,查尔斯是一个强大的对手,似乎是他主人邪恶的化身。堂姐妹两人非常担心那个虚弱的年轻人,但无论如何也不会错过这场较量。奥兰多毫不费力地赢了,两个女孩几乎被吓晕过去,但又感到欣喜若狂,尤其是罗瑟琳,她告诉西莉娅她爱上了奥兰多。

在《维洛那二绅士》和《鲁克丽丝受辱记》中,莎士比亚让已经恋爱的人物敦促尚未恋爱的人物(也是未来的对手)以自己为榜样。这种摹仿性煽动的成功是随后灾难性竞争的主要原因。因为摹仿性竞争原就被排除在《皆大欢喜》之外，所以罗瑟琳向堂妹西莉娅反复念叨她对奥兰多的渴望是没有意义的。在这部戏里，模仿的场面毫无意义，然而，令人惊讶的是，莎士比亚写了这样的场景：

> 西莉娅：你真的会突然这样猛烈地爱上老罗兰爵士的小儿子吗？
> 罗瑟琳：我父亲和他父亲非常要好呢。
> 西莉娅：因此你也必须和他儿子非常要好吗？
> 　　　　如此说来，我父亲非常恨他父亲，
> 　　　　我也应该恨他。但我不恨奥兰多。
> 罗瑟琳：不，看我面上，不要恨他。
> 西莉娅：为什么不呢？他不是值得恨吗？
> 罗瑟琳：我爱他，因为我爱他，所以你也要爱他！
> 
> （第一幕第三场：26—39）

这最后一句是对摹仿性竞争的双重约束特征的极好定义。所有以罗瑟琳的方式展现自己的欲望，都向听者传递了两个矛盾的信息：首先，你要爱他，因为我爱他；其次，你别爱他，因为我爱他。

天真的罗瑟琳是个恶魔般的诱惑者。对西莉娅，对罗瑟琳自身，对她们共同的友谊来说，她比最恶毒的公爵和父亲还要危险得多。这部喜剧与已经考察过的作品的相似之处是惊人的；再一次，这个摹仿性女主人公试图以她对父亲应有的尊敬来掩饰她的

欲望，而这种不诚实却被敏锐的西莉娅讽刺性地加以揭穿。

父亲永远没有孩子和精神分析学家所说的那么重要。我试图表明，这已是《仲夏夜之梦》的真实信息，而且这一次如此明确，我们无法怀疑其莎士比亚式的针对性。罗瑟琳害羞地试图通过对自己父亲及对奥兰多的父亲的顺从来体现她对奥兰多的爱，而西莉娅则幽默地挑战她的这一虚伪的借口。

两个父亲中一个死了，另一个不在场；罗瑟琳的激情与这两者都无关。这一次，莎士比亚非常明确地嘲笑了青春欲望喜爱的神话——父权无所不能。在他创作的时候，这个神话并不像今天这样具有可笑的欺骗性，但它似乎相当可笑，足以证明莎士比亚式的讽刺无可非议。家长式制度，就算曾经真正存在于基督教的西方，也已经瓦解了。

就本书的目的而言，这个小场景很奇妙：莎士比亚本人很好地概括了我在分析早期喜剧时在他的作品中发现的两个要点，即对于父亲以及对于好友之间的摹仿性冲突的看法。但是早期作品并不能很好地说明《皆大欢喜》中到底发生了什么。西莉娅永远不会爱上奥兰多；两个女孩的友谊仍然美好。总而言之，摹仿法则对这部戏不适用。

莎士比亚想通过西莉娅描绘一个真正的女英雄，一个真正的摹仿性放弃的圣人吗？这位剧作家最终决定创造一个对这种摹仿性瘟疫真正免疫的人吗？我不这么认为。不宜对西莉娅进行臆断。她在剧中的作用不大；她的存在感不强。并非她对这种模仿性诱惑无动于衷：田园牧歌的风格对她来说是不受影响的。

因为罗瑟琳先坠入爱河，西莉娅有礼貌地避免做同样的事。如果西莉娅先恋爱，罗瑟琳会谦恭有礼；她甚至连看一眼奥兰多都不会。无论爱情本应是多么狂暴和不羁,但田园诗的男女主人公从来没有不小心坠入爱河的坏习惯。就避免摹仿性竞争而言,澳大利亚原住民最复杂的亲属制度也不如田园文学有效。

这部戏反映了表层文学的盲目性。田园牧歌的规则禁止两个善良的女主人公之间的冲突,如罗瑟琳和西莉娅,莎士比亚顺从地确认了这一规则。他只是想表明这种服从意味着什么。为了取笑田园诗,他确保所有迹象都指向两个女孩之间的巨大麻烦,可以想象的最大麻烦;但不会爆发任何麻烦。

单就《皆大欢喜》中西莉娅-罗瑟琳关系而言,莎士比亚会信守做一个田园作家的诺言。没有什么比这更容易实现的了。所需采取的措施就是中止一项法则的应用,因为大多数人从来没有怀疑过这项法则的存在。要欣赏《皆大欢喜》的讽刺意味,我们必须首先意识到西莉娅和罗瑟琳之间潜在的麻烦。

"因为我爱他,所以你也要爱他!"与传闻之爱及选择爱人要依赖他人的眼光属于同一范畴;令人难以置信的是,这些极具讽刺意味的台词从来没有被任何人理解过,它们等于白写了!我们比以往任何时候都更有必要假设,最初的受众包括一个由同行组成的核心圈子,作者不时地向他们发出只有他们才能理解的信息。

在构建了其情节结构中固有的戏剧可能性之后,莎士比亚没有进一步加以利用;他放弃了戏剧所需的冲突,尽管并非不置一词。一般来说,田园牧歌类型会不假思索地、自发地去处理这类事情,因为它对欲望的相互摹仿一无所知。莎士比亚想表明,至少他知道自己在做什么。他的讽刺是谨慎的,只有那些不大可能被它冒犯的观众才能觉察到。

到《皆大欢喜》出现时，少数知识渊博的人必定认为摹仿互动是莎士比亚艺术的重大特点。如果我们不掌握其摹仿性法则，就无法理解作者对它的暗示。这些暗示像编码的信息一样运行，但代码不是任意的。"因为我爱他，所以你也要爱他！"是莎士比亚的个人印记，出现在一种最不莎士比亚式的人物关系上。莎士比亚表明，他没有忘记真正的冲突是什么。

如果我们在《维洛那二绅士》《鲁克丽丝受辱记》《仲夏夜之梦》或《无事生非》中发现"因为我爱他，所以你也要爱他（或更可能是她）！"，那这个表述可以帮助我们分析这些作品。矛盾的是，它对《皆大欢喜》毫无帮助。在出现这句台词的这部剧中，它本该发挥最大作用，但它几乎没起任何作用。它的真实语境是莎士比亚式的互文性，包含了他的全部作品。

我们对之前作品的了解，让人无法相信"因为我爱他，所以你也要爱他！"是一种无关紧要的表达方式，是意义不大的修辞手法，是毫无内涵的词语组合；它与摹仿性友谊和竞争太相关了，不能不反映出作者对这个主题的持续关注，但它与《皆大欢喜》无关。为了看出其整体的间接针对性，有必要绕道而行，考察那些更明确的摹仿性戏剧。那些坚持把每一部戏剧都当作独立的艺术作品来处理的批评家，是无法明白我们在谈论什么的。他们看不出莎士比亚式的全部机智。

如果我们按照美学形式主义（aesthetic formalism）的某些原则，孤立地解释每一部戏，那么我们永远也不会明白对一种真正的智慧至关重要的互文网络，它不仅让我们理解把这些戏联系在一起的是什么，还让我们读懂每一部戏剧自身的意义。美学形式主义一直是莎士比亚式讽刺的灭绝者。讽刺文学的乐趣在于读者的感受——作者共谋与意图谬误的概念不相容——在我看来,这是最致命的一个批评谬误。

这部戏的讽刺性质从剧名"皆大欢喜"①就可以看出来。作者向观众致辞并声称,他做了一些改变,他不是写自己的戏剧,而是写他们的戏剧。如同所有伟大的讽刺作家,莎士比亚一定被应该对人类有更积极的看法这一要求所围困。伟大的摹仿性作家总是被要求放弃其艺术的本质,即摹仿性冲突,转而以一种平淡乐观的态度看待人际关系,总是表现得更温和、人道,然而在现实中,它反映了自以为是的残酷。

在《皆大欢喜》中,莎士比亚假装答应,不过在某种程度上他确实做到了。他说,这是一部戏剧,它描绘的世界不是我所看到的世界,不是真实的世界,而是你们,我的观众,喜欢的世界,其中没有矛盾的情感,没有模棱两可的冲突,这是一部有着明确设定为"英雄"和"恶棍"的角色的戏剧。

一部能够化解模仿性纠葛的戏剧,需要某种冲突的替代性来源,否则就不会是戏剧性的。它只能转向有时被称为"摩尼教"(Manichaean)的观点。如果它不把冲突归因于对手之间相同的欲望,它就必须假定他们之间有某种内在的区别,如善与恶的区别。田园牧歌类型并不直面欲羡和嫉妒,即双面的、滑溜的现象,而是系统地将一些角色刻画成本质上的好人,将另一些角色刻画成本质上的坏人。

我们若不想把这种冲突归因于摹仿性竞争的过程,那必须在男女主人公的善良之外赋予这种冲突某种原因,而这种原因只能

---

① 原文为"As You Like It"(如你所愿)。——译注

是某些设定为反派的邪恶性格。这种正统的麻烦制造者在生活中没有别的目的,只会使高尚的男女主人公的生活变得悲惨。他将成为不可或缺的替罪羊,因为有了他,高尚的人们才能够从任何不愉快的情节中解脱出来。

理想主义文学反映了人类关系通常的偏执结构。它系统地将摹仿性双重形象转化为高度差异化的攻击者和"承受者"(aggressees)。这一结构本身就属于摹仿性竞争;它表明这种竞争不愿意承认自己的这种状态。我们有个很好的例子:海丽娜和赫米娅都认为彼此不和的唯一责任在于对方,而吊诡的是,这种不和是建立在太多和谐的基础上的。我相信,莎士比亚在《仲夏夜之梦》中提到了这个悖论,忒修斯在读了《皮拉摩斯和提斯柏》(原则上,这部戏的欺骗性不亚于《皆大欢喜》)的剧情介绍后,疑惑地问:

这种不和谐怎么能和谐起来呢?

(第五幕第一场:60)

在《皆大欢喜》中,莎士比亚尽可能将所有间接反映摹仿性竞争的刻板对立表现为明显的虚假现象。他使奥列佛对奥兰多的仇恨显得完全没有道理。洛奇(Thomas Lodge)的《罗瑟琳》(Rosalynde)——该剧的来源——和这部喜剧一样,其中也有两兄弟,但不满的一方有不满意的客观原因;他是个被剥夺者,而在《皆大欢喜》中恰恰相反。莎士比亚在剧中系统地摒弃了现实主义。在所有可能的选择中,他总是选择最牵强、最受浪漫幻想渲染的东西。

这部戏大肆宣扬对常识的违背,但从不把自己当回事;到终场时,这些木偶般的恶棍都经历了向田园美德的瞬间转化。这也是田园文学传统的一部分。因此,奥兰多的邪恶兄长奥列佛和弗莱德里克公爵一起摆脱了他们邪恶的欲念,他们决定在亚登定居,并立即清除了所有邪恶的倾向。

邪恶的弗莱德里克公爵,

> ……因为听见每天有才智之士
> 投奔到这林中……
>
> （第五幕第四场:154—155)

便兴起一支大军,来到亚登,想要杀死兄长,但在他到达那里时,

> ……遇见了一位高年的修道士,
> 交谈之下,悔悟前非,
> 同时看破红尘,把他的权位
> 归还给他的被放逐的兄长,
> 一同流亡在外的诸人的土地,
> 也都各还原主。这不是假话,
> 我可以用生命来担保。(160—166)

一个改邪归正的恶棍唯一的愿望就是"死时是个牧羊人"。然而,所有曾经的流亡者都必须回到邪恶的旧世界,才能与善良的女人结婚,好女人必然会过剩,因为所有的恶人都是男性。

奥列佛就是个例子。他在森林里睡着了,奥兰多救了他,使

他免于狮子和毒蛇的威胁。奥列佛一直迫害他的哥哥,奥兰多的善良使他深受感动,他也在一瞬间变得善良起来,因此,他能给西莉娅提供一个耐心的她所应得的丈夫。最后,田园世界里只剩下几个未婚的前恶棍,他们在生态健康的环境中度过余生来赎罪,而男女主人公们没有需赎的罪过,便迅速回到糟糕的旧世界,去占有洗心革面的恶棍们顺便腾出的领地和身份。

田园牧歌的体裁使我们可以自由地否认亲朋好友之间发生激烈冲突的可能性,而这正是亚里士多德所认为的悲剧的实质。田园世界可以被认为是最突出的反悲剧世界,莎士比亚觉得有趣,他谨慎地强调了它的最无耻的自欺特征。所有遭受模仿欲望之苦的人都希望看到它被法令废除。他们对它的感觉就像他们对竞争对手的感觉一样,他们将竞争对手与摹仿欲望联系在一起,并将他们对两者的厌恶视为毫无疑问的证据,表明他们与两者都无关。问题似乎总是出在"他们"身上,即他人身上,而不是我们自己身上。

只有摹仿欲望才会梦想通过物质手段逃离自己,移居仍然没有被传染性竞争的瘟疫所影响的遥远的地方,一个更原始和"自然"的世界,也许——一个古老、城市化程度较低的国度,一种未受破坏的自然,那里的居民比我们竞争激烈的邻居更天真、更纯朴。如果我们移居那里,我们可以享受愉快的他人的陪伴,而不用担心被永远卷入糟糕旧世界的摹仿性纠缠之中。

在莎士比亚时代,这个永恒梦想的主要文学样式是田园诗。《皆大欢喜》赋予它一个莎士比亚式的扭曲,讽刺性地指出摹仿性冲动是这一梦想本身的隐秘来源。以故事的主要情节为例,奥兰多和罗瑟琳都在田园世界中寻求庇护,远离那些迫使他们流亡的极端摹仿性亲友。他们彼此相爱;他们之间没有什么障碍——他们可以马上结婚。这将是一个多么美好的结局啊！不幸的是,还有三幕戏要演,这对恋人过早到达了幸福的时刻。他们剩下要做的就是你欢我爱,直到死亡将他们分开——这是一个最不确定的前景。

最终的实现必定被推迟;我们不想面对它可能带来的幻灭。莎士比亚通过一种非常典型的田园文学手法来避开这种威胁,这种手法的荒诞性非常明显,它足以揭示所有这些虚构性伎俩的存在的真正目的。罗瑟琳有个好主意:让她的情人认不出她来。她决定以男性化伪装留在奥兰多身边,以确保她的旅行安全。她以侍童的名义说服她的情人——他自然从来没有怀疑她的真实身份——他需要一些指导,学习如何向不在身边的情人(一个叫罗瑟琳的人)求爱,由她来扮演那个情人的角色。还能更自然吗?

这种无稽之谈是典型的田园文学。摹仿欲望总是渴望所爱的人的出场,然而,在更深的层次上,这种出场是可憎的,因为它伴随着某种醒悟。无论何时,只要恋人们能够畅通无阻地接近对方,他们就有立即失去爱情的危险;他们的激情取决于双方在对方眼中的形而上的超越,而这又或多或少需要一种永久的分离。

当"真爱"手册和法国才女把种种障碍说成是神秘之爱中一个不可或缺,最好是无休止的阶段时,他们比我们的"性满足"倡导者更能巧妙地操纵摹仿欲望,后者甚至将消费主义原则应用于人际关系,结果是最令人沮丧的。如果罗瑟琳愿意公开地,以她自己的名义,由她自己的爱人求婚,她的持续有效性会迅速挥霍掉在分离阶段积累起来的形而上学资本。在男性化的伪装下,罗瑟琳可以享受恋人的在场，而又不失去缺席的好处。她使自己既可以接近恋人，又可以获得不接近恋人的好处。她可以拥有她的摹仿性蛋糕，也可以品尝它。

这种人为安排是田园文学真正追求的典型。出场必须推迟，至少要等到幕布落下。当然，田园文学从未公开承认这一可怕的事实，但它设计了最做作的把戏，以尽可能地推迟圆满的结局。

第十一章

## 叫她得意的是你的恭维，不是她的镜子

——《皆大欢喜》中的自爱

尽管在《皆大欢喜》的中心场景摹仿欲望意外缺席，但在剧情边缘，尤其是在菲苾和西尔维斯的故事中，摹仿欲望有所增强。这两个年轻人并不是流亡在外的贵族子弟；他们似乎一辈子都住在亚登，对它的反模仿属性一无所知。田园魔法对他们没有影响；哪里有家，哪里就没有所谓的田园。

西尔维斯更像是个奴隶，而不是个恋人；他对菲苾的忠诚是如此温顺和羞怯，以至她无耻地利用了他。她越专横，他就越温顺。罗瑟琳无意中听到菲苾虐待不幸的西尔维斯。她有点自以为是地加以干预，警告他崇拜的态度会损害他自己的利益。因为她的恋人，菲苾想象自己比实际更美丽，并得出结论，她应该有一个比可怜的西尔维斯更好的丈夫。罗瑟琳向这个年轻人保证，他比他的恋人更有魅力：

你是比她漂亮一千倍的男人。

(第三幕第五场：51)

菲苾用西尔维斯作为一面欺骗性的镜子，因为她模仿他对她

第十一章　叫她得意的是你的恭维，不是她的镜子

的欲望，她以与他同样的谄媚眼光看待自己：

> 叫她得意的是你的恭维，不是她的镜子；
> 从你的眼睛里，她觉得自己
> 比她本来的容貌美得多了。（54—56）

使这种关系得以形成的力量并不是两个人客观地欣赏他们各自的优点，而是西尔维斯单方面的欲望，这种欲望过于公开地表现出来，影响了菲苾。她贪婪地接受西尔维斯盲目崇拜她的奉承，因此她只能爱自己。

可怜的西尔维斯不仅让菲苾产生了拒绝他的欲望，他也模仿这种欲望，这欲望最初就来自他，他也因此变得比以往任何时候都更受其奴役。这种恶性循环不断增加菲苾的骄傲和西尔维斯的自卑感。自卑和自恋的共同产生是对他最初的欲望的摹仿性再现，是一个潜在的相互模仿的无限过程。双方都是同一欲望的模特和模仿者，在这个循环的模仿系统中，没有第二种欲望的空间，比如菲苾独自对他的欲望。在一个摹仿性传染猖獗的世界里，良好的互动关系是不可能的。

所有摹仿欲望都渴望它所模仿的对象。如果我的榜样的对象是我自己，我将对我自己有欲望，并试图阻止我的榜样（也是我的模仿者）拥有我们都渴望的对象，即我自己。这种对自身欲望的退缩就是一种摹仿性竞争，在这种竞争中，赢家如果不加强最初导致他或她获胜的那种冲动，就无法获胜。这个体系变得越来越不平衡，造成了一种不可改变和自然必需的错误印象。

一个人的极端自恋和另一个人的极端自贱是相互依存的现

象,不需要外界的干预就会不断再生和加强。无疑,外部因素——"客观差异"最初有助于系统向一个方向或另一个方向启动——可能存在,但它们或多或少是偶然的;起点的微小差异可能会产生相反的结果。这就是为什么在《无事生非》中,贝特丽丝和培尼狄克都拒绝第一个说"我爱你"。他们都担心自己会在这段关系中走到错误的尽头,处于不值得羡慕的西尔维斯的位置。

如果欲望的配置是相反的,一切都不会改变,但系统内的所有相对位置都会被逆转:过于乐观的菲苾会被极度自命不凡的西尔维斯奴役。这种逆转似乎是不可想象的,只是因为现有的情况一旦固化,就会以一种令人信服的方式塑造现实,使其似乎具有一种自然现象的性质。

一种摹仿效果所建立起来的,另一种摹仿效果可以将之摧毁。罗瑟琳告诫菲苾,她不应该把自己眼前的运气误认为是某种确定性因素的永久影响。她未必总是能找到一个温顺听话的西尔维斯:

> 可是,姑娘,你自己得放明白,
> 跪下来,谢老天赐给你这么好的一个爱人。
> 我得向你耳边讲句体己的话,
> 有买主就赶快卖了吧,你不是到处都有销路的。(57—60)

最后一句中的金融隐喻与近年来许多经济学家关于金融投机的模仿性本质的理论不谋而合。让-皮埃尔·杜普伊(Jean-Pierre Dupuy)、安德烈·奥尔良(Andre Orlean)及其他人从摹仿

第十一章　叫她得意的是你的恭维,不是她的镜子

的角度解释了凯恩斯的某些观念。在自由市场,价值的波动不是根据供求规律,而是根据每个投机者对同一规律的总体评价。这与客观规律本身相去甚远,客观规律永远不能直接决定形势,因为客观规律总是要经过阐释的,而一切阐释都是摹仿性的、自涉的。这些阐释者对客观事实不感兴趣,他们感兴趣的是真正塑造市场的力量,即公众舆论的力量,这是占主导地位的阐释。①

经济学家面对一个摹仿性游戏,他们中的大多数人信仰他们所谓"客观数据"的拜物教,因而会忽视这个游戏。数学计算可以帮助理解客观数据,但不能解释数据;这就是为什么再多的客观信息也不能保证预测万无一失。

只有摹仿效应才能让平庸的菲芘在某种理想之美的比赛中拔得头筹;如果周围只有西尔维斯这样的人,那这个幻想将永远存在,但它也可能像股票市场的投机性泡沫一样短暂。在不断上升之后,相互模仿的螺旋状态可能逆转自身或完全消失。如果股票持有者——这儿仅指菲芘——在该卖出的时候没有卖出,他们可能会失去他们的全部投资。

在罗瑟琳告诫菲芘这种可能性的那一刻,她的预言应验了。罗瑟琳伪装成一个年轻男子,菲芘当场爱上了他:

可爱的青年,您骂我一整年吧,
我宁可听您骂也不愿听这人恭维。(64—65)

---

① 让-皮埃尔·杜普伊,《符号与嫉妒》,见保罗·迪穆谢尔《事物的地狱》(*L'Enfer des choses*)(巴黎:瑟伊出版社,1979),第85—93页。安德烈·奥尔良,《货币和模仿性投机》,见《暴力与真相》(*Violence et Vérité*)(巴黎:格拉塞和法斯奎尔出版社,1985),第147—158页。

143

怎么回事？为了使自身永存，自爱或自我欲求需要征服暴露在其可能无法抗拒的魅力之下的所有欲望。任何仍然无动于衷、不加入一致性崇拜的欲望都威胁着崇拜本身的存在。不同的欲望被现在的偶像菲苾视为比她更有吸引力的榜样，一种更强烈的自恋，一种坚不可摧的自主性，这就是菲苾对罗瑟琳一见钟情的真正含义。

通过如此说法，罗瑟琳将自己定义为既是欲望的榜样又是欲望的对象。菲苾的欲望离开了她自己，不可抗拒地向更高的神性靠拢。在莎士比亚看来，自爱从来不是真正的自我中心；其实是他者中心，但如果没有人能证明自己有能力抵抗主导模式的模仿性吸引力，它的虚假优势可能会永远持续下去，因此永远不会得到承认。菲苾的自爱是一种以西尔维斯为中心的伪装，当罗瑟琳揭露了伪装时，它就消失了。

对绝大多数伊丽莎白时代的人说，自爱这一表述的意义与莎士比亚所理解的意义不同；它意味着实质性的自爱，一个人个性的永久特征，真正被赋予存在的必要的稳定性。传统批评家们也有这种自爱的错觉，他们想当然地认为创造性作家在写剧本或小说时，总是以塑造永恒的性格为目标。

如果我们用性格来解释，我们会把菲苾描述成"冷漠""傲慢""专横""自负"等。我们将把这些特征加起来，其总和被称为菲苾的"性格"。但她对罗瑟琳突如其来的激情与这种所谓的性格相矛盾。为了保持我们的心理学解释及我们对性格的信念，我们必须假设菲苾爱上罗瑟琳时，其行为"不符合性格"。这种隐性理论的问题在于，那些采用这种理论的人根本没有意识到他们采用了理论——通常，他们认为自己不受任何理论的影响，他们认为菲

## 第十一章　叫她得意的是你的恭维,不是她的镜子

苾故事的要点无关紧要,因而不予理会,而其实这是莎士比亚的要点所在:他者在菲苾态度的剧变中所起的作用,即我们"性格"的变化无常和难免失真。

自恋(narcissism)这个词现在被广泛用作伊丽莎白时代自爱(self-love)的同义词。它听起来比自爱更"科学",但实际上是一回事。这个词并没有像"性格"(character)那样指明一种自然属性,但它同样具有误导性,因为它仍然或多或少地暗示了我们心理构成中的一种永久性特征。这种观念只会妨碍我们对莎士比亚的理解。

对自恋的真实性和内在持久性的信念是被压制欲望的特征;如西尔维斯,他真诚地相信菲苾和朱庇特一样独立自主。如果我们读过一篇开启自恋这个词现代进程的文章,即弗洛伊德的《论自恋:一篇导论》("Introduction to Narcissism"),我们将看到善良的西尔维斯的错误也是善良的老西格蒙德·弗洛伊德的错误。

与弗洛伊德及其他自我学说的理论家不同的是,摹仿欲望的文学大师通过对自爱幻觉的透视,揭示了其构成和分解的摹仿本质。在之前的一篇文章中,我试图证明普鲁斯特在自恋的模仿性脆弱方面比弗洛伊德更清醒。[1]

有人批评我忽视了弗洛伊德后期自恋理论的发展,他把所谓

---

[1] 勒内·基拉尔,《自恋:普鲁斯特揭开了弗洛伊德神话的神秘面纱》,见阿兰·罗兰编《精神分析、创造力与文学》(*Psychoanalysis, Creativity and Literature*,纽约:哥伦比亚大学出版社,1978),第 293—311 页;另见伊迪丝·库兹威尔和威廉·菲利普斯编《文学和精神分析》(*Literature and Psychoanalysis*,纽约:哥伦比亚大学出版社,1983);另见《自创世来万物隐藏》(斯坦福,加州:斯坦福大学出版社,1988),第 367—392 页;另见莎拉·考夫曼《自恋妇性:弗洛伊德和基拉尔》,《变音符号》10:3(1980 年秋季号),第 419—424 页;另见托里·莫伊《失踪的母亲:勒内·基拉尔的俄狄浦斯的竞争》,《变音符号》(1982 年夏季号),第 21—31 页。

自恋者的特点——真正的自我满足的极度缺乏考虑在内。弗洛伊德是个很好的观察者，但事实上，他最终未发现，所谓的极端自恋，往往与截然相反的症状，即对他人的极度依赖有关。这一点我得承认。然而，如果你阅读相关文本，你很快就会发现弗洛伊德从未发现这两个对立面之间的摹仿性联系；因此，他从未令人满意地解释它们在同一个人身上并置的"矛盾"。他始终在思考一种完全根植于家族史、不受邻近其他欲望的影响的严格的个人欲望。他从未揭开有着严重分歧的两种或两种以上的欲望之间的关键秘密，因为它们过于一致，且相互模仿。

就莎士比亚批评而言，主要问题不在于这种内在的自我中心或永久性的特征是否真的存在；在某种程度上，它们的确存在，但它们的存在与剧作家感兴趣的戏剧效果无关。他写的不是哲学或心理学论文，而是关于欲望的喜剧和悲剧。

当剧作家坐下来写剧本时，他脑海中没有"性格"或永恒的人文真理，只有喜剧和悲剧的可能性，这种可能性总是意味着某种被误解的摹仿性互动。对于不习惯用这些术语思考的人来说，摹仿模式似乎难以捉摸，甚至不真实。这就是为什么这些模式会被系统地误解；根据误解的后果或观察者的观点，误解可以是喜剧的，也可以是悲剧的。摹仿模式有很多，但它们都是相互关联的，因为它们相互生成。它们从一部剧本到另一部剧本不断演变。起初，在莎士比亚职业生涯的头几年，它们趋于复杂，接着，在后期喜剧中，它们变得更加苛刻，似乎要宣布伟大的悲剧时期的到来。

西尔维斯、菲苾和罗瑟琳的整个三角关系与《仲夏夜之梦》中

## 第十一章　叫她得意的是你的恭维，不是她的镜子

四个恋人之间的关系——尤其是狄米特律斯对海丽娜的奴役——没有太大的不同，只是性别颠倒了。在这个例子中，西尔维斯扮演了摇尾乞怜的角色。然而在《仲夏夜之梦》中，这种模仿性游戏包含了如此快速的逆转和替换，以至没有任何一个时刻能像《皆大欢喜》中的菲苾-西尔维斯的情节那样成为受到持续关注的焦点。所有的配置回顾起来就像一个始终保持动态和处于流动的过程中的某些瞬间。在《皆大欢喜》中，奴役的关系也不稳定，因为菲苾最后爱上了罗瑟琳。菲苾的自爱或伪自恋并不是什么新鲜事，然而，有些东西已经改变了。

在后来的喜剧（始于《皆大欢喜》）中，在《仲夏夜之梦》中作为一个整体呈现的欲望过程似乎被打乱了，变得支离破碎了。只有某个片段，即整个链条的某一段，受到了详细的考察，但其特征足以构成一个相对独立的配置，并有自己的地位，包括早期戏剧中隐含但从未详细加以观察过的特征。

虚假自恋的脆弱的自足既不能被理解为客观现实，即某种因果关系，也不能被理解为仅仅是主观幻觉，因为它存在于菲苾和西尔维斯两者身上。所有的欲望关系都是如此，但自爱对莎士比亚后来的喜剧很重要，不仅在情爱方面，也在政治领域，尤其在《特洛伊罗斯与克瑞西达》中，我们稍后会讨论。

对自爱的强调以及对一种或多种欲望的相应奴役，是一种普遍演化的一部分，这种演化在极度膨胀的自爱与极度压抑的自卑之间留下了越来越少的中间地带。随着时间的推移，自我之间的斗争变得越发尖锐；它往往变成一个全有或全无的命题。"支撑"自爱的被奴役的欲望不仅仅是承受独立存在的大厦的飞拱；它们就是这座大厦本身，如果它们被拆除，就什么也不剩了。

第十二章
# 唉，冷然的神态多么美丽
## ——《第十二夜》中的自爱

在莎士比亚创作中有时会发生这样的情况：早期某部戏剧包含的一个小规模的摹仿性结构，主导了后来的一部戏剧。拿《第十二夜》来说，它的小规模版本便是《皆大欢喜》中的菲苾-西尔维斯情节。我们刚刚看到菲苾将西尔维斯拒之门外并羞辱他，直到她被罗瑟琳羞辱并因而被迫爱上她。在《第十二夜》中，奥丽维娅将奥西诺拒之门外并羞辱他，直到她被薇奥拉羞辱并因而被迫爱上她。在这两部剧中，一个女人洋洋得意的自恋被另一个伪装成男性的女人的冷漠所颠覆，在这两部剧中，这个伪装的女人扮演了被弃情人的代言人。

然而，《第十二夜》中没有与罗瑟琳对应的角色，作为一个模拟性配置的解释者。对于支配自爱的生与死的机制，也就是对喜剧事件负责的机制，剧中没有明确的解释。我想，这种沉默似乎是一种戏剧性策略。剧作家的戏剧需要一点神秘感。此外，我们可以很好地理解，莎士比亚不希望他的观众意识到，这部新喜剧的主要情节只是复制了前一部戏剧的次要情节。它的主人公不再是乡下人，而是优雅、复杂的贵族；所有不重要的东西在《第十二夜》中都会有所不同，而且会更加精细。因此，这部剧的主人公

## 第十二章 唉，冷然的神态多么美丽

的模仿性困境与西尔维斯和菲苾的模仿性困境的相似性不会太明显。

自视甚高的奥丽维娅先后失去了父亲和唯一的兄长。这位美丽的女继承人没有与她同一阶层的男性亲属，但她不需要任何保护。在管家清教徒马伏里奥和许多仆人的帮助下，她毫不费力地经营着自己的大庄园。她完全掌控着整个家庭事务，除了管家，还有她娇小的侍女玛利娅、吵闹的托比·培尔契爵士、可笑的安德鲁·艾克契爵士和小丑费斯特。所有这些人感情上和经济上都依赖她。

从声望的角度来看，她最重要的俘虏是伊利里亚公爵奥西诺。公爵除了英俊潇洒、才华横溢外，还是一个单身汉，一国之君。奥丽维娅对他的关注甚至比对她自己庄园里那些卑微的崇拜者和附庸者还要少。这个小团体被允许亲近他们的偶像，而奥西诺被剥夺了这个特权。他激情澎湃，难以自止。他能做的就是向奥丽维娅不断派遣使者；他们总是给她带来同样的信息，而她拒绝接待他们。奥丽维娅是奥西诺的客体，但她也是他的中介者和无情的竞争对手，因为她阻止他占有他欲望的对象。这种竞争与奥丽维娅本人有关。她甚至不让他亲眼看到他和别人一样渴望的——她本人。

戏剧开头，奥西诺试图通过新来的薇奥拉联系她，薇奥拉自称西萨里奥，伪装成一个年轻男子；

再去一次，西萨里奥，
到那位忍心的女王那边去；

149

> 对她说,我的爱情超越世间,
> 泥污的土地不是我所看重的事物;
> 命运赐给她的尊荣财富,
> 对她说,在我眼中像命运一样无常;
> 吸引我灵魂的
> 是她天赋的灵奇,绝世的仙姿。
>
> (第二幕第四场:79—86)

像往常一样,所谓的"修辞"比人们普遍认为的更有启发性。的确,奥西诺的激情既不源于她的财富,也不源于她的智慧,甚至也不源于她的美貌——因此不源于任何具体的东西,而是源于她极端的"忍心"。正是奥丽维娅的冷漠无情将公爵吸引到她身边。

菲苾只有一个崇拜者,而奥丽维娅有很多,但整个结构是一样的。奥丽维娅身边的每个人都在模仿同样的欲望,即奥丽维娅对自己的欲望。对奥丽维娅来说,世界这个巨大而单一的欲望,只针对她自己。她的崇拜者"对进入奥丽维娅"的欲望不亚于对奥丽维娅本人的欲望。这一切的欲望似乎都是从她那里生发,在信徒中流传之后,又回到她那里,丝毫未减。她是个冷漠的大祭司,也是她自己崇拜的偶像,是其崇拜的全部。

事实上,奥丽维娅能对自己有欲望,只是因为每个人都对她有欲望。这种状况似乎是由她自己最初的冷漠引发的,这可能是她的一种聪明的策略,也可能不是。除了已故的兄长(她对他的哀悼之情异常强烈),她没有表现出对任何人的真正依恋。兄长之死非常重要:她所承认的那种强烈的感情仍然严格地在她的控制之下,因为它的对象根本不存在。这种对幽灵的戏剧性的忠诚,也许是一种谨慎的方式,表明她对任何活着的男人都没有欲望。就像莎士比亚作品中常有的事,过去的家庭关系是一种面具,掩盖了与他们无关的当下的欲望模式。

在奥丽维娅那里,奥西诺的新使者被拒之门外,但他不肯离去。当被问到他是谁,马伏里奥形容说,他和公爵一样年轻英俊,一样傲慢自大。奥丽维娅突然改变主意,违反了她自己的法则;她终究会接待这个年轻人。温顺和谦卑无法从她身上得到什么,她屈服于高冷和傲慢。一种模式的设定只能摧毁奥丽维娅对自己和追随者的绝对统治。她在那些以她为榜样的人中间模仿一种混乱的连锁反应;混乱正在形成,差不多和仲夏夜的情景一样。这种文化形式的暂时瓦解让我们想起了《仲夏夜之梦》。"第十二夜"暗示着一个狂欢的世界,一个相当于冬季的民间艺术节,这个节日的名字给了这部早期的喜剧。在 C. L. 巴伯看来,这是一部"节庆喜剧"(festive comedy)。[①]

薇奥拉热恋奥西诺,因而不希望她的使命得以完成。如果奥丽维娅知道这一点,她就不会介意薇奥拉的无礼,会将之视为对她间接的恭维;但她不明白,觉得受到了羞辱。她误以为薇奥拉是个男子,因此被薇奥拉的蔑视粉碎,尤其是在她摘下面纱,让这个西萨里奥看到了她的美丽容貌后。薇奥拉的男式服装是比奥丽维娅的面纱更成功的面具。

薇奥拉以一种漫不经心和傲慢无礼的方式对奥丽维娅说着爱的语言,她故意这么做,以便使她无法完成使命,但她没有预见她的蔑视会对奥丽维娅产生神奇的效果。这个傲慢的女人被薇

---

[①] C. L. 巴伯,《莎士比亚的节庆喜剧》(克里夫兰和纽约:子午线出版社,1963)。

奥拉的无礼迷住了,就像菲苾被罗瑟琳的严厉斥责迷住一样。薇奥拉以奥西诺的名义说话,清楚地表明她其实心不在焉。她没有意识到这种冷漠正是打开奥丽维娅心扉的钥匙。

这位了不起的女士必须倾听一段并非真正针对任何人的热情话语;她是个偷窥狂,爱情的花言巧语对她来说就像春药。这种匿名的状况伤害了她的自尊心;奥丽维娅着迷了。她对薇奥拉所提的唯一问题证实了这种魅力的摹仿和戏剧性质:"你是个唱戏的吗?"通过拒绝赞赏奥丽维娅,薇奥拉迫使这位女士的欲望从她自己转移到能够抵挡自己的诱惑的欲望上。如果这个西萨里奥抗拒这种吸引力,他会是谁呢?

在奥丽维娅周围温顺的欲望构成的和谐的音乐会上,一个不和谐的声音足以推翻她自爱的辉煌大厦。薇奥拉似乎更喜欢自己,因此,她以自爱作为优越的模式,奥丽维娅被迫模仿:

> 我的行事我自己全不懂,
> 怎一下子便会把人看中?
> 一切但凭着命运的吩咐,
> 谁能够作得了自己的主!

> (第一幕第五场:308—310)

莎士比亚对所发生的事情的解释清楚地表明了奥丽维娅的自主性的破灭:"谁能够作得了自己的主!"罗瑟琳对菲苾的责备的总结是,她建议菲苾趁自己行情好的时候选定西尔维斯为丈夫。与此类似,薇奥拉在与奥丽维娅告别时,预言她将很快遭受她对奥西诺所施行的同样的侮辱:

## 第十二章 唉,冷然的神态多么美丽

> 但愿爱神使您所爱的人心如铁石,
> 好让您的热情也跟我主人一样
> 遭到轻蔑。再会,忍心的美人!(286—288)

如同《皆大欢喜》,这预言立刻应验,而且出于同样的原因。就像过分矫情的菲苾,傲慢的奥丽维娅只能爱上一个无礼的人:

> 唉!他嘴角的轻蔑和怒气,
> 冷然的神态可多么美丽!
> 爱比杀人重罪更难隐藏;
> 爱的黑夜有中午的阳光。
> 西萨里奥,凭着春日蔷薇、
> 贞操、忠信与一切,我爱你,
> 这样真诚,不顾你的骄傲,
> 理智拦不住热情的宣告。
>
> (第三幕第一场:145—152)

普鲁斯特在《追忆逝水年华》中的某处写道,在欲望的问题上,每一个尽管都是因为的伪装,奥丽维娅的"不顾"也是如此。她明确说,在她看来,西萨里奥的美丽之处在于他的"轻蔑";她爱的是他"嘴角的轻蔑和怒气"。奥丽维娅坠入爱河不是"不顾"薇奥拉的暴力,而是因为她的暴力。这个西萨里奥就像太阳,耀眼得让她黯然失色。

在这里,不该任由像"受虐狂"这样的标签以及所有的精神病学术语遮蔽模仿理论能够阐明的关系。所有的精神病学和精神分析学的观点都忽视了这一点，即奥丽维娅从一个模仿性榜样（她自己），转向另一个（薇奥拉）——当这个年轻人看起来不会成为另一个奥西诺或加入可预见的奥丽维娅崇拜者的人群时，这种转向就发生了。

实际上，所有伪自恋者都怀疑他们的仰慕者崇拜的是虚假的偶像，而且他们总是已经为自己的垮台做好了准备。他们就像那些独裁者，每个晚上都期待有一场革命。

西尔维斯天生是个单纯的人；即使这个摹仿游戏符合他的要求，他也不可能像菲苾对待他那样对待菲苾。一些遗留的性格差异，或者可能是一些传统的性别差异，仍然存在于《皆大欢喜》中，但已经完全从奥丽维娅、薇奥拉和奥西诺的三角关系中消失了。

《第十二夜》比之前的喜剧更强烈地暗示了所有自恋形态的可逆性。《皆大欢喜》则比之前的戏剧（从《驯悍记》开始）更强烈地暗示了这种可逆性，在我看来，《驯悍记》必须被视为莎士比亚戏剧中整个伪自恋系列的始祖。这部非常早期的戏剧在某些方面似乎更接近中世纪晚期的闹剧，而不像莎士比亚的喜剧。彼特鲁乔基本上仍然是个传统的丈夫，规训他叛逆的妻子，但他也是对狡猾情人的第一个暗示，这种情人假装冷漠，通过在她/他自己的自恋游戏中打败她/他，迫使一个轻蔑的伙伴产生兴趣，从而摧毁那个伙伴虚假的自主性。一个全能的丈夫所施加的传统惩罚，与现代男女通用的轻蔑的冷漠策略相比，哪一种更残酷？

通过对这三部戏剧——《驯悍记》《皆大欢喜》和《第十二夜》——的比较，我们可以发现，随着摹仿过程本身的演变，所有角色之间的差别化程度越来越低。随着时间的推移，莎士比亚写的戏剧越来越多，剧中所表现的欲望属于这个过程中越来越高级的阶段。尽管在某些方面，没有《皆大欢喜》中菲苾-西尔维斯情节那么夸张，但《第十二夜》中的伪自恋结构是同一模式更激进、更无法区分的版本。

摹仿性竞争的基本原理总是相同的。自恋的"主人"和"奴隶"之间似乎有道深渊，深渊看起来越深，实际上他们就越容易互换。这就是为什么莎士比亚的奥丽维娅被众多侍从包围着，如公爵一样。就像两个独立的国家一样，这两个主权国家通过使节的交流，间接地进行交往。整个社会环境不仅象征着奥丽维娅的虚假自足，也象征着奥西诺的虚假自足。

这部戏中名字的相似性暗示了人物的互换性。经由两个难以区分的双胞胎，即薇奥拉和西巴斯辛，薇奥拉、奥丽维娅的奥丽维娅，以及所有的人物都是象征化的，或者说是去象征化的——这个过程不是产生，而是解构意义和差异。

《第十二夜》是如此没有差别，以至莎士比亚又回到了设置难以辨认的双胞胎这个老把戏上，一个已经在《错误的喜剧》中使用过的套路，这模仿了普劳图斯（Plautus）①的《孪生兄弟》(The Menaechmi)和《安菲特律翁》(Amphyitrion)。这部早期的剧本预示了作者日后作为喜剧作家的天才。双胞胎的设置提供了一种机制，类似于人际关系中摹仿性互动产生的误解。莎士比亚越成熟，就越有能力专门处理摹仿性竞争的主题，这是所有双生和孪生神话的真正意义。文学天才自发地理解神话的摹仿性基础，为所谓的人类学科学永远无法解开的人类学之谜提供了真正的

---

① 普劳图斯（公元前254—公元前184），古罗马剧作家。——译注

解答。

　　我们生活在一个只有摹仿性双重形象的世界,包括替罪羊马伏里奥自己,他的名字表明他也是双重人物,或多或少被迫害他的人任意挑选出来。当奥丽维娅对他说,"啊!你是太自命不凡了,马伏里奥;你缺少一副健全的胃口"(第一幕第五场:90—91),她指出了一个不容置疑的真实,但只把它看作马伏里奥一己的真实;她未能把它看成普遍真实,就像在这部戏里一样,是她自己的真实、公爵的真实,还有马伏里奥的真实。正如我们将在下一章看到的,"健全的胃口"的主题在奥西诺的心理和反应中起着重要的作用。

第十三章

# 现在已经不像原来那么甜蜜了
——《第十二夜》中的奥西诺与奥丽维娅

奥西诺和奥丽维娅比西尔维斯和菲苾更复杂、更有教养。公爵因他的艺术修养和学识而自命不凡;大幕开启之前,他的乐工就奏起一段奥西诺非常喜欢的音乐。一曲奏完,他想再听一遍。"那么奏下去吧,"他说,

尽量地奏下去,
好让爱情因过饱噎塞而死。

(第一幕第一场:2—3)

音乐再度响起,奥西诺却发现它不如最初那么美妙了。就像他预言的那样,他的欲望在一瞬间噎塞而死:

够了,别再奏下去了!
它现在已经不像原来那么甜蜜了。(7—8)

"过饱"(surfeiting)暗示着我们现代所谓的恶心,一种强迫性的厌恶,一种极端和确定的嫌弃,以至这个词在艺术语境中有点令人

震惊。然而,如果我们继续看下去,很快就会发现奥西诺不仅仅对美学感兴趣。在他所描述的体验中,爱欲生活比艺术更重要。"爱情的精灵"死在它对象的怀抱中,不管这些对象的性质如何:

> 爱情的精灵呀!多么敏感而活泼;
> 虽然你有海一样的容量,
> 无论怎样高贵超越的事物,
> 一进了你的范围,
> 便会在顷刻间失去了它的价值。
> 爱情是这样充满了意象,
> 在一切事物中最富于幻想。(9—15)

把欲望过程与人的食欲和饱腹感进行比较是一种传统。但一个健康者,即使不再饥饿,也不会觉得好的食物恶心,除非他吃撑了。奥西诺的状况类似消化不良,安妮·巴顿(Anne Barton)的观点不无道理:"这种爱是一个贪食者,吞噬珍馐只是为了吐掉。"[①]正常饥饿的起伏不定并不像他描述的这样极端。他的语言让人想起这一自然过程的病态版本。公爵的隐喻不无偏颇,但暗示了被原罪伤害的人性。

这个说欲望不会比拥有更长久的人,其实是在恋爱。在此剧的其余部分,他每说两句话就会提到奥丽维娅,但是奥丽维娅莫名其妙地缺席了他关于爱情的精灵的宣讲。奥丽维娅是唯一永恒的目标,没有她,存在的立足点将是空虚和不连贯的。奥西诺

---

[①] 河滨版《莎士比亚全集》,G. 布莱克莫尔·埃文斯编(波士顿:霍顿·米夫林出版公司,1974),第 408 页。

的自我意识明显依赖于他对奥丽维娅不断加强的欲望。但他认为,一旦目标实现,就不存在永不放弃的欲望。如果奥丽维娅归属了公爵,她会像那首乐曲一样很快就失去魅力吗?这个问题从未被明确提出过。

公爵的一个侍臣,丘里奥,打断了他对欲望的沉思:

丘里奥:殿下,您要不要去打猎?
公爵:什么,丘里奥?
丘里奥:去打猎。
公爵:啊,一点不错,我的心就像一头鹿。
　　唉!当我第一眼看见奥丽维娅,
　　我觉得好像空气给她澄清了!
　　那时我就成了一头鹿,
　　我的欲望像凶暴残酷的猎犬,
　　永远追逐着我。(16—22)

对话一离开欲望,公爵就想起了奥丽维娅。只有陈腐的双关语才能使他想起他的爱人。在文学的陈词滥调中,奥西诺的激情似乎比关于欲望的生与死的严肃辩论来得轻松。

奥西诺关于这个问题的第一次长篇大论是整个戏剧的音乐前奏曲的一部分,但它不仅仅是装饰性的开胃菜;这对我们理解这部喜剧至关重要。它必须根据下文来解释;它没有说的和它实际说的一样重要。

就像许多幻想破灭的浪漫主义者一样,他通常会冷嘲热讽地谈论欲望,但他会继续追求浪漫,直到生命的尽头。他对过去的玩世不恭并不完全独立于他现在的激情,但是这种联系是矛盾的,奥西诺自己也从来没有完全表达清楚。我们必须依靠莎士比亚为此目的提供的间接线索;我们能够揭示,也必须揭示这个角色从未完全承认的真相。

我们还来不及忘记他的第一次宣讲,他就发表了第二篇演说,这篇演说在某些方面与第一次宣讲截然不同,似乎需要一位不同的作者,但在另一些方面又如此相似,以至作者不可能不一样:

> 女人小小的身体一定受不住
> 像爱情强加于我心中那种激烈的搏跳;
> 女人的心没有这样广大,
> 可以藏得下这许多;她们缺少含忍的能力。
> 唉,她们的爱就像人的胃口,
> 不是从脏腑里,而是从舌尖上感觉到的,
> 过饱了就会食伤呕吐;
> 可是我的爱就像饥饿的大海,
> 能够消化一切。不要把一个女人
> 所能对我发生的爱情
> 跟我对奥丽维娅的爱情相提并论。
>
> (第二幕第四场:93—103)

根据这第二次演说,奥西诺先前所说的被他自己的毛病所折磨的唯一的欲望是女人的欲望,尤其是奥利维亚的欲望。只有女人"过饱了就会食伤呕吐"。为了使这一矛盾更加明显,奥西诺认为

这些同样的毛病不是男人,尤其不是他自己的特点。他将女性欲望的软弱和浮躁与他对奥丽维娅的阳刚之欲的永恒力量进行对照。

再一次,欲望就像饥饿的大海,可以"消化"它所吞噬的一切。这个隐喻听起来和第一次同样不祥。然而,在第一次长篇大论中,海洋的消化表达了所有欲望的之前和之后间的一种可悲的对比:在被拥有之前,欲望显然是取之不尽、用之不竭的,而一旦被拥有,欲望就立即死亡。这次没有之后,也就没有了奥西诺自己的过饱,而我们也就不难理解为什么对奥丽维娅的激情是一个永恒的之前。

奥丽维娅必定是第一个占奥西诺上风的女人。奥西诺意识到,她看待他就像他看待他生活中其他女人一样,这些女人,毫无疑问,是他占有之后无情抛弃的。每当奥西诺在其他女人身上占据了奥丽维娅现在在他身上占据的地位,他就会感到和现在在她身上发现的同样的"过饱"。当她对他个人做出反应,他的反应也正是他谴责的那种特别女性化的方式。这种现象是同样的,但其伦理内涵与对奥西诺事例的中性评价不同,是对奥丽维娅以及整个女性的负面评价。

对奥丽维娅来说,奥西诺的爱情故事听起来就像一首经常重复的乐曲;这一次,奥西诺是那个已经"陷入困境"的人。奥丽维娅对他没完没了的激情感到厌烦。谁想和一个已被消化的男人做爱?然而,如果认为奥西诺和奥丽维娅在身体上很亲密,而他作为一个情人让她失望,那就错了。奥西诺是一场伪自恋之战中失败的队友。碰巧奥丽维娅没有回应他的求爱,这就是她取胜的方式。这是一个女人能持久地迷住像奥西诺这样的男人的唯一方法。

如果奥西诺处在奥丽维娅的位置，他对她的感觉和行为就会像她对他的感觉和行为一样。如果她放弃了他们在两性关系中都渴望的那种优越感，他会立即停止爱她。在更深的层次上，奥西诺意识到他和奥丽维娅非常相像。他们之间惊人的不和谐并非源于个性冲突或其他一些内在差异，而是恰恰相反，源于一种近乎完美的身份认同。当奥丽维娅进入奥西诺的生活，他第一次输掉了一场模仿性和形而上的战斗，而和其他人在一起，他总是赢者。

莎士比亚想让我们比较一下奥西诺的这两段言辞；证据就在第二段言辞的结尾处："不要把……相提并论"。当我们从这样的人那里听到这样的告诫时，我们应该知道比较是恰当的。即使非常聪明的人也会被他们的摹仿性对手所迷惑，以至在他们最好保持沉默的时候，他们也会像奥西诺一样滔滔不绝。我们总是惊叹这种天真的冲动，它迫使这些人透露他们试图隐藏的真相，但我们自己一有机会也会犯同样的错误。

所有被摹仿欲望困扰的人都很容易被愚弄，以为整个世界都如他们一样对他们现在的对手着迷。就像所有陷入摹仿旋涡的人一样，奥西诺想要说服自己，他和他"心爱的敌人"有很大的不同，然而在现实中并没有什么不同，他内心也隐隐约约知道这一点。第二次演说的反奥丽维娅"宣传"实际上是对第一次宣讲中展示的自我认知的推断。

奥西诺认为他理解奥丽维娅的欲望，他当然理解，但不是因为他说了什么，不是因为奥丽维娅是所有沮丧的男人都装模作样地加以诅咒的女性原型的又一个范例。性别歧视的陈词滥调实际上是欲望科学的一个面具，因为欲望科学不想承认欲望的真正来源。奥西诺在奥丽维娅身上发现了成功的伪自恋者，他曾经也是成功的伪自恋者，但因为奥丽维娅，他现在不再是了。

奥西诺正确地解释了他和这个女人的关系：是他和异性的习惯性体验的逆转。他平庸的反女权主义是为了掩盖这种逆转的真实本质和他对奥丽维娅的洞察力的起源。认为女性对男性的欲望会被女性的自我中心削弱的观点一直很受男性欢迎。男人仍然喜欢把那些拒绝他们性要求的女人描绘成一个绝对的、非模仿性的自恋者。

两章之前，我写到弗洛伊德给了这个神话以新的生命，他把"自恋"定义为一种主要是女性化的真正的自我中心。弗洛伊德声称他已经诊断出一种女性特有的无能，即无法对真正男性化的男人真实的"客体之爱"（object-love）做出回应。但非常重要的是，真正有男子气概的男人有一种令人遗憾的倾向，那就是把宝贵的客体之爱浪费在最不值得拥有爱的女人身上——当然是自恋的女人。

这正是奥西诺的错觉：他的第二次演说似乎在弗洛伊德的《论自恋：一篇导论》中有所体现，当我们比较这两段言辞时，莎士比亚想要表达的激进批判就显现出来了。如果把这两段言辞放在一起看，就会发现它们实际上是对伊丽莎白时代自爱的一种解构，相当于对弗洛伊德的前卫概念的一种解构。用词变了，但女性自我中心的神话依然存在。

这种解构本质上与我在上一章中所做的解构是一样的，但这一次是莎士比亚自己通过一部喜剧完成的，这部喜剧在时间顺序上紧随《皆大欢喜》之后，它甚至比《皆大欢喜》包含了更多的伪自恋成分。这又是一个有趣的例子，说明莎士比亚倾向于用越来越多的理论术语来解释自己的戏剧经验。

这两段言辞中隐喻的连续性表明，奥西诺在奥丽维娅身上投射出他自己对爱欲主导地位的体验，也就是奥丽维娅现在相对他来说所处的位置。他的洞察力具有投射性，但这并不意味着它毫无价值。我们在这些问题上的看法总是植根于自我批评；模仿欲望在所有人身上都是一样的，无论他们年龄、性别、种族和文化如何。

奥西诺对自己的洞察力（第一段言辞）投射在自己的摹仿性复制品上，从而对奥丽维娅的行为（第二段言辞）产生了一些真实的认识，但是公爵在不承认他和那个摹仿性双重形象之间的亲缘关系的情况下，是不会承认它的来源的，如此一来，就削弱了他对某种态度的怨恨，如果有机会的话，他自己也会对奥丽维娅采取这种态度。

摹仿性双重形象彼此之间都很敏锐，但由于他们都觉得有必要消除他们的洞察力根植于其中的互动关系，所以他们的视野被扭曲了。他们必定愤慨地否认自己与竞争性对手有任何共同之处，然而，对他们非凡的"心智"来说，唯一可能的基础是模仿欲望，这种欲望将他们分隔开来，因为他们分享这种欲望：

> 你这论断人的，无论你是谁，也无可推诿。你在什么事上论断人，就在什么事上定自己的罪。因为你这论断人的，自己所行却和别人一样。
>
> 《圣经·罗马书》2:1

奥西诺贬低女性，不是因为他真的相信他所声称的男性至上，而是因为他觉得自己低人一等，作为一个摹仿性双重形象，他的欲望被他的队友成功的自恋所奴役。他所蔑视的那种女性的虚幻的冷漠，实际上是形而上声望的源泉，如果奥丽维娅屈从于他的欲望，她在他的眼里是不会长久享有这种声望的。

像所有浪漫思想家一样，奥西诺把欲望看作一种主客体关系；他系统地屏蔽了第三维度，即让一切清晰可辨的摹仿性榜样/障碍/竞争对手的关系。在伪自恋的情况下，这是一个特别诱人的错觉，因为所有的角色都是由同一个人来扮演。对奥西诺而言，奥丽维娅同时是客体、榜样、障碍和对手。

把欲望看作一种主客体关系的观点是错误的，甚至在艺术方面也是如此，美学家喜欢提出这种观点，因为它似乎证明了他们乐于相信的唯我论欲望的存在。事实上，审美情感最有力的组成部分是受人赞赏的作品中神一般的他性，如果过于熟悉，可能会削弱甚至摧毁这种特质，正如奥西诺的实验所证明的同一首音乐作品连续演奏两次的情形。

就像所有的神性一样，美避免了人类接触的不洁，而这种无中介欲望的幻想也被粉碎了。如果这种欲望是真正不经中介的，它就不会因对其客体的不断享受而减少；它能经受住占有的考验，而成就感也不会化为灰烬。与浪漫主义者不同，莎士比亚拒绝审美拜物教式的戏剧表演，这是他伟大的一部分。

发表第二段言辞的奥西诺是一个沮丧的情人，他被他沮丧的欲望所支配。这两段言辞的矛盾之处证实了奥西诺自己在第一段言辞中所阐述的规则：只要它得不到满足，欲望似乎是永恒的，用之不竭的，而一旦得到满足，一分钟也不会持续。第二段言辞和第一段言辞总是不一致的，因为这是饥饿的欲望，即对奥丽维娅的欲望的表达，而第一段言辞是欲望过饱的表达。

奥西诺的言谈举止表明，他或多或少意识到了自己的伪自恋，以及我们刚才所说的关于他的一切。尽管他自己也参与其中，但他对它的理解就像《皆大欢喜》中的罗瑟琳一样清晰；他真正理解只有旁观者在早期喜剧中才理解的东西。因此，他体现了一种更"高级"的伪自恋现象。他很清楚，他每天在奥丽维娅手下受辱是自取其辱。如果他真的想诱惑这个女人，他会诉诸罗瑟琳所描绘的策略，即假装冷漠，但他从来没有这样做过。奥西诺戏剧性的"浪漫"行为原因何在？

公爵知道，任何他想要的东西一旦落入他手中，就不可能长久地保持它的吸引力。只有强劲的对手才能激发欲望；欲望是无法挽回的自我挫败。对其无尽暴政的唯一的根本解决办法是彻底放弃。这是所有伟大的宗教、所有伟大的道德体系和所有传统智慧所推荐的策略。这是哈姆莱特对奥菲利娅的忠告：去尼姑庵吧。如果她照着做，她就不会这样悲惨地死去了。

幸运的是，对欲望来说，存在一个合理的漏洞，使得狡猾的爱情的精灵不必从它永恒的失败中吸取正确的教训。经验告诉我们，所有可以拥有的客体都难以令人满意；而严格地说，经验对于无法拥有的客体则无话可说。如果我们对这个问题进行细致的考察，我们总是可以宣称，只要我们不拥有这些客体，我们就没有足够的信息来立即排除它们。

基于对经验的肤浅解释，欲望的荒谬性永远无法令人满意地得到证明。方法层面怀疑的诡辩式滥用允许对欲望做如下推理："既然所有可以拥有的客体都被证明是没有价值的,我将永远放弃它们,转而支持那些不能拥有的客体。"

在《第十二夜》中,这一解决方案有个名称——奥丽维娅。她似乎如此坚不可摧,以至公爵可以真诚地哀叹所有欲望的脆弱,同时又对自己对她怀有永恒的欲望充满信心。奥西诺认为,吞噬其他所有欲望的冷漠之海,永远不会吞噬这一特定的欲望,其原因在于它永远不会得到满足。奥丽维娅永远无法接近,不仅对奥西诺如此,而且对所有男人都是如此。这一信条仍然是模糊的,他避免面对和明确地阐述它,但它支配着他的生活。对一个宣称所有欲望都破产的男人来说,对奥丽维娅怀有欲望仍然是有意义的。只要他真正的优先事项不为人所知,奥西诺似乎就是"荒谬的"。真正的优先事项不是快乐,而是不惜代价的欲望。

认为欲望在其历史的各个阶段都在寻求积极的回报是错误的。这也许在早期喜剧中所描述的最初阶段是正确的。奥西诺已经达到了这样一个阶段,在不断觉醒的压力下,欲望本身超越了快乐原则。奥西诺是这种极限策略的第一个例子,但不是最后一个。

公爵对奥丽维娅的欲望来自他深切的觉醒,而非不顾这种觉醒。一种"理性的"联系是存在的,但这种联系的性质他永远说不清楚,即使是对他自己;我们必须从这两段言辞的比较中推断出来。尽管他冷嘲热讽,但奥西诺是个具有较强自欺能力的人。

说欲望无法在榜样的失败中生存,就等于说欲望无法在自己的胜利中生存。这一原则已很明确。欲望对自己的运作了解得越多,它所处的困境就越不易解决。既然欲望因其自身的实现而消亡,通向永恒欲望的道路只能是选择一个永远无法触及的对象。

奥西诺是这种欲望的化身。模仿过程的展开需要时间,在这一"历史"轨迹上,奥西诺所处的阶段要晚于莎士比亚之前的主人公们。喜剧的时间顺序对应着欲望每况愈下的历时性发展。奥西诺不是这个过程的终点,但他离终点不远了。

我曾说过,他那种"绝望的"激情是欲望策略本身的绝望举动,一种自我保护策略。这当然是对的,但同时也有一点误导,因为这种策略不需要任何计算,不需要任何计划,从某种意义上说,它甚至不值得这一名称;它源于正常的欲望转移。要达到这个目的,只需要在女人身上取得一点成功,然后,突然之间,有点受挫——和奥丽维娅的偶遇。对完美激情的追求,与一个厌世的消费主义者最终偶然发现存在永远无法消化的菜肴、无法达到的目标(这是他能够长久喜爱的唯一奖赏)的遭遇几乎没有什么区别。

奥丽维娅拒绝爱他,从而为公爵做出了很大的贡献;她使他的生活稳定下来。在内心深处,公爵感到相当幸运;他很想使他与奥丽维娅感情上的僵局永久化。当他们最终在第五幕见面时,这两个奇特的共犯之间仅有的言语交流听起来像是谨慎地承认他们有一种消极的伙伴关系:

公爵:仍旧那么冷酷吗?

奥丽维娅:仍旧那么坚定吗,殿下?

(第五幕第一场:110—111)

奥西诺相信他能使奥丽维娅永远冷酷。因为他的欲望是她自爱的榜样,他认为,要永久地冻结对他有利的局面,他所要做的就是持续对她怀有欲望;她不仅会拒绝他,而且会拒绝所有可能的情人;她将是她那不朽的自爱的永恒囚徒,这是奥西诺给她的个人礼物。尽管他身价"已经降了下来",但奥西诺觉得自己作为一个英俊的年轻人和公爵的声望使他比所有潜在的追求者都要优越,因此奥丽维娅将被迫履行自己的义务;凡是她拒绝给他的东西,她决不会答应给别的男人。

奥西诺犯了受奴役的自恋者的常见错误:他过于相信他的偶像的客观力量。这一错误是致命的。当他获知奥丽维娅已经背弃他时,他勃然大怒。奥丽维娅恋爱了,和谁?和他自己的使者!具有讽刺意味的是,如果说除了奥丽维娅的自恋之外有什么东西是导致她坠入爱河的原因,那就是奥西诺的行为。由于西萨里奥的个人魅力,他把这个年轻人派到他心爱的人那儿,希望能像对他一样对她起作用,西萨里奥果然有作用;公爵的期望实现了,这是他做梦也想不到的。

当然,这一情节是莎士比亚伟大主题"弄巧成拙的摹仿性情人"——这样的男人或女人,向情敌宣扬情人的魅力,或向情人宣扬情敌的魅力——的又一个变体。雅致而敏感的奥西诺与凡伦丁、柯拉廷同属一个摹仿性家族。在知道发生了什么之后,他在一段时间内是一个狂暴的疯子。奥丽维娅经由他本人的中介而坠入爱河。

第十四章

# 快活的希腊人中间伤心的克瑞西达
## ——《特洛伊罗斯与克瑞西达》中的恋情

本书的主要观点是,莎士比亚不仅是揭示摹仿欲望的一个戏剧家,而且是其理论家。如果本章要以一个剧本为基础进行讨论,《特洛伊罗斯与克瑞西达》将是我的选择。要解开一系列的摹仿性现象,没有哪部剧的设计比此剧更清晰,而这一次,莎士比亚的剧本做这项工作不仅是通过几个主角的互动,而且是在两个处于战争状态的社会的大背景下进行的。

《仲夏夜之梦》很伟大,从理论的角度来看,欲望和竞争的机制在这部喜剧中运作得相当顺畅,但它们仍是一个相对谨慎的存在,始终隶属于一个连贯的戏剧事业。《特洛伊罗斯与克瑞西达》不再是这样的情况;这部剧没有变成一种抚慰人心的仪式或一个令人愉悦的神话,而是以一种最消极、最具破坏性的方式结束。

当摹仿性混乱不再为最终的重整秩序服务,它本身就成为目的,至少从戏剧的角度来看是这样;各种主题和次要情节在《特洛伊罗斯与克瑞西达》中没有存在的理由,但揭示了这种解体的方方面面。这部戏可被定义为一篇关于摹仿性解体的论文。摹仿性操控在莎士比亚戏剧中一直起着作用,但主要是在私人关系中。在《特洛伊罗斯与克瑞西达》中,它成了一种名副其实的政治

## 第十四章　快活的希腊人中间伤心的克瑞西达

和治理技巧，这很可能是这部神奇戏剧最惊人的成就。

这部戏里有一种情爱欲望的政治，但也有一个严格意义上的政治问题，即阿伽门农缺乏权威的问题，尤利西斯通过摹仿性技巧来加以处理，类似于潘达洛斯在情爱领域的技巧。这部戏的统一性在于表现了摹仿性策略在人类活动的所有领域中所起的平行作用。这种统一性的象征是潘达洛斯，他是情爱关系的中间人，他的重要性不仅体现在这部戏剧中，也体现在整个莎士比亚戏剧中，这并非夸大其词。

我们不可能在看到潘达洛斯后认识不到人类欲望的全部问题。谈论《特洛伊罗斯与克瑞西达》而不提及摹仿欲望的唯一办法就是完全避开潘达洛斯，这是传统批评一贯的做法。这个人物的意义从来没有被讨论过；他对于整部戏剧的象征价值仍未得到承认。

在第三幕，潘达洛斯让特洛伊罗斯与克瑞西达同床共枕；他扮演着一个普通皮条客的角色，但不能将他归结为一个皮条客。作为一个绅士，他不追求物质利益，但也不是无私的。他的色情笑话很平淡，有时他的话听起来让人困惑，但他在处理那件奇怪的事情上显示出高超的技巧。

怎样看待这件事情？这部戏的第一场应该对我们有所启发。潘达洛斯想要他的甥女克瑞西达和青年特洛伊罗斯相爱，他试图分别给他们灌输对另一个人的强烈的欲望。他从特洛罗伊斯入手，他向特洛罗伊斯倾注有关克瑞西达的夸大且过分的赞美，然后又做她的工作，向她倾注有关特洛罗伊斯的夸大且过分的赞美。在这种可以预见的谈话中，潘达洛斯不时地使用一种虽然老套但更有效的伎俩。他试图把著名的海伦变成他想激起的欲望的中介者。

克瑞西达所在的场景主要是关于特洛伊宫廷的流言蜚语,如帕里斯、特洛伊罗斯,最重要的是海伦。潘达洛斯是个势利的人;他似乎不像他声称的那样熟悉特洛伊宫廷,而他的甥女就更不熟悉了。她也很势利;势利是摹仿性景观的一部分。克瑞西达对权力和名流的迷恋是强烈的,他便利用它来达到他自己恶魔般的目的。

在某个场合,当整个特洛伊精英聚集在一起,特洛伊罗斯被认为是人们关注的焦点。海伦尤其对他青睐有加。她摸他的脸颊,称赞他的肤色,还数了数他下巴上稀疏的胡须。他们随后进行了一番机智的交谈,特洛伊罗斯胜出,成了赢家。这个悲惨的故事与我们在当代媒体上看到的很相似。他们声称,消费者对此一句也不信,但总是乐于听到更多传闻。这一切的真正意义在于海伦对特洛伊罗斯的兴趣,这一点在后来得到了明确的阐述,并通过重复加以强化:"我向你发誓,我想海伦爱他胜过帕里斯……可是我要向你证明海伦的确爱他……"(第一幕第二场:107—108、118)海伦的这种幻想的欲望才是真正的动机,无论潘达洛斯还是克瑞西达对特洛伊罗斯的任何真正的品质都毫不在意,这些品质会使他拥有内在的爱的价值,无论谁可能爱或不爱他。

特洛伊罗斯的欲望已经达到了狂热的程度,但潘达洛斯试图进一步激发它,海伦也在其中发挥了作用。潘达洛斯促成了一个三角欲望,这个欲望将衍生出其他欲望,当克瑞西达被转移到希腊营帐时,她决定用狄俄墨得斯欺骗特洛伊罗斯。潘达洛斯是欲望的助产士和工程师,是欲望的亚历山大和拿破仑,是所有中介者的中介者。如同笛卡尔的上帝,他最初的推动使整个世界运转起来。

## 第十四章　快活的希腊人中间伤心的克瑞西达

潘达洛斯为他的两个门徒提供了特洛伊或其他任何地方最不可抗拒的欲望模型——美丽的海伦。没有什么比欲望本身更能激起欲望了。作为一块吸引无数欲望的磁石,海伦是无与伦比的,整个特洛伊战争就是因她而起;谁能比她更有效呢?无论海伦自己产生了什么欲望——尤其在情爱方面,这是她擅长的领域——她都可能被所有想要变得有魅力的女人狂热地模仿。无数的克瑞西达斯想要成为形而上欲望意义上的海伦,换句话说,海伦的意义就相当于《仲夏夜之梦》中更为成功的赫米娅。

性感不是电视与生俱来的新把戏,它和人性本身一样古老。它可以追溯到原始宗教,而且从未过时。当然,在我们自己的世界里,它比以往任何时候都重要。现代技术提高了摹仿效果;它令人作呕地重复这些摹仿效果,并把它们的范围扩大到整个世界,但它并没有改变它们的性质。它也使它们成了一个广受尊敬的行业,这个行业被称为广告业。

当企业试图增加一种产品的销量时,它就会诉诸广告。为了激起我们的欲望,广告商试图说服我们,世界各地的美人已经爱上了他们的产品。如果这个行业需要守护神,它应该选择潘达洛斯。莎士比亚是现代广告业的先知。他的潘达洛斯在潜在客户面前摇晃着久负盛名的欲望,以激起他们自己的欲望。最有效的药物,排名第一的药物,就是这种摹仿性刺激,就是海伦提供的性感和时尚的强大暗示。

如今,甚至在销售阿司匹林或速溶咖啡等非性商品时,性也被卷入其中。美并不重要;即使最老朽的女演员也应付得了,只要她们的军械库里有许多英雄的战利品,也许有六个被抛弃的丈夫,数以百计的情人。海伦是所有项目的世界冠军。成千上万的人为她而死。在这类事务中,暴力精灵为王。

　　海伦之所以能享有国际盛誉,是因为她经历了一个类似潘达洛斯引发的过程。希腊人想要她回来的唯一原因是特洛伊人想留住她。特洛伊人留住她的唯一原因是希腊人想要她回去。所有模仿的循环都是恶性循环,这是赫克托在第一幕第二场明确定义的,那是发生在特洛伊战争期间,关于继续一场毁灭性的、毫无意义的战争是否明智的争论。

　　莎士比亚的克瑞西达是海伦故事的一个套层,就算这个角色不是希腊人创造的,而是中世纪的产物,也没有关系。这个中世纪的克瑞西达是真正的荷马故事的复制品(duplicate),除了希腊人和特洛伊人之间的竞争外,希腊人之间也充满了竞争,如阿伽门农和阿喀琉斯为了一个美丽的女俘布里塞伊斯而展开的争夺。

　　莎士比亚笔下的特洛伊战争就像某种永久性的比赛,主要是出于虚荣心和为了个人声誉而战。在第二场的结尾,特洛伊英雄在与希腊军队的日常交战之后,又回到了城里。他们在女士面前行进,她们在特洛伊城墙的一座塔的顶端观看这一盛事:

　　　　克瑞西达:走过去的那些人是谁?
　　　　亚历山大:赫卡柏王后和海伦。
　　　　克瑞西达:她们到什么地方去?
　　　　亚历山大:她们上东塔去,
　　　　　　　　　从塔上可以俯瞰山谷,
　　　　　　　　　看到战事的进行。

　　　　　　　　　　　　　　(第一幕第二场:1—4)

接下来的场景让我们想起著名的足球运动员在一场激烈的比赛后回到他们的更衣室。当英雄们走过的时候,他们看起来那么威武,粉丝们疯狂了,潘达洛斯对甥女就他们各自的优点发表了有见地的评论,他一开始有点心不在焉;他在寻找特洛伊罗斯,这位英雄走在队列的最后。潘达洛斯不断提醒他的甥女,叮嘱她"尤其要注意特洛伊罗斯"。

在这位中间人的眼里,这个名不见经传的特洛伊罗斯胜过了他所有杰出的同伴。克瑞西达取笑他缺乏经验和年轻无知;为了愚弄她那并不愚蠢的舅舅,她尽职尽责地询问路过的战士。潘达洛斯挥挥手就把他们都打发了,当特洛伊罗斯出现的时候,对他来说,最低级的把戏也不低级:潘达洛斯声称,所有的掌声都给予特洛伊罗斯。实际上,特洛伊罗斯只有一个啦啦队队员,即潘达洛斯本人。担心被人嘲笑,克瑞西达想让舅舅闭嘴,但又忍不住要逗他玩:

克瑞西达:那边来的那个鬼鬼祟祟的家伙是谁?
……

潘达洛斯:瞧着他,留心瞧着他;啊,勇敢的特洛伊罗斯!甥女,好好瞧着他;瞧他的剑上沾着多少血,他盔上的刀伤剑痕比赫克托还要多;瞧他的神气,瞧他走路的姿势!啊,愿你胜利,特洛伊罗斯,愿你胜利!要是我有个姊妹是女神,或有个女儿是天仙,我也愿意让他自己选一个去。啊,可钦佩的男子!帕里斯?帕里斯比起他来简直泥土不如;我可以大胆说一句,

> 海伦要是能够把帕里斯换了特洛伊罗斯,就是叫她挖出一颗眼珠来她也心甘情愿。
>
> (第一幕第一场:226—239)

潘达洛斯的大声嚷嚷和当代广告一样乏味,但莎士比亚想展示这种重复的重要性。不断重复同一主题或多或少会自发地引起模仿。

尽管很重要,但这段冗长的话语只是一种说辞和一种消遣,是一个面具,在面具的后面,中间人隐藏着他的主要推销策略,这再次涉及海伦。在上面的引文中,这一指涉位于这段言辞最后,似乎与主题无关;事实上,它是狡猾的潘达洛斯所依靠的武器,隐藏在一堆不那么重要的材料中。即使克瑞西达不相信海伦对特洛伊罗斯怀有欲望,潘达洛斯反复呈现在她面前的形象也为她提供了不可或缺的第三方,是她欲望的一个榜样。克瑞西达将这一切视为自发地爱上特洛伊罗斯的永恒的奇迹。

无论特洛伊罗斯还是克瑞西达都坚信潘达洛斯和他们的爱情没有任何关系;他们自信地认为他们强烈的欲望保证了它的"真实性"。这与《维洛那二绅士》中的普洛丢斯相去甚远。你会记得,这个人物明确承认他自己欲望的摹仿性质。早期莎士比亚还得学习他后来戏剧的高超技巧。克瑞西达是这种微妙的一个范例。

只要潘达洛斯和她在一起,克瑞西达就只字不提她对被大声宣传的特洛伊罗斯的爱。一旦他走开,她就自言自语地谈论特洛伊罗斯,我们应该记住这段独白;它是开启爱情之门的钥匙:

## 第十四章 快活的希腊人中间伤心的克瑞西达

> 我从特洛伊罗斯本身看到的,
> 比潘达洛斯的谀辞镜子中所见清楚千倍。
> 可是我还不能就答应他。
> 女人在被追求的时候是个天使,
> 一到人家手里,便一切都完了;
> 正在进行的时候,兴趣最为浓厚。
> 男人重视未得事物胜于既得事物,
> 女子要是不知,就等于一无所知,
> 以为恋爱达到目的还像欲望
> 未获满足以前一样甜蜜。
> 所以我从恋爱中归纳出这句箴言:
> 既得之后是命令,未得之前是请求。
> 虽然我的心里装满了爱情,
> 却不让我的眼睛泄露我的秘密。
>
> (第一幕第二场:289—300)

克瑞西达对她舅舅只字不提她的欲望,因为她明智地决定不屈服于诱惑。她缺乏经验,但很聪明,本能地掌握了任何女人都不能忽视的基本行为准则,这使她得以在情爱策略的丛林中生存下去。出于战略考虑,聪明的女人不会向她的情人屈服;她明智地考虑到他欲望的摹仿性质。克瑞西达像《第十二夜》中的奥丽维娅,出于对奥西诺激情的纯粹厌倦而故意这么做。通过拒绝公然对特洛伊罗斯怀有欲望,克瑞西达进一步点燃了他的欲望;她把自己而不是他作为欲望的客体。

第二幕第三场,借助潘达洛斯的斡旋,特洛伊罗斯与克瑞西达情深意切，最终结合。克瑞西达的"得意忘形"使她无法坚持自己的决心。她把自己失败的策略透露给她的恋人，这使事情变得更糟。她把所有的谨慎都抛到九霄云外。莎士比亚显然想在这一点上把她描绘成一个恋爱中的女人，渴望放弃一切装腔作势。

奇怪的是，这个克瑞西达与莎士比亚笔下的另一位女主人公朱丽叶相像，她的名声远比特洛伊罗斯不忠的情人好得多。在某种程度上，与我们即将读到的类似，朱丽叶对罗密欧说，她可能会玩"欲擒故纵"的游戏，以激发她爱人的欲望。事实上，她与目标受害者公开讨论这一战略选择让她无法有效使用这一策略；莎士比亚的意思是整件事都是朱丽叶完全屈服的标志。克瑞西达的情况也是如此：

> 克瑞西达：我现在已经有了勇气：
> 　　　　我朝思暮想，特洛伊罗斯王子，
> 　　　　已经苦苦地爱着您几个月了。
> 特洛伊罗斯：那我的克瑞西达为何如此不易征服？
> 克瑞西达：似乎不易征服，可是我的殿下，
> 　　　　您第一眼看我时，我已经被您征服——
> 　　　　请原谅，我要是招认太多，您会看轻我。
> 　　　　我爱您，但直到现在为止，
> 　　　　我还能够控制自己的感情；
> 　　　　不，说实话，我说谎了；
> 　　　　我的思想像一群顽劣的孩子，
> 　　　　倔强地不受母亲的管束。瞧，我们真是傻瓜！
> 　　　　为什么我要唠唠叨叨，要是我们不能

## 第十四章 快活的希腊人中间伤心的克瑞西达

> 为自己保守秘密,谁还会对我们忠实?
> 虽然我很爱您,却没有向您求爱;
> 然而说实话,我希望自己是个男子,
> 或我们女子也像男子有先开口的权利。
> 亲爱的,快让我止住我的舌头吧;
> 这样得意忘形,我一定会说出后悔的话来,
> 瞧,瞧!您狡猾地一声不响,
> 已经从我的脆弱当中流露出我的内心。
> 封住我的嘴吧。
>
> (第三幕第二场:112—131)

为了理解这一关系后来的演变,我们必须记住克瑞西达给予自己的全部礼物。第四幕第二场,共度一夜后,这两个年轻人第二天一早又出现了。克瑞西达比以往任何时候都更爱特洛伊罗斯。但他不同,他仍然说情话,却不再像一个情人。他想马上离开:

> 特洛伊罗斯:亲爱的,进去吧;早晨很冷呢。
> 克瑞西达:那么,我的好殿下,我去叫舅舅来,
>     让他替您开门。
> 特洛伊罗斯:别麻烦他;去睡吧,去睡吧,
>     你的眼睛已经倦得睁不开来,
>     你身上有一种软绵绵的感觉,
>     好像一个没有思虑的婴孩。
> 克瑞西达:那么再会吧。

特洛伊罗斯:你再去睡一会吧。

(第四幕第二场:1—7)

  这种对克瑞西达健康的关心并没有骗得了她。特洛伊罗斯想要让她回床上去——她一个人。他现在渴望上战场;他想要和其他男人在一起。特洛伊罗斯无疑为漂亮的情人感到骄傲,但是如果别的男人对此一无所知,骄傲又有什么用呢? 要完全享受这种性爱的胜利,就需要见证。特洛伊罗斯渴望和他的九十九个兄弟吹嘘一番。

  克瑞西达感觉了到这一切,她问:"您已经讨厌我了吗?"特洛伊罗斯用最陈腐的花言巧语来掩饰自己的尴尬:

啊,克瑞西达! 倘不是忙碌的白昼
被云雀叫醒,惊起了无数的乌鸦;
倘不是酣梦的黑夜不再遮掩我们的欢乐,
我是怎么也不愿意离开你的。(8—11)

  莎士比亚戏剧有两种修辞,一种是表达摹仿欲望的重要修辞,另一种是虚假的、欺骗性的修辞。当一个人物像特洛伊罗斯现在这样对情人说话,他显然在对她撒谎。克瑞西达叹息,"夜是太短了"(12)。特洛伊罗斯再次想逃避:"你再不进去,会受寒的,那时你又要骂我了。"(14)。如果一个女人太容易向她的情人屈服,他很快就会对她失去兴趣。克瑞西达说:

您再稍留片刻吧,

你们男人总是不肯多留一会。

唉,好傻的克瑞西达,

我应该继续推拒您的要求,

那您就不肯走开了。(15—18)

　　这是第一幕结尾时她想起的对自己的告诫:"可是我还不能就答应他。"很清楚,在那段自言自语中可以看出特洛伊罗斯的冷漠。其中所概述的策略是正确的;克瑞西达错在她放弃了这一策略。恋人的忠贞与情人满足他的欲望的意愿成反比。无视这一模仿法则的女人只能怪自己。

　　潘达洛斯几乎马上就出现了,拿他甥女开涮,开了些毫无趣味的玩笑。特洛伊罗斯非但没有让他闭嘴,反而成了他事实上的帮凶。这时有人敲门。克瑞西达让潘达洛斯去开门,她请特洛伊罗斯和她一起回她的卧室。早晨的这个时候,她不想让人看见这个年轻人在她家里:

谁在打门?好舅舅,去瞧瞧。

殿下,您再到我房里坐一会儿;

您在笑我,好像我话里头存着邪心似的。

(第四幕第二场:36—38)

　　克瑞西达担心名誉受损,但特洛伊罗斯把她的话理解为要求更多的性事。他非但没有责备潘达洛斯,反而模仿潘达洛斯;他受到激发而做了性别歧视的效仿。他和克瑞西达共度一晚使他变得麻木不仁、粗鲁无礼。

在那天清晨，人们对特洛伊罗斯的可耻行为视而不见，这是一种奇怪的传统。批评家熟悉这个中世纪的故事，无法想象莎士比亚会巧妙地推翻它的意蕴：只有女人是有罪的；她身上写满了虚伪；她的恋人体现了忠诚。我们没想过莎士比亚有可能讽刺性地破解旧套路。

批评家没有考虑到特洛伊罗斯一时的麻木不仁。他们提到他时，会为他找到各种借口。一个头脑冷静的好青年，不该因为大清早看起来有点心不在焉而受到责备。他们觉得他心意依旧，他的基本态度也没有改变。他对克瑞西达深厚而持久的爱最终将得以证明。

这些批评家未能解释为什么莎士比亚耐心地搜集了一堆对特洛伊罗斯不利的证据。优秀剧作家不会无缘无故做这种事。批评家的隐含推理是，如果引发嫉妒的"爱"不是一直暗中存在，并像以前那样强烈的话，第六场的激烈嫉妒就不会出现。

这些批评家被十九世纪关于精神连续性的神话蒙蔽了双眼。他们认为特洛伊罗斯后来的嫉妒一定源于他最初对克瑞西达的欲望，但他们错了。在那个命中注定的早晨，这个"最初的"欲望完全死亡了，它的死亡是聪明的克瑞西达已经预见的。批评家应该多注意她：她最害怕的事情发生了，原因正是她所预料的。她不会再次陷进去了；从现在开始，她将按照她一直知道是正确的原则行事，这些原则之前没有得到有效的实施，因为她爱特洛伊罗斯。

教授们把特洛伊罗斯看作那些学生中的一员，他们因害怕失去这些学生而系统地给他们高分。剧作家不会发出我们探测到的信号，除非他想表明立场。这样的信号在现实生活中可能会变

## 第十四章 快活的希腊人中间伤心的克瑞西达

得毫无意义，但在戏剧中绝对不会没有意义。现在该提醒我们自己了：一个戏剧性的情节是完全可能有意为之的。莎士比亚想达到什么效果？

特洛伊罗斯至关重要的冷漠只是一个短暂的阶段；让我们看看其结果如何。信使带来消息：克瑞西达必须立即离开特洛伊去见她的父亲，他已经在希腊军营了。她将被用来交换一名被希腊人俘虏的特洛伊将领。

女孩的离去可能会对她和特洛伊罗斯的爱情造成致命的伤害。潘达洛斯自己似乎觉得很苦恼。克瑞西达极度悲伤的样子太震撼了，难以令人完全信服。特洛伊罗斯冷静，甚至达观地对待这个消息。他向歇斯底里的情人宣扬顺从的美德。她父亲的愿望得到了两大阵营所有首领的支持，她必须服从。特洛伊罗斯承诺，他将秘密越过战线去探望她。

她被送往希腊军营的消息显然满足了特洛伊罗斯的一个秘密愿望。这将使他和一个过于痴心的女人保持适当的距离，他觉得这种痴心不做作、合乎情理，让人喜欢，但很麻烦。战线是理想的单向屏障。无论何时，只要他想享受他那个极具装饰效果的情人，他就能相对轻松地越过战线，而克瑞西达，一个女人，将不得不留在那边。换句话说，两次探访之间的间隔将由特洛伊罗斯，而不是克瑞西达来选择。毫无疑问，这是一个精彩的结局，而且，就像他生活中的其他一切，包括克瑞西达本人，这些是装在银盘里送给特洛伊罗斯的。命运之神向这位可敬的年轻绅士露出微笑。他比以往任何时候都感到高兴。

此刻，特洛伊罗斯心中明白，他的情人，即使她愿意，也不会让她自己有不忠的行为；她太爱他了。他宝贵的自由仍是他唯一关心的问题。一个囚徒，即使是个爱的囚徒，也只有一个欲望：逃跑。特洛伊罗斯天真的自信使他非常脆弱。

克瑞西达太聪明了，不可能看不透她情人的种种盘算，她比以往任何时候都更希望自己当初已经"推拒"。现在采取这种策略已经太晚了，但是一个聪明漂亮的女人从来都不会完全没有资源。看起来，她几乎是心不在焉地说出了一句值得更多关注的话语：

> 快活的希腊人中间有一个伤心的克瑞西达：
> 我们什么时候再相会？
>
> （第四幕第四场：55—56）

在伊丽莎白时期的英国，"快活的希腊人"是寻求快乐的人的用语。当特洛伊罗斯听她这么说，他便立刻改变了语气：

> 听我说，我的爱人：只要你忠心不变——
>
> （第四幕第四场：57）

克瑞西达对她在这句话中觉察到的怀疑语气做出愤怒的反应：

> 我忠心不变？怎么！您怀疑我吗？（59）

他回答道：

> 特洛伊罗斯：不，你不要误会我的意思；

## 第十四章 快活的希腊人中间伤心的克瑞西达

> 我说"只要你忠心不变",
> 不是对你有什么不放心,
> 我不过用这样一句话,
> 引起我下面的意思:
> 只要你忠心不变,我就去看你。
>
> 克瑞西达:啊,殿下,您就要遭到不测的危险啦;
> 可是我的忠心是不会变的。
>
> 特洛伊罗斯:我出入危险,习以为常。戴上这衣袖吧。
>
> 克瑞西达:您戴上这手套;我什么时候再看见您?
>
> 特洛伊罗斯:我会贿赂希腊守兵,
> 每天晚上去探望你。
> 可是你要忠心。(60—74)

当特洛伊罗斯不断重复"忠心、忠心"时,就像早些时候说"你会受凉"一样,我们可以看到他徒劳地试图消化她的那些快活的希腊人。他的思维没有她快,但这句话的含义他迅速地理解了。听到一声声"忠心、忠心",她越发不耐烦了:

> 克瑞西达:天啊,又是"忠心"?
> 特洛伊罗斯:爱人,听我说这句话的理由:
> 希腊青年充满了美好品质,
> 他们可爱,俊秀,有天赋,
> 又博学多能有才艺。
> 我怕你也许会喜新厌旧,
> 唉,一种真诚的嫉妒占据我心头,

请你把它叫作纯洁的罪恶吧。(74—82)

在他眼里,只要她有可能被希腊人夺走,她就又有了价值。如果我们不把他这种奇妙的变脸归因于摹仿欲望,那又会是什么呢?这一事态是整个事件的转折点,是特洛伊罗斯的欲望的重生;这与本书的主题极为相关。

让我们不妨学究式地更精确一点:特洛伊罗斯的第二次欲望不可能源于作为主体的特洛伊罗斯,因为一分钟之前,他还没有这种欲望。它也不源于客体;他的情人一点也没有变,一秒钟之前,她看起来还一点也不讨人喜欢。她提醒特洛伊罗斯希腊人好色的名声,使自己再次成为欲望的对象。有没有可能使特洛伊罗斯欲望的二手性质比现在更加明显?

克瑞西达不可能再像以前那样是"稀缺之物",但她可能会被别人夺去,而这种失去是把没有价值的东西再次变成好物品的了不起的配方,用她的话来说,变成"男人珍视的东西……不仅如此"。她在恋人的心里播下了一种恐惧,这种恐惧把刚刚结束的对那个夜晚的美好回忆变成了令人憎恶的折磨。特洛伊罗斯的命运将比克瑞西达从未属于他的情况更糟。

特洛伊罗斯对克瑞西达的新爱与他对希腊人的嫉妒密不可分。对他来说不幸的是,克瑞西达一切都明白。如果她不那么聪明,她就会完全放心地想:"天啊,他仍然爱我!"但她很清楚;特洛伊罗斯新的欲望跟真爱没有关系:

克瑞西达:天啊,您不爱我!
特洛伊罗斯:那么让我像个恶徒一样不得好死!

## 第十四章 快活的希腊人中间伤心的克瑞西达

> 我不怀疑你的忠心,
> 只是不相信自己有什么长处:
> 我不会唱歌跳舞,不会花言巧语。
> 不会跟人家钩心斗角,
> 这些都是希腊人最擅长的本领;
> 但我要说在每种这样的优点中,
> 都有一个不动声色的狡猾的恶魔,
> 诱人入套。希望你不要受了诱惑。
>
> 克瑞西达:您想我会被诱惑吗?
> 特洛伊罗斯:不。但有些事非我们的意志所能做主;
> 有时候我们会成为自己的恶魔,
> 过于相信自己脆弱易变的心性,
> 反会陷于身败名裂的地步。
>
> (第四幕第四场:82—97)

在特洛伊罗斯的心里,恐慌取代了自满。几分钟前他还是一个爱神,现在成了一个笨拙的农民;对他来说唯一敬虔的是他的嫉妒。真正的神灵是希腊人。

我们这位年轻的特洛伊乡下人在两个方面感觉不如他的对手。他不仅缺乏他轻率地向克瑞西达列举的那些希腊人的品质,而且从现在起,这些希腊人能够轻易并永久地接近她,而他将失去这种机会。一分钟前,克瑞西达仍是一个占有欲太强的情人,那条战线为他提供了可喜的防护;现在,它已经成为一个可怕的障碍,为背信弃义的恶魔服务,干扰"真爱"。

特洛伊罗斯赞美希腊人的每一个细节都透露出他想要模仿

他们的冲动。恋爱中的年轻人哪个不愿意"翩翩起舞"？不幸的是，特洛伊罗斯年龄太大，无法接受一种希腊教育。他可以轻易复制的一个希腊特征是他们对美丽女人的激情，更确切地说，是他们即将对克瑞西达产生的激情。毫无疑问，这种激情仍然是想象出来的，但不会持续太久；当特洛伊罗斯把克瑞西达交给狄俄墨得斯时，他自己就会触发这一摹仿性过程。

可怜的特洛伊罗斯！他胜利的时刻很短暂。克瑞西达精心策划了这绝妙的策略，还是仅仅遵循了我们先辈们所谓的"女性本能"呢？无论如何，结果非常令人满意。她用这句话（"快活的希腊人中间伤心的克瑞西达"），在她和特洛伊罗斯的关系中引起了第二次革命。

克瑞西达的"推拒"策略只要能够持续，它就会成功，但它持续的时间不够长；在它失去控制后，她不得不尝试其他方法。她的第二个策略比第一个更有效，也更有趣，当克瑞西达来到希腊营地时，她记得这一点。因此，她很快就吸取了《仲夏夜之梦》中海丽娜完全无法吸取的教训（即使海丽娜有更成功的赫米娅的指导）：

海丽娜：啊！教给我怎样流转眼波，用怎样一种魔力
　　　　操纵着狄米特律斯的心？
赫米娅：我向他皱眉头，他仍旧爱我。

（第一幕第一场：192—194）

特洛伊罗斯的第二次欲望与第一次的联系并不比与他在间隔时期的漠不关心更为密切。就第二次欲望而言，克瑞西达是其母亲，快活的希腊人是其父亲。而潘达洛斯是第一次欲望的母

第十四章　快活的希腊人中间伤心的克瑞西达

亲,克瑞西达的"推拒"策略是其父亲。分隔这两者的那个冷漠的时刻对于理解整个剧本至关重要。

在特洛伊罗斯把克瑞西达交给狄俄墨得斯并目睹了她的新恋情的悲惨开端后,他进入了一种呓语状态,尤利西斯大为吃惊地问道:

尊贵的特洛伊罗斯难道
会受制于他所吐露的那种感情?

（第五幕第三场:161—162）

特洛伊罗斯回答道:

是的,希腊人;我要用像热恋维纳斯
的战神玛斯的心一样鲜红的大字把它写出来;
从未有过一个年轻男子
用我这样永恒而坚定的灵魂恋爱过。
听着,希腊人,正像我深爱着克瑞西达一样,
我也同样痛恨她的狄俄墨得斯。(163—168)

一向天真的特洛伊罗斯坦率地告诉我们,他对克瑞西达的爱和对她的希腊情人的恨是相互衡量的标准。当然如此;这是摹仿性竞争的基本事实,这儿就是实例。但他不够聪明,无法理解自己所说的这种自我指控。那天早些时候,他对克瑞西达发誓说永远爱她,他是个伪君子,但这次他说的倒是真话。克瑞西达的不

忠导致了他对她持久的激情。

这时,特洛伊罗斯已经忘了他对克瑞西达一时的冷漠,又特别地感到自以为是。就像剧评人一样,他把自己对克瑞西达的两种不同的欲望看作同一种欲望,而且,不管他自己说了什么,他丝毫不怀疑他所谓的单一欲望在时序上的前瞻性和精神上的独立性。如果我们能向他解释他所有反应的摹仿性质,他很可能出于纯粹的愤怒而当场割断我们的喉咙。

他不记得,当他得知克瑞西达将被送去希腊时,他松了一口气;他不记得他的自私,他的粗鲁,他的缺乏爱心的方式,他与粗俗的潘达洛斯沉瀣一气,他对被嫉妒的希腊人的奴性的尊重。他不记得在那个命定的早晨他的欲望死了。他永远不会发现,他所有不幸的真正根源就是他自己。

当特洛伊罗斯将克瑞西达交给她的希腊护送者狄俄墨得斯时,他无法避免以极具挑衅性的方式"赞扬"她的种种优点。他的简短言辞似乎是经过精心谋划的,目的是让唯一的听众相信,向克瑞西达求爱是个好主意。当然,这也是狄俄墨得斯马上要做的事情,他的灵感来自对特洛伊罗斯的模仿:

> 我告诉你吧,希腊的将军,
> 她的好处远超过你的恭维,
> 你也不配做她的仆人。
> 我吩咐你好好看顾她,
> 要是你胆敢欺负她,即使阿喀琉斯大汉
> 做你的保镖,我也要切断你的喉咙。

(第四幕第五场:123—129)

## 第十四章 快活的希腊人中间伤心的克瑞西达

在任何情况下,他的虚荣心及以自我或他人为中心的观念无疑会使他变成一个贪得无厌的惩罚者,他当然是这种人,但他永远不会发现自己是这样的人。他属于瓦伦丁、柯拉廷、西尔维斯等人的著名家族,但在所有这些人物中,他最不善于反思。就此而言,他与《无事生非》中的克劳狄奥截然相反。

特洛伊罗斯是那种渴望有人陪伴的人;现在他要对付的是一支"快活的希腊人"军队。他又是一个典型的莎士比亚式人物:这样的人物必定夸耀并宣扬自己的好运,鲁莽地给自己戴上绿帽子以加强一种不确定的激情。这种个人欲望——单一且无支撑的欲望,独身的欲望——的弱点不断在莎士比亚戏剧中出现,但这一主题在特洛伊罗斯身上比在早期人物身上得到了更充分的发展和表达,这要归功于许多场景,在这些场景中,克瑞西达的智慧为戏剧提供了可靠的指示,告诉我们特洛伊罗斯的欲望到底在哪里。

特洛伊罗斯对克瑞西达欲望的起伏不定,很好地说明了莎士比亚和弗洛伊德之间的根本区别,或者更一般地说,摹仿理论和弗洛伊德之间的区别。如果我们相信精神分析,我们就得假设我们欲望的真正来源是我们自身外部的文化法则。与莎士比亚式的人物不同,精神分析学家不需要被告知欲望的对象是什么;他欲望的客体是那种外部法则所禁止的东西。

最被禁止的对象是母亲,我们都会对母亲,或者至少是母亲的代理人怀有欲望。在目前的文学氛围中,独立的批评家还没有独立到敢于提出任何可以与这一被神化的原则相抵触的东西。莎士比亚告诉我们这显然是无稽之谈。

克瑞西达从来不是真正的"母亲式"人物，作为这些人物中最不像母亲的形象，狄俄墨得斯的克瑞西达是特洛伊罗斯最疯狂地爱着的。反之亦然：最无私地爱着特洛伊罗斯的克瑞西达，全身心爱着他的克瑞西达，也是这个无赖最不喜欢的克瑞西达；他想逃跑，因为她看起来太可靠了。如果有个像母亲一样的克瑞西达，那这个肯定就是。

克瑞西达证明了把我们对母爱和母性的本能倾向归因于我们的欲望是荒谬的。一个不能和特洛伊罗斯发生不正当关系的女人永远不会引起他的兴趣。大多数母亲都不会和她们的孩子发生不正当关系。大多数孩子也不会把他们的母亲作为性对象。特洛伊罗斯是大多数男人的极端例子。

认为外部禁忌使人们无法接近欲望所要求的对象这一观点是错误的；但摹仿性中介者会作为我们欲望的榜样而成为障碍。当外部法则为我们确定一个榜样时，它总是选择处于这样一个位置的人：他或她通常不会成为我们的竞争对手。

莎士比亚和弗洛伊德最根本的区别不是同辈关系比父母关系（并不总是如此，如《科利奥兰纳斯》）对莎士比亚戏剧更重要，而是所有固定的位置，所有文化上确定的竞争对手，都被自我产生的障碍这种更强大的观念所取代，模仿的结果对模仿者、对摹仿性竞争产生反作用。

第十五章

# 好色和战争

## ——颠覆中世纪的特洛伊罗斯与克瑞西达

莎士比亚拒绝完全忠实的特洛伊罗斯和完全不忠的克瑞西达之间的片面对比。然而,他并没有用一个完美的女主角来取代一个完美的男主角;他以一种更为激进的方式颠覆了中世纪的传说。他笔下的克瑞西达仍然处于剧中的摹仿者深渊;她无法抗拒迷恋;她那持续散发出的魅惑和她那小家子气的算计,明显带有包法利气质①,但她最初作为一个伪君子的无能,使她比特洛伊罗斯更讨人喜欢。

克瑞西达生活中被两个男人腐蚀了,先是潘达洛斯,然后是特洛伊罗斯。她无条件地奉献自己,而她恋人的真正罪过是他拒绝这份礼物。把他看作一个无辜的受害者,就没有抓住《特洛伊罗斯与克瑞西达》的重点。

大多数人对老故事持保守态度,对所有的创新都怀有敌意。就像睡前的孩子一样,他们什么都记得。给他们一个故事轮廓,他们就会填补空白;他们想当然地认为整个故事又回来了。在莎士比亚的时代,这个中世纪的故事如此广为人知,以至最轻微的

---

① 原文为 bovarique,指法国小说家福楼拜代表作《包法利夫人》中女主人公包法利夫人的性格特征。——译注

提及都会自动激起反克瑞西达的反应。对这对恋人的遭遇，莎士比亚不能指望这些乡巴佬会转而赞成他的修正主义观点。

大部分观众肯定从一开始就误解了这部戏剧，而剧作家一点也不介意。一切都按计划进行：这部喜剧的写作方式使人们对同一个文本有两种截然不同的解读。在1600年的伦敦，剧作家必须像我们这个时代的电影制片人或电视制作人一样取得成功。他们承担不起得罪大多数观众的后果；这纯粹是个生存问题。必须尊重根深蒂固的偏见，至少表面上得如此。优秀的作家受到这样的约束，所以他们通常会同时为大众和"幸福的少数人"写作。他们设计出矛盾的模式，使他们的作品同时为两部分观众所接受。

我曾试图证明，《仲夏夜之梦》必定是由这样一种矛盾的技巧引起的；《特洛伊罗斯与克瑞西达》与之既相似又不同。莎士比亚此次不必与一群暴躁的贵族争辩。这部戏非常冷清，但对好人特洛伊罗斯和坏人克瑞西达的刻板印象带来了一个问题，有点类似于之前的困境，必须以类似的方式解决。莎士比亚不想接受性别歧视的陈词滥调，但不可能简单地抛弃它，甚至公开修改它。他必须以一种足以为大众所接受的传统方式来处理这个主题，同时又得足够大胆、别致、机智，以取悦他那些为数不多但极为重要的心智成熟的朋友。

如果我们把《特洛伊罗斯与克瑞西达》看作对这一似是而非的困境的巧妙解决方案，我们就能解释该剧一直困扰批评家的各个方面。只要我们假设《特洛伊罗斯与克瑞西达》是部单一的戏剧，有些特征就很少有甚至没有什么意义，但如果我们假设两种截然相反的信号指向同时观看同一部戏剧的两类不同的观众，那么这些特征就很有意义了。

在第三幕开头,有个小插曲显然与我在上一章中对恋情的分析相矛盾。这是对性别歧视的陈词滥调一次高调但无关紧要的重申。就在这两个年轻人准备同床共枕之前,潘达洛斯让他们庄严宣誓:

> 潘达洛斯:来,这儿我握着您的手,这儿我握着我甥女的手。我这样辛辛苦苦把你们两人拉在一起,要是你们中间无论哪个变了心,那么从此以后,让世上所有可怜的媒人都叫着我的名字,直到永远!让一切忠心的男人都叫作特洛伊罗斯,一切负心的女子都叫作克瑞西达,一切做媒的人都叫作潘达洛斯!大家说阿门。
>
> 特洛伊罗斯:阿门。
>
> 克瑞西达:阿门。
>
> (第三幕第二场:197—205)

这种奇怪的誓言是一种策略的组成部分,这种策略以大张旗鼓但没有什么重要内容的方式强化了相同的刻板印象,这种刻板印象正被这对恋人之间的摹仿性互动所破坏。这种愚蠢的滑稽场面可以比作一面彩旗,上面用大字写着流行但空洞的口号。潘达洛斯疯狂地挥舞着这面旗帜,以便让那些对毫无意义的复杂性感到不安的观众能够真正理解这面旗帜,并感到安心。不能说"忠心的特洛伊罗斯"和"负心的克瑞西达"不存在;怀有传统观念的观众现在有了明确的目标,可以安心睡觉,而不必再为这部令人困惑的戏剧的神秘之处操心了。

有趣的是,早期的编辑汉默(Hanmer)把句子"让一切忠心的男人都叫作特洛伊罗斯"改成了"让一切负心的男人……",这与莎士比亚剧本的整体内容更相协调,与宣誓前的词句也更相一致。在《莎士比亚作品校订》(*Revisal of Shakespeare's Text*,1865)一书中,本杰明·希思(Benjamin Heath)陈述如下:

> 过去的解读……当然是正确的。很明显,诗人的意图是,这种祈求应该是经过事件证实的,就像今天的情况一样。但特洛伊罗斯从来没有被用来称呼一个不忠的情人,如果我们相信这部戏的故事,他也从来配不上这个角色,就像其他两人配不上他们在这里所蒙受的耻辱一样。①

所有的现代编辑都同意,"忠心"是更好的解读。威廉·燕卜荪(William Empson)解释了如此解读的原因:

> 修正为"负心"是错误的,因为很明显,这句话在舞台上说得很清楚,而且是直接对观众说的,它引出了所有人都知道将会发生的故事;在这一场的最后,他依次指着每个人,"你知道我们这些傀儡代表什么,这是一个非常简单的情景"②。

---

① 引自哈罗德·N. 希勒布兰德编《特洛伊罗斯与克瑞西达》(费城:J. B. 利平科特,1953),第 164 页。
② 威廉·燕卜荪,《含混七种》(*Seven Types of Ambiguity*)(伦敦:查托-温都斯书局,1930),第 265—266 页。

我同意这个观点，但原因与通常所说的不同。这部戏的文本嘲讽了"忠心的特罗伊罗斯"，但莎士比亚故意误导那些既不愿意接受也无法接受他对这个爱情故事进行摹仿性重新诠释的人。

毫无疑问，由潘达洛斯主持的宣誓仪式是一种粗俗的手段，在这出戏中，没有什么比这更粗俗的了。在保持传统观众快乐的总体策略中，莎士比亚的主要技巧要有趣得多。它包含着对这个传统故事的文字资料的谨慎和尊重。我的读者无疑已经注意到，摹仿性解读丝毫不会改变这些材料；所有的事实完好无损。在故事结尾，莎士比亚笔下的特罗伊罗斯，就像传统的特罗伊罗斯一样，比开始时更爱他的情人；新的特罗伊罗斯在肉体上仍然忠于他的情人，而克瑞西达在肉体上不忠了。这就是我所说的故事的"事实"。特罗伊罗斯忠心，而克瑞西达负心，这正是传统所要求的事实。特罗伊罗斯之所以如此自以为是，原因是他掌握了所有的事实。如果他能起诉克瑞西达，他肯定能打赢这场官司。

故事的文字完整无缺，精神却发生了变化。这是批评家们从未真正理解的。莎士比亚完全通过摹仿性互动做到了这一点。没有任何事情在形式上与口号"忠心的特罗伊罗斯"和"负心的克瑞西达"相矛盾，然而摹仿性互动改变了这一切的意义。克瑞西达的肉体不忠成了对特罗伊罗斯精神不忠的一种报复，特罗伊罗斯的精神不忠必须被看作两种罪中更大的一种，因为它发生在先，而且完全没有理由。

终场时特罗伊罗斯勃然大怒的原因不是他的忠心，而是他在一场伪自恋的战争中败北。他那强烈的嫉妒并不能救赎我们的英雄，因为这完全是由于"快活的希腊人"；这并不能证明他"对克瑞西达深切而持久的爱"。克瑞西达只是对特洛伊罗斯做了特洛伊罗斯迟早会对她做的事，如果她给他这种可能性，如果她不是率先对他这么做的话。在和她共度一夜之后，他以为她会永远受他摆布，但她让他陷进了一个圈套，这一次他无法脱身了。

作者巧妙地将他的摹仿性互动融入古老的情节中，以至大多数人从来没有领会莎士比亚戏剧的意义；他们仍然完全无视材料虽未更改但意义已然不同的信号。当他们的认知下降到理解重新诠释的爱情所必需的洞察力水平以下时，他们就会退回传统的故事中，自发运用传统的内容填充它的空壳。

我们的反摹仿人文主义从未对莎士比亚的《特洛伊罗斯与克瑞西达》感到满意过；批评家们对这部戏的怀疑貌似合理，好像他们觉得对它的解读有问题似的。这是一部"问题剧"，其中有许多无法解答的谜。他们认为这终究是件好事；它表明，艺术作品正如浪漫的教条所要求的那样，是"取之不尽"的。传统批评家毕竟都是随和的人，对简单易行的认知与存在吻合相当满意。

这个古老的故事表面上完好无损，人们很容易认为它的内在也完好无损。这种摹仿性相互作用就像炸药，会引爆性别歧视的陈词滥调，但莎士比亚把它巧妙地藏在合乎标准的情节的缝隙里，我们要么找到它并安全引爆，要么找不到它（也不会有爆炸来扰乱我们的平静）。《特洛伊罗斯与克瑞西达》会被认为是一部比较枯燥的戏剧，不太配得上它的作者。

对于那些读不懂此剧的人来说，摹仿性材料被认为是无用的刺绣、修辞的闲谈、"文学心理学"、一种可拆卸的"补充"，可以从戏剧中清除，这么做很少或根本没有什么成本。如果我们极为反感，无法领悟作者更微妙的洞见，我们对该剧的解读或多或少会

## 第十五章 好色和战争

与特罗伊罗斯一致；我们将分享他那种非摹仿性嫉妒的幻觉，相信他已经证明了"对克瑞西达深切而持久的爱"。这将是我们唯一的惩罚，毫无痛苦，我们甚至没有意识到我们正在被惩罚。

古老的"男性沙文主义"强行重回寨臼，以至我们所关注的关键段落仍被忽略。如果我们将这种"沙文主义"作为研究对象，我们就会发现，它不愿接受对这一恋情的正确解释，是由于它自己的摹仿性质，就像特罗伊罗斯本身的情况一样。

实际上，莎士比亚给我们提供了同一个故事的一个摹仿版本和一个非摹仿版本；我们必须在两种可能的解读中做出选择。如同《仲夏夜之梦》的情况一样，如果我们没有选择的意识，我们必然会选择错误的戏剧、传统的戏剧、非莎士比亚戏剧。然而，如果我们有意识地去选择，我们就会意识到，莎士比亚提倡对他的戏剧进行两种独立的、不对等的、独特的解读，而这部所谓"问题剧"的"问题"也会一劳永逸地解决。

莎士比亚并未公开挑战和直接面对各种偏见，尽管他的喜剧主题将不可避免地引发这些偏见，他非常乐于为我们的偏见提供它们所渴望的食物，但他不会以任何方式妥协或减少他要揭示的真相。他不必这么做，他很清楚；他知道我们的模仿性过敏会对他所说的话产生视而不见的效果。

在这部戏里，摹仿理论没有什么秘密可言。潘达洛斯的伎俩被描述得如此详细和冗长，以至莎士比亚可能会被指责在一个相当次要的问题上用力太多，或过于生硬。特洛伊罗斯与克瑞西达之间发生的事情也是如此。特洛伊罗斯欲望的死亡不仅被描述得非常详细，而且克瑞西达警告我们它将会发生，当它发生时我们被提醒它确实正在发生，而所有这一切都无济于事。"快活的希腊人"亦然。小片段的结果被精心加以发展,就像由马塞尔·普鲁斯特所写一样。这部戏充满了直截了当的观察,不需要特别的洞察力。一切都非常明确。

这部戏是对我们的摹仿性洞察力的一次滑稽的考验,它是一把精心制作的双刃剑,既能启迪已经觉悟的人,又能迷惑迷惘的人,但我们不能指责莎士比亚与我们作对。他从不对我们隐瞒任何事情;含混不是文本的客观属性,完全是我们自己对摹仿欲望过敏的产物。在过去几个世纪中对该剧的批评是对这种过敏反应最显著的纪念。如果我们能超越这一障碍,我们与作者个人共情的感觉将是强烈的,并将极大地增加我们对这部最淘气的戏剧的兴致。

一直渴望"正面主人公"的传统批评家们系统地将特洛伊罗斯的自以为是误认为是真正的美德;他们总是指出这个高贵的年轻人是这部原本愤世嫉俗的戏剧中唯一"合乎道德"的角色。

为了展示几个世纪以来,有关《特洛伊罗斯与克瑞西达》的论述是多么缺乏批判性力量,引用柯勒律治在《特洛伊罗斯与克瑞西达》的一个版本末尾的几段话可能会很有趣:

> 莎士比亚的戏剧中没有比这更难概括的了。与之相关的名字和记忆,让我们做好了准备,去面对与青春同样忠诚和热烈的依恋,去面对那位女士突然而无耻的不忠。事实上,这就像一根金线,把场景串联起来……
> 
> 这个莎士比亚与特洛伊罗斯身上所表现出来的深厚的感情形成了鲜明的对照,只有他配得上爱的称呼;——情感,的确是热烈的,是青春的本能和青春的想象的会合,在新生

的希望的光辉中成长,简而言之,在大自然的集体同情中成长;——但在意志中仍有一种比欲望更强大,比选择更完整、更平静的成分,它通过将意志转化为信念和责任,使自己的行为具有持久性。因此,在剧终的时候,当克瑞西达陷入无法挽回的耻辱和无望之中,他会以出色的判断力,以一种超乎寻常的判断力,表现出同样的意志,这种意志曾是他爱情的实质和基础,而不安分的快乐和热烈的渴望,像海浪一样,只在水面上翻腾,——这同样的道德力量表现为用她的耻辱把他从所有的邻坊中夺走,同时又和他一起奔向其他更崇高的职责,并加深了他英勇的兄弟为蓄积洪水留下的空渠。①

---

① 《插图本莎士比亚全集》(*The Globe Illustrated Shakespeare*,纽约:格林尼治出版社,1983),第1850页。

第十六章

# 这些人的态度

## ——《特洛伊罗斯与克瑞西达》中的权力游戏

《特洛伊罗斯与克瑞西达》中性爱和政治游戏的比较将提供更多证据,说明一种欲望的普遍和统一的存在是如此成熟和腐败,它完全意识到周围的其他欲望,因而它不断地试图操纵这些欲望以达到"自己的"摹仿目的。

第一幕第二场是希腊军事首领的一次重要会议,我们稍后再说。尤利西斯将希腊军队的问题归结为各首领之间的竞争导致权力的丧失。阿喀琉斯很受欢迎,所以他不再服从阿伽门农的命令了;他想做希腊主帅。就像阿喀琉斯想成为阿伽门农一样,排名其次的英雄埃阿斯也很想成为阿喀琉斯。这种破坏性欲望正在向整个领导集团蔓延。在竞争的影响下,各个层次的纪律都被打破了。

但纪律必须重整。在尤利西斯看来,目前的困境是,唯一有效的药物就是这种疾病本身。为了对身体政治产生安抚作用,必须在精心挑选的对手之间进一步加剧摹仿性竞争。只有摹仿才能成功地对抗摹仿。为了让阿喀琉斯回到自己的位置上,尤利西斯向其他希腊首领提出了一个战略性计策,随后展开了一场极具启发性的讨论。

## 第十六章 这些人的态度

尤利西斯提议给阿喀琉斯找一个更有声望的竞争对手。当然，他已经有了一个，但埃阿斯资历不够；埃阿斯在军中的地位有待提高。面对赫克托的挑战，希腊军队必须选出一名战将——埃阿斯。涅斯托首先提议阿喀琉斯，但尤利西斯认为此举不妥。如果阿喀琉斯输了，希腊人处境就会很糟糕，因为他们失去了最勇敢的将领。如果他赢了，他会越发傲慢。埃阿斯是更好的选择，因为他仅次于阿喀琉斯。如果他失利，损失不会太大。但如果埃阿斯赢了，他的胜利不仅对特洛伊人来说意义重大，对阿喀琉斯来说也意义重大，因为阿喀琉斯的声望将受损：

> 我们私下里再竭力捧他一下，
> 恭维他的本领比阿喀琉斯更强，
> 对于我们这位大英雄
> 可以成为一服清心的药剂——
> ……
> 借埃阿斯的手，压一下阿喀琉斯的气焰。
>
> （第一幕第三场：376—386）

尤利西斯的政治策略和克瑞西达报复她情人的手段是一样的。当克瑞西达意识到特洛伊罗斯对她已变得冷漠，她决定给他某种严肃的竞争，并有了一个聪明的主意，即提及"快活的希腊人"。这里的政治策略是一样的，但结果有所不同。克瑞西达成功了，而尤利西斯失败了，但原因与方法的内在有效性无关。经过一番微不足道的打斗，埃阿斯和赫克托发现他们是远房表亲，于是决定休战。没有什么重大的事情发生，阿喀琉斯也没有受到羞辱。此事的唯一结果就是让埃阿斯像他的对手一样"骄傲得要命"。必须再做一次尝试来解决阿喀琉斯造成的问题。

第二幕第三场,尤利西斯又有了主意。那位大英雄再次拒绝参战,甚至连理由都懒得讲。阿伽门农很惊讶,他问:

> 我们再三请他,
> 为什么他总不出来?
>
> （第三幕第二场:167—168）

尤利西斯回答说,阿喀琉斯自高自大,不听任何人的话。阿伽门农便提议:

> 让埃阿斯去叫他出来。
> 将军,你到他帐里看看;
> 听说他对你感情不错,
> 也许他会却不过你的情面。(178—181)

这很好地说明了在这种情况下什么应该不做。在之前的尝试中,年迈的涅斯特曾提议阿喀琉斯作为希腊人的首将,但这个想法很快就被尤利西斯否定了;这一次,莎士比亚又以一个愚蠢的建议作为开始,以便证明随后的摹仿性策略是正确的。如同之前的涅斯托,阿伽门农对情况有所误解,尤利西斯直接向他挑明:

> 啊,阿伽门农! 不要这样。
> 我们应当让埃阿斯远离阿喀琉斯。

## 第十六章 这些人的态度

> 这个骄悍的将军被傲慢塞住了心窍,
> 眼睛里只有自己没有别人,
> 难道我们反要叫一个
> 更被我们敬重的人去向他礼拜?
> ……
> 去向阿喀琉斯央求,
> 那不过格外助长他的骄傲气焰。
> 叫这位将军去见他! 天神不容,
> 天神会用雷鸣般的声音怒吼,
> "叫阿喀琉斯出来见他!"(182—199)

尤利西斯对阿喀琉斯的解读是罗瑟琳在《皆大欢喜》中对菲苾伪自恋的描述的政治和军事版本。阿喀琉斯的自爱的运作原理与摹仿性通货膨胀相同,因此可以通过漠视的策略来抑制这种膨胀。

  阿喀琉斯的强烈自信已经存在了很长时间,这似乎是他性格的一个永久特征,一种不可剥夺的基本禀赋;尤利西斯并不认同这种有关阿喀琉斯的令人印象深刻的成功的"本质主义"观点。他意识到,即使莫大的骄傲,也没有"客观的"基础,不是真正的存在;这是普遍奉承的结果。阿喀琉斯之所以能如此自负,并不是因为他客观上更强大、更伟大等——在这个高度摹仿性的世界上,客观价值已变得无关紧要——而是因为摹仿欲望在他的生活中不断涌现,为他的自爱提供了强有力的榜样。阿喀琉斯通过与我们之前分析的伪自恋的例子相同的循环和自我喂养的过程来崇拜自己。随着他的傲慢不断膨胀,军队里所有的傻瓜都更加崇拜他；反之亦然。这种自豪感的"增长"是一个长期存在的反哺过程，随着时间的推移，这个过程变得越来越明显，似乎已经不可逆转。尤利西斯想表明事实并非如此。

对阿喀琉斯的崇拜可以和天文学家所说的黑洞相比。它会立即吸纳一切吸引它的东西，从阿喀琉斯自己开始，但是他的人性黑洞比自然黑洞看起来更脆弱；它的稳定性依赖于旁观者的模仿性接受能力，依赖于人群的轻信。必定有可能通过使原本流向阿喀琉斯的巨大欲望之流偏离他而动摇这一机制。

为了逆转这个过程，尤利西斯首先决定起用埃阿斯，但这不起作用。现在，尤利西斯建议对那位大人物刻意表现得无所谓，向他和全世界宣告，他的魅力已不复存在。必须让他明白他已经过时了，他不再是过去那个摹仿性磁石了。

我们对第二种方法的熟悉程度不亚于第一种，它在政治上相当于克瑞西达的"推拒"策略：

> 阿喀琉斯在帐前站着，
> 请将领们走过时不要理他，
> 好像忘记他是什么人似的；
> 诸位王子也都装出冷淡的态度。
> 我走在最后，他一定会问，
> 为什么众人向他投掷轻蔑的眼光；
> 我就借你们的冷淡做题目，
> 对他的骄傲发出意含针砭的讥讽，
> 他只能饮下这一服清心药剂。
> 也许会有效力：要骄傲的人自省，

只有用他人的骄傲来做镜子；

倘然卑躬屈节，只会助长他的气焰。

（第三幕第三场：30—49）

现在甚至阿伽门农也明白了这种策略的用意，并承诺每个人都将以适当的方式行事：

我们依你的计策而行，

走过时故意装作冷淡；

每位爵爷也都这样，不加理睬，

或者用轻蔑的态度打个招呼，

那会使他更加难堪。跟我来。（50—54）

阿喀琉斯以为将领们又来求助于他，便傲慢地转过身去。当他看到自己的傲慢得到了傲慢的回报时，他大吃一惊；他不习惯一报还一报。他注意到墨涅拉俄斯本人根本不注意他，便惊呼道："怎么！那王八也瞧不起我吗？"（第三幕第三场：64）如果一个自尊心本应受到不可挽回的损害的人也能蔑视他，那么他必定处于一种十分可悲的状态了！

当特洛伊罗斯刚从克瑞西达的嘴里听到"快活的希腊人"时，他的好心情马上消失了，他开始为自己感到难过。同样的事情也发生在阿喀琉斯身上，原因非常相似：

怎么！难道我的威风已经衰落了吗？

大丈夫在失欢于命运之后，

207

不用说会被众人所厌弃,
他可以从别人的眼睛里
看到他自己的没落。

(第三幕第三场:74—78)

当阿喀琉斯变得"郁闷"时,他试着抵抗这种危险的情绪,试着说服自己一切都正常,他没有失去任何实在的东西:

可是我还没有到这样的地步,
命运仍然是我的朋友,
我依然充分享受着我所有的一切;
只是这些人对我改变了态度,
我想他们一定对我有
什么不满意的地方。

(第三幕第三场:87—92)

阿喀琉斯所有的一切都还保留着,只是这些人改变了态度。不幸的是,在莎士比亚所描述的高度摹仿性的世界上,或者在我们这个媒体疯狂的世界上,人的价值主要是由我们称为"可见性"的东西来衡量的。这正是莎士比亚所说的"这些人的态度"。这个成功人士看重别人如何看他;如果这些人的欲望没有集中在他身上,如果"这些人的态度"有了改变,他自己的欲望就会缺乏一种支撑,而这种支撑又需要他自己来支撑。阿喀琉斯不再具备阻止自爱匮乏的条件。自爱像自恨或其他形式的自我感情一样依赖他人。

## 第十六章 这些人的态度

阿喀琉斯现在在别人眼中看到了使他感到恐慌的冷漠，而不是那种会"增进"他骄傲的欲望。就像之前相反的情况一样，这种冷漠是一种摹仿的信号，可能是大众模仿的焦点。时尚的制造者对阿喀琉斯越来越冷淡了。一旦开始排斥欲望，这位大英雄就会越来越排斥欲望，就像当初吸引这些欲望的恶性循环一样，但现在情况正好相反。很快，人们将不再崇拜他们的偶像，阿喀琉斯真的会很可怜。

所有生活在聚光灯下的人——受欢迎的政治家，著名艺术家，尤其是剧作家，所有那些日常与公众接触的人——都会很容易地从欣喜若狂的自我吹捧变为极度的自我轻视。他们的自尊的气球越膨胀，就越容易被戳破。莎士比亚谈论的这种现象，作为一个剧作家，他必定亲身经历过。

尤利西斯说得不错：阿喀琉斯从来就不是那个似乎注定要永远存在的、不可战胜的英雄，至少就实体存在的意义来说是这样。他是一股强大的摹仿性潮汐的受益者，每个人，包括他自己，都被这潮汐愚弄了。

尤利西斯的第一个摹仿性策略对应于克瑞西达的第二个摹仿性策略，他的第二个摹仿性策略则对应于她的第一个摹仿性策略；这在政治上相当于克瑞西达在独白中所说的"推拒"。克瑞西达只要坚持下去，她就会从那个计策中得到极好的结果，但她的感情破坏了她明智的政治。这就是她不得不采取第二种策略——给特洛伊罗斯一大群咄咄逼人的对手——的原因。同样的两种策略在政治领域和性爱领域被使用，但顺序是相反的，因为在每一个实例中，所使用的第一个策略都失败了，然后人们使用第二个策略，并获得了成功。

莎士比亚让每种策略在一个次要情节中失败，但在另一个情节中成功。他想证明这两种策略是普遍适用的，但不一定在任何时候都有效；它们都有可能成功或失败，这取决于人们如何熟练和持续地应用以及在什么情况下应用它们。他把整个过程中我们的智慧所必需的所有重大变化都戏剧化了。其目的是通过说服"自恋者"，他作为自爱的典范的欲望已经被取消，从而粉碎自恋者的过度自信。当欲望的对象改变时，选择哪个目标并不重要；它可能集中在别人身上，即竞争对手身上，或者一上来就被更强烈的自爱所征服。重要的是，伪自恋者被剥夺了他或她惯常的奖赏。

莎士比亚对他戏剧化的一切都做了解释，把他所解释的一切都戏剧化了。重复使用相同的两个计策，每次都以相同的方式处理，并且结果是交叉的，他的目的当然是证明相同的模仿技巧与人类活动的众多领域的相关性。策略总是一样，因为无论其内容如何，伪自恋都是一样的。欲望对象的不同并不重要。模仿效应本身很重要；它们决定了哪些是欲望的对象，以及在哪个领域。色情政治和权力政治是一回事。

当阿喀琉斯徒劳地试图让自己坚强起来去对抗希腊将领的冷淡时，狡猾的尤利西斯装扮成一个公正的旁观者接近他。他说起话来像一个业余精神病医生，他看到同伴陷入困境，主动提出和同伴讨论各种各样的"问题"。事实上，如所承诺的那样，他尽最大努力来扩大阿喀琉斯刚刚遭受的创伤，并进一步削弱其自信心。

最重要的一点是，在最成功的人的生活中，别人一旦占有优

势,他们的成功便不再成为现实,除非他们能从别人的眼中看到这一点。尤利西斯对阿喀琉斯说:

> 无论一个人的天赋如何优异,
> 外表或内心如何美好,
> 也必须让他的德性的光辉
> 照耀到他人身上发生热力,
> 再由感受他热力的人
> 把那热力反射到自己身上,
> 才能体会到他本身的价值的存在。
>
> (第三幕第三场:96—102)

从《维洛那二绅士》中的凡伦丁开始,莎士比亚以无数不同的方式阐释了个体间的机制,上述引文是对这一机制最明确的定义。受其影响的人物,尤其是男人,只能通过反馈,如情人、军事荣耀,或者政治权力,来享受他们所拥有的一切。他们喜欢"吹嘘",以便把谈话者变成一面更好的镜子,更清晰地反映一种幸福,这种幸福一旦成为囊中之物便失去了全部现实性。它只有通过嫉妒才能复活。存在得由他人提供;这是特洛伊罗斯与克瑞西达一夜欢爱后的困境。

除非阿喀琉斯德性的光辉"照耀别人"——让他们嫉妒——以及"把那热力反射到自己身上",即反射到阿喀琉斯身上,他才能"体会到他本身的价值"。他的荣耀除非引起强大对手的强烈嫉妒,否则是不可能实现的。因为阿喀琉斯此刻正在体验尤利西斯所说的真理,所以他欣然同意:

> 这没有什么奇怪，尤利西斯！
> 一个人看不见自己的美貌，
> 他的美貌只能反映在别人眼里；
> 眼睛，最灵敏的感官，也看不见自己，
> 只有当自己的眼睛与别人的眼睛相遇，
> 才可能交换彼此的形象，
> 因为视力不能反及自身，
> 除非把自己的影子
> 映在可以被自己看见的地方。
> 这事一点也不足为怪。（102—111）

这是人的自我悖论，是所有人的存在中以自我为中心及以他人为中心的神秘统一。尽管这两种驱动力的方向相反，永远不可能互补，但它们总是结合在一起，而且这种结合不可避免地将人们联系在一起，即使它在内部和外部又将人们分开。这成为整个社会以及每个人内心冲突的无尽源泉。我们越想在神性上自足，我们就越把自己变成自己的偶像，我们就越把可以拥有的适度的自主性完全交给别人，我们就越把自己交到无数暴君的手中。

这一点至关重要，以至这位剧作家让尤利西斯再次阐述这一点，表面上是为了确保阿喀琉斯别低估自己对人群的依赖。这显然没有必要，但莎士比亚想有更多时间关注人类自我的关系概念：

> 我并不重视这种很普通的道理，

可是我不懂这几句话的用意；
他用迂回婉转的说法，
证明人无论禀有什么奇才异能，
倘然不能把那种才能传达给别人，
他就等于一无所有；
也只有在以才能博得的赞美声中，
才可能认识他本身的价值，
正像一座拱门把声音弹回来，
又像一扇迎着阳光的铁门，
反映出太阳投射的形状，
同时吐发出它吸收的热力。(112—123)

尤利西斯随后暗示埃阿斯是希腊人偶像崇拜的新受益者，他们由于阿喀琉斯的衰落而失去了崇拜的对象。他听起来像是一位"媒体顾问"，他告诫一位著名的政治家，说后者需要更多地在公众面前露面。如果阿喀琉斯整天待在帐篷里，他的"形象"不可避免地会受损：

尤利西斯：有人利用别人的骄傲飞黄腾达，
　　　　　有人却因为骄傲地位一落千丈！
　　　　　瞧这些希腊的将领们！
　　　　　他们已经在拍粗笨的埃阿斯的肩膀，
　　　　　好像他的脚已经踏在勇敢的赫克托身上，
　　　　　强大的特洛伊已经濒于末日了。
阿喀琉斯：我相信你的话，他们走过我身旁，

> 就像守财奴看见叫花子,
> 没有一句好话,没有一张好脸。
> 怎么!难道我的功劳已被人忘?(136—144)

希腊将领是"守财奴",因为他们否认了之前对阿喀琉斯做出的摹仿性奉承,将他们先前的英雄变成了一个乞丐。如果我们不得不乞求奉承,奉承就是不可能得到的一种东西。

考虑到在一个被摹仿性竞争主导的世界里,时尚扮演着专横的角色,尤利西斯回答了阿喀琉斯的那个问题。随着摹仿性竞争加剧,时尚的步伐也在加快;偶像被树立起来和被推翻的速度越来越快。这是一个具有强烈历史意识的世界,一个历史感"很热"的世界,就像列维-斯特劳斯所说,如此之热,以至失去一切意义。在这里,莎士比亚描述的世界与我们的世界惊人地相似:

> 将军,时间老人背负着一个庞大的布袋,
> 那里装满了被忘恩负义的世人
> 所遗忘的丰功伟绩;
> 那些已成过去的美绩,
> 转眼间就会在人们的记忆里消失。
> 只有继续不断地前进,
> 才可以使荣名永垂不替;
> 就像一套生锈的盔甲,
> 它不合时宜的式样让人嘲笑。
> ……
> 因为无数竞争的人都在你背后,

## 第十六章 这些人的态度

> 一个紧追着一个；
> ……
> 因为时间正像一个趋炎附势的主人，
> 对一个临去的客人略微握手，
> 对一个新来的客人，却伸出双臂，
> 飞也似的过去拥抱。(145—168)

最后这几句让我想起了电视节目中受欢迎的主持人对待嘉宾的方式。莎士比亚是一系列现象最深刻的观察者，这些现象常常被我们历史的近视缩小到最近十年，而实际上它们是过去四五个世纪更广泛意义上的现代现象。莎士比亚是现代世界一个伟大的讽刺作家，文艺复兴后期是现代世界真正的开始。

尤利西斯的策略是成功的，因为它把阿喀琉斯带回战场，赫克托被杀，但特洛伊战争还没有结束，摹仿性伎俩并未真正解决希腊人和特洛伊人的危机。无疑，尤利西斯被描绘成一个聪明人，但他对欲望的政治如此着迷，这正是他与之抗争的疾病，他的策略最终适得其反，让他像其他人一样两手空空。尤利西斯与对手一样雄心勃勃；他和他们一样摹仿欲十足，海上漂泊十年是他罪有应得的惩罚。

所有的策略不过是自欺欺人的一种复杂形式。巫师之徒通常被他释放出来的传染性力量所吞没。最终，他自己以令人费解的方式所取得的一切，只是加速了这种普遍性疾病的发展。无差别化和混乱的现象无处不在。

在一个摹仿性危机的时代，潘达洛斯的方法污染了人类努力的所有领域。每个人都成为迎合者的阶段似乎紧跟着最后阶段，即全面暴力的阶段。"潘达洛斯式"方法即使在一段时间内似乎使情况有所改善，最终也会使情况变得更糟；它们不可避免地滋生误解和冲突，就像湿热的沼泽滋生蚊子一样。特洛伊罗斯是这一法则的最好说明。当他成了克瑞西达的又一个潘达洛斯时，他变得更加沮丧，他的欲望则更加强烈；这种更强烈的欲望反过来又变成了一种摧毁障碍的欲望，而欲望之强烈正是由于这些障碍——克瑞西达、狄俄墨得斯和整个希腊军队。

《特洛伊罗斯与克瑞西达》显示了爱神维纳斯和战神玛斯永远的同谋关系。"要做爱，别作战"不是这部戏的口号，因为莎士比亚看到了两位天神之间的永久联盟。特洛伊罗斯情感的演变就是一个例证。戏剧的一开始，在他能够克服克瑞西达对他欲望的抵制之前，他听起来像一个和平主义者：

> 两方面都是些傻瓜！无怪海伦是美丽的，
> 因为你们每天用鲜血涂染着她的红颜。
>
> （第一幕第一场：93—94）

战争让特洛伊人和希腊人变成了同样的傻瓜，因为战争在他们所有人身上都产生了同样疯狂膨胀的海伦幻象。她把自己的后天之美归功于勇士们在不可思议的仇恨的协同行为中为她洒下的鲜血。她辉煌的变幻源于一种暴力，这种暴力需要双方的持久作为才能达到所需的强度；这是完美的互动、对称、整体复仇的认同，是大规模摹仿性升级的最高阶段。这场战争可以被理解为两个阵营中怪异的对兄弟情谊的献祭。在一些原始崇拜中，偶像实际上要用血来描画。特洛伊战争原始神话背后的偶像崇拜是不是真的,这有谁知道呢?

特洛伊罗斯对克瑞西达的感情稍有缓和,他就成了一个好战分子:对他来说,为一个美丽的女人战斗到死听起来是一个合理的选择。但戏剧结尾时极度嫉妒的特洛伊罗斯更糟糕;他充满了杀气腾腾的想法,不仅针对狄俄墨得斯,而且不加区别地针对所有希腊人。如果他不能杀死克瑞西达的情人,其他他所见到的希腊战士都将被杀死:无休止的复仇幽灵被唤醒了。同样的双重欲望也存在于狄俄墨得斯。暴力的相互作用到处可见。

如果特洛伊罗斯的爱情变成了仇恨,那么反过来也是如此:战士之间的仇恨充满了色情,这在第四幕希腊和特洛伊战士的交往情景中表现得尤为明显。这情景始于第三幕,因为阿喀琉斯渴望组织这样一场聚会:

> 好帕特洛克罗斯,去叫忒耳西忒斯;
> 我要差这傻瓜去见埃阿斯,
> 让他在战后邀请特洛伊武士,
> 大家便服相见。我像个女人
> 害着相思病,渴望会一会
> 卸除武装的赫克托,跟他握手谈心,
> 把他的面貌瞧个清楚。

(第三幕第三场:234—241)

这段话清楚地表明维纳斯和玛斯是一体的。这次相遇发生在克瑞西达刚到达希腊营地,所有的将领依次亲吻她之后。再一

次,战神和爱神凯旋:

> 阿喀琉斯:赫克托,我已经把你看个饱,
> 仔细端详过你的面貌,
> 把你身上每个地方都记牢。
>
> 赫克托:这位就是阿喀琉斯?
>
> 阿喀琉斯:我就是阿喀琉斯。
>
> 赫克托:请你站好,我也要看看你。
>
> 阿喀琉斯:你尽管看吧。
>
> 赫克托:我已经看好了。
>
> 阿喀琉斯:你看得太快了。我可要买东西似的
> 再把你从头到脚细细看一遍。
>
> ……
>
> 天神啊,告诉我,在他身上哪个部分
> 我应该把他杀死?这儿,还是这儿?
> 让我认清在什么方位
> 结果赫克托的性命。
> 天神哪,回答我吧!
>
> (第四幕第五场:231—246)

尽管阿喀琉斯对赫克托比赫克托对阿喀琉斯更着迷,也更具有暴力倾向,但过分强调两者的不同,认为这部戏表达了对和平的特洛伊人的偏爱是错误的。这部戏里既没有英雄也没有恶棍,只有摹仿性双重形象。

当然,赫克托在第二幕第二场中做过一次支持和平的精彩演

讲，但在演讲结束时，最令人费解的事情发生了。演讲者没有按照整个论点所要求的那样做结束语，而是背叛了自己的事业，用几句草率的话呼吁继续战争。这种突然转变除了作为另一种摹仿现象外毫无意义；雄辩的和平倡导者成了他在前几句话中严厉谴责的传染病的受害者。同样的事情不久前也发生在特洛伊罗斯身上。战争的批评者一个接一个屈服于它的传染性力量。讽刺是苦涩的，这种苦涩就是《特洛伊罗斯与克瑞西达》。

在整部戏剧中，重点在于：不仅特洛伊罗斯和狄俄墨得斯极其相似，而且两个阵营的所有将领、两支军队，以及所有因暴力冲突而分裂或联系的人民也很相似。尤利西斯和涅斯托很大程度上都取笑了埃阿斯，埃阿斯认为自己与阿喀琉斯很不一样，本质上是一个谦虚的人，但实际上他与阿喀琉斯所谴责的虚荣心很强的虚假英雄是一样的(第三幕第三场:203—257)。

忒耳西忒斯对美色和战争的克制态度确实是这部戏剧的最终信息，这与特洛伊罗斯提及的被维纳斯煽动的玛斯不太一样。在《特洛伊罗斯与克瑞西达》的最后，危机不断恶化，维纳斯和玛斯相互激怒，他们重演了麻烦不断但不可分割的暴力与性爱的结合。这是该剧，也是《伊利亚特》的主题。莎士比亚对希腊史诗的滑稽性模仿，在精神上更接近西蒙娜·韦伊[①]那篇关于《荷马史诗》中暴力一致性的著名论文，而非季洛杜[②]的《特洛伊战争不会发生》(La Guerre de Troie n'aura pas lieu)。

---

[①] 西蒙娜·韦伊(Simone Weil, 1909—1943)，法国宗教思想家。——译注
[②] 季洛杜(Jean Giraudoux, 1881—1944)，法国作家。——译注

## 第十七章

# 啊,潘达洛斯

## ——《特洛伊罗斯与克瑞西达》和普遍的中间人

《特洛伊罗斯与克瑞西达》中的每个主题,包括整个政治阴谋,都相当于潘达洛斯所代表的那种摹仿性操作。这个古怪的承办人对整部戏剧具有象征意义,因为他体现了摹仿的原则。

第一场结束时,克瑞西达听了潘达洛斯的长篇大论,对他说:"舅舅,你是个氤氲使者①。"她说的没错,但仅看字面,她的话可能会引起误解。潘达洛斯一旦被称作"老鸨",他的整个人格似乎就由其"功能"决定,我们或多或少会感到释然;我们对他不再有什么疑问。我们会说:"哦,好吧。他是个拉皮条的。"他是,但也不是。

在莎士比亚时代,性爱中间人(sexual go-between)已经有了很长的文学史。在中世纪的闹剧和市民阶级的讽刺文学中,这是一个粗俗的皮条客,一个很简单的角色,是个刻板的形象,莎士比亚戏剧中还有很多这样的角色。出于金钱交易,他们给男人提供轻浮的女人;他们所做的只是满足已经存在的欲望。

潘达洛斯相对这种单纯的从业者跨出了一大步。他并不坐等客户出现,而是通过宣传制造客户,创造自己的市场。如果,出

---

① 即婚姻撮合者、媒人,原文为 bawd,意为"妓院老板、鸨母"。——译注

于某种原因，你的欲望减弱，他可以通过明智地运用色情刺激而使欲望复活，或者让你产生一种全新的欲望。他不仅操纵你的模仿欲望，也操纵别人的欲望，即他为你选择的伴侣的欲望，他会将这个伴侣的欲望引导到你的方向。然后，在适当的时候，他会安排你们俩在他选择的地方同床共枕。你们俩将时刻在他的关注之下。他解决所有问题，照顾一切。潘达洛斯发明了现代的商业运作方式。

他自己就是一个完整的企业集团；他的广告公司兼顾约会之家和新闻机构，利用特洛伊战争的暴力和色情方面来娱乐大众。模仿欲望的工业化模式呼之欲出。潘达洛斯是对我们所生活的世界的一个非凡预言。

如果潘达洛斯对钱不感兴趣，那什么是他的行为动机？答案既简单又吊诡：他爱上了克瑞西达，或许也爱上了特洛伊罗斯。正如我已经指出的，当克瑞西达必须离开特洛伊罗斯去希腊人那儿的消息传来时，只有他一个人感到由衷的伤心。

潘达洛斯从未公开向他"甥女"表明过自己的爱，但他的一些反应使之表露无遗。最好的例子是第三幕第一场，潘达洛斯在普里阿摩斯的宫廷仍在忙着撮合克瑞西达和特洛伊罗斯的幽会。他想把特洛伊罗斯从宫廷事务中解脱出来，这样克瑞西达就可以和他一起共度良宵。帕里斯可以为他弟弟打圆场，于是潘达洛斯问仆人哪里可以找到这位大情人。仆人回答说和他在一起的是"那位人间的维纳斯，美的心血，爱的微妙的灵魂"（第三幕第一场：34）。仆人说的是海伦，但没有提及她的名字，因此潘达洛斯没有听明白；仆人对这种"无知"感到惊讶。他有充分的理由感到惊讶，因为在特洛伊或希腊，几乎每个人在听到他刚说出的那些陈词滥调时，都会不由自主地想到海伦；真正的海伦形象自动地在他们的头脑中形成。

换句话说，要让海伦易被识别，只需要把典雅爱情的陈词滥调堆在一起就行了；大多数希腊人和特洛伊人对这种刺激的反应就像训练有素的巴甫洛夫狗。潘达洛斯则不是。他以为仆人说的是克瑞西达：

> 潘达洛斯：谁，我的甥女克瑞西达吗？
> 仆人：不，老爷，是海伦；您听了我形容她的话还不知道吗？（34—36）

潘达洛斯就像两支军队里的普通傻瓜那样，被一个不同的女人所"左右"；他是一种略有不同的巴甫洛夫狗："朋友，看来你还没有见过克瑞西达小姐。"（37）长期以来，潘达洛斯一直对克瑞西达赞赏有加，他对她的迷信不亚于别人对海伦的迷信。他为之陶醉的，并不完全是他自己说的话——这些话本身没有这样的力量——而是特洛伊罗斯与克瑞西达对这些话的反应，这些话带着他在他们心中产生的欲望回馈到他那里。

潘达洛斯先以自己的欲望感染他人，然后又以交叉感染的方式感染自己。他病得越厉害，就越热衷于四处传播病毒，起初不由自主，后来就故意了，传播的范围越来越广，就像那些为了维持毒瘾而逐步变成瘾君子和毒品贩子的人一样。

在莎士比亚式的摹仿轨迹中，潘达洛斯是欲望的另一种形态，超越了我们迄今所见的一切，但与其他所有形态密切相关。

他是这个主题的众多变体之一，这个主题贯穿于莎士比亚的整个戏剧，却是一个非常特别的主题——一种模仿性疾病的极端版本，在《特洛伊罗斯与克瑞西达》《哈姆莱特》和《一报还一报》的这个阶段，它似乎变得更糟。

这种疾病并非以平稳统一的方式从一部戏剧发展到另一部戏剧，但这种趋势是毋庸置疑的。为了理解为什么莎士比亚的摹仿欲望必然导致潘达罗斯现象，或者换句话说，为什么这个非自愿的老鸨必定变成自愿的老鸨，我们必须再次回到摹仿欲望的基础上来。

我们已经知道，与弗洛伊德式欲望不同，摹仿欲望从经验中学习，它学到的是真实的。欲望的真实被欲望本身所扭曲，随着真实性增加，结果变得更糟；将其纳入系统所必须付出的代价也在增加。欲望不会因为所有的失败而关门大吉，而是在真实的推动下，更快地坠入深渊；在道路的每一个拐弯处，它都必须把它造成的最后一场可怕的混乱，转变成一种新的模式和一个新的起点，转变成一个更加不稳定的平台，以便推出越来越疯狂的事业。奥西诺从他的前辈们停止的地方开始，潘达洛斯从奥西诺停止的地方开始。奥西诺知道的比凡伦丁多，他的欲望更多是自我挫败感。潘达洛斯知道的最多，他的欲望也体现了最多的自我挫败感。他是一个怪诞的完成者。

摹仿的双重束缚使我们更喜欢那些被我们的榜样挫败的欲望；然后我们的欲望会走一条捷径，直接关注那些看起来最令人沮丧的榜样。我们的欲望在自身的双重束缚中越发以自己为榜样；它最坏的结果总是成为欲望之物的下一个定义。

奥西诺培养了他对奥丽维娅的爱，仅仅因为他知道她永远不会属于他。早期主人公仍在积极争取他们所"选择"的女人；奥西诺不再这么做了。对于所有实际的目的，他的欲望不再是占有的欲望。奥西诺比早期的主人公更接近潘达洛斯。

奥西诺已经接受了奥丽维娅永远不属于他的事实，但她也不属于任何人；她必须把自己完全奉献给他的那种不消费她的浪漫行为。当他得知英俊的西萨里奥（薇奥拉）比他希望的更有魅力时，他的愤怒是真实的。

奥西诺属于一群非自愿的老鸨；如同潘达洛斯，他苦行僧般克制着自己的快乐，而如果人们真正体验过这种快乐，这种快乐就不再是令人向往的了，但他仍然坚持认为，其他男人不应该享受这些快乐。

潘达洛斯走到了这一逻辑的尽头。他不满足于仅仅被剥夺这种占有的乐趣：他必须让其他人，尤其是像特洛伊罗斯这样年轻英俊的竞争对手，都能接触到。他把独自占有的最高"偏见"抛诸脑后，使欲望比以前更加令人兴奋和绝望。他的疯狂是有道理的：如果欲望不再以占有其对象为目的，它的排他性就变得毫无意义了；潘达洛斯把过去的遗物扔掉了。

为了感到真正的兴奋，潘达洛斯需要的不仅是奥西诺的那位具有诱惑力的信使，不仅是凡伦丁的那位嫉妒性十足的对手，不仅是被戴绿帽子的可能性，也不仅是塔昆那种冲动的强奸犯；他需要所有这些现实，他的需要是如此迫切，以至他不能以这个世界的偶然方式来实现它们。他自己负责一切；他有条不紊地制造自己的耻辱，包括每个细节。

他之前的所有人物都已弄巧成拙，但从来都不是故意的。当他们的爱人或情人最终投入其他男人的怀抱，他们不仅感到痛苦，而且感到十分惊讶。他们被蒙在鼓里，而潘达洛斯是有意识的或故意的。

"偷窥"对他来说是一个合适的用词，前提是不能以一种会掩盖他行为中痛苦的嫉妒成分的方式来解释。窥阴癖并不是我们自己那种彻底"潘达洛斯式"文化让我们相信的那种快乐的消遣。如果潘达洛斯并未同时遭受极端的痛苦，他就不会真正"享受"特洛伊罗斯与克瑞西达的恋情。当他把特洛伊罗斯与克瑞西达推到对方怀抱，他始终抱着一丝希望，期待她会喜欢他。这个"可怜的"中间人最终是歇斯底里的"利他主义"——这又等同于摹仿欲望的"利己主义"——的情爱体现。最反常的情人也是最浪漫的。他们的不良行为是他们偶像崇拜的另一面。"天使成了野兽。"

欲望学得越多，它就越能够以积极的态度期待和接受沮丧的竞争所发出的消极信号，它就越能够模仿和预先考虑在早期阶段自然和意外产生的弄巧成拙的后果。欲望变成了它自己的讽刺画；其结果便是潘达洛斯。

潘达洛斯复制得越准确，早期的失败就越糟。摹仿欲望的病理学是与仍可被视为"正常的"阶段相联系的，从第一次摹仿性竞争的那个时刻起，整个轨迹就被规划好了。如果莎士比亚创造的所有自我挫败的人物都可以被看作在时间中不断进化的人物，这种人物将包括所有相互催生的欲望的配置，因为这种欲望由于受挫而不断地修正和摹仿自己，它试图把挫败变成越来越不可能的胜利。

要想了解莎士比亚笔下的人物，我们必须问：他或她会有多少花招？个体欲望在自身病理发展的预定方向上会走多远？大多数人物并没有走完这条可怕的道路；他们停在某个中间点；如果他们不停止，他们就会到达潘达洛斯的点，在这个点上，最大的欲望变成了最大的羞辱、失败和痛苦。

如果我们否认潘达洛斯和莎士比亚的其他主人公之间的连续性，我们就会把他的行为归因于某种独立的本质，那就是老鸨的本质。本质是完全自主的、不同的、彼此分离的；而老鸨的本质似乎必须与恋人的本质完全分开。情人和老鸨对待女人的态度不是完全相反吗？情人和老鸨的分离在莎士比亚这儿得到了一些支持，事实上潘达洛斯和凡伦丁，正如我之前指出的，不是完全相同的人。

如果我们在凡伦丁这样的人物身上除了情人什么也看不见，而没有意识到这个喋喋不休的人"已是"一个老鸨，那么反过来，在另一个极端，即在潘达洛斯身上我们除了老鸨什么也看不见也一定是有可能的。如果有人告诉我们，这类老鸨"已是"一个情人了，我们无疑会耸耸肩，并以"常识"说事。

我们大多数人都希望角色属于高度分化的物种，彼此无关；如果他们混杂起来，就会令人感到困惑，一切都变得怪异。然而，莎士比亚自己却展示了这种怪异的变形是永远在发生的。他对怪物的迷恋与他的作品对独一本质的"解构"有关，这也是摹仿性互动的结果。就《特洛伊罗斯与克瑞西达》来说，性爱意义上的爱被特洛伊罗斯定义为一个怪物，而潘达洛斯把恋爱的产生称为"毒蛇"的行为——毫无疑问，这是参照《圣经》(第三幕第一场：132；《马太福音》23：33)。

在凡伦丁向普洛丢斯送上西尔维娅的天真无知中，我们已经瞥见了潘达洛斯的影子；而在潘达洛斯的伎俩中，我们也能认出凡伦丁的影子。肮脏的中间人是由与早期人物相同的成分组成的，但比例则有所不同。潘达洛斯是"活生生的"证据，说明我们对早期人物的认识是正确的。如果还有人质疑我们把凡伦丁当作老鸨的看法是否明智的话，潘达罗斯会消除一切疑虑。当然，为了正确地解读这一例证，我们必须把莎士比亚式的欲望理解为摹仿自身的动态过程。在情欲地图上，所有的路都通向潘达洛斯。这种早期和后期之间的联系在《特洛伊罗斯与克瑞西达》中，在潘达洛斯和特洛伊罗斯的关系中都有体现。特洛伊罗斯是一个正在形成的潘达洛斯。首先，他对克瑞西达"称赞"希腊人，其方式对他自己作为情人的利益来说是灾难性的。然后，更糟糕的是，他对那位希腊武士"称赞"克瑞西达，这位武士在她越过战线后负责照顾她。就像我之前说的，如果他真想让她用狄俄墨得斯欺骗他，那他就如愿以偿了。

在这个时刻，莎士比亚不能不想到潘达洛斯。他想表明，这位年轻的主人公做事同样出色：把希腊人"卖给"他的情人，又把他的情人"卖给"希腊人，就像潘达洛斯把克瑞西达"卖给"特洛伊罗斯，又把特洛伊罗斯"卖给"克瑞西达一样。特洛伊罗斯无意识地仿效了潘达洛斯；我们没有意识到的事情是我们做得最好的——或最坏的。具有讽刺意味的是，当我们到达戏剧的结尾时，潘达洛斯和特洛伊罗斯的相似之处变得完美起来。后来的特洛伊罗斯不得不旁观克瑞西达与狄俄墨得斯的调情。无疑，他忍受了极大的痛苦，但他无法置身事外；第一幕的天真主人公正在变成一个变态的偷窥者。第五幕中，我们可以看到特洛伊罗斯是如何从一个不自觉的老鸨变成了一个自觉的老鸨。

如果特洛伊罗斯是个正在形成的潘达洛斯，潘达洛斯则是个幻想破灭的特洛伊罗斯，或者更确切地说，是个试图通过一再重温之前幻想破灭的场景来重新获得幻想的特洛伊罗斯，他隐约地希望有一个不同的结局。

我们看到了特洛伊罗斯的"潘达洛斯化"。这不足为奇，毕竟这两个互相模仿的人变得越来越相像了。我们已经看到了这种奇怪现象的例子，以后还会看到更多。随着欲望的"成熟"，无差别化在莎士比亚戏剧中越来越突出；这就是莎士比亚所谈论的，也是在他的每部作品中戏剧性地发生的，他的全部作品可以被视为一部戏剧。

克瑞西达提供了潘达洛斯化的第二个例子。如果我们仔细考虑一下她的策略，我们会发现她已经成了一个操纵特洛伊罗斯欲望的人，比开始时的潘达洛斯更有手段；她完全取代了潘达洛斯。她对"快活的希腊人"的只言片语，比她舅舅在第一幕中对海伦的冗长的闲言碎语更有效、更优雅。如果有潘达洛斯化的诺贝尔奖，那就应该颁给克瑞西达。

尽管他们之间有很大的不同，但特洛伊罗斯与克瑞西达都变成了同一个潘达洛斯。在戏剧的结尾，每个人都变成了潘达洛斯，每个人都试图通过相同的摹仿策略来控制可以支配战争、政治和性的传染性力量。

希腊将领转变为欲望操纵者的过程与特洛伊罗斯与克瑞西达的演变是平行的。这部戏的整个动态走向了普遍的潘达洛斯化。我们只有理解这一点，才能领悟潘达罗斯的象征意义；他代表了腐败的最极端的阶段，而腐败才是该剧的真正主题。

潘达洛斯对戏剧非常有兴趣。他不断上演自己创作的戏剧，在这些戏剧中他只扮演次要的、相当可笑的角色,就像电影导演在他自己的作品中客串一样。什么都逃不过这个优秀导演的锐利目光。对他自己来说,他就是一个剧场,上演着一部普遍性中介的大戏,只为他自己可怜的享乐。

在某一阶段之后,欲望不可能复活和再现,除非变成它原初自我的摹仿性套层。没有潘达罗斯的不断导演,这部戏剧就不可能在舞台上呈现出来,也就不可能成为永恒的戏中戏,而这正是莎士比亚的艺术特色。如果每个潘达罗斯都是某种剧作家,那么所有剧作家都是伪装的皮条客。《特洛伊罗斯与克瑞西达》是由潘达罗斯写作和上演的。

多亏了潘达罗斯,莎士比亚戏剧中无处不在的两个主题合而为一:一方面,自我挫败的欲望变得越来越戏剧化;另一方面,戏剧变得更自觉地具有摹仿性。

这部戏最后的台词应该属于潘达罗斯,而以性病为象征来处理戏剧的摹仿性传染病,也是恰当的。之前没有人说潘达罗斯染上了梅毒,但我们并不比对拉伯雷笔下的巴汝日①的情况更感到惊讶:

> 做皮肉生意的贩子们,记着这首诗:
> 许多淫媒挤满了潘达的厢房,
> 您眼睛半开,为潘达倒运而痛哭。
> 要是不能哭,呻吟几声也解愁,
> 即使不为我,也要为您的痛骨头。
> 拉皮条这一行的兄弟姐妹们,

---

① 法国作家拉伯雷的小说《巨人传》中的一个人物。——译注

> 两个月后我要把遗嘱写成文。
> 应该现在就写,但是我又怕
> 那些患炎症的温切斯特鹅会咒骂。
> 现在我要发发汗水求得一身轻,
> 到那个时候我再把脏病传给您。①
>
> (第五幕第十场:46—56)

潘达洛斯将自己的病传给完全由和他有相同使命的人组成的观众,换句话说就是老鸨,他自己的影子和复制品,这些处于模仿性疾病同一阶段的人,被迫展示自己的欲望,或者,如果做不到的话,就看别人来展示他们的欲望。

如果剧场把这种摹仿性疾病搬上舞台,只会造成更多的感染。剧作家与混乱力量结盟。潘达洛斯是戏剧的象征,也是那些以戏剧为生的人的象征。如果公众不像潘达洛斯本人那样容易患这种摹仿性疾病的话,公众就不会去剧场,就不会去看这种戏。戏剧提供了类似潘达洛斯所渴望的偷窥者的满足感和挫败感。我们最欣赏的景象是,强烈的欲望严重破坏了我们同胞的生活。文学皮条客把观众变成了模仿性再现的成瘾者。他们离开剧场时,病情将比他们进场时更为严重。

《特洛伊罗斯与克瑞西达》嘲笑戏剧的净化概念。这种讽刺不应被轻易忽视。它的悲观主义与莎士比亚的某些深刻的东西相呼应,毫无疑问,类似于柏拉图式的对一般模仿行为的不信任,尤其是对戏剧的不信任。

---

① 此处译文参照阮珅译本,见《新莎士比亚全集》,河北教育出版社,2000年。译文中"温切斯特鹅"(goose of Winchester)通常指妓女。——译注

在他们最激进和悲观的时候，所有伟大的剧作家，包括莫里哀和拉辛，对戏剧的敌人比对戏剧虔诚的朋友更有亲和力。他们不屈不挠的天才摒弃了文化偶像崇拜中自我欣赏的陈词滥调。伟大的戏剧从未繁荣过，除非在它受到怀疑和排斥的时期。《特洛伊罗斯与克瑞西达》剧烈地反亚里士多德。在某种程度上，它可以被定义为阿尔托①梦想但从未实践过的真正的残酷戏剧（theater of cruelty）。

---

① 阿尔托（Antonin Artaud，1896—1948），法国剧作家。——译注

### 第十八章

# 苍白无力的竞争

## ——《特洛伊罗斯与克瑞西达》中的等级危机

第一幕第三场,希腊将领讨论他们军队士气低落的问题。主帅认为紧急情况是一种有益的考验,它会自动将麦粒从谷壳中分离出来。他视之为:

> 实在说起来,
> 那是伟大主神的一个长期考验,
> 故意试探我们人类有没有恒心。
> 人们在被命运眷宠的时候,
> 勇怯、强弱、智愚及贤与不肖,
> 都看不出有什么分别;
> 可一旦为幸运所抛弃,
> 开始涉历惊涛骇浪的时候,
> 就好像有一把有力的大扇子,
> 柔弱无用的都被扇去,
> 有毅力、有操守的却卓立不动。
>
> (第一幕第三场:19—30)

考验会把强者和弱者分开。尤利西斯的看法不同:这场危机带来的是灾难性的无差别化而非区别性对待。阿伽门农是个软弱的首领,他用陈词滥调来掩盖自己的无能。他的部下干脆提醒他,整个危机源于他缺乏权威:

> ……
> 因为我们漠视了军令的森严所致。
> 看这一带大军驻屯的阵地,
> 散布着多少虚有其表的营寨,
> 谁都怀着各不相下的私心。
> 主帅就像一个蜂房里的蜂王,
> 要是采蜜的工蜂各自为政,
> 不把采得的粮食归献蜂王,
> 那还有什么蜜可以酿得出来?
> 尊卑等级不分,那最微贱的人,
> 也可以和最有才能的人分庭抗礼。(78—84)

"美即丑恶丑即美"(《麦克白》第一幕第一场:11)。混乱和困惑是当前的秩序,但在初次神秘地提及"等级"(degree)之后,演说家展开了一场壮观但切题的长篇大论,不是关于地球上的混乱,而是关于……星空的混乱。在描述了围绕着中心——"灿烂的太阳"的诸星辰之后,他想象了这种美丽次序中的周期性扰动:

> 可是众星如果出了常规,
> 陷入了混乱的状态,那么多少

> 灾祸、变异、叛乱及
> 
> 海啸、地震、风暴!
> 
> 还有惊骇、恐怖
> 
> 将要震撼、撕裂、破坏和毁灭
> 
> 这宇宙间的和谐!(93—100)

这一雷鸣般的介绍可以比作歌剧序曲。从音乐上讲,它与后面的内容有关;但从主题的角度看,它并不重要。

最突然的是,在一句中间,他回到现实,开始了他宣讲的主要部分。它实际上是对人类社会极度崩溃,对文化秩序遭受破坏的思考。希腊军队只是许多可能的例子之一:

> 等级是达到一切雄图的阶梯,
> 
> 要是等级发生动摇。
> 
> 事业的前途也就岌岌可危!
> 
> 要是没有等级,社会秩序如何稳定?
> 
> 学校中的班次怎么得以整齐?
> 
> 城市中的和平怎么得以保持?
> 
> 各地间的贸易怎么得以畅通?
> 
> 法律上规定的与生俱来的特权,
> 
> 尊长、君王、统治者、胜利者
> 
> 享有的特权怎么得以确立不坠?
> 
> 只要把等级的琴弦拆去,听吧!
> 
> 多少刺耳的声音就会发出来;
> 
> 一切都互相抵触;江河里的水

会泛滥得高过堤岸,淹没整个世界;

强壮的要欺凌老弱,

不孝的儿子要打死他的父亲;

威力将取代公理,

没有是非之分,也没有正义存在。(101—118)

"等级"一词来自拉丁语 *gradus*,是指楼梯或梯子上的一个台阶,两个实体之间的一种非水平间距,一般指等级、差别、区别、层级、差异。这也是正义与非正义之间"无休止的冲突",是再次阻止对与错之间的混淆的同样空档。正义的实施达不到极度的公正,没有完美的平衡,而是一种固定的不平衡状态,就像所有文化一样。

复数形式的等级——如学校里的等级——和单数形式的等级之间的区别意味着,在特定的文化中,所有特定的等级或差异都有某种共同之处,可以说是一种家庭氛围;它们都是单一差别原则(differential principle),即大写的等级的具体说明,文化系统的稳定性甚至其存在都取决于该原则的完整性。

秩序的基本原则首先体现在某种君权权威中,如天穹中"灿烂的太阳"、世上的国王、希腊军队主帅阿伽门农。但主帅可能不再"像一个蜂房里的蜂王",而也会有星辰"混入了混乱的状态"的时候,所有人类组织也是如此。

弦乐的隐喻暗示了结构的现代运用。只要保留音符之间的差异,旋律就能被识别出来,不管它是如何演奏的,用哪个键、用什么乐器演奏的,不管添加什么,变奏什么,强化什么,等等。当一个结构不再是中心时,置换和排列就会加速,但其结构还不会马上解体;我们可以假设《特洛伊罗斯与克瑞西达》就发生在这样一个时刻。不像结构主义者及后结构主义者,他们坚持在中心结构和偏心结构之间做哲学选择,而莎士比亚的概念让我们看到了从此到彼的历时性转变,以及通往更激进解构的一系列步骤。所有人类秩序都是局部的、特殊的,并且显然是易逝的。

尤利西斯的言论并不是"存在之链"(Great Chain of Being)的平庸变化,伟大的存在之链根本上必定是不变和永恒的,否则它就不再符合形而上学和中世纪意义上的存在的定义。作为这根链条的一部分,人类秩序基本上也是不可改变的。诚然,由于人类的罪孽,一些局部的破坏必定会出现,但没有像尤利西斯所描绘的那种惊人的崩溃。

我认为,莎士比亚对"等级"一词的运用是独特的。对于一个多少有些相似的概念,我们必须向前看,而不是向后看,也许就像后来的海德格尔——他把存在的问题等同于*差异化*(*differenz als differenz*)的问题——所指出的那样。

但莎士比亚对等级"取消"后的情况有自己的看法:"只要把等级的琴弦拆去,多少刺耳的声音就会发出来!"所有的协奏式就变成了对立的混合物。除了差异,精神价值和物质价值都失去了现实性——和学位(这是等级的规范化)一样。

"一切事物都互相抵触……"原来差别化的实体变成了没有差别的复制品,它们不断碰撞,但没有明显的目的,就像被风暴掀翻的甲板上的货物。它们的暴力摧毁了它们共同的目标,从而使它们的斗争失去了意义。这些冲突的实体还不足以被称为对立面,所以莎士比亚求助于语言中最模糊的词,"事物"(thing)。意义本身依赖于差异原理,而差异原理已不起作用。等级本身是象征性的。

"不孝的儿子要打死他的父亲……"这种危机甚至使弑父成为可能,这是许多可能的罪行之一。成年的儿子更有可能杀死其父亲,这里的原因很简单:成年的儿子比他们的父亲更年轻、更强壮。不同于弗洛伊德式的弑父,这种弑父没有特殊意义。如果我们考查一下那番言论中所有不和谐的例子,我们很容易认出我们在莎士比亚戏剧中随处可见的冲突类型,其根源不在于对立者从中徒劳地寻求理性和伦理正当性的智力、精神及其他差异,而在于欲望的相互模仿。

等级的崩溃就是大量的摹仿性竞争的涌入,其规模之大就像世界末日场景中经常出现的瘟疫。社会和病理性瘟疫本身是无差别的。差别原则似乎抑制了摹仿性竞争;它已经屈服于它本应预防的疾病的致命攻击。

尤利西斯本人最后结论性的发言证实了这种解释,这个结论用纯粹的摹仿性语言——特别是戏剧性和莎士比亚式的语言——重申了刚刚用更抽象和哲学的习语表达出来的东西:

> 伟大的阿伽门农,
> 这一种混乱的状态,
> 只有在等级被人扼杀后才会发生。
> 因为漠视了等级,
> 向前行进的反而向后退却。
> 主帅被属下将领轻视,
> 将领又被他的属下轻视,

> 上行下效，谁都瞧不起他的长官，
> 结果引起一种嫉妒的狂热，
> 军中盛行苍白无力的竞争。（124—134）

整段言论的最后也是最重要的一个词是emulation，意思是"纯粹的摹仿性竞争"；这是莎士比亚式用语。emulation和emulous在《特洛伊罗斯与克瑞西达》中共出现了七次。如果我们将它解读为一种摹仿性竞争，我们就能理解为什么它会被描绘成"苍白无力"；它会不知不觉地吞噬它挑出来的任何物质，只留下一个空壳。起初，它似乎增强了竞争对象的价值。其"嫉妒的狂热"使这个世界上所有的海伦和克瑞西达的面颊红润，但它是一种最终会毁灭一切的消耗性狂热，包括竞争对象和对手；它似乎给人的精神注入了活力，实际上却扼杀了它。竞争（emulation）是这段精彩言论的精髓，在它之前是另一个摹仿性词语，即仿效（exampled），这个词适用于整个军队，再次证实了危机的模仿性质。

随着阿喀琉斯、埃阿斯及其他将领试图篡夺主帅的权力，主帅不再是等级的体现，只是变得可笑。这确实是一个卓别林式的野心，"向前行进的反而向后退却"；我看到的是一个动也不动的人，正匆匆登上一部匆匆下行的自动扶梯。被侵犯的等级制度最终会砸在违规者头上。

作为文化秩序，等级是超然的，但它以一种特别有限和脆弱的方式存在，因而非常容易受人类冲突而不是星辰的伤害。除了它所激发的尊重，它没有别的现实。如果这种尊重变成了高层的不尊重，传染肯定会随之而来，等级将很快在摹仿性竞争的无差别化中消失。等级不是真的神灵，等级是无能为力的；它甚至不存在于世界的任何地方。然而，它的功能就像神一样，用秩序的好处奖励那些尊重它的人，用公正而无序的暴力来惩罚叛乱分子，随着竞争的不断升级，竞争最终演变成致命的报复。

尤利西斯的言论绝不是一个奇特但无关紧要，与剧情毫不相干的题外话，而是《特洛伊罗斯与克瑞西达》的精华。我们已经证实，所有的情节都将尤利西斯所描述的戏剧化了，这是一个由摹仿性竞争驱动的无差别化过程；这不仅适用于整个特洛伊战争，也适用于剧中的特洛伊人、希腊人、恋人、政客以及其他人。

等级不仅仅是一切稳定意义的来源，也不仅仅是现代理论意义上的差别化机制；这是人类统一的矛盾性原则。我称之为矛盾是因为它不是统一，而是分离、间隔、分层。为什么分离的原则应该是联合的原则呢？当这种分离消失，当人们彼此靠得太近，接下来就会听到刺耳的声音。这似乎没有什么意义；莎士比亚做解释了吗？

在缺乏等级的情况下，竞争就会加剧。在等级存在的情况下，竞争并非不存在，但它的破坏性较小。为什么会这样呢？我们是否理解等级使欲望保持非摹仿性和自发性？军队的例子表明情况并非如此。在纪律严明、办事效率高的军队里，每个士兵都仰视高于自己的军衔，希望得到晋升。每个士兵都以自己的指挥官为榜样和向导。这种志向是摹仿欲望的一种形式。这种志向非但没有被压制，反而受到鼓励；没有它就没有军事上的卓越。

同样的雄心，同样的模仿，如果它试图不受军事规则和军事传统的约束而夺取职位、头衔或权力，它就会变得具有竞争性和破坏性。当上层的人表现得桀骜不驯，下层的人就像以前温顺一样顺从地仿效；秩序是由一系列顺从的模仿构成的，这种模仿如此普遍，以至当混乱出现时，秩序就会助长混乱的蔓延。每个人都借用相同的渠道并以相同的方式行事。当每一步都以第一步为例时，它可以是"好"的模仿，也可以是"坏"的模仿，这些模仿沿着等级阶梯传播下去。差异不是来自两种模仿，而是来自等级本身：所谓"好的"模仿，是它符合等级规则，尊重每个层级的独立性和特殊性。

刚开始研究现代小说中的摹仿欲望时，我需要某种概念架构来区分催生竞争的摹仿欲望和不催生竞争的摹仿欲望，于是我转向了空间隐喻：

>  当距离足够消除中介者与主体占据各自中心的两个可能性范围之间的任何接触时，我们将谈到**外部中介**。当同样的距离缩得足够短，使这两个范围或多或少相互渗透时，我们将谈到**内部中介**。①

只要模范和模仿者生活在不同的世界，他们就不会成为竞争对手，因为他们不会选择相同的对象；随着这些世界的重叠越来越多，他们可以选择并因此选择了相同的对象，摹仿竞争必定随之而来。

等级阶梯不易攀爬；每一阶梯都相当于大世界里的一个小世界；所有的阶梯都是自上而下连接的，但在上行过程中不能自由交流。在较低阶梯上的人仰视着上面的人，可能会选择他们作为

---

① 勒内·基拉尔，《欺骗、欲望与小说》（巴尔的摩：约翰·霍普金斯大学出版社，1966），第9页。

榜样,但这是一种纯粹的理想意义。他们必须在自己的世界里选择自己欲望的具体对象,竞争是不可能的。模仿者更愿意选择他们的榜样的对象,但是等级阻止他们这样做。只要等级充满活力,违反它的规则似乎是不可能的,甚至是不可想象的。

沿着这条路走下去,禁令就没那么严格了,甚至根本就不存在,但在更高的阶梯上,人们受到教导,认为地位较低的人不如他们自己有价值。这些为人榜样者不想成为模仿者,也不想成为他们自己的模仿者的竞争对手。

等级的间隔不是为摹仿欲望——它甚至可以成为一种激励——提供障碍,而是为摹仿欲望的冲突后果提供障碍;所有等级制度都有从上到下瓦解的趋势,就像希腊军队一样。在所有可能的社会中,军队是最系统化的等级制度,其服从的传统也具有最明显的摹仿性质,因此最适合展示从外部中介到内部中介的转变。这就是为什么莎士比亚在他这部最理论化的戏剧《特洛伊罗斯与克瑞西达》中以军队为例。

一个健全的等级意味着在整个由它构建的系统中有大量的外部中介,因此很少有内部冲突。一旦等级弱化,中介就会趋向内部,由此产生的摹仿性竞争就会加速最初产生这种中介的文化的瓦解。传统制度的崩溃破坏了它们将欲望导向非竞争方向以防止摹仿性竞争的出现的能力;因此,它为莎士比亚及所有伟大的剧作家都喜欢描绘的冲突类型开辟了道路。

莎士比亚的等级概念本身就包含了空间隐喻,这种隐喻构成了外部中介和内部中介之间的区别。它还有其他甚至更广泛的含义,但这是最关键的,也是完全被误解的。我相信,等级是尤利西斯言论的主题,最明显的证据是关于被模仿摧毁的希腊军队那些无与伦比的话语,以及接下来的所有例证——阿喀琉斯和帕特洛克罗斯、埃阿斯和忒耳西忒斯,等等。

显然,莎士比亚的这一等级与他可能纯粹出于修饰目的而借用的中世纪的陈旧观念毫无关系。这是他摹仿理论的一个重要组成部分。不管我们怎么看待这一社会理论,我们都不能把它看作无关紧要的题外话。

第十九章

# 对你而言你父亲应当是一尊神明

## ——《仲夏夜之梦》中的等级危机

没有实际的某种秩序的瓦解,无序就是一个无意义的概念。如果尤利西斯阐述的观点能够帮助我们理解这些喜剧,这意味着这一戏剧性进程还必须在某种传统机制的废墟中展开,而这种机制已经不再能够提供最初打算提供的外部中介。这一机制就是家庭。十六世纪末,家庭原则上仍然是父权制的。莎士比亚的等级观念应该意味着两个方面:一是父亲应该作为外部中介的典范来治理他的家庭,而不是像我们回溯性的想象中那种赤裸裸的暴君;二是这一典范不再被模仿。

在《仲夏夜之梦》中,这两个命题都相当明确。就在第一幕,雅典公爵忒修斯告诉赫米娅,女儿的欲望应该以她父亲的欲望为模板,就像他是神一样:

> 对你而言你父亲应当是一尊神明;
> 你的美貌是他给的,
> 你就像他手中打上印记的一块蜡像,
> 他可以保全你,

也可以毁灭你。

(第一幕第一场:47—51)

当赫米娅仍然不能为自己做选择的时候,她被他打上"印记",现在她可以选择了,但她必须以他的欲望为准。女儿不应仅仅服从她的父亲,她还必须爱上他为她选中的那个男人。

"印记"(imprinting)这一用语必定是重要的,因为它几乎马上又出现了;赫米娅的父亲抱怨拉山德"偷得她的痴情"。伊吉斯认为拉山德不是他女儿的一个可能的丈夫,而是篡夺了他自己的角色,是她想象力的巧妙掌控者,是她欲望的非法中介者。

现代动物行为学家用"印记"一词来表示幼小动物和成年动物之间牢固的,甚至牢不可破的摹仿性关系。莎士比亚的语言非常符合这个设想,只要我们假定,与动物不同,人的一生并不都是规划好的;他们成年后,既可以拒绝原始印记,也可以自由地重新接受它。因此,就家庭而言,就像希腊军队的情况一样,传统的秩序和等级,并不意味着缺乏摹仿欲望,而是指向一个由更高权威决定的方向。

在这部剧中,不存在一种没有模型的欲望。如果年轻人不选择等级提供的模型,他们会在社会环境中跟随时尚的潮流,他们会模仿朋友和熟人——昨天是狄米特律斯,今天是拉山德,明天是另一个人。赫米娅反对外部中介的专制,认为根本没有专制,只有她自己自主和自发的选择。在通往自足的幸福之路上,除了父亲和父亲般的形象,她看不到任何障碍。事实上,她被当今大多数人所谓的"同辈压力"所制约;她将一种疏离形式换成了另一种。单一和通常平静的外部中介之神变成了一群丑恶的小魔鬼。

## 第十九章　对你而言你父亲应当是一尊神明

赫米娅将等级放在首位；她不想模仿伊吉斯，但要他模仿她的欲望：

我真希望我父亲和我有同样的看法。

（第一幕第一场：56）

按他女儿的看法做出选择，这是父亲多半不会做的，但这个父亲似乎已经有一段时间没有做别的了。因为是赫米娅首先从海丽娜手中偷走了狄米特律斯，也是赫米娅说服老人认可她最初的选择；现在她希望他认可她的第二次选择。

伊吉斯为什么拒绝？我们获知，从家庭的角度来看，拉山德和狄米特律斯一样是良好的婚姻对象；为什么一个通常顺从的父亲会以这种方式反对呢？是他年老昏愦吗？是人所共知的父亲的压抑性冲动吗？是女儿在父亲身上激发出的反常的性吸引力吗？

莎士比亚不是先锋派宗师，头脑中也没有这种神秘学问。我相信，莎士比亚要暗示的是，赫米娅将她父亲变成了一个说谎者，这引起了他的愤怒。这位老派绅士感到有义务遵守对狄米特律斯做出的承诺。赫米娅这次做得太过分了，她一向随和的父亲决定站稳立场。

拉山德建议狄米特律斯与伊吉斯结婚，如果他俩都那么关心对方。这些年轻人和二十世纪的同龄人一样傲慢无礼。我们越仔细研究证据，赫米娅就越不像是父母专制的受害者；如果这部戏里有个暴君，那不可能是伊吉斯，他的权威的软弱展示从一开始就注定要失败。

245

我们自己也太像赫米娅了，无法理解《仲夏夜之梦》的讽刺意味。我们无法想象这位喜剧作者不会像一个善良的无名小卒那样，自动站在独立欲望、真爱、浪漫欲望的旗帜后面。莎士比亚会非常理解这种反应。与我们所认为的相反，在他那个时代，惯常的用语和今天完全一样。欲望不会做错事；欲望总是天真、纯洁、爱好和平的；莎士比亚的讽刺既谨慎又无情。

要是赫米娅生活在二十世纪六十年代，她肯定会说"自己的事情自己做"。实际上，她总是靠别人的眼光来选择爱情。我们需要关注这一点，它真的总结了一切，因为它适用于两种摹仿欲望，即外部中介和内部中介。如果我们在现实生活中分不清它们，在莎士比亚的戏剧中我们也不会区分它们，我们就会误解整部剧本。

这部戏的其他段落只有在外部中介和内部中介处于对立的情况下才有意义。举个例子，想想赫米娅在雅典的生活吧，雅典一直是天堂，后来因为她和拉山德的所谓幸福爱情而变成了地狱：

> 我爱人身上有着多么神奇的力量，
> 竟能把天堂变成一座地狱！（206—207）

赫米娅真的要谈论从外部中介到内部中介的转变，真的想把它表现为一种令人愉快和光荣的东西，但它所带来的痛苦压在她的心头，因此她不由自主地说出了她试图否认的真相。

莎士比亚几乎像写文章一样清楚地表达了外部中介和内部中介之间的差别，然而，所有的批评家完全没有注意到这一点，对

# 第十九章 对你而言你父亲应当是一尊神明

其传达的信息无动于衷。赫米娅的口误成了他们的笔误；他们只听到她想说的话，与她实际说的话相比，这是不相关的，也是欺骗性的。

奇怪的是，此时此刻，那些不读实际所写的批评家，也是那些最大声地宣称他们除了阅读什么也不做的人。他们总是说，批评家的真正任务是阅读文本，整个文本，除了文本什么都不读；然而毫无疑问，他们将自己的偏见投射到这部剧中，"现代"和流行的偏见都倾向于欲望，这与剧中人物本身的偏见不谋而合。

在我看来，非常重要的是，莎士比亚在《仲夏夜之梦》中明确定义了外部中介，并使之与内部中介对应，这出戏是他的作品第一次对摹仿性竞争进行有力的揭示。我们发现，《维洛那二绅士》已是一部摹仿性竞争的喜剧，但最重要的是，它仍是一部关于女儿被父亲阻止嫁给她爱的男人的喜剧。因此，这部早期喜剧仍然是分裂的；莎士比亚的摹仿性天才已经在其中发挥了作用，但文学的影响仍然很重要，不仅在形式上，而且在内容上，以防止他抛弃作为幸福（"真爱"）的真正障碍的父亲形象。

这种意大利模式实际上是西方世界最常见的喜剧模式的变体，从古希腊一直延续到我们这个时代。许多喜剧处理父母和孩子之间的冲突。问题总是涉及在父母专制和自由选择之间做出抉择。认为内部中介会妨碍这种选择自由的想法不需要审查，任何人都没想过这种可能性。

传统如此强大，以至即使在一部摹仿性竞争如此激烈的戏剧（如《维洛那二绅士》）中，莎士比亚也无法摆脱它。他自己的天才在于另一个方向，但流行观念根深蒂固，莎士比亚必须在内心与之斗争一段时间，才能像在《仲夏夜之梦》中那样创造性地表达自

247

己的观点。

这一突破既是美学上，也是智性上的一项成就。但直到莎士比亚不仅发现了摹仿欲望，而且发现了外部中介和内部中介之间的区别，突破才得以实现。该发现的证据是，这部戏剧从父亲的外部中介这一定义开始；它不仅展示了当外部中介被内部中介取代时所发生的事情，而且总是不露声色地暗指未被察觉的一种中介对另一种中介的替代以及这种替代在恋人生活中造成的破坏。

因此，《仲夏夜之梦》有，或者更确切地说就是，和《特洛伊罗斯与克瑞西达》一样的戏剧性过程，结果也是同样的无差别化。这四个恋人不断地寻求独特性，但通过摹仿的方式，他们得到的回报是充满矛盾的一致性。他们一开始拥有的任何独特性都会很快消失，他们的个性也会不断瓦解。在夜深时分，四个人都在徒劳地寻找之前的自我，赫米娅问道：

难道我不是赫米娅？你也不是拉山德了吗？

（第三幕第二场：273）

如果这种无差别化是由莎士比亚艺术上的某些缺陷导致的，他就无法写出十九世纪和二十世纪个人主义传统所要求的丰满而生动的人物，剧作家也会试图掩盖这种缺陷；他就不会把我们的注意力引到这上面来；他不会尽其所能地大肆宣扬他的无差别化；他也不会把这当作一个绝妙的玩笑，即他们的摹仿性虚荣正在欺骗那四个恋人。

证明《仲夏夜之梦》和《特洛伊罗斯与克瑞西达》（除了它的结论）平行的证据在于尤利西斯言论（见第五章）的对应物，就在无

## 第十九章 对你而言你父亲应当是一尊神明

差别机器高速运转之前,就在《特洛伊罗斯与克瑞西达》中的同一个位置。提泰妮娅和奥布朗的精彩场景(第二幕第一场)正好符合我们所期待的这两部戏剧的相似之处和不同之处。提泰妮娅不是从太阳和星星开始,而是从它们在剧中的对应物开始,即"执掌潮汐"的月亮,以及我们正在庆祝的民间节日五朔节或仲夏夜(剧中提及了前者一次,后者仅出现在剧名中)来临之前的极度寒冷和多雨的天气。

这种坏天气可能是真的;根据现代文献的记载,1596年的春天被认为是非常可怕的,甚至对英格兰来说也是如此——认为这部戏写于1596年,这是一个很好的理由。当然,我们都想知道这一点,但我们也想知道莎士比亚在这么坏的天气里干了什么。他把它变成了一面镜子,不仅反映这四个恋人之间正在发生的事情,也反映了所有那些让骄傲和竞争的模仿精神支配他们之间互动关系的人之间正在发生的事情。

太多的水似乎与人类最糟糕的骄傲,即某种傲慢的东西相对应:

> 风因为我们不理会他的吹奏,
> 生气地从海中吸起毒雾,
> 毒雾化成瘴气下降地上,
> 使每一条小小的溪河,
> 趾高气扬地泛滥到岸上。
>
> (第二幕第一场:88—92)

溪河觉得自己如此重要,变得如此骄傲,以至它们失去了通常享有的任何真正的自主权。在它们渴望超越彼此的过程中，它们同时溢出河床，以完美的摹仿性同一步调，消失在它们有毒的巨大"邪恶混合物"中；它们成了一个单一的湖泊，从而破坏了它们试图放大的独特身份。

作为"苍白无力的竞争"的对应物，这些溪河与阿喀琉斯和埃阿斯或特洛伊罗斯和克瑞西达所做的事情是一样的，就像那四个恋人在提泰妮娅这么说时，表现得像这些愚蠢的溪河一样。

在乡村，猛烈的风暴抹去了英国文化本身在这块土地上留下的印记和图案：

> 空了的羊栏露在一片汪洋的田中，
> 乌鸦饱啖着瘟死的羊群的尸体；
> 跳舞作乐的草泥坂上满是湿泥，
> 杂草乱生的曲径没人行走，
> 已经无法辨认。(96—100)

莎士比亚找到了一种奇妙的方式来"象征"象征性的丧失，即文化差异的消除。这是在更形象和更诗意地演绎尤利西斯所说的等级被"贬低"、忽视、抹去。在这里，等级淹没在圣经式的微型大洪水中。洪水是神话的一个特殊主题，就像干旱一样；许多高度分化的物体会在其中融化或失去使它们与众不同的特征；即使不是这样，它们也会消失在静止不动的水面下，一段时间内人们看不出有什么差别。

在尤利西斯的言论中，水的作用已经大大减弱，但它仍然是一个角色，而且，就像在之后的戏剧中经常发生的那样，这个主题

## 第十九章 对你而言你父亲应当是一尊神明

再次出现,足以让诗人总结他在这部早期戏剧中所做的一切:

> 江河里的水
> 会泛滥得高过堤岸,
> 淹没整个世界。

(第一幕第三场:111—113)

莎士比亚具有用自然现象协调人类感情的奇妙能力。他最喜欢的隐喻几乎都是神话主题,不仅有希腊神话和古典神话,还有英国民间传说,甚至世界范围内的神话,后者可能是他在不知道的情况下重新创造的。这种审美力量与他对神话中人和自然冲突的意义所具有的无与伦比的洞察力是分不开的。他对冲突和人类危机的神话象征非常熟稔,就像他自己写了最初的故事一样。

正如我们所看到的,在《仲夏夜之梦》和《特洛伊罗斯与克瑞西达》中,无差别化不仅仅是一个抽象的概念。它在各个层面都取得了胜利,从情节的结构到最小的事件,再到起初看起来纯粹是装饰的意象。无差别化是戏剧的实质,或者说是戏剧的非实质性,如果你愿意这么说的话,作者把它从他的戏剧中提取出来,并把它放在我们的眼前,作为我们中介工作的一个有价值的对象。这种主题和结构的融合再次表明,莎士比亚有非凡的能力解释他所做的事情,其理论上的统一和诗性上的多样性同样引人注目。

仲夏夜是尤利西斯所描述景象的一个不那么险恶的版本,一种规模较小的等级危机,一种更温和优雅的危机,这主要是因为它的结局更美好。这两部戏剧的气氛完全不同,但戏剧性动力是一样的:它们是同样的无差别机器。一旦等级弱化,中介就会变成内部的,摹仿性竞争开始旋转,加速了最初产生这种竞争的文化的解体。

这种戏剧性的统一仅仅局限于《仲夏夜之梦》和《特洛伊罗斯与克瑞西达》,还是说它也是其他戏剧的特点?下一章将回答这个问题。

第二十章

## 对立混杂

### ——《雅典的泰门》及其他戏剧中的等级危机

无论是否能构成一个独立的主题,"等级危机"贯穿了莎士比亚的所有剧作,我们很容易理解其中的原因。戏剧需要激烈的人性冲突;人性冲突在莎士比亚戏剧中表现为摹仿性竞争的形式;摹仿性竞争是内部中介的产物;内部中介通常不会发生,直到一个社会变得"无差别化"。最精彩的喜剧性和悲剧性过程正是这种"解构"或"去象征化"的恶性循环,我们听到尤利西斯称之为等级的"贬低""窒息"和"忽略"。我们现在称之为"等级危机"。

我们得出这个结论纯粹基于文本。我们可以推断,莎士比亚的观点根植于他的"性情"(temperament),部分源于他的文化背景,源于他对古代文献的了解,也源于他周围的社会。为了理解他的等级危机的概念,我们不必知道他个人对英国社会在他一生中所经历的巨大变化有何感受。我不想暗示这个问题无关紧要,莎士比亚的艺术与此无关;这当然有关。但其创作的内在逻辑是可以而且必须独立于所有的历史、社会、政治,甚至心理学考虑来解读的。

如果莎士比亚在任何时候都是同一个思想家,我们可以期待在他的其他剧作中有许多类似尤利西斯和提泰妮娅的言论的内容;确实,我们不会失望。在所有形式的等级言论中,最让人想起尤利西斯本人言论的,是泰门的一段独白(既因其内容,也因其长度),他离开雅典,为了远离他憎恨的同胞,过隐居生活;他对雅典进行了激烈的诅咒:

> 让我回头看看你。城啊,
> 你包藏着如许的豺狼,塌了吧,
> 不要再替雅典做藩篱!
> 已婚的妇人,淫荡起来!
> 子女们不要听父母的话!
> 奴才和傻瓜,把那些德高望重的元老拉下来,
> 你们自己坐上他们的位置吧!
> 娇嫩的处女变成人尽可夫的娼妓,
> 当着父母的面跟别人通奸吧!
> 破产的人,不要偿还欠款,
> 用刀子割破债主的咽喉吧!
> 仆人们,放手偷窃吧!你们庄严的主人
> 都是借着法律的名义杀人越货的大盗。
> 婢女们,睡到主人的床上去,
> 你们的主妇已经做卖淫妇去了!
> 十六岁的儿子,夺下老父的拐杖,
> 把他的脑浆敲出来吧!
> 孝亲敬神的美德、和平正义的正道、
> 齐家睦邻的要义、教育、礼仪、
> 百工的技巧、尊卑的等级、风俗、习惯,

## 第二十章 对立混杂

> 一起陷入混乱吧！
> 加害于人身的种种瘟疫，
> 向雅典伸展你们的毒手，
> 播散你们猖獗传染的热病！
> 让风湿钻进元老的骨髓，使他们瘫痪！
> 让淫欲占领少年人的心，
> 使他们反抗道德，沉溺在狂乱之中！
> 每个雅典人身上播下疥癣疮毒的种子，
> 让他们一个个害起癞病！
> 让他们呼吸中都含着毒素，
> 谁和他们来往结交都会中毒而死！
>
> （第四幕第一场：1—32）

在这儿，定义所有人类制度的区别和差异再次退化为它们的对立混杂（confounding contraries），所有伦理、宗教、社会、文化和政治生活都将终结。甚至健康也受到影响。暴力和混乱占了上风。他的控诉中有一些怪诞的东西，在某种意义上和《特洛伊罗斯与克瑞西达》的整体基调相吻合，胜过尤利西斯那番更宏伟、听起来更史诗化的言论。如果把这段独白放到忒耳西忒斯口中，它将非常适合之前那部剧本。

就此而言，泰门的独白也让人依稀想起《仲夏夜之梦》——当然不是他的言辞，而是一个人在大动荡中抛弃自己的故乡雅典的想法。泰门渴望一个广阔的、未开化的空间，在那里，他的狂热可能会或多或少无害地释放掉，就像那四个恋人一样。

尽管这番长篇大论很精彩，但它并不是我们所谈主题的最好例证。我们发现在我们所述的前两段言论和它们所属的戏剧之间存在奇妙的对应关系，但它在这个例子中并不存在，或者没有达到同样的程度。《雅典的泰门》没有像早期的杰作那样，戏剧化地表现模仿的无差别化和冲突的去象征化。除了一些精彩的段落，这部戏中，摹仿性悖论的复杂性让位给了对伦理讽刺的一种更为线性和平庸的表达。

从尤利西斯和提泰妮娅的言论是他们的戏剧的一部分这个意义上说，这段独白并不是戏剧本身的一部分。一方面，它缺乏其他两段言论的理论深度；另一方面，它没有同样的戏剧针对性。每个缺陷都取决于另一个。泰门愤怒，这情有可原，但他的言辞反映了他个人的思想状态，而不是剧中每一个事件都能有效揭示的社会状态。因此，等级言论的主要思想已不复存在，而等级问题是一个独特的、超越的但有限的文化秩序原则的重大原创主题，这种文化秩序会在某种社会危机中瓦解。"等级"一词再次出现，但只是复数形式，不像《特洛伊罗斯与克瑞西达》中那样具有单数性和超越性。

总的来说，这段独白几乎是一种莫名的题外话，许多评论家误将其和《特洛伊罗斯与克瑞西达》中尤利西斯的重要言论相提并论。这就是为什么，尽管它的雄辩令人敬畏，却似乎有些冗长，而尤利西斯及泰提妮娅的言论，虽然实际上更长，却并不显得冗长。《雅典的泰门》似乎是未完成之作；它可能是莎士比亚的最后一部悲剧。它可能反映了对某种类型的倦怠。还有更好的例子可以说明我们的寻找之物，但每种情况都不一样，我们只考虑其中几个。

## 第二十章 对立混杂

在《裘力斯·凯撒》中，凯斯卡的言论并不符合另一种等级言论，因为它只涉及超自然的迹象和征兆，没有触及真正重要的：文化的无差别化。尽管如此，这场危机的文化层面在这部戏剧中还是得到了体现，最明显的是，它出现在了最初的几行，在这里，两个护民官指责民众在没有职业标志的情况下出现在广场上，把他们自己变成了一群没有差别的暴徒：

去！回家去，你们这些懒家伙，回家去！
今天是放假的日子吗？
嘿！你们知不知道，
你们手艺人，工作日到大街上来，
一定要把你们的职业符号带身上吗？

（第一幕第一场：1—5）

这些工匠本该穿他们的工作服；相反，他们衣着华丽。他们放假去看凯撒，为他的胜利喝彩，而在护民官看来，他们应该哀悼凯撒。他们在错误的时间、错误的地点，以错误的理由，做着不该做的事情。这些罗马人不是士兵，但他们的常规组织类似于军队，他们对传统的背离让人想起尤利西斯对希腊军队混乱的看法。这是一个混乱不堪、等级衰落的世界，我们完全可以理解其中的原因，因为我们正在目睹持续了几个世纪的共和体制的崩溃。

在《特洛伊罗斯与克瑞西达》中，莎士比亚将危机的社会和体制因素与眼下的例子分开并对这些因素加以界定；在《裘力斯·凯撒》中，他并非如此。剧中这些事件是历史性的，主要来自普鲁塔克；态度应该是"罗马人"的。然而，我们可以看到，莎士比亚已经按照尤利西斯将更完整地表达的观点阅读了所有的东西。

《哈姆莱特》向我们展示了莎士比亚对同样一个基本图景的另一种诠释。在此剧中，文化秩序亦以一种不可思议的方式瓦解了；无差别化发挥着至关重要的作用，但这次我们没有对危机的人类或超人方面进行直接而冗长的讨论。这并不意味着这些方面就缺失了，远非如此，但对它们的处理是如此精细和复杂，以至可以说，它们消失在了文本中：完美地融入其中，成为这部悲剧本身。

甚至超自然的东西，也可以说，在鬼魂这一情节里复活了；莎士比亚不仅列举符号和征兆，而且有效地把它们戏剧化了。体制和关系方面也是如此；它们也或多或少地以与《裘力斯·凯撒》相同的方式成为行动的一部分，但更具有令人回味的深度。

第一幕，马西塞勒斯问及丹麦对战争的狂热准备：

> 谁要是知道，请告诉我，
> 为什么我们要这样戒备森严，
> 使全国的军民每夜不得安息；
> 为什么每天都在制造大炮，
> 还要向国外购买战具；
> 为什么征集大批造船工匠，
> 星期日也不停止工作；
> 这样夜以继日地辛苦忙碌，
> 究竟为了什么，谁能告诉我？
>
> （第一幕第一场：70—78，字体强调系本书作者所为）

如此匆忙,丹麦人被迫轮班工作,一周七天,一天二十四小时。因此,全社会所有的人,在任何时候都不能一起工作、休息或一起敬拜,甚至安息日也如此。人类文化的一条基本规则受到忽视。

节日和非节日的交替,工作和休息的交替,是所有人类社会的特征;丹麦和挪威之间的纠纷甚至消除了最神圣的时间差异。在《裘力斯·凯撒》中,指定用于工作的时间变成了假期;而这儿,恰好相反,但它确实是同样主题的更激进、更现代的版本。我们自己的工业、政治和军事革命将马西塞勒斯所描述的现象普遍化了;莎士比亚揭示了我们现实生活中不可思议的一面,而我们习以为常,对此不再关注。

为什么丹麦会发生战争歇斯底里症?在霍拉旭看来,即将到来的冲突直接源于过去的一段过节,当时老哈姆莱特和已故挪威国王都有一种"骄矜好胜"之性。换句话说,他们有过一场模仿性竞争,现在这场瘟疫污染了他们的两个继任者,即年轻的挪威王子福丁布拉斯和丹麦的克劳狄斯。

乍一看似乎令人惊讶的是,克劳狄斯会迅速而热烈地支持他刚被谋杀的兄长的激烈纷争。他手头有更急迫的问题需要处理。然而回想起来,我们可以看到一切都是有序的,或者说是在可以预测的无序中。他已经娶了他哥哥的妻子,攫取了他哥哥的整个王国,也可以预见他将基于摹仿,支持对手老哈姆莱特的竞争。他的一生没有别的;作为一个真正的政治家,他喜欢摹仿性竞争就像鱼喜欢水一样。

因而,《哈姆莱特》中,就像其他所有事物一样,无差别化是普遍存在的,骄傲是其父,竞争是其母。丹麦的这场危机以许多奇妙的方式展开,其中一些我将在讨论此剧的另一章提及;但它并不像《仲夏夜之梦》和《特洛伊罗斯与克瑞西达》中那样明确。

这场危机无法命名，这种语言上的失败让它看起来阴沉而不可思议，这有时预示着卡夫卡的出现。关于《第十二夜》，我们已经发现，当沉默得到回报时，莎士比亚会保持沉默，而这种沉默——英格玛·伯格曼①曾试图在他的一些电影中加以复制——增加了《仲夏夜之梦》乃至《特洛伊罗斯与克瑞西达》中所没有的焦虑感。

莎士比亚式危机总是一样的，只是在不同的戏剧中有不同的侧重点；《哈姆莱特》中，重点主要在于时间。有关这一主题，唯一的理论性说明是哈姆莱特的名句，即"时间错位了"。莎士比亚并不是仅仅为了让我们愉快地打个寒战而写下一堆空话，这句话对剧中情节直接做了界定：普遍不尊重人类事务中适当的拖延，缺乏适当的间隔，如老国王去世和他妻子与他的继承人的婚礼之间。时间的节奏感消失了。这种状态不应该被定义为乔治·普莱②等人所谓的"独特的莎士比亚式的时间体验"③。我重复一遍，这仅仅意味着传统的差异正在被忽视；这是一种等级的时间性危机。

这一原则看似简单，其后果却是多方面的。当时间宽松，有时它可能给人的印象是大大加速，而别的时候，它似乎永远持续下去；有些时候，它看起来像柏格森的时间一样连续和完整，有些时候，它看起来像笛卡尔的时间那样分裂成一个个独立的瞬间。

所有这些时间体验似乎都是相互排斥的，甚至是独一无二

---

① 英格玛·伯格曼（Ingmar Bergmann, 1918—2007），瑞典电影导演。——译注
② 乔治·普莱（Georges Poulet, 1902—1991），比利时文学批评家。——译注
③ 乔治·普莱，《人类时间的研究》（Études sur le temps humain，巴黎：普隆出版社，1950）。

的，但我们必须对这种独特性有所保留。模仿狂最喜欢"独特性"，而我们对时间的个人体验已成为其中的一个蓄水池，用来储存临时的奇异性，这些奇异性被现代双重形象急切地抓住，他们不顾一切地努力填补无尽冲突中的空虚。每个作家必定有他自己的时间，这样才能使自己与众不同。莎士比亚通过展示哈姆莱特连续体验许多不同的时间来揭开这种独特性的神秘面纱。

等级危机在莎士比亚戏剧中无处不在，并以无数不同的方式得以展示。诗人的触觉是如此轻盈和敏捷，以至我们几乎没有注意到差异之弦未曾调弦，或者没有听到别的声音；就像在现代艺术中，不和谐可以变成美妙的和谐，造成一种莫名的诗意效果，就像我们现代美学流派的风格一样。在莎士比亚戏剧中，它总是涉及摹仿性双重形象的相互作用，以及为了使冲突更尖锐而造成的某些差别的消失。

在莎士比亚戏剧中，这种无差别化最常见的迹象之一是大海与天空类似印象主义式的融合，就是按字面所说的彼此融合，就像《奥瑟罗》中所写的那样："海天之间"（第二幕第一场：3）；"遥望海天相接的远处"（第二幕第一场：39—40）。在《冬天的故事》中的关键时刻，当死亡仍迫在眉睫的时候，就在它恢复生机之前，小丑说：

我在海上和岸上见到了两件惨事！可是我不能说海上，因为现在究竟哪块是天，哪块是海，已经全然分别不出来了。

（第三幕第三场：83—85）

在本章中，不可能对莎士比亚"无差别化"的各个方面都做出公正的评价。然而，在我离开这个主题之前，我将提出关于等级及其危机的最后一种中介，就是《李尔王》中提到的。这是另一篇关于这场危机的演讲，因此比《哈姆莱特》中的任何一篇演讲和其他无演讲戏剧中的言说都要长，但比尤利西斯、提泰妮娅和泰门的演讲都要短。它对伦理的强调及其散文风格使它在某些方面具有独特性，但我们马上就能看出它属于我们首先讨论的类别，即完整的诗歌形式的演讲。它的星相介绍几乎是仪式性的，这里有真实危机的所有主要特征，并对它们做了令人钦佩的浓缩。葛罗斯特说：

> 最近这一些日食月食看上去不是好兆；虽然人们凭着天赋的智慧，可以对它们做种种合理的解释，可是接踵而来的天灾人祸，却不能否认上天对人们所施的惩罚。亲爱的人互相疏远，朋友变为陌路，兄弟化成仇敌；城市里有暴动，国家发生内乱，宫廷之内潜藏着逆谋；父不父，子不子，纲常伦纪完全破灭。……有逆亲犯上的儿子；有不慈不爱的父亲。我们最好的日子已经过去；现在只有一些阴谋、欺诈、叛逆、纷乱，追随在我们背后，把我们赶下坟墓里去。
>
> （第一幕第二场：103—114）

葛罗斯特有两个儿子，婚生子埃德伽和私生子埃德蒙；后者刚告诉他埃德伽是个逆子，他相信了，尽管家中唯一的恶棍就是埃德蒙本人。葛罗斯特没有意识到他和李尔王一样，很好地说明了他正在谈论的事情。像大多数先知一样，他怪异地将自欺欺人和清醒结合在一起,就像他的对话者埃德蒙一样,埃德蒙能看到父亲在很多事情上欺骗自己,但不能从父亲的话中看到真相,整个戏剧的真相。换句话说,他的邪恶在于他的摹仿欲望,摹仿欲望是这两个人清醒和盲目的根源。埃德蒙说:

> 人们最爱用这一种糊涂思想来欺骗自己;当我们因为自己行为不慎而遭遇不幸的时候,我们就会把我们的灾祸归怨于日月星辰,好像我们做恶人也是命运注定,做傻瓜也是出于上天的旨意,做无赖、做盗贼、做叛徒,都是受到天体运行的影响,酗酒、造谣、奸淫,都有一颗什么星在那儿主持操纵,我们无论干什么罪恶的行为,全都是因为有一种超自然的力量在冥冥之中驱策我们。明明自己跟人家通奸,却把他好色的天性归咎到一颗星的身上,真是绝妙的推诿!
>
> (第一幕第二场:118—128)

这一对占星术迷信的精彩批判必定符合莎士比亚对占星术的真正看法。在《裘力斯·凯撒》和《仲夏夜之梦》中,对类似的星相信仰也有类似的评论。《特洛伊罗斯与克瑞西达》是一个重大但可以理解的例外;尤利西斯明确谴责并详细分析了这场危机的真正原因,即摹仿性竞争,因此他那异想天开的天文学不能被误认为是一种真正的解释。

莎士比亚想要质疑这种神奇的解释,而不是危机本身;他显然相信后者,并把它作为他最好剧本的实质性内容:消除所有人际关系中的差异。那些以为莎士比亚一定和他笔下最迷信的人物一样迷信的人,未能将星相学与危机本身区分开来。他们错误地把占星术和危机的结合看成同一个神话。他们犯错误的原因是他们对摹仿性竞争和摹仿性复制很盲目。

就此而言，《李尔王》对我们很有帮助；其情节将莎士比亚的中心视觉（central vision）的主要特征置于如此尖锐的焦点之下，以至这部剧有时看起来像是一种简化，但对于我们眼下的目的来说，它是最有用的一部，因为它集中了我们分析的主要元素，并获得了这种摹仿性视觉的一般概述。

人们通常认为李尔王是一位溺爱孩子的父亲，就像巴尔扎克笔下的高老头那样，是一个过分溺爱孩子的人，他不明白把自己的王国托付给自私贪婪的女儿是多么不明智。然而，他对考狄利娅的严厉态度与这种心理学解读相矛盾。

分析李尔王，如果集中在这位"主人公"身上，把他作为一个独特的人物——当然，"差异"很大，他是一个有趣的心理学或精神分析研究对象——这样的阐释无法对剧中发生的一切做出公正的判断。在我们试图抓住个人性格的细微差别——如果它们真的存在——之前，我们必须把握戏剧的更广泛的问题；我们必须认识到从外部中介到内部中介的灾难性转换，这种转换给葛罗斯特带来了如此恰当又如此突兀的等级危机。

国王让他的三个女儿依次表明对他的爱戴；他没有像他的地位所要求的那样，阻止她们之间所有的摹仿性竞争，而是愚蠢地煽动这种竞争：他将自己当作竞争性欲望的对象。他为何这么做？通常的答案是虚荣。李尔王当然虚荣，但有着莎士比亚式的特有的扭曲，渴望最亲近的人的摹仿欲望，甚至冒着引发最具破坏性的竞争的危险。

李尔王让人想起凡伦丁渴望他最好的朋友的欲望及莎士比亚戏剧中所有这类人物的欲望，但李尔王的情况更糟：他渴望自己孩子的摹仿欲望。作为一个父亲，他可以公开要求以前的人物只能间接提出的东西；他把自己无法形容的欲望的满足变成了女儿的某种义务，而他为此组织的仪式必然与他的退位仪式同时举行。通过这种方式，李尔放弃了父亲和国王的职责。第一幕他和女儿的那个宏大场景对全剧整个去象征化过程来说，具有高度的象征意义。

一个为了空虚的摹仿性满足而冒险的人不仅会失去他的王国，也会失去他的女儿，而高纳里尔和里根急于玩这种摹仿性游戏，这必然使她们遭遇和李尔王同样的命运。她们甚至牺牲了自己的政治利益，以应对她们的父亲引发的摹仿性歇斯底里。

李尔是父亲，也是国王，在这两种身份下，他不再是他应该为他的孩子和臣民所做的外部中介的榜样。因此，《李尔王》结合了我们认为不可分割的摹仿性危机的两个领域，尽管它们在我们的两个主要例子，即《仲夏夜之梦》中的家庭维度和《特洛伊罗斯与克瑞西达》中的政治维度中被分别戏剧化了。

姐妹们的摹仿欲望首先采取李尔王所推荐的形式，但他再也不能引起别人的尊重，因此对他的好感的争夺很快就变成了对老国王为自己保留的权利和特权的竞争性削弱。这两位双重人物相互模仿，鼓励对方完成等级目标，这一事件必定与她们之间暴力升级的开始相吻合。

只要李尔王在身边，哪怕只是替罪羊，她们仍会保持团结；如果没有和他在一起，她们就会和他作对。只要等级还存在，中介就仍然是外部的，但随后它就变成内部的，把姐妹俩变形为互相毁灭的怪物。

从头至尾,她们之间的一切都是竞争,包括她们选择埃德蒙作为情人,就像她们为了父亲的遗产而死磕一样,她们为了那个没用的杂种而死拼,不是为了那个人,而是为了她们彼此。

她们都渴望她们日益摧毁的王室权威,因为她们自己的暴力已蔓延到整个国家。她们对等级蓄意"漠视","向前行进的反而向后退却"。这一过程的美妙之处在于它的完美对称,它的可取之处在于它的完美正义;它把这两个怪物变成了她们自己罪恶的神圣公正的复仇者。然而,在整个王国,所有的价值观都发生了普遍的颠倒,像埃德蒙这样的恶棍,而不是那位更值得尊敬的兄长被系统地颂扬。因此,我们可以观察到,"尊卑等级不分,那最微贱的人,也可以和最有才能的人分庭抗礼"。

当然,这一原则首先在李尔王自己家中成为现实。考狄利娅死于不公正,因为她拒绝了摹仿性诱饵,她的姐姐们则死得不冤,因为她们没有拒绝这一诱饵;等级危机没有放过任何人。

如果考狄利娅没有被要求跟在两个姐姐后面马上表态,并因而模仿她们的样子,跟她们攀比,她大概不会拒绝说她爱她的父亲。因为年纪最小,她总是最后一个说话。处于这样一个竞争异常激烈、模仿性极强的位置上,她连爱这个字都说不出来。她对摹仿性竞争的拒绝,有一种"立场"的意味,这种意味并不会耗尽它的重要性,但仍然很重要。

从戏剧性的角度来看,不可能让考狄利娅先行发言。但是在这部戏中,戏剧性就是摹仿性的意思。在所有伟大的戏剧中,这两个概念往往是同义词。《李尔王》中,莎士比亚将自己的戏剧过程戏剧化了,这是他将摹仿欲望本身戏剧化的另一种说法。与其说他以一种更现实的方式来描述这种等级危机，不如说他在为自己的戏剧创作一种寓言；这是一部伟大的艺术品，但它也可能被视为一幅讽刺画和倦怠的早期症状，这将很快导致他放弃悲剧。

如果我们根据《李尔王》回顾一下他的早期戏剧，我们可以看到其中有许多我们没有注意到或只是略微怀疑的李尔式特征。对所有合法权威的摧毁或破坏是莎士比亚戏剧的一个常有的特征，而且这种摧毁或破坏往往是在权威本身消极或积极的合作下发生的。要产生等级危机，父亲和国王必须在所有喜剧和悲剧的开始就被消灭或中立化；这个事件开启了一个内部中介的领域，即卓越的戏剧性领域。

如果他们在戏剧开始时没死，那么父亲和首领们就要离开：伊吉斯、忒修斯、理查二世、亨利四世、理查三世、邓肯王、李尔王。如果他们没有完全消失，从《错误的喜剧》开始，他们的重要性就要降低。第一幕中被判处死的父亲，在这部戏中因为无法控制的事件，在极端情况下逃脱了死刑。如果这片土地上有个强大的统治者，那他必定是一个篡位者，就像《皆大欢喜》中西莉娅的父亲或《暴风雨》中的安东尼奥那样。如果一个开明君主被允许不受干扰地统治，就像辛白林一样，那么他的好影响就会被坏妻子的影响所抵消。到处都是等级崩坏。每部戏都是一个暴力的过渡期。

我们也有贵胄和其他首领自愿放弃他们的权威，要么是放弃一段时间，像《一报还一报》中的公爵，要么是永远放弃，像李尔王。莎士比亚笔下的许多父亲、国王及其他权贵人物被不合法的对手赶下台，他们对此几乎没有抵抗，如《皆大欢喜》中的弗莱德里克公爵。《暴风雨》中，普洛斯彼罗实际上鼓励了背信弃义的弟弟，为他的篡位提供了便利。

有时，《李尔王》似乎是莎士比亚对国王和父亲们的悲惨命运所做的所有描述的一种奇特的概括和浓缩；莎士比亚每个成熟的剧本都预料到了这一点。这种合法权威的弱点在莎士比亚戏剧中无处不在，总是根植于李尔王最迷人的一面，即他对女儿的摹仿欲望的摹仿欲望。

从一开始我们就发现，这一主题在莎士比亚式摹仿欲望的具体形式中起着至关重要的作用。现在我们可以看到它在另一个层面上的意义，即等级本身。如果对他人欲望的欲望是李尔王垮台的原因，那么它也必须在等级危机层面上发挥主要作用。等级危机本身并不能归咎于任何人，而是由于一种与这种欲望相同的自我毁灭倾向。《李尔王》正是涉及这个主题。

李尔本人对此一无所知，他的小丑比他更清楚他垮台的原因。他对真相并不太感兴趣，他与暴风雨的豪言壮语式对话相当于一个老年人在仲夏夜狂欢。

等级的自我毁灭实际上是另一种视角，它以一种令人难以置信的方式，用"糟糕"的内部中介来替代"良好"的外部中介，并且几乎可以在没有警示的情况下，立即取代外部中介。最终的解释——当然，根本没有解释——是良好的中介和糟糕的中介实际上是一体的，而相同的摹仿以几乎相同的方式起作用。它们之间的唯一区别是差异本身的存在与否：等级。

李尔王最深刻、最神秘的一面，即等级的自我毁灭，在更早一些的父亲和国王身上就有预示——当然指《理查三世》，但也包括《奥瑟罗》中的勃拉班修。第一个例子是不言自明的，我将仅对第

## 第二十章 对立混杂

二个例子做简单论述。苔丝狄蒙娜爱上奥瑟罗,因为他那令人兴奋的异国冒险经历。她父亲强烈谴责她的"包法利式行为",但很明显,他自己也无法摆脱。

勃拉班修希望女儿根据他的意愿而不是她的意愿来选择丈夫,讽刺的是,她按他的意愿做了选择。显然,是他,而不是她,以同样的理由首先邀请奥瑟罗到家里来,最终导致她嫁给了那个摩尔人。甚至在苔丝狄蒙娜对奥瑟罗的故事感兴趣之前,勃拉班修就已经感兴趣了;早在他女儿出生前,这位隐居的威尼斯元老就对传奇文学情有独钟,而他自己的生活却与之格格不入。勃拉班修真是犹豫不决;理智告诉他,苔丝狄蒙娜不应嫁给奥瑟罗,但他真正的欲望——促使他把那个人带到他家里的欲望,暗示了其他的东西。

这暗示对苔丝狄蒙娜有明显的影响。勃拉班修当然从来没有对她说过他对奥瑟罗所代表的东西怀有一种奇异的激情,但他以最有效的方式把这种激情传达给了她。不需要说什么;有了欲望,语言可有可无。对苔丝狄蒙娜来说,这两者同时存在——奥瑟罗说什么都值得关注,而勃拉班修说什么则无关紧要,即使后者的影响甚至更大。没有一句话,欲望就可以由父亲传递给女儿,反之亦然。理智可以说无数的话、写无数的书而不会催生欲望,《终成眷属》说明了这一现象。若是苔丝狄蒙娜把拉山德对狄米特律斯所说的话告诉奥瑟罗,那就更好了:

> 你已经得到她父亲的爱,狄米特律斯,
> ……你去跟她父亲结婚好了。

(第一幕第一场:93—94)

这种处于上层的摹仿欲望表明，所有的人类权威都是不确定、不稳定和暂时的。然而，大多数现代作家想当然地认为，权力有无限的资源可以支配，有无限的恶魔般的智慧的意志来让自己存续。莎士比亚的想法恰恰相反。只要权力存在，它就不断受到威胁，总是处于崩溃的边缘，为自己的毁灭着迷。

由于甚至无法想象这种可能性，弗洛伊德、马克思、尼采和其他当代继承者对莎士比亚的解读产生了灾难性的影响，因为对这位剧作家来说，父亲是最不重要的。现代性的伟大思想家长期支配着我们，以至即使我们明确地拒绝他们的论点，我们也滋养了使它们成为可能的土壤，并无法承认莎士比亚的整个戏剧所依据的基本原则，即各种形式的权威的自我毁灭。权力最深切的渴望是退位。

第二十一章

# 啊，阴谋！

## ——《裘力斯·凯撒》中的摹仿性诱惑

《裘力斯·凯撒》的写作先于《特洛伊罗斯与克瑞西达》及上两章讨论的大部分剧作。然而，从摹仿的角度来看，它作为一部必不可少的作品，不是关于等级危机，而是关于如何结束危机：替罪羊或受害者机制（victimage mechanism）。这就是为什么我推迟对它的讨论，将其置于我充分考查了《特洛伊罗斯与克瑞西达》和其他作品中的这种危机之后。这是我们第一次必须做回溯，放弃剧作的年代顺序。

《裘力斯·凯撒》的故事发生在罗马共和国与罗马帝国之间的动荡时期。如前所述，莎士比亚将这一时期解释为等级危机。这一主题如此重要，以至它在这出悲剧中首先出场，就在上一章我引用的开头几行中。大街上无所事事的工匠表明，之前分化良好的民众没有分别了。罗马共和国正在解体。

这部戏里有很多摹仿性互动，就像喜剧里一样；然而，它们与理想对象的选择无关，而是与对手的选择有关。原因是这部戏所涉及的危机已经进入了高级阶段；竞争对手不再对彼此的对象感兴趣，而是像障碍和竞争对手一样彼此着迷，以至谋杀成了他们的主要关注点。

当摹仿性竞争升级到一定程度后，竞争对手就会陷入无休止的冲突中，这使他们越来越不能区分彼此；他们都成了彼此的复制物。我们熟悉这一进程，但尚未彻底了解其暴力性后果。起初，这些复制物仍然按照他们共同的摹仿性历史出双入对；他们一直在为同样的目标而斗争，在这个意义上，他们真正"属于"彼此。冲突在某种程度上仍然是理性的，至少在双方都有权称对方为"自己的"对手时，双方都认为对方应为自己的所有麻烦负责。

理性的最后一个因素即将消失。由于摹仿性效果不断增强，但已不再能影响客体的选择，它们必须影响系统中剩下的唯一实体，即复制物自身的选择。摹仿性污染将越来越多地决定对手的选择。

这种发展意味着人们将用自己的复制物，即自己的摹仿性对手，来换取别人的复制物。必须把这个别人定义为仇恨的中介者，而不再是欲望的中介者。这是暴力的无差别化过程中的一个新阶段。复制物作为复制物越接近完美，人们就越容易混淆它们，也越容易——无论是自愿的还是非自愿的——用一个交换或替代另一个或其他多个。

我们已经达到了这样一个节点，即双重冲突让位于几个人为反对另一个人而形成的联盟，这个人通常是一个非常显眼的人，一个像裘力斯·凯撒这样受欢迎的政治家。这是一个决定性时刻。当少数人秘密聚在一起，目的是要除掉他们的一个同胞时，我们称他们的行为为阴谋，莎士比亚就是如此。此事此词都在《裘力斯·凯撒》中得到了强调。

从某种意义上说，阴谋是谋杀者之间的一种"偶然性"关联，因为它是由摹仿导致的，但它只能发生在摹仿性危机的历史发展的某个阶段。莎士比亚将此剧的前两幕奉献给了反凯撒阴谋的产生，他对这个主题的处理完全符合摹仿理论的要求。

阴谋据说有一副狰狞的面孔，它确实像莎士比亚通常所做的那样，把矛盾的特征结合起来，但阴谋只发生在摹仿性危机的晚期。这副狰狞的面孔使我们想起仲夏夜的怪物，尤其是那个半边人脸半边狮脸的怪物：

  勃鲁托斯：你认识他们吗？
  跑歇斯：不，主人；他们的帽子都拉到了耳边，他们的半
     边脸裹在外套里，我不能从他们的外观上认出
     他们来。
  勃鲁托斯：让他们进来。他们就是一伙党徒。

（第二幕第一场：72—77）

欲望的摹仿意味着那些不能一起拥有共同目标的人之间的不团结，而冲突的摹仿则意味着，那些能够共同打击同一敌人并彼此承诺这样做的人会更加团结。没有什么能像面对共同的敌人那样把人们团结起来，但是在这个阶段只有少数人因此团结起来，他们团结起来的目的是破坏整个社会的和平。这就是为什么阴谋阶段对社会秩序的破坏比之前的摹仿性结构更大。

在招募同谋者的过程中，阴谋的摹仿性质变得显而易见。第一幕几乎完全关于这个主题。第一个及主要受招募的是勃鲁托斯；第二个是凯斯卡；第三个是一个名叫里加律斯的男人。招募是对一种摹仿性刺激的积极回应，这和我们在喜剧中看到的很相

似，除了这个事实：被招募者被摹仿刺激去选择的，不是作为他们的中介者的同样的色情对象，而是同一个受害者，即一个暗杀的共同目标。

《裘力斯·凯撒》的最初场景显示了莎士比亚戏剧中摹仿过程的统一性。喜剧中产生仲夏夜的那种摹仿性竞争成了悲剧中暴力和集体受害者的温床。在仲夏夜的剧情高潮，当拉山德和狄米特律斯被迫克巧妙催眠时，他们已处于身体暴力的边缘。悲剧从喜剧结束的地方开始，此刻，摹仿性竞争变成致命的了。

仇恨的中介者是凯歇斯，他的花招最终被戏剧化了。一旦阴谋成为现实，勃鲁托斯就同意成为首领，但真正的阴谋之父是凯歇斯；这就是为什么是凯歇斯而不是勃鲁托斯一开始成为主导人物。大致来说，凯歇斯扮演了《特洛伊罗斯与克瑞西达》开头潘达洛斯的角色。

阴谋源于凯歇斯嫉妒的灵魂。这种嫉妒被凯撒本人证实了，凯撒把这个人描绘成一个饱受折磨的知识分子，无法享受感官上的快乐。与他的现代后人不同的是，这种早期的失意（ressentiment）——尼采对摹仿性嫉妒的说法——分子并没有完全丧失采取大胆行动的能力，但只是在以阴谋为标志的秘密团体和恐怖主义类型中表现突出。

凯歇斯说什么都流露出他的嫉妒心理。他无法在凯撒的地盘上与凯撒竞争，便声称在一些小事上占优势，比如他曾与这位大人物进行过一次游泳比赛。如果不是他凯歇斯，凯撒的对手，帮助凯撒渡过台伯河，凯撒早就淹死了。凯歇斯拒绝崇拜一位他救下的神灵。因此，莎士比亚把普鲁塔克的一则逸事变成了摹仿性嫉妒的证据，而普鲁塔克的这则逸事仅仅说明了凯撒的血气之勇。顺便说一句,"对手"这个词来自拉丁语 *ripuarius*,即 riverain,意指两人或两人以上隔河相望。

嫉妒喜欢隐藏,但它也喜欢同伴,因为它想让人跟从,为了败坏他们,它必须公开展示。凯歇斯那令人反感的比附,他那充满偏见的逸事,还有他那对勃鲁托斯无休止的谄媚,能够与潘达洛斯及尤利西斯,这位《特洛伊罗斯与克瑞西达》中的政治"老鸨"相提并论:

> 勃鲁托斯和凯撒:"凯撒"名字又有什么了不起?
> 为什么人们只提起他而不是您?
> 写在一起,您的名字并不比他的难看;
> 放在嘴上念起来,也一样顺口;
> 秤起重量来,它们是一样重;
> 要是用它们呼神召鬼,"勃鲁托斯"
> 同样感动幽灵,正像"凯撒"一样。
> 凭着一切天神的名字,
> 我们这位凯撒究竟吃了什么美食,
> 才会长得这样伟大?
>
> (第一幕第二场:142—150)

稍早,凯歇斯运用了尤利西斯对阿喀琉斯所使用的那种高调的语言,同样希望在一个野心已经变得骚动不安的人身上激起一种摹仿性竞争的精神:

> 凯歇斯:告诉我,好勃鲁托斯,您能瞧见您自己的脸吗?

> 勃鲁托斯：不能,凯歇斯,因为眼睛瞧不见自己,
> 　　　　　必须借助反射,借着外物的力量。
> 凯歇斯：不错,勃鲁托斯,
> 　　　　可惜您没有这样的镜子,
> 　　　　可以把您隐藏着的贤德照到您的眼里,
> 　　　　让您看见您自己的影子。
> ……
> 　　　　您既然知道您不能瞧见您自己,
> 　　　　像在镜子里照得那样清楚,
> 　　　　我就可以做您的镜子,
> 　　　　把您所不知道的您自己揭露给您看。
>
> 　　　　　　　　　　　　（第一幕第二场:51—70)

这是尤利西斯之言的早期版本,阿喀琉斯因声望下降而苦恼,尤利西斯试图强化他的痛苦(《特洛伊罗斯与克瑞西达》第三幕第三场:94—215;见第十六章)。听了凯歇斯的话,勃鲁托斯似乎陷入了沉思,但他的注意力集中在凯撒周围热烈欢呼的人群上。当凯歇斯为诸如游泳比赛这样的琐事烦恼时,勃鲁托斯却嫉妒罗马本身。

凯歇斯知道公众舆论对他的朋友很重要,因此他以关心此事的市民的名义写了匿名信,警告勃鲁托斯提防凯撒的野心,并敦促勃鲁托斯采取行动。作为一种摹仿性圈套的工具,写作甚至比口头语言更有效,阴谋家潘达洛斯对此非常了解。这些书信的作用相当于浪漫文学之于喜剧中追求"真爱"的恋人。

勃鲁托斯憎恨凯撒身上潜在的暴君倾向,但又深爱着这个

## 第二十一章 啊，阴谋！

人。如果勃鲁托斯这样说，我们会相信他，因为他从不说谎。然而，这种矛盾心理非但没有排除摹仿成分，反而有所体现：罗马的政治语言是摹仿性竞争的完美工具。无论如何，这就是整个共和国的意义所在：只要敌对的野心互相牵制，自由就会存在。

勃鲁托斯对凯撒爱恨交加，就像奥菲狄乌斯对科利奥兰纳斯、安东尼对奥克泰维斯·凯撒、埃阿斯对阿喀琉斯爱恨交加。这也有点像普洛丢斯对凡伦丁、海丽娜对赫米娅的感觉，等等。我们知道这种矛盾心理的政治版本就像摹仿性的爱欲之神。在《特洛伊罗斯与克瑞西达》中，莎士比亚把这种对等关系写得比《裘力斯·凯撒》中更清楚——也更喜剧性。

对一个有政治野心的罗马人来说——勃鲁托斯野心很大，如同凯撒——凯撒已成为一个无法逾越的障碍、摹仿性竞争的丑闻。他既是被憎恨的对手，又是受敬爱的楷模，是无与伦比的向导和无法超越的老师。勃鲁托斯越敬重凯撒，也就越恨凯撒；他的政治不满和他的摹仿性竞争是一回事，这是最合乎逻辑的。作为他所在团体的首领，勃鲁托斯越来越像他的楷模；他变得越来越威严和专制；在谋杀发生前后，他拒绝所有的建议，一切都由他自己决定。对凯歇斯，他的同伙，即那个把他牵涉进阴谋的人，他说："我一定听你"（第四幕第二场：47）。

凯撒死后，勃鲁托斯精神上的狂喜表明，他完全认同自己的受害者，以至他真的被他的受害者迷住了；他与他的幽灵关系密切，他对人群讲话时，他的简洁风格可能是对凯撒著名散文的一种不由自主的模仿。人群中发出喊声，"让他做凯撒"，这并非一句空话。在勃鲁托斯身上，共和主义精神并不像他对凯撒的敌意所显示的那样稳固。

现在让我们转向凯撒。他极端迷信；在他的世界里，几乎任何事物都可以成为其他事物的标志。第一幕第三场，他描述一场猛烈但平凡的春分时节的风暴，语言中充满了超自然的迹象和征兆。为了谨慎而权威地驳斥这种无稽之谈，莎士比亚求助于一位哲学家，此人不亚于西塞罗，他对凯撒的解释提出了质疑。这是那位哲学家在剧中唯一的干预。

凯歇斯再次成了摹仿性诱惑者。他针对勃鲁托斯的著名言辞表明，他并不比西塞罗更迷信：

> 亲爱的勃鲁托斯，错的不是我们的星辰，
> 而是我们自己。
>
> （第一幕第二场：140—141）

凯歇斯不相信星相学，但他能说这种语言，目的是把更多的人带进这个阴谋。他没有嘲笑对话者的非理性，而是试图将其引向凯撒的方向。他责备凯斯卡的是，凯斯卡没有把这"可怕的夜"归罪于凯撒。为了诱使他的受骗者说出那个令人憎恶的名字，他说了如下的话：

> 凯斯卡，您太冥顽了，
> 您缺少一个罗马人应有的生命热力，
> 否则您就是把它藏起来不用。
> 您见上天发怒，就吓得面无人色，
> 可是您要是想到
> 究竟为什么天上会掉下火来，

## 第二十一章　啊，阴谋！

> 为什么有这些鬼魂来来去去，
> 为什么鸟兽都变了常性，
> 为什么老翁、愚人和孩子都工于心计，
> 为什么一切都脱离了常规，
> 为什么发生那样妖妄怪异的现象，
> 啊，您要是思索到这一切的真正原因，
> 您就会明白这是上天假手于它们，
> 警告人们预防将要到来的巨变。
> 凯斯卡，我现在要向您提起一个人，
> 他的名字就像这个可怕的夜一样，
> 能够叱咤雷电、震裂坟墓，
> 像圣殿前的狮子一样怒吼——
> 他在行动上并不比你我更强，
> 可是他的热力已经扶摇直上，
> 变得像这些异兆一样可怕了。
>
> （第一幕第二场：57—76）

凯歇斯从不指名道姓地提到他的替罪羊，因为他想让凯斯卡先说出这个名字；这个轻信者会相信凯撒的邪恶影响是他自己发现的。就像大多数容易受影响的人一样，凯斯卡感到非常自然；他终于说出了那个名字：

> 您说的是凯撒，是不是，凯歇斯？
>
> （第一幕第三场：79）

凯斯卡并未得到他要求的确认，但这已经不重要了。摹仿暗示的过程可以用很少的语言完成，有时甚至根本不需要语言。惊慌失措的人们只需看对方一眼，他们就能相互传达一种肯定，而这种肯定在片刻之前并不存在于任何一个人身上。

凯歇斯简直是威逼凯斯卡相信凯撒应对恶劣的天气负责。如果必定有人"就像这个可怕的夜一样"，为什么不是罗马最有权势的人呢？看到凯歇斯似乎很生气，而不是害怕，凯斯卡感到有些安心，他渴望更多的安慰，急于把别人的愤怒变成自己的愤怒；他急切地支持凯歇斯反对凯撒的观点。与勃鲁托斯不同，凯斯卡没有把时间浪费在政治和伦理这些问题上，他既胆怯又虚荣。他不想显得愚蠢，并且他会同情凯撒，就像那些以友谊来表示对他的尊敬的聪明和强大的人会同情凯撒一样。除了是个胆小鬼，他还是个阴谋家和势利小人。

他参与谋杀的决定更令人不安，因为不像勃鲁托斯，他对凯撒阿谀奉承，完全不关心可能的权力滥用。他心胸狭窄，又爱嫉妒，但他的才华还不足以使他嫉妒凯撒这样伟岸的人物。如果凯歇斯把凯斯卡的摹仿性冲动指向另一个人，凯斯卡就会选择另一个人。他参与这一阴谋与凯撒是什么样的人和凯撒会成为什么样的人没有任何关系；这完全取决于他自己由于害怕而产生的摹仿性暗示。

如前所述，在《裘力斯·凯撒》中，我们连续看到三个人参与了阴谋；对于每个人，我们看出他们在独立思考、运用理性和负责任行为的能力上逐步下降了一个档次。与其说这是个人的心理问题，不如说是摹仿欲望本身的快速发展。随着阴谋的扩大，吸引新成员的工作变得更加容易。这些已经被吸引的对象的综合

## 第二十一章 啊，阴谋！

摹仿性影响使得所选择的目标越来越具有吸引力。随着危机加剧，摹仿对理性的相对重要性也在上升。

第三个人，里加律斯，他如此容易感受到摹仿的压力，如此容易受到阴谋诡计的诱惑，以至尽管他病得很重，一旦他知道聚集在勃鲁托斯周围的人群必定有什么重大目的，他就扔掉绷带，跟着首领走了。他可以被视为即将被神化的受害者裘力斯·凯撒带来的第一个神奇治愈者。

里加律斯不知道被选中的受害者的名字，也不问。他完全信任勃鲁托斯，对别人是否告诉他不感兴趣。勃鲁托斯没有表示他觉得这种行为令人震惊；他的镇定和里加律斯的不负责任一样令人不安。这位正直的共和主义者认为，一个罗马公民盲目地把自己的自由选择权交到另一个人手里，似乎并没有什么不对，原因当然是这另一个人就是他自己：

> 里加律斯：请您举步先行，
> 　　我用一颗新燃烧的心跟随您，
> 　　去干一件我并不知道的事情，
> 　　有勃鲁托斯领导，一定不错。
> 勃鲁托斯：那么跟我来。
>
> （第二幕第一场：331—334）

往常守法的罗马人越来越倾向于谋杀，在选择受害者方面也越来越漫不经心了。作为这场危机的一部分，阴谋的产生本身就是一个动态的过程，在不断升级的过程中，先是凯撒之死，接着是西那之死，最后导致腓利比不断加剧的暴力。凯撒之死非但没有结束这场危机,反而加速了危机的发展。剧中描绘的一切都可以准确地定位在这场危机的轨迹上。

从个人暴力到集体暴力的转变非但没有解决等级危机,反而使局势比以往任何时候都更糟;这就是为什么共和国制度伟大的捍卫者勃鲁托斯,尽管他认为必须参与这个阴谋,但对阴谋本身所构成的历史迹象感到震惊:

> 啊,阴谋!
> 你在百鬼横行的夜里,
> 不好意思显露你险恶的容貌吗?
> 啊,那在白天什么地方,
> 可以找到幽暗的巢窟来遮掩你奇丑的脸相?
> 别找了,阴谋,就藏在和颜悦色后面吧!
> 因为你要是用本来面目招摇过市,
> 即使幽冥的地府,
> 也遮掩不过人家的眼睛。
>
> (第二幕第一场:77—85)

阴谋的形成是通往内战之路的一个险恶的门槛,其重要性足以要求作者发出一个严肃的警告;吊诡的是,作者将这一警告放在了阴谋本身不情愿的领导人勃鲁托斯的嘴里。然而,这个悖论有其逻辑,因为勃鲁托斯的目的是保护受到威胁的共和国体制。勃鲁托斯本人知道他的药可能和病一样糟糕,甚至更糟,如果它与敌人联手,病人的康复将比以往任何时候都更不可能。

第二十二章

# 残暴惨酷的内乱

——《裘力斯·凯撒》中暴力的极化

勃鲁托斯的野心比凯歇斯和其他阴谋者都要高尚,但随着事件的展开,这种差别变得越来越不重要。第三幕第一场中勃鲁托斯的独白揭示了他自己身上和同伴身上令他感到害怕的那种摹仿性混乱。我们很能理解勃鲁托斯对阴谋结果的担忧;如果他,所有罗马人中最强大的唯一真诚的共和主义者,很难控制自己,他能在阴谋中较弱的成员那里期待什么呢?

> 自从凯歇斯鼓动我反对凯撒那天起,
> 我一直没有睡过。
> 在计划一件危险的行动和
> 开始行动的时间里,一个人好像
> 置身于可怖的噩梦中遍历种种幻象;
> 他的精神和身体的各部分彼此磋商;
> 整个身心像一个小小的王国,
> 临到了叛变突发的前夕。
>
> (第二幕第一场:61—69)

任何一个陷入等级危机的人都成了勃鲁托斯的"小小的王国",也是更大危机的一个缩影。天才和道德工具在冲突中是联袂登场的。在莎士比亚戏剧中,宏观世界与微观世界的关系往往具有摹仿性意义。

勃鲁托斯一直不得安宁,他说,"自从凯歇斯鼓动我反对凯撒那天起",他指的是引诱他参与阴谋的勾当及其后果。勃鲁托斯几乎重复了赫米娅的经历,她因屈服于《仲夏夜之梦》中的摹仿欲望而从天堂到了地狱。面对莎士比亚,我们无须设定真正重要的摹仿性节点;他总是为我们做这件事,为我们提供结论。因此,杀人的欲望并不是潜在杀手与生俱来的,而是一种由摹仿诱发的激情。

勃鲁托斯希望谋杀尽可能谨慎、有序和非暴力。不幸的是,对于这个阴谋,他自己也不能遵守规则。我们知道他表面平静的背后有多么躁动,所以我们对他的失败不会感到特别惊讶。在受害者的热血中,勃鲁托斯不再冷静,在凶杀发生后的关键时刻,他以最危险的方式被裹挟而去。他提议同谋者用凯撒的血洗他们的手臂"直到肘上",并用血涂抹他们的剑:

> 然后我们就迈步前进,到市场去;
> 把我们鲜红的武器在头上挥舞,
> 大家高呼:"和平、自由和解放!"

(第三幕第一场:108—110)

不用说,沾满鲜血的阴谋者不会给人留下良好印象,却给已经不稳定的民众提供了一个强大的摹仿性榜样,许多公民甚至会模仿这个榜样，尤其是如果他们强烈地反对这个榜样的话。随后发生的事件就是最好的说明。在听了勃鲁托斯和玛克·安东尼的演讲后，人群的反应是集体把不幸的旁观者西那处死，这是对阴谋者所作所为的滑稽模仿。群众成了一面镜子，凶手可以在其中反省自己行为的真相。他们想成为民众的摹仿性榜样，现在他们做成了，但不是他们想要的那种榜样。

当他们杀害西那，民众摹仿的是对凯撒的谋杀，但是出于复仇的想法，而不是出于牺牲的虔诚与共和主义的美德。凶手是内部中介而不是外部中介的榜样。摹仿是敏锐的，它能立即发现中介者的言行之间的任何差异；它总是以榜样的行为而不是他的言辞作为效仿的模式。

凶杀发生后，引诱群众的需要对勃鲁托斯来说是一个不祥之兆。问题不在于他雄辩的口才，而在于他杀人后的反常行为。在一阵狂喜之后，他走向了另一个极端，他的话听起来太平淡无奇了。正如我之前所说，我们也可以认为勃鲁托斯在他的演讲中，模仿了凯撒的战时檄文，或者他自觉的共和主义禁止他诉诸玛克·安东尼稍后成功利用的那种煽动性话语。这些解释或许都有道理。

勃鲁托斯想拯救共和国，但共和国不想被拯救。当群众在听他演讲，你会记得，人群中有人高喊："让他做凯撒！"从现在起，谁要能战胜凯撒，他必定是另一个凯撒。"让他做凯撒！"同时揭示了勃鲁托斯的真实、群众的真实以及凯撒本人的真实。在像《裘力斯·凯撒》这样完全摹仿的戏剧中，几乎每个词，即使最微不足道的人物说出来的每个词，都可以同时适用于所有的当事人——主体、客体和中介者。自由死了；不管人们追随勃鲁托斯还是玛克·安东尼，最终也就无关紧要了。如果可以选择，他们宁可喜欢最好的煽动者，但他不在的时候，他们会跟随任何人。他们成了一群寻找榜样的摹仿性暴徒。

真正的榜样是对凯撒的谋杀。为这位领袖复仇的欲望是对阴谋的一种摹仿。西那是第一个完全无辜的受害者。他是个诗人，和一个名叫西那的阴谋者没有任何关系，他礼貌地对人群做出解释。他与凯撒之死的唯一联系是名字的巧合。他甚至还是凯撒的朋友，并提到了这个事实，但不起作用；暴徒中不知是谁喊了一句："把他撕碎！"

暴徒从不缺少把受害者撕碎的理由。他们看起来人数越多，实际上就越微不足道。得知西那是个单身汉，暴徒中的已婚男子感觉受到了侮辱。另一些人则对这个无辜的诗人心怀怨恨，于是又听到一声喊叫："撕碎他，因为他写了坏诗！"暴徒们顺从地、模仿性地把这个被误认的西那撕成了碎片。

当第一次被组织起来的时候，反对凯撒的阴谋仍然是一项不寻常的事业，需要相当长的酝酿过程。一旦凯撒被杀，阴谋便四处蔓延，其暴力如此突然和随意，以至"阴谋"这个词本身似乎不再适合描述这种混乱中的自发性暴行。暴力模仿是造成这一现象的原因，就像它对其他所有事物的作用一样，它是个单一的连续过程——而不是一系列不连续的共时模式，抱持着对历史的错误否定的结构主义者想要在任何地方发现的那种共时模式。严格地说，单独的构造并不是独立存在的，但它们是一种方便的方法，可以识别和描述摹仿本身所带来的永久变形中最显著的时刻。

总趋势很明显：越来越多的人以越来越站不住脚的理由对越

来越多的受害者采取极端的做法,而所花的时间越来越少。稍早,里加律斯对受害者的身份漠不关心的态度仍是一种例外现象;凯撒被杀后,这种漠不关心的态度变得司空见惯,在选择受害者时,最后的标准也消失了。摹仿学得很快,只需一次尝试,它就能习惯性地、自动地完成之前几乎不可想象的事情。

  危机蔓延到整个社会,最终分裂成两个巨大的"阴谋",它们只能做一件事情:彼此开战。它们与个体双重形象有相同的结构;一个由勃鲁托斯和凯歇斯带领,另一个由奥克泰维斯·凯撒和玛克·安东尼率领。莎士比亚认为这场内乱不是一场普通的战争,而是暴乱的全面爆发。安东尼说:

> 残暴惨酷的内乱,
> 将要使意大利到处陷于混乱;
> 流血和破坏将要成为一时的风尚,
> 恐怖的景象将要每天接触人们的眼睛,
> 母亲看见她们的婴孩被战争的魔手肢解,
> 也会毫不在乎地付之一笑;
> 人们习惯残杀,怜悯之心完全灭绝;
> 凯撒的冤魂借助地狱的烈火
> 有复仇神的协助,将用君王的口气,
> 向罗马全境发出屠杀的号令;
> 让战争的猛犬四出蹂躏,
> 为了这一个万恶的罪行,
> 大地将要弥漫呻吟求葬的臭皮囊。

(第三幕第一场:263—275)

第二幕,正如勃鲁托斯庄严宣告可怕阴谋的到来一样,玛克·安东尼在这段独白中告诉我们,危机更糟糕的阶段已经到来;它的名字便是"残暴惨酷的内乱"。当每个新的摹仿结构形成,莎士比亚便让某个人就此做一次相当正式和非个人的演讲。这些演讲并没有告诉我们任何关于说话者自身的事情,甚至也没有告诉我们故事情节的展开;它们是关于整体摹仿情况的演讲。

"残暴惨酷的内乱"在腓利比之战中达到高潮,莎士比亚没有把这场战争视为平常的军事冲突,而是把它看作一场摹仿性危机最后阶段的显现,是凯撒被杀后聚众闹事的最后一次爆发,这时阴谋开始扩散。彼得·S. 安德森(Peter S. Anderson)说得很对:在这场战斗中,没有人真的应该在那里;一切都错位了;死亡是唯一的共同点。① 不是少数受害者被仍然相对较少的暴徒杀害,而是成千上万的人被另外成千上万的人杀害,而后者其实是前者的兄弟,他们根本不知道自己或受害者为什么会死。

我们对此无法相信,因为莎士比亚严厉谴责了阴谋,所以他必定在政治上同情凯撒。乍一看毫无疑问,凯撒似乎比他的对手更慷慨和善良;勃鲁托斯对凯撒既爱又恨,而凯撒的爱是没有仇恨的。但凯撒可以慷慨解囊;勃鲁托斯和其他罗马人不再能成为他的障碍。然而,这不足以证明凯撒凌驾于摹仿法则之上。

在发生凶杀的那天上午,凯撒先听从了妻子——她梦到了他的暴死——的建议,决定不去元老院;但后来狄歇斯向他重新解释了这个梦,他最终进入元老院。只要一个阴谋者说几句模棱两

---

① 彼得·S. 安德森,《莎士比亚的〈裘力斯·凯撒〉:献祭的语言》,《比较戏剧》第 3 期(1969),第 5—6 页。

可的恭维话,他就会改变主意。他成了一个摹仿性风向标。

独裁者越凌驾于他人之上,他主观上就感到越自主,他的现实感就越弱。在最后一刻,就在凯撒倒在阴谋者的刀剑下之前,他怀着一种奇怪的狂喜,傲慢地把自己比作北极星,那是天空中静止不动的星辰。他的自负和喜剧中对应的伪自恋的情欲一样具有欺骗性。

摹仿性骄傲越强烈,它就变得越脆弱,即使在身体意义上亦是如此。就像群众和阴谋者自己一样,凯撒也是陷入等级危机的一个例子。他的常识离开了他,就像过不了多久常识离开勃鲁托斯一样。因为这场危机,所有欲望的品质都在恶化。凯撒没有像他那些失败的竞争对手那样,感觉自己心智低下,而是感觉自己心智优越。他的症状看起来完全不同,但仅仅是因为他在一个脆弱的摹仿性结构中占据了独特位置;本质上,他们患了同样的病。如果凯撒和勃鲁托斯的处境相似,他们不仅是精神上,也是实际生活中的双生子。如果凯撒发现自己与某个人处于相同的位置,和勃鲁托斯与他的关系一样,他也会加入反对那个人的阴谋。

我所描述的戏剧过程与对《裘力斯·凯撒》的所有政治性解释相矛盾。政治问题都是相同的差别化类型:在内战中,莎士比亚支持哪个派别,共和分子还是君主主义者?他最喜欢哪个首领,凯撒还是勃鲁托斯?他看重或鄙视哪个社会阶层,贵族还是平民?所有这些问题都没有答案。我相信,莎士比亚对剧中所有人物都抱有人类的同情,对摹仿性过程感到厌恶,因为模仿性过程把所有的人物都变成了对等的复制品(equivalent doubles)。

政治性答案是我们对差异的贪欲自我满足的方式之一。所有的差异主义（differentialism），无论是前结构主义、结构主义还是后结构主义，都同样无法理解莎士比亚戏剧最基本的方面，即冲突的无差别化。事实上，我们可以看到，最对立的政治观点可以用同样的合理性和不合理性来辩护。同情共和并反对凯撒的莎士比亚，就像持相反的政治观点一样，既有说服力，又没有说服力。和所有伟大的摹仿性作家一样，莎士比亚的作品也有不确定性（undecidability），但这种不确定性并非源于某种超自然的写作属性，也并非源于伟大艺术的"无限的丰富性"；无疑，这是伟大的艺术，但它是由摹仿性地处理人类处境的作者精心培育的。

二十世纪对政治的迷恋所产生的错误之一是，人们普遍认为，《裘力斯·凯撒》中群众的暴民倾向必然反映出对普通民众的蔑视，这是莎士比亚本人一种令人不安的"保守"偏见。在我们这种对民主持谨慎态度的人看来，他对群众那污浊、恶臭的呼吸所开的玩笑是令人遗憾的，但这种态度在1600年左右还没有形成。平民的暴民倾向就更不重要了，因为所有社会阶层都受到类似的影响，不仅在《裘力斯·凯撒》中如此，在其他罗马戏剧中也是如此，甚至在各种等级危机中也是如此。里加律斯和凯斯卡这两个贵族，和剧中开场时闲荡的工匠一样，也容易遭受非理性暴力的影响。

这场危机不仅把下层社会变成了一群暴民，也把贵族变成了一群好事佬，无论经由阴谋，或是通过他们对凯撒的盲目崇拜。我们对阶级斗争的关注不仅扭曲了我们对莎士比亚的欣赏，也扭曲了我们对一般的悲剧文学的欣赏。无差别化存在于所有的希腊悲剧，尤其是欧里庇得斯的悲剧中。我们无产阶级的善良捍卫者只看到影响他们的被保护者的症状。

## 第二十二章 残暴惨酷的内乱

马克思主义把悲剧的无差别化与徒劳地追求政治中立混为一谈。如果莎士比亚没有往一个方向倾斜，就必定往另一个方向倾斜，即使他假装没有倾斜——就这么推论。根据这一观点，政治本质上是如此吸引人（即使是一千五百年前的政治），以至莎士比亚在政治上也无法做到公正；他表面上的公正只是玩弄政治的一种迂回手法。

莎士比亚并不试图保持"公正"。我们不能把冲突各方的实际对等关系看作"超然"战胜"偏见"的来之不易的胜利，看作"客观"战胜"主观"的伟大功绩，或看作认识论禁欲主义的另一个壮举，所有的历史学家都应该效仿或谴责这种神秘化。对莎士比亚来说，摹仿性相互作用是人际关系的结构，他对摹仿性互动的戏剧化不是繁重的义务，而是他的智力和审美情趣所致。在他处理一场重大的历史争执的态度中，尽管在我们看来这些争论对象是重大的，但他对它们的兴趣远不及摹仿性竞争及其无差别化的影响。就像喜剧中的"真爱"一样，《裘力斯·凯撒》中的政治总是直接或间接地反映了某些模仿性棋盘上正在发生的事情。凯撒的帝国和解政治是这个棋盘上的一步棋，勃鲁托斯对共和主义的维护也是如此。

我并不想说，对莎士比亚进行政治上的质询总是不合时宜的。在消除差异的摹仿性逻辑建立之前，这还为时过早；在这种逻辑就位之后，探究逻辑本身的政治意义不仅是合理的，而且是必要的。

这个问题的答案将受到我们自己的态度的影响，这种态度是为了避免至少可以说是严峻的悲剧视野；很少有人真正喜欢悲剧视野。这也许就是真正的悲剧作家寥寥无几的原因。成熟期的莎士比亚知道这一不受欢迎的模仿性悲剧视野，因而在没有采取一定的预防措施的情况下，不会把它展示出来。

莎士比亚作品中常见的"你们双方都不得好报"绝非没有政治意义。当我阅读《裘力斯·凯撒》，我能想象出他对他那个时代的贵族政治比批评家通常认为的还要厌恶。我在莎士比亚作品中看到了一种反政治的立场，它暗示了一种相当具有讽刺性的历史观。在政治问题上，他让我们想起两位伟大的法国思想家，他们之间的关系比看起来更为密切：蒙田和帕斯卡尔。《特洛伊罗斯与克瑞西达》中对《裘力斯·凯撒》的多次暗示强化了我的信念，即这部剧的讽刺元素被大大低估了，并且它延伸到了具有讽刺意图的悲剧。

第二十三章

# 伟大的罗马将吸取复活的血液

## ——《裘力斯·凯撒》中的创始谋杀

在腓利比,暴力活动全面爆发;似乎已经走上了不归路。没有希望,然而,在戏剧的最后场景,突然间,和平回来了。这不是一场普通的胜利,不仅是强者对弱者的压倒性胜利。结局是等级的重生;它终结了摹仿危机本身。

回归和平似乎源于一个人,即勃鲁托斯的自杀。这怎么可能? 在两个非常简短但庄严的演说中,胜利者玛克·安东尼和奥克泰维斯·凯撒,颂扬了勃鲁托斯。玛克·安东尼先说:

> 这是他们中最高贵的罗马人;
> 除了他,所有的阴谋者的行为,
> 都是因为嫉妒伟大的凯撒;
> 他一生善良,交织在他身上的各种美德,
> 可以使造物肃然起立,
> 向全世界宣告:"这是一个汉子!"

(第五幕第五场:68—73)

这些著名的颂词不太真实;勃鲁托斯只是摆脱了最卑鄙的嫉妒。

认为他性格中各种因素交织在一起的想法,可能是纠正这种观点的一种隐晦的方式,它微妙地表明,勃鲁托斯活着的时候比这位不朽的英雄更复杂,但其中的细微差别很难察觉;它并没有减弱玛克·安东尼话语的戏剧性效果。一种新的精神,一种和解的精神正在涌现。

奥克泰维斯·凯撒意识到这是一出政治高招,于是授予新勃鲁托斯军事上的崇高荣誉,使他神圣化:

> 让我们按照他的美德,
> 给他应得的礼遇,替他殡葬如仪。
> 他的尸骨今晚安顿在我的营帐里,
> 充分享受一个军人的荣誉。

(第五幕第五场:76—81)

这是此剧最后的台词。说这些话之前,所有的阴谋者都同样有罪。通过免除勃鲁托斯的嫉妒,玛克·安东尼和奥克泰维斯·凯撒神化了他的政治动机。只有他对凯撒的矛盾心理中爱的一面仍然可见;我们也记得他自杀前说过的话:

> 凯撒,你现在可以瞑目了;
> 我杀死你的时候不及现在一半的坚决。

(第五幕第一场:50—51)

凯撒和勃鲁托斯似乎都愿意为同一目标献出自己的生命,这一神秘的结局让罗马的和平成为可能。危机引发的暴力不再是

第二十三章　伟大的罗马将吸取复活的血液

双方认为必须相互指责并极力复仇的罪恶；它已经成为一个隐藏在神圣本身内部的秘密，一个凯撒和勃鲁托斯之间纯洁之爱的秘密。到目前为止，双方没有达成一致意见；共和主义者与他们的对手都无法做到这一点。凯撒之死引起了分裂：一部分人联合起来反对凯撒，拥护勃鲁托斯；另一部分人联合起来反对勃鲁托斯，拥护凯撒。如果勃鲁托斯和凯撒在死亡中合而为一，那么所有的人就可以联合起来既反对又拥护同一个双头神。

就勃鲁托斯而言，这种死后的神化似乎是最终的嘲弄，一种极度的背叛。这使他成为他极力阻止的事业（建立新君主制）的一个新合伙人。但真实的勃鲁托斯不再重要；一个神话般的人物在一种新的意义结构中取代了他。根据这一新景观，罗马皇帝既是绝对君主，又是共和国的官方保护者，是共和国唯一的合法继承人。凯撒被杀成了罗马帝国的创始暴力（foundational violence）①。

这一结局并不是我刚使用的这个奇怪表述，即创始暴力或创始谋杀的唯一原因。另一段文字也很重要，即我已经提到过的凯尔弗妮娅的梦。如果我们回过头来看看狄歇斯对它的重新解读，我们马上就会发现，它不仅是对凯撒被谋杀的预言，也是对其基本地位的确切定义，与它最初产生的暴力混乱相矛盾。

我们先来看一下凯撒最初的解释：

---

①　foundational 及书中出现的另一个词 founding，都意指通过一种献祭性集体暴力（通常是谋杀）为结束危机及创建新的事业奠定基础，因此书中 foundational（founding）violence（murder）拟译为"创始暴力"或"创始谋杀"，在本书作者看来，对凯撒的谋杀客观上成了为创建罗马帝国而使用的暴力。——译注

> 昨天晚上她梦见我的雕像,
> 仿佛一座有一百个喷水孔的水池,
> 浑身流着血;许多壮健的罗马人,
> 欢欢喜喜地来把他们的手浸在血里。
> 她以为此梦是个不祥之兆,
> 所以跪着求我今天不要出去。
>
> (第二幕第二场:76—82)

**但狄歇斯马上重新解释了这个梦:**

> 这个梦完全解释错了,
> 那明明是一个大吉大利之兆:
> 您的雕像喷着鲜血,
> 许多欢欢喜喜的罗马人手浸血里,
> 这表示伟大的罗马
> 要从您身上吸取复活的新血,
> 许多有地位的人要向您分一点余泽。
> 这才是凯尔弗妮娅梦的真正意义。(83—90)

作者在普鲁塔克那儿找到这个梦,以及凯尔弗妮娅对此梦的反应,但据我所知,狄歇斯的重新解读是莎士比亚独创的,从理论的角度来看,它是这次交谈中最有趣的部分。

就情节而言,狄歇斯的话语是空洞的谄媚、纯粹的欺骗,意在将凯撒引去元老院;就整个悲剧而言,它显然意味着不同的东西,而这个意义是至关重要的。如果情节的细枝末节是莎士比亚最关心的,他会想出一个更有说服力的说法来让凯撒安心:狄歇斯会淡化梦的预言价值,说凯撒不会死。他并未这么做。

这两个段落联系起来是对创始谋杀最宝贵的定义,这个定义考虑到了它的摹仿性矛盾心理。这两种解释似乎互相矛盾,但实际上它们都是真实的。第一种解释对应在剧中凯撒被杀的含义——极端混乱的一个根源,第二种解释对应这一谋杀最后成了什么——新的帝国秩序的根源。勃鲁托斯之死触发了这一转换,但它的作用是次要的。凯撒被杀是最重要的事件,危机引发的暴力以它为轴心缓慢运转,以便产生一个新的罗马和一种普遍的等级。

这种创始暴力对莎士比亚来说意味着什么?为了找到答案,让我们再发现一个原因,说明为什么要获得对《裘力斯·凯撒》令人满意的解释,这个概念是至关重要的。在此剧的开头,凯撒和勃鲁托斯都提到了一种集体暴力,即使对罗马历史具有最传统看法的人,也必定将其视为某种"创始"暴力,即驱逐罗马末代国王塔昆。

凯歇斯和勃鲁托斯都把驱逐塔昆作为他们所设想的谋杀的先例和摹仿性榜样。以下是勃鲁托斯的独白:

> 难道罗马将要处于独夫的严威之下?
> 什么,罗马?当塔昆称王的时候,
> 我们的祖先曾经把他从罗马的街道上赶走。
> 
> (第二幕第一场:52—54)

起初，针对塔昆的暴力是一种非法行为，只是暴力升级中的又一次暴力，就像凯撒被谋杀一样。但塔昆被逐一事得到了民众的一致赞同，从而结束了一场等级危机；它没有按派系对民众进行划分，而是把民众团结起来，由此产生了新的机构。这是共和国的真正基础。

这个问题从未被讨论过，但显然很重要。当莎士比亚决定把这两个对称的事件同时呈现在一部戏里时，他一定有些想法。模仿理论再次成了这个问题的关键；这再次与莎士比亚正在做的事情不谋而合。摹仿性人类学相信莎士比亚所描绘的摹仿性危机的真实性，并从其本质以及大量其他线索来推测，在"原始"社会中，这些危机必须通过一致地对单一受害者或仅对少数受害者进行摹仿性极化（mimetic polarizations）来结束；这个假想的解决方案的名称是创始谋杀，即创始暴力。[①]

莎士比亚原本可以再提一个这样的与罗马建立有关的行动，按时间顺序，它是罗马历史上的第一个事件。罗穆卢斯和雷穆斯的故事也是一个双重人物的故事，一个双胞胎一样的敌人的故事；其中一个成了受害者，他的死被最明确地描述为有助于罗马的创立。在李维的讲述中，这种死亡是集体性的。据说雷穆斯有言：*In turba cecidit*（他落入暴民手中），就像塔昆，就像凯撒，就像西那。

如果这三起创始谋杀在《裘力斯·凯撒》中都有提及，那么理论图景会比现在更加清晰，虽然在莎士比亚的剧本中它已经足够清晰了。对塔昆的暴力和对凯撒的暴力有何关联呢？尽管这两位创始性人物，塔昆和凯撒，在各自的神话（塔昆的形象大多负

---

[①] 勒内·基拉尔,《暴力与神圣》(巴尔的摩：约翰·霍普金斯大学出版社,1977)，第三、四章；勒内·基拉尔,《自创世来万物隐藏》(斯坦福,加州：斯坦福大学出版社,1988)，第一卷第一章。

面,而凯撒的形象大多正面)中扮演着不同的角色,但集体暴力在共和国及帝国的创立中起着同样的决定性作用。这是偶然的吗?摹仿理论认为,人类社会团结在他们自己变形了的受害者周围,因为他们先团结起来反对这些受害者。在塔昆和凯撒的事例中,两者虽有出入,但差别不大。

一旦替罪羊被一致清除,民众发现没有敌人了,没有了仇恨的燃料,复仇之火就会熄灭。在经历了这么多麻烦之后,这似乎是个奇迹,社会先对激烈的冲突,之后又对冲突的解决心怀敬畏,他们认为这两件事必定有同样的原因,那就是不幸的受害者,这个曾经的麻烦制造者现在被认为是全能的和平缔造者。因此,这个基本的受害者成为一个有时给予奖励有时施加惩罚的超然存在。这就是神性祖先、神圣的立法者和全能者的摹仿性起源。

在凯撒的例子中,由于勃鲁托斯自杀的补充性中介所产生的不确定性,反对与拥护的结合发生得很晚。不管公民们最初是反对凯撒拥护勃鲁托斯,还是反对勃鲁托斯拥护凯撒,既然两个死去的英雄已经合而为一,反对和拥护再一次联合起来,社稷的保护神得到了重造。

创始谋杀没有什么真正先验的或形而上的特性。它类似于阴谋类型的摹仿性极化,除了一个区别,这一区别从社会学观点来看无疑至关重要,但其本身无关紧要,这就是一致性。这种一致性是摹仿升级本身的最后产物;它几乎可以从它之前不断增加的摹仿性极化的大小来预测。这意味着危机越接近获得解决,它的暴力就越广泛和强烈。莎士比亚以惊人的精确遵循这个路径。他的剧作表明,同样的集体暴力也可以以不一致和分裂的方式开始其过程,而到后来,便变成以一致和非分裂的方式了。这种转变使创始谋杀的性质得以显现。

集体暴力的过程,无论是否一致,总是我们所说的替罪羊模式。利未记的仪式只是间接地与我们对这个词的现代用法相关。替代性受害者的过程意味着摹仿性人类学以模仿的方式进行解释,认为这是真正理解原始制度的基础。根据字典的解释,受害者代替了真正的罪犯,但在许多情况下,罪犯的概念本身就是荒谬的。谁对凯斯卡的风暴负责?谁对忒拜的瘟疫负责?神话说俄狄浦斯必须负责;神话的推理就像凯斯卡;神话纯粹是替罪羊的表现方式,我们的现代古典学家仍然被愚弄,但莎士比亚没有。

替罪羊就是我们在有关阴谋的讨论中涉及的对对手的摹仿性替代;这是从受害者立场设想的同样的过程。"替罪羊"一词在莎士比亚戏剧中并未出现,但这个过程确实出现了。西那是个滑稽的例子。凯撒也是替罪羊吗?难道他对共和制度的衰落不是负有真正的责任吗?难道他不是个暴君,因而也是真正的罪犯吗?

我们不能把自己的想法归因于莎士比亚,如果我们想要知道他如何看待谋杀,我们只需要指出凯撒身上使他成为典型替罪羊的特征,正是这种典型性,而不是他作为政治家和个人的独特之处,让他被无意识地选中了。

我们认为替罪羊是一种集体现象,凯撒的被杀满足了这一要求。我们认为,替罪羊现象随时都可能发生,但最有可能发生在危机时期;凯撒的被杀满足了这第二个要求。

"替罪羊"一词会让人想到身体的残疾、丑陋的病症和惊人的怪异。在中世纪,病人和残疾人比健康人更容易被迫害为女巫、巫师、传染瘟疫的人。凯撒有他的弱点：他听力不好，患有癫痫，类似于嗜欲者的恍惚症——无疑这是为什么古代和原始社会通常认为这种晕倒的毛病（第一幕第二场：254、256）是个人以各种形式（无论好坏）与神圣密切联系的标志。

凯撒所做的每一件事，我们所了解到的关于他作为公众或个人的每一件事，包括他妻子的不育——人们的普遍看法很容易将之归结于丈夫的毒眼——都让他看起来像是一个注定要成为受害者的人。有一次，他让众人看他的喉咙，这是一个让人想起某个神圣的国王自愿充当牺牲品的姿势。同样重要的是，人们会将凯撒与牧神节和三月十五弑父日联系在一起，这两个罗马节日，以及类似的节日，都起源于所谓的替罪羊仪式。

有人可能反对说，这种情况在普鲁塔克书中已经有了，莎士比亚只是重复使用而已。毫无疑问，他与普鲁塔克的关系比许多批评家愿意承认的还要密切，他们也许担心他的独创性会被贬低。这种担心并没有根据。莎士比亚的天才首先表现在他对普鲁塔克的模仿性阅读中。

普鲁塔克的凯撒除听力正常之外，其他什么问题都有。即使这种缺陷不是莎士比亚自己的发明，即使这一特征也来自古老的源头，这个额外的替罪羊标志也是重要的。一个二流作家可能会抛弃所有这些迹象，斥之为有失体面、配不上伟大英雄的无用的迷信。在"古典主义"的法国，耳背和晕倒的毛病会以"高雅"的名义受到谴责。看到阿提拉因流鼻血而死，老高乃依不断受到嘲笑。在没有这种压力的情况下，莎士比亚把在普鲁塔克书中找到的一切都仔细地加以利用，再加上他自己的东西。

谈论凯撒时，凯歇斯和凯斯卡总是以一种含糊不清的方式使用诸如"怪物"和"怪异的"这样的字眼,以至消除了物质和道德之间的一切区别。这种做法鼓励伤害身体不正常的人。当世界看起来很怪异的时候,像凯斯卡这样的人就会寻找这种怪异的人性化身。他们拒绝理性的解释,而支持像"就像这个可怕的夜一样"这样神奇的表述。凯斯卡要是生活在中世纪的大瘟疫时期,他就会迫害犹太人、麻风病人和残疾人。在莎士比亚的世界里仍然有猎巫者,而凯斯卡,甚至凯歇斯都是他们的模仿者。

尽管凯歇斯对占星术持否定态度,但他并非完全不受典型的替罪羊特征的非理性影响;他在台伯河游泳的故事揭示了他对凯撒虚弱身体的极度关注。那么,对凯斯卡,甚至对凯歇斯来说,凯撒无疑是一个替罪羊;对勃鲁托斯来说,凯撒也是替罪羊吗?如果有个阴谋者被认为是理性的,那么勃鲁托斯必定就是那个人。他对凯撒的迷恋与癫痫或恶劣的天气无关。勃鲁托斯也许野心勃勃,但他对共和国的忠诚是真诚的。他嫉妒心强,但他的嫉妒其实是他自己的——可以说是真实的摹仿欲望,而不是复制的复制,如凯斯卡那样。

传统批评在论及《裘力斯·凯撒》时,总是把莎士比亚当作一个十九世纪的从后启蒙理性主义的角度来写作的历史学家。剧中这场政治谋杀被视为一种完全理性的活动。为挑战这一解读,我们必须说明,即使对勃鲁托斯来说,凯撒也不是一个合理的暗杀目标。如果说对谋杀的替罪羊解读只适用于凯斯卡这样的边缘性人物,那么它的相关性也是边缘性的,且这部戏剧有一个理性的核心,我的摹仿性解读则无法触及。

这种反对意见已被摹仿在勃鲁托斯决定加入阴谋中所起的作用所抵消,但这个问题如此重要,必须进一步强调。就勃鲁托斯而言,凯撒并不是借用的对手,而是借用的暗杀目标。这就是凯歇斯的场景所表明的,勃鲁托斯的独白也证实了这一点;在凯歇斯"鼓动我反对凯撒那天起",他才失眠的。谋杀的念头并非自发地进入他那诚实而正直的灵魂。

即使是勃鲁托斯的例子中,凯撒也是替罪羊。为了证明这个基本观点,莎士比亚把勃鲁托斯对凯撒的政治控诉表现得极其软弱无力,难以令人信服。勃鲁托斯诚实地承认凯撒并没有滥用权力;他不应该死(第二幕第一场)。

这儿重要的不是这种解释的历史准确性(此剧没有提到凯撒非法越过卢比孔河),而是它对莎士比亚想要凯撒成为什么样的受害者的暗示。他希望即使从极端共和主义的角度来看,对凯撒的谋杀也是毫无道理的。他否定谋杀基本合理性的原因不是他个人对凯撒的偏爱或君主原则,而是他对人际关系的整体模仿观,这是他悲剧观的全部基础。

凯撒怎么可能不成为替罪羊,既然他的谋杀者想让他为整个等级危机负责?这种危机只能被看作所有公民的责任,或者根本不属于任何人的责任,因为事实上,这种危机的根源可以追溯到过去——可以追溯到最初。这场危机绝不可能是一个人的责任,无论他多么强大。勃鲁托斯的推理是"就像这个可怕的夜一样"的不那么奇怪的版本,是个政治版而不是神奇的宇宙版。说到底,所有的杀人犯都同样非理性,没有区别。

在我看来,莎士比亚丝毫没有詹姆斯一世时期那种现代迷信的痕迹。他的讽刺的深度和个人的参与是不相容的。只有对他片面的解读才能让人不这么认为。在那些低估摹仿者和替罪羊在决策与思想中所起作用的人看来,莎士比亚似乎是非理性的,因为他们自己是无法理解这些决策和思想的。

让我们以寻找替罪羊的实际迹象为例。为什么莎士比亚如此关注?不是因为他相信吗?他自己不迷信吗?莎士比亚经常说明,人类倾向于赋予偶然事件和无关紧要的事件完全没有根据的消极意义,目的是羞辱和寻找替罪羊。在许多情况下,他以一种不容置疑的方式做到了这一点。

克莉奥佩特拉把坏消息归咎于带来坏消息的使者,他没有上当。还有更令人信服的例子。在《仲夏夜之梦》中,在他们夜间危机的高峰,那四个女孩和男孩几乎逃脱不了彼此手中西那式的命运;作为完全无法分辨的摹仿性替身、完美的双胞胎,他们能争论的唯一区别是身材的高矮。赫米娅说:

> 我现在才明白她为什么
> 把她的身材跟我的比较;
> 她自夸生得长,以她的身材,
> 那高高的身材,赢得了他的心。
> 因为我生得矮,他才高看你了吗?
> 我矮吗?你这涂脂抹粉的花棒儿!
> 你说,我到底有多矮?

(第三幕第二场:290—296)

如果寻找替罪羊的冲动没有更好的办法,它甚至会抓住既不寻常也不令人不快的身体差异。这段引文表明,莎士比亚没有被这个过程所欺骗。他很清楚,在一场摹仿性危机中,对受害者的欲望随着剥夺人民赖以生存的差异的进程而增加。在一致性不断增强的背景下，只有最明显的差异，尤其是身体差异才会凸显。当一切意义都在瓦解时，只有它们依然可见；那些可能成为替罪羊的人把注意力集中在它们身上，拼命想要找回意义。

我们的思维仍然是由理性模型决定的，这些模型对莎士比亚来说还不够强大。尽管当代理性主义大声宣称尊重"一切文化差异"，但它仍然把原始宗教斥为毫无意义的、"纯粹"的迷信和莫名其妙的胡言乱语。这就是理性主义不能理解《裘力斯·凯撒》的原因；它无法理解悲剧作家对替罪羊现象及其在古代宗教中的作用的理解。

如果我们从这个不够充分的理由来解读莎士比亚，我们就不明白替罪羊的迹象在他的作品中扮演了什么角色。非模仿批评家误以为莎士比亚要加入模仿元素——我们在他的悲剧中讨论过——的唯一可能的原因是他自己也很想去相信它们。我们不应让自己的无知损害莎士比亚的高度智慧。

如果这些批评家是对的，莎士比亚就不会如此有力地描述这些摹仿性现象。当我们以一种低于莎士比亚自己的理性的角度来解读他时，只有两种可能性。一种是，我们可以虔诚地假装看不到任何不符合我们狭隘理性的东西，将他的天才解读成一部残缺版而津津乐道；我们将凯撒的替罪羊特征降低到装饰性风景画的水平，因而认为它们对整个戏剧的意义没有决定性的影响。另一种是，我们面对这些非理性的方面，无法理解为什么它们应该出现在《裘力斯·凯撒》这样一部我们希望的近于"历史剧"的作品中；我们必定指责莎士比亚本人不够理性。我们怀疑他是一个超级凯斯卡，毫无疑问，他有巨大的潜在天赋，但作为一个思想家,他是原始的,他相信非理性符号。

伟大的诗歌和智慧之间绝对分离的整个现代教条,是我们忽视了摹仿欲望和受害者形象在伟大文学中的作用的后果之一。《裘力斯·凯撒》的本真意义似乎太过危险,难以探究。我们自己的理性无法抵达模仿性受害者形象的创始作用,因为理性仍然受模仿污染。狭隘的理性和受害者形象共同失去了效力。

理性本身就是创始谋杀的产物。随着我们自己的模仿危机的恶化,我们陷入了虚无主义和疯狂,因而我们不能忽视这条道路上先于我们的思想家;我们需要真正的威廉·莎士比亚胜过需要任何一个现代哲学家。

我们可以看到,随着危机的恶化,人类事务的意义是如何瓦解的。无论凯斯卡多么不理智,他仍然将凯撒和那个被认为是危险的"可怕的夜"联系在一起,而里加律斯则去除了所有的联系,甚至那些神奇的联系;他所需要的只有他信任的楷模勃鲁托斯的言辞。拿西那来说,这最后的保证也消失了;人群中的每个人以极快的速度互为中介。然而,在杀死可怜的西那之前,他们仍然犹豫了几秒钟,而在腓利比,所有的拖延和分歧都消失了。人们以闪电般的速度大规模地相互残杀。随着危机加剧,所有的意义都蒸发了。就像"阴谋"这个词在一段时间后不再有意义一样,"替罪羊"这个词本身也不再有意义。它指定的操作对于最后阵发性横冲直撞来说似乎过于精致和复杂。但这是一种幻觉。

莎士比亚对人类任意寻找替罪羊的倾向,以及摹仿性暴力中意义的消解在其初期摧毁一切的方式,具有最敏锐的洞察力。莎士比亚必定受到虚无主义的诱惑,受到疯狂的威胁,但不像尼采,他挺过了巨大的个人危机,在我看来,他的悲剧时期必然与之对应。他的作品是对我们狭隘的形而上学理性的解构，超越了尼采-海德格尔思想的局限性，而这些局限性仍然是我们所有的。随着他对受害者机制及其宗教后果的认识，他达到了一种人类学的视角，这种视角至今仍未被破解，但最终变得易于理解，这要归功于使我们能够解开这些喜剧的意义的摹仿理论。

摹仿理论的持续相关性是显著的。这就是我不断总结摹仿过程的各个阶段，再列举莎士比亚的文本做出相应说明的原因。摹仿性方案应该是非常引人注目的，在它最容易受到批评及在它一再证明充分合理的情况下，其相关性的完善将是最突出的。我强调这种相关性并不是出于争论的原因，而是因为这是目前研究中真正值得注意的方面，也是其后世各种影响中最有意义的，甚至超越了莎士比亚的天才，尽管他的天才可能是伟大的。

## 第二十四章
# 让我们做献祭的人，别做屠夫，卡厄斯
### ——《裘力斯·凯撒》中的献祭

当勃鲁托斯得知凯撒曾三次被授予王冠，他想起罗马最后一位国王塔昆，以及这位国王被罗马人集体驱逐的事，这是一件光荣的事情，而据说他的祖先，一个更早的勃鲁托斯在其中扮演了重要角色。每次有人要凯撒戴上王冠，他都拒绝，但似乎越来越勉强。就算不是真的，只是预期谋杀此人，也是弑君之举；对一个共和主义者来说，任何形式的弑君都是对创立共和国的集体暴力的一次虔诚的再现。

勃鲁托斯提及塔昆在纯粹的政治背景下是有意义的。这位保守派政治家想要制止共和国体制的堕落；他不想打开一个不确定的未来；他不想要新的创始谋杀，恰恰相反。他想在伟大的共和国传统中定位对凯撒的谋杀。他要使这一事件对罗马历史有意义，最终的参照只能是对塔昆的集体驱逐。

说凯撒之死应该是一种献祭（sacrifice），是重复我刚才用另一种语言，一种宗教语言说过的话。献祭的定义意味着对凯撒的谋杀应该再现对塔昆的驱逐；它应该仿效起主导作用的创始暴力。在世界各地，当人们问献祭者为什么要进行献祭时，他们的理由和勃鲁托斯是一样的：他们必须重新做他们祖先在群体创立时所做的事情；他们必须以替代受害者（substitute victims）的形式重复某种创始暴力。如同勃鲁托斯，他们引用一些古老的叙事，这些叙事或明或暗地以集体驱逐或谋杀告终。我们称这些叙事为神话，大多数人类学家认为它们是虚构的，但献祭者不这么认为。他们认为这是真正的历史开端，必须虔诚地加以再现。

莎士比亚把"献祭"这个词放进勃鲁托斯的嘴里，并不仅仅是为了让它听起来像维克多·雨果或其他一些浪漫主义作家笔下的风景画，充满罗马风情。莎士比亚从创始谋杀的角度理解献祭，这就是他提到塔昆的真正含义。

罗马没有活人献祭的传统，这一事实并不会使我的解释无效。在没有有效司法制度的社会中，被视为危险的个人通常会被杀死或驱逐，而将其杀死或驱逐的不是少数人，而是整个社会。人们担心他的死会引发致命报复的连锁反应。为了防止这种可能性，这些社会采取集体的方式来施加死亡，例如群体将受害者用石头砸死、从悬崖上推下去或钉死在十字架上，从而让民众一致参与。无论主动还是被动，通过不去拯救受害者的方式，所有的社会成员都加入杀戮。因此，任何个人或团体都不能把受害者的死亡解释为必须予以报复的伤害事件。

这些习俗并不是从天而降的，也不是凭空虚构出来的。它们必定以某种偶然的私刑为模型，这种私刑能自发地使一个骚动的群体和解，因而它的特殊形式被仔细地记住并重复。群体达成了和解，因为无论谁先扔石头，无论谁率先把受害者推下塔尔皮亚岩石，都会引发一致的摹仿行为。创始谋杀也不例外。准体制式私刑或类似于司法的私刑的普遍习俗是揭示人类文化中共同暴力潜在可能性的重要线索。

集体行刑的方式常常被那些实行这种方式的人称为"献祭",而且这也可以理解;它们满足了献祭的普遍定义。即使是在司法制度高度发达的社会,比如罗马共和国,每当常规机构似乎无法应对混乱时,忧心忡忡的公民可能也会感到有必要回归这种献祭性正义的做法。

勃鲁托斯认为凯撒之死是一种特殊的献祭,这种献祭是必要的,因为情况如此危急,所有政治和法律手段都不可能解决问题。他当然知道,进行这种献祭,他和他的同伴是在冒险。如果他们的献祭观念成功受到挑战,如果人们不能像从前团结起来反对塔昆那样反对凯撒,阴谋者可能会遭受和他们决定从社会中"清除"的那个人一样的命运。这确实是《裘力斯·凯撒》中所描述的情况。

在献祭的意识形态背后,有一个坚固的现实,即全体人民有摹仿性共识,还是缺乏这种共识,是献祭是否起作用的根本因素。勃鲁托斯失败了,因为他不能使民众团结在他的"献祭"周围。勃鲁托斯和玛克·安东尼为争取罗马人民的忠诚而展开了激烈的竞争,我相信,在所有的文学作品中,这种献祭和创始谋杀的清晰表达在某种程度上是独一无二的。

勃鲁托斯始终意识到这种危险。当阴谋者想要以夸张的誓言来庄严地履行他们的阴谋契约时,勃鲁托斯拒绝了,而他的献祭性本能是健全的。他不希望这起谋杀被看作一些心怀不满的政客的恼怒和非法行为:

> 我们只要凭着自己堂皇正大的理由,
> 便可以激励我们履行当前的局面,

## 第二十四章　让我们做献祭的人，别做屠夫，卡厄斯

> 何必还要其他的鞭策呢？
> 我们都是言而有信的罗马人，
> 何必还要什么其他的约束呢？
> 我们彼此赤诚相示，以身为殉，
> 何必还要什么其他的盟誓呢？
>
> （第二幕第一场：123—128）

勃鲁托斯希望，谋杀发生后，阴谋会立即瓦解，融入罗马人民恢复的一致性，献祭带来的一致性。

《裘力斯·凯撒》第二幕第一场，阴谋者聚集在一起为谋杀做准备。其中一个是狄歇斯，他想知道除凯撒之外，是否还有其他人应该被杀；凯歇斯提到玛克·安东尼，但勃鲁托斯发现这个提议与他对谋杀的献祭观念不相符。不应该让暴力肆意蔓延，凯撒应该独自去死。

勃鲁托斯对卡厄斯·凯歇斯及狄歇斯的回答表明，莎士比亚是按照刚才概述的摹仿性模型来解释献祭的：

> 卡厄斯·凯歇斯，我们切头断肢，
> 不但泄恨于生前，还迁怒于死后，
> 那瞧上去未免太残忍了；
> 因为安东尼不过是凯撒的一只胳膊。
> 让我们做献祭的人，别做屠夫，卡厄斯。
> 我们一致奋起反对凯撒的精神，
> 我们的目的并不是要他流血；

啊！要是我们能够直接战胜凯撒的精神，
我们就可以不必戕害他的身体。
可是，唉，凯撒必须因此而流血！
朋友们，让我们勇敢而非残暴地把他杀死；
让我们把他当作一盘祭神的供品而切割，
而不是当作一具饲犬的腐尸而砍宰；
让我们的心像聪明的主人一样，
鼓动他们的仆人去行暴后，
再在表面上装作责备他们的神气。
以此昭示世人，我们只是迫不得已，
并不是出于私心的嫉恨；
在世人眼里，我们将被认作
恶势力的清扫者，不是杀人的凶手。

（第二幕第一场：162—180）

这段引文只有一种对立：一方面是献祭的道德和美感，另一方面则是模仿性嫉妒的血腥混乱。第一类用词是"献祭""精神""勇敢""切割""祭神""聪明的主人""迫不得已"和"清扫者"。第二类用词则是"残忍""切头断肢""泄恨""残暴""迁怒""屠夫""砍宰""腐尸""猎犬""仆人""暴行""嫉恨"和"凶手"。

切割（carving）源于祭祀实践，是一种强大的隐喻，又不仅仅是一种隐喻。在献祭食用动物之后的圣餐中，按照传统习俗，对祭品的切割要非常小心。切割就是轻轻肢解，精细而艺术地分割。当熟练地切割到关节时，切割者用刀分离骨头而不会造成明显的伤口。切割技艺精湛，赏心悦目；不会撕裂或切碎身体的任何部位；不会造成人为的不连贯。其道德和美感在于揭示存在的差异。

嫉妒和愤怒不懂如何切割；贪婪和残暴只能让他们对受害者挥刀乱砍。在切割和砍伐的对立背后，我们认出了一个熟悉的主题：摹仿性暴力是一种虚假分化的原则，这种虚假分化最终在社会的暴力解体中导致彻底的无差别化。在切割隐喻中，文化的各个方面似乎和谐地融合在一起，差异的与精神的、空间的、伦理及审美的。这一隐喻说明了我们可以称为献祭的"古典时刻"。

原始概念在空间上的分化对切割隐喻来说是不可缺少的，但它并不是唯一的；它与这些道德和美学价值相结合，随着制度的发展，这些价值变得越来越重要。分化本身的好坏是按照伦理和美学的界限来区分的。

古典形式的本质是道德、自然和文化之美的融合；除了直接用于献祭和烹饪——"当作一盘祭神的供品"——之外，莎士比亚的伟大隐喻还激发了其他高尚的人类艺术形式，比如石刻和雕像，这些形式也必须源自祭祀，就像所有具体的人类行为方式一样。

对献祭的普遍父权的深刻洞察为我们的文本提供了信息，并在前面列出的词语中虚构出一个相互参照的丰富网络，献祭的逻辑可以解开并解释这个网络。这段引文的诗意强度源于一种强大的洞察力，它可以追溯到所有隐喻、献祭和创始暴力的源头。

在这些台词中，献祭默默地承担着它作为文化的创始者和复兴者的功能，它在印度婆罗门教中的作用，对这个主题最伟大的冥想，集中在造物主①身上，他是创始暴力和祭祀仪式之神。一个

---

① 原文为 Prajapati，印度教中的造物主。——译注

诗人如果只看到启蒙理性主义所看到的东西——一种糟糕的迷信，一种在人类文化中没有真正意义的寄生性补充——那么他就不可能在献祭问题上有出色的表现。

当宗教制度还处于萌芽阶段时，献祭者完全不知道为什么有一个特定的行为结束了混乱，从而成了基础性的存在，而没有像以前的许多暴力行为那样使混乱变得更糟。即使他们理解一致性的重要性（他们经常这样，从他们努力通过仪式加以重现来判断），即使他们理解这种一致性的摹仿性质（他们有时会这样，从他们设计的重新激活替罪羊现象的巧妙手段来看），原始社会也将危机的整个过程及其解决视为一种超然造访的结果，一种神圣启示的信息，这种信息不应"解秘"，而应通过祭祀仪式和禁忌虔诚地加以再现。

相信献祭的治疗性质并非"合乎理性"，但它亦有充分根据。只要献祭是年轻而有活力的，它就确实使针对替代受害者的摹仿性暴力极化，并使统一和身份认同的文化象征再次生动地呈现出来。献祭是人类社会最初的涤罪或净化方式。

仪式是一种非冲突性的摹仿行为，即外部中介。它的实施者认为成功取决于对创始谋杀一丝不苟的模仿，在某种程度上确实如此。初次有望达成一致就很可能会一再成功。

在原始的仪式观中，献祭不是用普通的暴力来对抗暴力，这只会导致危机升级，而是用一种好的暴力来对抗危机，因为它的基础是一种一致性，即宗教——将人们维系在一起——倾向于永世长存。如果明智和虔诚地加以使用，这种好的暴力可以阻止坏的暴力在再次出现时蔓延开来，这是必要的。献祭是一种治愈、团结及和解的暴力,它反对腐败、分裂、瓦解和没有区别的坏暴力。

献祭性暴力的观点对人类文化至关重要,它是一种珍贵而危险的不稳定资产,具有矛盾的性质。等级,原本就是受害者与神灵之间的差别,是暴力好坏之间的差别。人类文化的空间化和差别化倾向源于对恶的混合(《特洛伊罗斯与克瑞西达》第一幕第三场:95)的恐惧。当献祭和禁忌在整个文化中传播它们的影响时,所有重要的活动被重新区分,包括人们自己,无论摹仿危机混淆了什么,它都被重新转化为有意义的、相对和平的交流。

献祭者总是意识到,在他们软弱的手中,这两种暴力的区别容易消失。一旦失去,献祭就会回到危机的坏暴力中,而这正是它最初的根源;它使危机比没有做任何献祭时更糟。凯撒的"献祭"就是这样。

在后来阶段,献祭者意识到,献祭维持和平的能力更多地取决于他们自己,而不是外部的预防和身体差别。如果以一颗赤诚的心,本着不仅与开国先贤团结一致,而且与群体所有活着的成员团结一致的精神,献祭就能"起作用"。如果献祭被模仿性竞争所污染,那么献祭就会失败。

以印度为例,传统的祭祀理论强调献祭的内部安排,同时也强调外部对物质污染的防范。他们仍然相信献祭的身体和物质方面,但这一制度已经渗透了道德和美学价值,这在早期是不存在的。

切割的隐喻是一个古典和谐的岛屿,四周充斥着愤怒和嫉妒的喧哗与骚动,没有什么意义。如果献祭者参与外部的混乱,如果他们屈服于模仿性竞争的喧嚣情绪,他们的献祭肯定会失败。只有一颗赤诚的心才能把对凯撒的可怕谋杀转化为真正献祭的宁静之美。但宁静不能由上面指令获得;勃鲁托斯所能做的就是敦促他的同伴们为献祭的完美而奋斗,每个人都本着自己的良心去做。这就是为什么他没有说"我们是献祭者",而说"让我们做献祭的人"。

令人感动但矛盾的是,勃鲁托斯恳求他的同谋者抑制他们的嗜血欲望;对于一群致力于谋杀的人来说,这个要求听起来几乎滑稽可笑。勃鲁托斯似乎急于把野蛮的暴力变成艺术和精神禁欲主义的融合。如果这些阴谋者把他的话当真,如果他们在他所提倡的方向上走得太远,他们就会对谋杀失去兴趣。

勃鲁托斯改变主意了吗?他心里对承诺的公正有什么疑问吗?他一想到要谋杀这位受人尊敬的保护人和恩人,就感到困扰吗?

对这些问题,答案是肯定的,因为勃鲁托斯自己就是这么说的:他希望自己不必肢解凯撒。但答案也是否定的,因为勃鲁托斯的决心没有动摇。他丝毫没有怯懦,丝毫也不想放过凯撒,甚至玛克·安东尼。勃鲁托斯并非无意识地试图破坏同伴们的士气。他奇特的话语中有一种个人倾向性,一种心理倾向性,这是毫无疑问的,但也有一种更深层次的意义,这一意义将永远躲避那些仍然对这段引文的主导力量视而不见的人,即它的智慧及诗意的一致性原则,献祭原则。

如果献祭必须是战胜坏暴力的好暴力,那么这两者就应该像白天和黑夜一样不同;但在勃鲁托斯述说的时候,他越来越觉得不是这么回事。对大多数人来说,甚至对勃鲁托斯本人来说,杀害手无寸铁的凯撒必定是一桩不可说的罪行，而不是一种道德和高尚的行为。当勃鲁托斯要求他的同伴放弃所有通常会导致谋杀的感情时，他冒了很大的风险以避免更大的风险。如果谋杀就像周围的暴力，那它不会阻止邪恶的浪潮，而会使之进一步翻腾。复仇一定会随之而来，而失败的献祭将会变成提泰妮娅的大洪水中最汹涌的河流。

当然，随后的事件表明，勃鲁托斯的恐惧是有道理的。形势显然如此不利，为了抵消它们，谋杀者必须竭尽所能使自己显得高尚和公正。他们必须看起来像真正的超人，否则他们不会被看作善良的人，这样的人所做的一切都是出于对共和国的爱戴。

如果谋杀看起来如此丑陋，民众会感到厌恶，那么将要进行的献祭就会变得血腥而混乱。勃鲁托斯希望他的献祭是如此美丽，以至不会有任何混乱；这绝对是危机的另一面。然而问题是，暴力只有一个绝对的另一面，那就是非暴力，完全放弃所有的暴力。献祭如果不放弃其具体的行为方式，不否定其自身的性质，就不可能成为嫉妒和愤怒完美的另一面。勃鲁托斯无法走完全程：他的首要任务仍然是谋杀；他只是想让这件事做起来尽可能有效。他尽其所能地朝着他无法接受的非暴力方向前进。

勃鲁托斯在一种太不纯洁因而必定会加剧危机的暴力和一种纯洁到根本不会有暴力的暴力之间寻求不可能的中间地带。莎士比亚讽刺性地指出，这种完美的暴力并不存在。

此剧的特殊情景使勃鲁托斯的困境非常严峻：目标受害者的伟大，他在平民中的受欢迎程度，以及针对他的阴谋诡计。但这个问题也有其宗教意义，并超越了凯撒的具体情况。勃鲁托斯所说与许多伟大的祭祀系统的演变有关，这些祭祀系统达到了精神上的成熟。

献祭越多地反映自己，就越倾向于否定自己的本质，转而反对自己的暴力，反对自己，也就是说，不是出于人道主义的原因，而是为了献祭的有效性。我们可以在婆罗门的伟大经文中看到这种双重约束的作用，也可以在非暴力的趋势中看到，这是下一个时代伟大神秘主义教义的特征。重要的是，非暴力原则是用一种仍然具有献祭精神的语言表述的，而这一悖论表明了两者之间的连续性：甚至非暴力也可能是造物主的孩子。

所有的阶段是相互连续的。勃鲁托斯的演讲指出了演变背后的一种力量，这种力量首先导致了献祭的道德化和审美化，然后导致了对吠檀多①神秘主义的彻底放弃。莎士比亚没有读过与这个主题最相关的文本，但有他对古代文学的有限知识就足够了；其余就是他那惊人的聪明才智所做的工作了。他对祭祀性宗教的理解是其摹仿性视野的最高境界。

由于勃鲁托斯不能绝对严肃地对待非暴力问题，他对道德的强调很快就失去了效力，在演讲的后半段，他变得具有欺骗性。起初，勃鲁托斯真的要求他的同伴们从嫉妒和愤怒中解脱出来，但到最后，他似乎放弃了这个崇高的目标，认为这是不切实际的，他的想法发生了变化。如前所述，如果阴谋者设法压制所有通常会导致谋杀的冲动，他们杀害凯撒的动机就会消失。这不是勃鲁托斯想要的，在他的演讲的最后部分，他从真正的信仰撤退到虚假的信仰，外表代替了现实。

这个关于"仆人"和他们"聪明的主人"的略带讽刺意味的寓

---

① 吠檀多（Vedanta），印度教的主要哲学。——译注

言，让人不由自主地想起某些祭祀制度所推荐的某些祭祀策略，比如婆罗门教，而莎士比亚对此当然所知甚少。这些仪式技巧的目的是将献祭性暴力的责任从献祭者身上转移到一些可牺牲的第三方身上，如一个乞丐，他得到一小笔钱来扮演一个危险的角色，一个暴力的角色，任何仪式，只要稍稍意识到它的起源，都无法完全压制这种角色。

这种迂回的策略证明了献祭的双重束缚的现实。如果唯一的解决办法是完全不使用暴力，任何求助于献祭的行为都涉及像寓言中所暗示的那种双重交易中的献祭者。聪明的主人责备他们的仆人，因为他们一开始就狡猾地向主人暗示了暴力行为。仆人是一个寓言，暗示聪明的主人必须在他们自己身上唤起的较低的激情，为了献祭他们的受害者，他们必须违背他们较高的自我意愿。

最初，在献祭的漫长历史中，好暴力和坏暴力之间的界限似乎就在这个世界上，但后来它越来越转移到献祭者的意识中。勃鲁托斯真的建议他的共谋者彼此对立。如果这些丑恶的情感被隐藏起来，不以错误的榜样诱惑人们，他们可能会沉溺于某种愤怒和嫉妒之中。他确实说：即使我们不能做我们应该做的一切，至少让我们看起来镇定和善良，人民可能仍然会支持我们。勃鲁托斯的献祭正在变成一场虚伪的表演，一场纯粹的喜剧：

以此昭示世人，我们只是迫不得已，
在世人眼里，我们将被认作
恶势力的清扫者，不是杀人的凶手。

(第二幕第一场：177—180)

重要的是"在世人眼里"。如果这些阴谋者能够组织一场精彩的表演，罗马人就会把他们视为罗马的真正捍卫者。

当献祭文化过于了解自己的仪式时，就不能再像祖先那样单纯地进行献祭活动，相关制度必定一方面朝着非暴力神秘主义的方向发展，另一方面朝着政治操控的方向发展。

当献祭失去了神圣的力量，一些圣人逃去旷野，把祭坛留给许多雄心勃勃的首领，他们把它变成了一个政治舞台，在这个舞台上，这个世界上的凯撒们、勃鲁托斯们和玛克·安东尼们扮演着政治献祭者的角色，每个人都试图向暴民兜售自己的"好暴力"。

只要献祭的差异是有效的，它仍然隐藏在仪式僵化、宗教形式主义的背后。但这个时代必定走向终结。在勃鲁托斯的演讲接近尾声时，我们第一次瞥见了他模棱两可的话语背后的真相；稍后，当勃鲁托斯和玛克·安东尼公开争取人民的信任时，同样的真相在光天化日之下出现了。在这场争取公众舆论的斗争中，我们不仅必然看到陈腐的政治真相，而且必定看到献祭和创始谋杀的真相。

确切地说，仪式向戏剧性政治的转变与它向戏剧的转变是并行的。戏剧也是造物主的孩子。这显然是谋杀者自己能感觉到的；凯撒一死，他们的想象力就转向了戏剧艺术！

同样，在《特洛伊罗斯与克瑞西达》中，我们看到特洛伊英雄对《伊利亚特》充满期待，并对自己未来的文学辉煌产生了摹仿性寄托（第二幕第二场）。这一诱人的设想促使他们将灾难性的战争进行到底。同样，勃鲁托斯和凯歇斯也把他们的谋杀视为未来剧作家的一个重要题材；想到众多的人对他们的行为印象深刻，

## 第二十四章　让我们做献祭的人，别做屠夫，卡厄斯

他们就会被自己感动。凯歇斯说：

> 多少年代以后，
> 我们这一场壮烈的戏剧，
> 将要在尚未产生的国家，
> 用我们未知的语言表演！
>
> （第三幕第一场：111—113）

就像喜剧里的恋人需要朋友们羡慕的眼神，才会觉得自己是理想中的完美恋人一样，历史英雄也需要后人的摹仿性强化，才会觉得自己是历史英雄。莎士比亚自己在几年后的《特洛伊罗斯与克瑞西达》中重申了这一观点，不仅在他对《伊利亚特》的讽刺中，而且在尤利西斯的言辞中都表明，即使一个人成功地实现了他的最终目标，他也不能享受他所谓的自己的存在，而是要通过反射。

回想起来，赦免玛克·安东尼是一个错误的决定，因为玛克·安东尼没有赦免阴谋者。从谋杀发生后的情况来看，整个献祭概念似乎是形式主义的、虚幻的，但这种批评是肤浅的，受到了复仇精神的启发。当然，这种精神确实取得了胜利，从它的角度来看，这种献祭策略是错误的。但这一策略的整体目标是通过强加另一种逻辑来阻止完全复仇的胜利，相比之下，这种逻辑几乎是非暴力的。

当献祭获得成功，这是暴力的最新成果——就像创始暴力，但以一种不那么重要的方式。它通过对神的爱与敬畏来平息复

仇的幽灵，神用暴力与和平进行惩罚与奖赏。一旦献祭逻辑被击败，结果可想而知。凯撒的支持者本质上更强大；勃鲁托斯和他的朋友必须尽其所能避免决定性的对抗。共和国传统无疑被削弱了，但它在民众中挥之不去的影响力是这场阴谋的政治资产之一；利用这种资产的工具之一便是勃鲁托斯提出的献祭概念。

在一场致命的政治斗争中，较弱的一方应该尽力避免暴力；如果暴力似乎不可避免，那么就尽可能使暴力受到限制，有选择和有限度地使用暴力，就像合法的暴力源于人民眼中一切仍然是神圣的事物。

正如弗洛伊德所认为的那样，献祭规则是精明的，远非荒诞不经的痴迷；它们系统地扭转了危机期间普遍存在的冲突态度，从而自然而然地考虑到人际关系的摹仿性质。他们刻板的形式主义比现代精神所能理解的更有意义。

勃鲁托斯的献祭策略是出色的，实施起来却是一场灾难。在像谋杀一位受欢迎的首领这样的高风险事业中，谋杀者可以做一些事情来增加他们的机会，但有些事情他们必须不惜一切代价加以避免。如果把所有这些积极和消极的预防措施都列出来，它们与献祭仪式上可做和不该做的事情是一致的。

有个例子是众所周知的一项献祭原则，根据这一原则，献祭者应该避免不必要地接触受害者的血。血本身就是神圣的暴力，如果流血无法控制，血就会从善变恶；献祭的目的在它的完成过程中遭到挫败。勃鲁托斯造成的血腥暴行违反了这条规则，就像额外的谋杀一样——勃鲁托斯正确地否定了这样的谋杀。

献祭者不能平静而利落地完成他们的工作，这一事实说明了他们的某种心灵状态；它所传达的信息是，勃鲁托斯那明智的献祭精神的神秘感正试图从谋杀中抽身而出。莎士比亚让我们明白为什么不洁的祭品是一个凶兆：它看起来像谋杀，并树立一个坏榜样；它会进一步煽动暴力。在一群摹仿性暴民中，释放暴力所需要的只是暗示暴力正在被释放。暗示和释放是一回事。

《裘力斯·凯撒》中未被探究的深度在于，我们大多数社会科学家所认为的仅仅是"非理性"和"迷信"的制度——献祭，与我们所称的政治理应透明的理性之间，有着不可割断的连续性。要彻底改变我们对人类的认识，只需要宗教人类学家和政治学家等人理解，在这场悲剧中，他们的两门学科是如何以及为何真正合而为一的。

# 第二十五章
# 让我们把他当作一盘祭神的供品而切割
## ——《裘力斯·凯撒》中的献祭周期

如同《哈姆莱特》中的克劳狄斯,勃鲁托斯可能会说:

> 病发得急了,
> 一定得使用急药来治,
> 要不然不好办。

(第四幕第三场:9—11)

医学形象传统上与暴力和献祭有关,其相关性根植于医学的祭祀渊源。就像人类文化中的其他事物一样,医学也是造物主的孩子。传统医学是祭祀性的,因为它与疾病具有相同的性质;它是对疾病本身的一种严格控制和医治。对凯撒的谋杀是一种"急药",对政治躯体的治愈要么卓有成效,要么全然无效。在后一种情况下,它必定加速共和国的终结,这确实是正在发生的事情。

献祭的问题在于,当一个人真正需要它的时候,它却不复存在了。勃鲁托斯试图挽回的献祭性差异——等级本身——已经消失,无法恢复。勃鲁托斯失败的献祭揭示并加速了隐藏在背后的创始暴力的消亡,且在内战的极端暴力中终结了罗马共和国。

## 第二十五章 让我们把他当作一盘祭神的供品而切割

中心不复存在,需要建立一个新的基础,而这个基础只有在暴力和混乱中付出巨大代价才能建立起来。

具有讽刺意味的是,同一起谋杀案可能会起到几个相互矛盾的作用;这种讽刺是强烈的,但并不是莎士比亚个人灵感的具体体现。只有最伟大的悲剧诗人才会产生谋杀本身所具有的讽刺意味,这既是危机的最终的混乱,也是秩序的再生。

为了真正奠定基础,新的谋杀也必须是祭祀崇拜的起源和模式。对勃鲁托斯来说,献祭是对塔昆被驱逐的重演;同样,在新的帝国世界里,献祭必定是对凯撒被谋杀的再现,是献给凯撒本人的。

在罗马帝国期间,祭物依次献给每一个皇帝,但因为他们都被称为凯撒,它们实际上是献给同一个永恒的凯撒的,凯撒在他的所有继任者中重生。每一个新皇帝都是最初被献祭的神性的转世。在所有神圣的君主政体中,创始时期的受害者总是既已死去又仍活着。

最具讽刺意味的是,在新形势下,勃鲁托斯的自杀,呼应凯撒的祈求,被解释为新崇拜的第一次献祭。这种献祭意义正是玛克·安东尼和奥克泰维斯·凯撒在葬礼悼词中所信奉的。奥克泰维斯将是第一位罗马皇帝,所以在帝国首次祭奠中,他应该扮演大祭司的角色。一个新的献祭周期已经开始,通过矛盾的命运转折,勃鲁托斯将永远在其中扮演他希望凯撒在前一个周期中扮演的角色。最后必须有人被切割成献给某个神明的供品,勃鲁托斯就是这个人,他被献祭给了他曾经拒绝崇拜的神明。

神话是对某种等级危机的记忆,这种记忆被成功的替罪羊效应系统性地扭曲了。献祭仪式是对同样场景的再现；替代受害者的献祭是为了重新获得最初受害者形象（original victimage）的安抚效果，从而防止再次陷入摹仿性危机。

献祭仪式是一种虔诚的摹仿性过程（外部中介），它缓和了摹仿性竞争，创造了社会的宗教崇拜。献祭是对最初受害者形象的减轻和缓解，因为不朽的受害者不是群体的成员，而且通常甚至不是人。

戏剧是献祭的一种减轻和缓解方式，因为受害者根本没有被牺牲掉。他们的死亡只是一种模拟死亡，甚至舞台上也不允许表现这种模拟死亡。上述禁忌强调远离真正的暴力。除了主人公的死亡，几乎所有的东西都可以在戏剧中表现出来。即使有时能听到，也绝不能看到主人公的死亡，就像在埃斯库罗斯的《阿伽门农》结尾时国王被谋杀一样。

人们不应从这一演变中得出这样的结论：最初的谋杀已经失去了它的重要性，不再是戏剧等后仪式（postritual）制度的基础。不流血的悲剧并没有从根本上改变再现的性质和目的，这与仪式的情况是一样的；亚里士多德将其定义为宣泄或净化，使得这一点非常清楚。这个词在医学上的用法可以追溯到宗教的用法，它指的是献祭所产生的安抚作用。

十九世纪和二十世纪的学者努力证明戏剧的净化与献祭的净化是截然不同的，这间接地表明这些学者对献祭的真正意识要比他们假装的更多。悲剧，装扮羊人的酒神颂歌，不可能像我们被告知的那样与人类所有宗教和整个人类文化中最令人厌恶的方面格格不入，在著名的 *pharmakos*，即替罪羊仪式中，集体联合起来对付一个单一的受害者，这在整个古希腊仍然是显而易见的。要认识到这两种净化实际上是同一种,只要注意到同一个词在两种情况下指的都是对创始谋杀的相同的再现。戏剧的特殊之处在于,以完全虚构取代了部分虚构的献祭仪式。

通过清除或净化持续威胁任何人类社会的模仿性竞争,换句话说,通过激活创始谋杀的效应,净化恢复了公民间的和谐。亚里士多德的定义正是如此,但没有提到创始谋杀。为了理解"净化说"(catharsis),我们不应相信"怜悯"和"恐惧"被消除即意味着被净化;它们是确保净化过程成功的良好情绪。

甚至在主人公死亡之前,民众的代表,即歌队(chorus),就表达了对主人公的同情和对即将降临到他身上的命运的恐惧;他们把平淡但相对安全的生活与名人和权贵必须经历的苦难做比较。只要民众怜悯主人公,就不会羡慕他的伟大。只要他们害怕自己也会遭受他所遭受的苦难,他们就不会把他当作摹仿的榜样,并且会小心翼翼地避免傲慢的行为,这种行为会引发新的摹仿性危机。这一定义不仅适用于戏剧和献祭仪式,而且适用于更为极端和更具超越性的创始谋杀本身。

亚里士多德有意无意地指出了替罪羊机制的和解效果,所有仪式和后仪式制度都试图以某种模糊的方式重新利用替罪羊机制。即使如此,这位哲学家比任何人都更具有启发性,他并没有完全消除构成文化基础的模糊性。他从未把注意力直接集中在这一切的根源,即创始谋杀上。净化似乎无中生有;亚里士多德没有提及它的宗教渊源。

这种模糊性是人类文化的基础。它是在创始谋杀所开启的献祭空间中持续具有哲学性的现象。它是从仪式中产生的所有制度的持续的净化力量。

后献祭制度并不具有狭义上的宗教性质，即需要某种形式的献祭，但在源于最初的替罪羊效应即歧视原则的表征性封闭（representational closure）方面，它们仍然是仪式性的。不愿去思考替罪羊的这一起源，不仅是现代批评家试图将戏剧净化与希腊宗教分离开来的原因，也是他们普遍回避莎士比亚戏剧中的摹仿欲望和所有摹仿效应的原因。

在欧洲文化中，作为献祭之父的造物主最早的叛逆之子是希腊悲剧诗人，矛盾的是，他们不断地将神话中刻板的差异化解为摹仿性竞争相互施加的暴力。他们的悲剧意识的无差别化揭示了替罪羊的影响，神话的再现归功于这种影响。在《暴力与神圣》中，我尝试用两个很好的例子说明这一点，即索福克勒斯的《俄狄浦斯王》和欧里庇得斯的《酒神之伴侣》。①

然而，这种反叛的程度是有限的，这些有限之处体现在哲学和希腊悲剧的共同之处上，即它们都无法专注于创始谋杀本身。即使是最大胆的希腊悲剧《酒神之伴侣》，它把支配整个戏剧的事件推到最后也没有在舞台上展示出来，我们只是通过目击者有所耳闻。

尽管这部悲剧既强大又邪恶，但它并没有违反界定这一文类的基本禁忌。集体驱逐总是被驱逐，希腊悲剧再也不能正视它，正如我们不能正视太阳一样。作为一种机制，戏剧扮演了亚里士多德赋予它的角色。它伪装并压制了其摹仿性献祭的基础结构。

如果我们从这一历史背景来看《裘力斯·凯撒》，我们马上就能意识到为什么这部剧毫无疑问是悲剧性的，是最传统意义上的但绝对独特的悲剧：它直指悲剧的核心，即创始谋杀。这是第一

---

① 勒内·基拉尔，《暴力与神圣》(巴尔的摩：约翰·霍普金斯大学出版社，1977)。

部,也是唯一一部集中于这种谋杀本身,而不是其他的悲剧。

这一焦点或许真正解决了关于戏剧审美的统一性的问题:为什么莎士比亚将谋杀安排在第三幕中间,几乎是整部戏的中间,而不是像任何一个"普通"剧作家那样把它放在全剧结尾?当然,批评家会寻找一个纯粹的美学答案。一个主人公死在"错误的"地方的剧本能成为真正的悲剧吗?换句话说,它能成为令人满意的娱乐吗?会不会是两部戏并置而不是一部戏,第一部是关于凯撒被谋杀的悲剧,第二部是关于谋杀者的悲剧?

答案是明确的:《裘力斯·凯撒》既不以凯撒为中心,也不以谋杀他的凶手为中心;这不是一部关于罗马历史,而是一部关于集体暴力本身的戏剧。为了把握它的统一性,我们必须认识到它真正的主题是暴力的群众。《裘力斯·凯撒》是戏剧和人类文化本身的暴力本质得到揭示的戏剧。莎士比亚是第一个毫不留情地关注创始谋杀的悲剧诗人和思想家。把谋杀从结尾转移到这部戏剧的中间,或多或少意味着一个天文学家把他的望远镜聚焦在他正在研究的那个巨大而无限远的对象上。

莎士比亚对凯撒或勃鲁托斯都不太感兴趣。显然,让他着迷的是他们暴亡的示范性质——不是英雄壮举的示范性,而是人类学意义上的示范性。他清楚地认识到,集体暴力对悲剧至关重要的唯一原因是,它过去是,现在仍然是人类文化本身所必不可少的。他在问:为什么同一种谋杀不能在某一时刻起作用,却会在另一时刻起作用?凯撒之死怎么会首先成为混乱的根源,然后成为秩序的根源?勃鲁托斯的献祭流产又如何成为新的献祭秩序的基础?

美学批评,即使被弗洛伊德、马克思、尼采、索绪尔、海德格尔等人修改或修正过,也提不出《裘力斯·凯撒》中出现的最相关的问题,这不是因为莎士比亚特别有"创造力"或"创新性",而是出于相反的原因。他回到所有悲剧一直隐藏的本质,并第一次面对它。

如果我们考虑一下这部剧中集体暴力的次数,即使是纯数量上的,我们会发现我所说的应该是显而易见的。不包括腓利比,三次集体暴力事件要么在舞台上上演,要么在显著位置被提及:对凯撒的谋杀、对不幸的西那处以私刑及塔昆被逐。

三次暴力事件中,凯撒之死当然是最重要的,至少有三种不同的解读在悲剧中起到了重要作用。首先,谋杀发生前共和主义者勃鲁托斯的献祭;其次,我们将这种谋杀等同于混乱无序;最后,它成了秩序的象征,伟大的罗马将从中吸取使之获得新生的血液。在这部戏里,没有一件事不是导向这一谋杀,也没有一件事不是从这一谋杀开始的。谋杀是一切事物的中心。谁说这部戏缺乏统一性?

每一种献祭仪式背后都有一种创始暴力。一段时间后,创始谋杀失去了它的约束力,摹仿性危机被点燃,献祭也不能将其缓和;最终,这场危机就会催生一场新的创始谋杀。每个新的创始暴力开始其新的献祭周期(sacrificial cycle),直到基础的神性力量蒸发为止。献祭周期是人类文化的主要组成部分,是这些文化中独特的历史时期。为了揭示献祭文化的周期性,该剧必须向我们展示一个周期的结束(罗马共和国)和一个新的周期的开始(罗马帝国)。

莎士比亚所选择的历史事例特别有利于这一启示,因为在集体暴力的摹仿性转化完成之前已经过去了一段时间。(因为内战只有在玛克·安东尼被击败后才会结束,所以它所花费的时间比《裘力斯·凯撒》中所表明的还要长。)谋杀的缓慢变迁使其非常符合剧作家的意图,他能够使这一过程的每个阶段戏剧性地展现出来。

在西方世界,戏剧是纯粹的娱乐,人们理所当然地认为主人公的死亡地点应该由这个功能来决定。如果主人公没有在戏中待到最后,观众就不会觉得满意。只有当每个人都要回家的时候,主人公才能死;死亡应该是主人公的最后一招,大概也是最有趣的一招。没有人意识到主人公最终会死去,因为在这一过程背后,死亡的表现是替罪羊式的解决方案,成功地结束了摹仿性危机。

所有的美学批评最终都是基于一种"人类利益"的观念,这种观念就像罗马马戏一样具有"献祭性",唯一的不同(重要)之处在于,流血是被禁止的。和现代戏剧一样,罗马的马戏表演纯粹是献祭性娱乐活动。我们的戏剧是献祭性的,因为它无视献祭的封闭性,而它的所有概念都根植于这种封闭性之中。

令人不快的是,人类文化的内在圣地实际上是一个腐朽的内核。这种抗拒是献祭本身,保护献祭不受一种意识的影响,而这种意识将使一切净化成为不可能。莎士比亚比那些仅仅重复过去的诗人更接近希腊人,同时又更远离希腊人。他深入悲剧的核心,揭示了悲剧一直以来所具有的意义。

净化使玛克·安东尼宽恕了勃鲁托斯的嫉妒。如果一部戏剧引发了太多关于摹仿性互动的思考,那么它就不会有强烈的净化作用。摹仿是如此具有感染力,以至它的表现形式对观众来说具有潜在的破坏性。玛克·安东尼的悼词是注定的，即使不能完全抹去我们在前五章中讨论过的所有知识，至少也会降低我们的认知水平，至少会在摹仿方面导致部分失忆，促使我们对剧中发生的事情有一个理想化的认识。

从结局来看，整部戏剧的内容获得了宁静和不朽的品质，这是我们自己的分析中明显缺失的，因为这些分析真正关注的是文本本身。对这部戏的标准看法是由最后的净化所鼓励的误读的产物。

结尾的文字所产生的安抚作用对我们产生了模糊的影响，我们重复玛克·安东尼的话，"其他阴谋者的行为出于嫉妒，但勃鲁托斯不是"，这并不完全正确，我们很清楚。作者本人授权我们尽量减少或完全压制任何与这一结局所产生的解脱、高贵和宁静的感觉相矛盾的东西。这一结局对剧中戏剧化事件的顺序进行了回溯性的变动。

我们应该得出什么结论呢？这部戏真的有净化效果，还是仅仅是一个幻影？这难道不是一种真正的净化吗？《裘力斯·凯撒》是一部净化的戏剧，还是仅仅是一个幻影，是对净化的戏仿，仅仅是一个拟像（simulacrum）？

《裘力斯·凯撒》的读者可以选择从净化或非净化的角度来阅读剧本。净化是一种戏剧性现实，但如果我们将它看得过于认真，此剧最根本的意义就会消失。这种净化式阅读会摒弃我们所谈论的一切，回归传统的批评。对莎士比亚的传统阐释并非完全错误。它们从来都不无根据，建立在所有文化的典型的基础，即来自创始谋杀的献祭-净化效应之上。

这是莎士比亚的惊人之处，他能够把对创始谋杀的全面揭露与净化-献祭效果的产生结合起来,这一揭露理应排除,但恰恰相反,事实证明,这一揭露被有意设计得更为有效。在各个方面,他对悲剧可能性的拓展,超越了在他之前或之后的所有剧作家所具有的局限。

净化或献祭式的阅读对应我所说的表层戏剧(superficial play),而摹仿性竞争和结构性替罪羊的揭示对应深层戏剧(deeper play)。我将尝试在另一个剧本《威尼斯商人》中发现同样的双重结构,以及它所投射出的解释性矛盾心理。然而,在此之前,我将通过展示两部已经考查过的喜剧中明显的替罪羊意识,来尝试证实莎士比亚的这种意识:首先是《特洛伊罗斯与克瑞西达》,然后是《仲夏夜之梦》。

# 第二十六章
# 世界之狼和世界猎物
## ——《特洛伊罗斯与克瑞西达》中的创始谋杀

尤利西斯论及等级的言辞更接近霍布斯，而不是存在之链。它可以被定义为霍布斯的"所有人反对所有人的战争"更激进的早期版本。霍布斯不得不因这种想法不受欢迎而极度痛苦，但是莎士比亚从未有过这种痛苦。创造性作家从来没有像思想家那样被认真对待，这是不幸的，但就他们的声誉来说，这又是幸运的。

对社会持激进观点的思想家被指责为无政府主义者或反动分子，无论哪种情况都不受欢迎。他们引起怨恨并不真是因为他们的社会和政治观点，而是因为他们对令人不安的摹仿及悲剧性图景所具有的洞见，这种洞见只有当它被美学地解释并失去了智性意义的时候，才是可以接受的。

没有摹仿性意识，人类在相对和谐的环境中生活的能力被视为理所当然。只有对那些认为文化差异有可能演变为摹仿性竞争及对立混杂（confounding contraries）的人而言，社会的起源才成为真正的问题，而这不应与和平的对立统一（coincidentia oppositorum）现象混淆。如果摹仿性危机是可能的，那么混乱就会比秩序问题更少。所有的人类秩序最终都必定回归混乱，而混乱一定是最先产生的。

在神话中，文化的差别化已经表现为对无差别混乱的神秘征服。这是否意味着像莎士比亚这样的摹仿性思想家具有神秘性？非摹仿性思想家几乎自然而然地认为他们具有神秘性。因此，莎士比亚经常被认为是神话的伟大创造者，甚至有时被认为热衷迷信，这就是莎士比亚批评的错误之处，这些批评家被禁锢在其自身理性主义的狭隘之中。

摹仿性思想家，也就是悲剧性思想家，通常不被信任，因为他们过度悲观和沮丧，甚至心理失衡。最伟大的艺术家往往是世界末日式的思想家，总是倾向于夸大危机的紧迫性，他们觉得，他们的社会和他们自己都陷入了危机。这种不信任有一定道理，但当它导致对这些思想家提供的基本洞见的全面否定时，它就成了大量谎言的借口。

这种洞察力是对相互暴力和摹仿性双重形象作为人类冲突的主要根源的理解。它比其他任何观点都更有力量，但这种力量就像一个被禁锢在岩石中的精灵，是纯粹的艺术真理，甚至被那些宣称抽象的文学文本的优越性，但总是从某种哲学或反哲学——两者相同——时尚中得到启示的文学批评家所忽视。

只需有点摹仿意识，就能理解等级危机是如何开始的；而要理解危机是如何结束的则需要更多的摹仿意识——事实上，即使最具有摹仿意识（在我们看来）的系统思想家也无法解开这个谜。如果对献祭危机的暴力升级的追求走得足够远，就有彻底毁灭的危险，迟早，摹仿性思想家自己也会因为恐惧而寻求某种社会契约的庇护。即使霍布斯，最终也寻求一种社会契约，甚至写了《图腾与禁忌》(Totem and Taboo)的弗洛伊德也不例外。

社会契约的观念是摹仿性竞争的巨大的人文粉饰，是那些不能充分追求摹仿逻辑的人的标准逃生舱门；这份漂亮文献最终假定的特定形式根本无关紧要，至少从我们的角度来看是这样。这种想法的荒谬程度与推动思想家前进的摹仿性洞见的力量成正比。社会契约必定在摹仿性危机最剧烈的高潮时出现，在仲夏夜怪物和等级崩溃中出现，在这种情况下，理性的解决方案比任何时候都更不可想象。在强烈憎恨的时刻，歇斯底里的双重人物安静地坐在一起，进行一些美好的合法交谈，这种想法是如此牵强，以至它的支持者总是把它作为一个纯粹的理论工具。

在《裘力斯·凯撒》中，莎士比亚穷追不舍地探究摹仿性逻辑，但最终他所发现的并不是社会契约，而是创始谋杀的一致性暴力。如果他是个前后一贯的思想家，这种解决方案不会只出现在一个剧本中，而必定出现在相当多的剧本中。也许并不总是像《裘力斯·凯撒》中那样明确（既然我们已经从最彻底的探索和阐述了这个主题的悲剧《裘力斯·凯撒》中获得了关于创始谋杀的基本知识），但至少在不难理解的简短说明和典故中有含蓄的表现。

由于《特洛伊罗斯与克瑞西达》包含了莎士比亚最详尽的关于等级危机的理论性文字，我们必须从《裘力斯·凯撒》所提供的视角对这部戏剧再次提出问题。最后发生集体杀戮了吗？尤利西斯是否提到了人类社会的献祭起源？让我们先来回答第二个问题。

这位演说者不是想使听众安心，而是想引起他们的关注。他不想详细讨论解决危机的办法，但无论如何必定使危机的升级达到某种可怕的程度。精灵最终必须回到瓶子里，这一幕应该不可避免地出现在专注于这场危机的那个部分而非演讲的结尾。以下是这个部分的最后六行，也是我唯一没有引用的：

> 那时权力便是一切，
> 权力推动意志，意志放纵欲望，
> 而欲望，是一头世界的狼，
> 得到了意志和权力的双重辅佐，
> 势必寻找一种世界猎物，
> 最后把自己也吃下去。

（第一幕第三场：119—124）

随着危机的加剧，离心力再次成为向心力；一些普遍性的变化似乎发生了，但并没有真正明确，然后所有的暴力突然结束了。

在达到高潮的关键时刻，每个人都成了捕食者和猎物。"势必"一词表达了这种同时发生的必然性，暴力完美的相互作用。对于霍布斯所谓的"所有人反对所有人的战争"，我们不能要求一个更明确的定义，当然，这个表述意味着我们一直强调的变形为模仿性双重人物的人并不只是社会的某些成员，而是所有成员，至少在"理想"情况下是这样。

如果我们将危机作为一个整体来审视，并将最后六行包括在内，那么整个动态过程将让我们想到，当厨师或电动搅拌机将蛋奶酥的食材猛烈地搅拌在一起时会发生什么。最终得到的混合物会逐渐变得更平滑，并经历几个阶段，直到发生更彻底的变化，这正是整个过程的目标。

搅拌机的摹仿性对应物是双重人物的相互暴力,它扩展到社会的更多成员时,变得越来越强烈。要达到所需的平滑,需要最激烈的搅拌,即最激烈的竞争。只有彻底打破旧秩序,完全无差别,才能使全体一致得到传染。为了结束这一过程,需要完全的同质性(homogeneity)。

如果暴力不受阻碍地继续下去,破坏将是彻底的,但突然之间,只有半行,总共五个字,暴力结束了:"最后把自己也吃下去。"① 这句话里有一种鬼鬼祟祟、含糊不清但很果断的意味,暗示着恶魔的诡计。很明显,这些狼不会把彼此吃到最后一只,但它们也不会把自己变成某个学术委员会来重写它们的社会契约。然而这意味着只要一次操作;它只能是一个受害者的死亡。

虽然用的是单数形式,但"狼"和"猎物"这两个词指认了群体中的所有成员;这一含义由"世界的"②一词得到了确定,并涵盖了两者。然而,与单数名词连用时,"世界的"还可以表示其他意思:单一的狼或猎物将是普遍的,它将取代其他所有的物体,成为整个社会的唯一替代品。

以"欲望"为主语,阳性单数在语法上是正确的,它不仅代表"欲望",而且代表两个集体名词:"世界的狼"和"世界猎物"。单数代替复数就是用一个受害者代替所有的受害者,在结构上等同于献祭的替代——无疑像个绕口令,但意义非凡。

一头看起来贪得无厌的巨兽似乎准备吞噬眼前的一切,突然间,巨兽消失了。巨兽不过是贪欲,这正是上文所说的:"而欲望,是一头世界的狼⋯⋯"一大口就足够了,但必须恰到好处,而且要

---

① 莎剧原文为"And last eat up himself."——译注
② 原文是 universal,意为"一般的、普遍的、全体的"。——译注

在恰当的时刻。必须是新鲜的肉类，虽并非危机严重时所要求的那种规模，但仅有符号是不够的。我们的这头世界之狼并不是结构主义动物，那种只剩下骨架的动物，毫无疑问，结构主义动物理应以纯粹的符号为食。

献祭的野兽很容易受骗，会把单一的受害者误认为整个群体，但是，就像基督教传说中的魔鬼一样，它必须有个受害者。这些传说是关于献祭替代的，在福音书中，属于"这个世界的势力"，也叫撒旦或魔鬼、尘世王子——换种说法，就是模仿原则。一个巨大的食人魔被要求把自己变成一只小老鼠，最愚蠢的是，出于纯粹的虚荣心，这个无能的怪物服从了，把自己缩到那么小，能被穿靴子的猫一口吃掉。许多童话和传说的主题显然是对受害者机制的隐喻。

在《特洛伊罗斯与克瑞西达》这部我们所谓的"问题剧"中，最神秘和最少被研究的问题之一，是该剧与荷马对赫克托之死的描述有显著的不同。在《伊利亚特》中，赫克托独自与阿喀琉斯交战并被杀。在《特洛伊罗斯与克瑞西达》中，这场公平的对决被阿喀琉斯的部属密尔弥多涅人的集体残杀所取代。

在《伊利亚特》中，没有比战争中这两位最伟大的英雄之间的战斗更著名的场面了。莎士比亚不记得这个场面是不可想象的。实际上，《特洛伊罗斯与克瑞西达》包含了间接的证据表明他记得。莎士比亚让阿喀琉斯的部下散布谣言，说阿喀琉斯，他们的领袖，一手杀死了赫克托，这时，莎士比亚含蓄地提到了《荷马史诗》，具有讽刺意味的是，他将其描述为受益人阿喀琉斯，以及他身后所有的希腊人植入的一个宣传性谎言。莎士比亚认为，《荷马史诗》被人为地清除了集体暴力,目的是让这位希腊头号大英雄变得比他实际上更伟大。

阿喀琉斯血腥地指示他忠诚的部下的场景,可以而且必须被解读为对《裘力斯·凯撒》中阴谋的拙劣模仿,勃鲁托斯就如何谋杀凯撒对阴谋者提出建议,而阿喀琉斯指示部下:

> 过来,我的密尔弥多涅人,听我的话。
> 我到什么地方,你们就跟到什么地方;
> 别动刀剑,蓄养好你们的气力。
> 当我找到了凶猛的赫克托以后,
> 你们就用武器把他团团围住,
> 一阵乱剑剁死他。

(第五幕第七场:1—6)

在这两种情况下,受害者都是毫无防备的。去元老院,凯撒没带武器;赫克托在战场的一个偏僻的角落里被突袭,他没有穿盔甲。我想,他把盔甲脱下来,完全是出于虚荣心,为了换上一个被征服的战士的更漂亮的装备。在这种情况下杀死赫克托是不光彩的,但阿喀琉斯毫无顾忌:

> 赫克托:我现在已经解除武装,不要乘人不备,希腊人。
> 阿喀琉斯:动手,孩子们,动手!这就是我要找的人。
>  (赫克托倒地)
> 现在,伊里昂,你也跟着倒下吧!
> 来吧,特洛伊,倒下吧!

## 第二十六章 世界之狼和世界猎物

> 这儿躺着你的心脏,你的筋肉,你的骨骼。
> 去吧,密尔弥多涅人!大家齐声高呼:
> "阿喀琉斯把勇武的赫克托杀死了!"
>
> (第五幕第七场:9—14)

在《裘力斯·凯撒》和《特洛伊罗斯与克瑞西达》的相似性中,这一点是最重要的。我们不能完全用莎士比亚的愿望来解释这一点,即他想要贬低阴谋者或把阿喀琉斯描绘成一个恶棍,他似乎乐于这么做。我们需要一个更重要的理由来说明这种对荷马的不忠实,而只有突出集体暴力的人类文化的概念才能提供这样的说明,这一概念在《裘力斯·凯撒》中得到了阐述。

将赫克托之死置于特洛伊战争的总体背景下,从"历史"角度来看,它似乎是一个转折点,作为特洛伊没落的开始,这是一个大高潮,此后,等级危机持续了一段时间,甚至恶化,但随后逐渐平息,最终以希腊人的胜利告终。我相信,所有这些类比就是莎士比亚如此描述赫克托之死的原因。风格与《裘力斯·凯撒》不同,但总体思路是一致的。在悲剧强大的现实主义背后,我们已经可以感觉到在《特洛伊罗斯与克瑞西达》中公开表达的一些讽刺性的愤慨。

哈罗德·希勒布兰德(Harold Hillebrand)在他的《莎士比亚新版集注本》[①]中提到的作为这一场景可能来源的文本,并没有为集体谋杀提供一个真正的先例,也没有削弱莎士比亚作品的原创性和重要性。毫无疑问,解除武装的赫克托这个主题确实并不完

---

① 《特洛伊罗斯与克瑞西达》,见哈罗德·N. 希勒布兰德编《莎士比亚新版集注本》(*A New Variorum Edition of Shakespeare*,费城:J. B. 利平科特,1953),第 424—447 页。

全属于莎士比亚,但是在这个主题的相关作品中,杀人者仍然只是阿喀琉斯一个人,在利德盖特①文本中杀死特洛伊罗斯的也是阿喀琉斯,这也显示了这个战士首先被密尔弥多涅人包围并攻击。这些文本可能对莎士比亚的这一场景的总体概念有所帮助,但它们没有包括最重要和最原创的观点,即纯粹的莎士比亚观点,也就是对赫克托的集体谋杀。

有人认为莎士比亚不是这些台词的作者,我不同意这种说法。把它们从剧中去掉,对于集体谋杀赫克托所造成的阐释困境来说,是一个太容易的解决办法。这一谋杀与该剧作为"英雄价值观"载体的理念是不相容的,这也是一些传统批评家想要摆脱它的原因。如果我们把所有和《特洛伊罗斯与克瑞西达》的英雄主义概念相矛盾的段落从剧中都删去,那就一个字也不会留下了。

莎士比亚想以集体谋杀来结束他的这部戏剧,无视任何阻碍这一结局的东西,甚至荷马本人。整个事件应该是令人反感的,而不是令人敬畏的,处理得也很粗略,但它不可能被彻底剔除出一部明显具有莎士比亚风格的戏剧。在我看来,《特洛伊罗斯与克瑞西达》结尾处的集体谋杀是一个有力的论据,支持我正在捍卫的观点。莎士比亚理解集体暴力在模仿理论中必然扮演的角色;他认为这是影响人类社会的混乱与秩序的神秘交替的关键。

在希腊神话中,男女两性的神圣杀手比比皆是,他们可以组成有组织的团伙,如库里特派(the Kuretes)、科律班忒斯派(the

---

① 利德盖特(John Lydgate,约 1370—约 1451),英国修道士和诗人,著有长诗《特洛伊纪事》(*Troy Book*)。——译注

Corybantes)或酒神女信徒派(the Bacchae)。他们也出现在其他神话传说中;一个著名的例子当然是北欧的女武神(Nordic Valkyries)。这些杀手的存在和突出表现以及无数其他线索都说明了集体暴力在神话中的重要作用。

凭借他惯常的神话天赋,莎士比亚把密尔弥多涅人理解为一群神圣的杀手。如果我们仔细观察阿喀琉斯和他的部属,我们会发现每个细节都证实了这种洞察力的力量,尤其是密尔弥多涅(Myrmidon)这个词的意思是"蚂蚁"。

在许多原始神话中,杀手群体被描述为一群动物,他们集体捕猎或大量聚集在尸体周围,就像狼、狗、秃鹫及其他食肉野兽那样。许多神话也诉诸驯养的动物,它们会背叛主人并杀死主人,如希波吕托斯的马,或者阿克泰翁的狗,《仲夏夜之梦》中提到了后者。

昆虫大量聚集在尸体上和周围,在世界各地的许多神话中也扮演着同样的隐喻角色。它们暗指集体暴力。在克劳德·列维-斯特劳斯研究南美神话的《神话学》(Mythologiques)中,"苍蝇"明显扮演着私刑者的角色。① 在拉迪亚德·吉卜林②的第二本《丛林故事》(Second Jungle Book)的一部短篇小说《红狗》中,蜜蜂也扮演了同样的角色。

和其他昆虫一样,蚂蚁让人想起共同攻击它们的受害者——在此是赫克托——的众多杀手,这必定是阿喀琉斯的部属被称为密尔弥多涅人的最初原因。莎士比亚表现赫克托的艺术创新并不是无端的诗性放纵;这是整体的摹仿性视野的一部分,它揭示

---

① 不用说,列维-斯特劳斯自己没有在这些神话中看到替罪羊机制的影子。见《神话学:生与熟》(巴黎:普隆出版社,1984),第 152,154 页。
② 吉卜林(Rudyard Kipling,1865—1936),英国小说家。——译注

了无数的神话主题,并把希腊史诗作为一个整体来把握,包括它的"等级危机"和集体性替罪羊的解决方案。

《特洛伊罗斯与克瑞西达》作为一个整体,说明了尤利西斯提出的危机理论。终场时赫克托死于众人之手荒诞地说明了这一事件不光彩的结局:世界之狼神秘地吞噬了自己。在我们的摹仿和献祭视角的观照下,尤利西斯在演讲结尾处的奇怪话语和戏剧结尾处荷马的奇怪变形相互呼应,这些第一次变得清晰易懂。

如果所有的净化真的是谋杀在谋杀行为中产生和解的一种弱化版本,那么,没有什么比揭露其真相的残酷和肮脏更不利于和解了。《特洛伊罗斯与克瑞西达》不属于任何一种公认的戏剧类型,或者也许它是法国人所说的乔装打扮的(travestie)《伊利亚特》,一种对史诗的戏仿,但它是如此深刻,以至破坏了戏剧的本质。如果莎士比亚的哪部戏剧真的符合反戏剧(antitheater)的定义,那肯定是《特洛伊罗斯与克瑞西达》。

## 第二十七章
# 好迫克！

——《仲夏夜之梦》中的献祭性解决

仲夏夜是一场等级危机，应该遵循与《裘力斯·凯撒》及《特洛伊罗斯与克瑞西达》同样的献祭逻辑。这两部戏剧告诉我们，结束暴力的唯一可能是达成一致的受害者机制。这一规则也适用于《仲夏夜之梦》吗？

没有人死于喜剧；喜剧法则禁止表现暴力。没有受害者意味着莎士比亚是在按规则行事。但他是否已经意识到这个规则必然具有欺骗性？即使摹仿性危机的圆满结束，也特别需要一个藏在某个地方的献祭受害者。这部戏是莎士比亚意识到这一事实之前写的，还是有什么细微的迹象表明他已经意识到了？这就是我们想要知道的。如果莎士比亚在创作《仲夏夜之梦》时就已经掌握了献祭的秘密，那么他就可能像在《特洛伊罗斯与克瑞西达》中一样，在剧中插入了一些可以辨认的信号，表明它的作用。

我们最后一次见到拉山德和狄米特律斯的时候，他们还像往常一样，怀着同样的欲望寻找彼此，而这种欲望现在已经变成了同样的暴力欲望。他们拔剑出鞘，迟早会在黎明的曙光中发现对方。但他们并非如此；他们平静地入睡，第二天早上醒来仍是朋友。传统喜剧中快乐的结局不仅发生了，它亦是迫克按照奥布朗

的指示让它发生的:

> 你瞧这两个恋人找地方决斗去了;
> 因此,罗宾,快去把夜色遮暗了;
> 你去用像冥河水一样黑的浓雾
> 盖住了星空,
> 再引这两个气势汹汹的仇人迷路,
> 别让他们碰在一起。
> 有时你学拉山德的声音,
> 痛骂狄米特律斯,气得他跳脚;
> 有时你学狄米特律斯的样子斥责拉山德;
> 用这种法子把他们分开,
> 直到他们精疲力竭,死一样的睡眠
> 拖着铅样沉重的腿和蝙蝠的翅膀
> 爬上他们的额头。
>
> (第三幕第二场:354—365)

这次迫克忠实地完成了自己的使命。他在狄米特律斯面前模仿拉山德,又在拉山德面前模仿狄米特律斯,巧妙地诱使两人追逐他,而不是追逐对方。这个超人斗牛士避开不止一头,而是两头愤怒的公牛的牛角,领着两个小伙子一圈圈地转,直到他俩精疲力竭,倒在地上睡着了。

与此同时,两个女孩也睡着了,尽管并没有外部干预。她们对暴力的渴望似乎还不够强烈,不足以危及她们的生命。在剧中,莎士比亚首次以一种截然不同的方式处理男女角色。莎士比

## 第二十七章 好迫克！

亚可以选择一个不同的结局；他可以决定让男孩和女孩一样疲惫不堪，他们也会自然入睡。作者设计这种奇怪的"解决冲突"的技巧一定是有原因的。

精灵不断地将两个男孩互相攻击对方的暴力引向自己。没有这个替代性目标，流血冲突不可避免。在没有任何受害者的情况下，严格地说，像"受害者形象"或"献祭"这样的字眼是不合适的，但迫克的计谋是一种献祭性替代，如果我曾经见过的话，就像它所代表的献祭一样有效。

拉山德和狄米特律斯变成了完美的双重形象，同样想要毁灭对方。我们面临着"一头世界的狼……势必寻找一种世界猎物"，这一场景是对这个关键时刻发生的事情的一种轻微但绝对扭曲的表现：我们可以看出受害者机制；我们可以看到这一机制发挥了作用，但没有人死亡——暴力不见了。确实，这一献祭机制并没有表现为真实存在的摹仿性危机的自然结果，而是替罪羊自己的主动行为，或者说是其他神明的主动行为，这里的神明就是奥布朗，他监督迫克的行为。

如果只有这两个双重形象，有人可能会反对说这与献祭性替代并不相干，但双重形象实际上是三个。通过巧妙地摹仿狄米特律斯和拉山德，迫克变成了这对双重形象的双重形象。莎士比亚使用了差不多三个演员，但我们可以说是两个半——无疑是绝对的最低限度，就算用上三百个或三十万个演员，也不会有什么实质性的改变。

真正的替罪羊是一个无助的受害者，而不是一个聪明的精灵，迫克玩这场游戏的唯一目的就是把他的迫害者从他们自己的暴力中拯救出来。欺骗的要素在于将被动的受害者变形为模仿性献祭过程的超验代理人。无疑,这是莎士比亚的独创,但不是无中生有,我们马上就能从他的创造中认识到神话的本质特征,这是神话扭曲其作为根源的真实事件的具体方式。

当替罪羊似乎值得崇拜时,只能出于让他们似乎值得仇恨的同样的原因。通过为人类互动产生的暴力提供单一的共同目标,他们将群体从这种暴力中拯救出来。在过去,世界各地的替罪羊就是出于这个原因被神化了:他们安抚对手的能力被认为是他们自己的仁慈行为。神话是对一些非常真实的事物的虚假解释,追溯性地向施害者暗示了他们施害行为的有益后果。

迫克是个典型的神话人物;人们认为他首先要对情人之间的冲突负责,因为他在分配爱情汁液时故意犯下错误,然后要为他们的和解负责,不仅仅是因为最后他把自己的汁液倒在了该倒的眼睛里,更重要的是,他阻止了拉山德和狄米特律斯互相残杀,为了达到这个目的,他甘愿承受他们的打击。

《仲夏夜之梦》是一篇有关神话性质的精彩论述。通过逆转已经隐含在最初替罪羊转移中的真实视角,得以和解的双重人物并未将他们的和解归因于摹仿性效果,这是他们实际上亏欠的,对此他们甚至没有意识到,而是将和解归因于受害者,他们把受害者变成了既能拯救他们又能伤害他们的存在。这就是仲夏夜精灵的起源;在严格的神话意义上,恋人们对忒修斯和希波吕忒所呈现的夜晚的叙述被扭曲了。所有的摹仿欲望都消失了,取而代之的是迫克的双重作用,首先是捣乱者,然后是拯救者。

如我先前所述,莎士比亚可以用另一种方式结束这个仲夏夜。他所写的结局是最可能与非暴力喜剧的受害者机制接近的结局,也是最接近悲剧但不会把喜剧变成悲剧的结局。

## 第二十七章 好迫克！

对于哪些观众，我们在这部戏里所设想的种种奇迹，四个世纪后仍然被完全误解和蔑视？我们必须再次设想，作者与一些同行有过私人接触。我们可以毫不犹豫地得出结论，在创作《仲夏夜之梦》的时候，至少在创作《裘力斯·凯撒》前三年，莎士比亚发现了受害者机制并掌握了整个摹仿性周期。

迫克在喜剧中的双重介入与另一个神话人物好人罗宾的双重本质有着密切的对应关系，莎士比亚在第二幕一开始初次提到了他。有个小仙女猜测迫克可能"真是"英国的妖精，她对英国的妖精描述如下：

> 你就是惯爱吓唬乡村的女郎，
> 在人家的牛乳上撮去了乳脂，
> 使气喘吁吁的主妇整天搅不出奶油；
> 有时你暗中替人家磨谷，
> 有时弄坏了酒使它不能发酵；
> 夜里走路的人，你把他们引入迷途，
> 自己却躲在一旁窃笑；
> 谁叫你"大仙"或"好迫克"，
> 你就给他幸运，帮他做工；
> 那就是你吗？

(第二幕第一场：34—42)

妖精（goblin）属于一种小神，人类学家称之为"捣蛋鬼"。他们都是好坏参半。好捣蛋鬼总是能弥补自己作为一个坏捣蛋鬼所造成的伤害。正如在莎士比亚的描述中,好捣蛋鬼只出现在极端情况下。整个序列当然符合叙事"悬疑"(suspense)的规律,但叙事悬疑并不是不言自明的;就像人类文化中的其他事物一样,它是献祭的产物。叙事悬疑是一种骗术,它反映了一种源于轻微替罪羊净化的表征扭曲(representational distortions)。

为什么卑微的好人罗宾会突然出现在被认为是更奇特的神话中?难道莎士比亚太天真无知,不能把一个神话与另一个神话区别开来吗?显然不是;如果他被弄糊涂了,他就不会坚持认为奥布朗的副手和罗宾是同一个人。对他来说,两者的融合,虽然是合法的,但并非不言而喻。在不到一小时的时间里环游世界的迫克是一个比土里土气的妖精更具异国情调和世俗色彩的人物。

莎士比亚关注的是这些差异背后的一个类比。迫克在仲夏夜所扮演的角色类似于罗宾身上的一种矛盾的力量,这种力量不仅来自莎士比亚个人,还来自一种流行的传统,这种传统如实反映在我们刚读到的描述中。作者请我们注意,民俗与神话有着相同的运作方式,相同的双重功能源于相同的摹仿性。他在比较不同文化传统中神话性过程事实上的对等性(equivalence)。

罗宾和迫克都是摹仿性周期的化身。这就是为什么莎士比亚如此强调摹仿。在回答刚刚介绍他的小仙女的问题时,妖精欣然承认了他的身份,接着描述了他最喜欢的一些骗术,全都是摹仿性的:

> 我就是那个快活的夜游者。
> 给奥布朗说些笑话来逗他发笑,
> 看见一头肥胖精装的马儿,

## 第二十七章 好迫克!

> 我就学雌马的嘶声把它迷惑;
> 有时我装作一只煮熟的螃蟹,
> 躲在老太婆的碗里,她想喝酒时,
> 我就跳起来弹到她的嘴唇上,
> 将麦酒倒在她皱瘪的脖颈上;
> 有时我化作一张三脚凳,
> 精明的婶婶坐下讲她的悲伤故事,
> 我便从她屁股下溜走,让她跌一跤,
> 她喊一声"好家伙",咳呛不住。
>
> (第二幕第一场:43—54)

罗宾甚至比波顿更擅长模仿有生命和无生命的物体;他总是以某物或某人的形象出现,或雌马的形象,或螃蟹的形象,或三脚凳的形象。以固定的身份来讨论他毫无意义。他唯一的身份就是我们在此剧中称为仲夏夜的身份危机,以及其他地方的等级危机。正如我们在他身上看到的迫克的形象,他也以好人罗宾的形象出现,这可能是他第三个、第四个、第五个神话中的身份。无疑,变形的普洛透斯将是个很好的选择。他拯救濒危恋人的策略也完全取决于摹仿:当他嘲弄狄米特律斯的时候,他得"学拉山德的声音";当他嘲弄拉山德的时候,他会"学狄米特律斯的样子"。

迫克是摹仿性周期的进一步证明在于与他相关的两种运动类型。他带着人们上上下下,一圈圈地在荒野瞎转,很快让他的受害者头晕目眩。根据第五章和第六章,这两种运动与摹仿性危机的关系是显而易见的。这种圆周运动反映了模仿性竞争的相互作用;这种上下起伏对应躁郁症振荡,即虚假分化的跷跷板。

旋转及伴随旋转而来的身体眩晕，大致相当于等级崩溃所带来的整体不稳定。同样的圆周运动最后也出现在迫克的拯救策略中：他的旋转木马游戏把两个小伙子惹毛了，最后终于引他们睡着了。正如许多原始仪式所显示的那样，献祭的重新排序与引发它的摹仿性混乱是连续的。

人与"超自然"摹仿的完美对应，彰显了他们的同一性。只要这种摹仿集中在欲望对象——先是赫米娅，后是海丽娜——上，它就会保持适度的冲突，并产生捣蛋鬼迫克的神话。当情况变得更加严重并转移到对手身上——当一方面赫米娅和海丽娜，另一方面拉山德和狄米特律斯之间爆发争斗——时，"可怕的"阶段就开始了，迫克成了恐怖的来源：

> 有时我化作马，有时化作猎犬，
> 化作野猪、没头的熊或是磷火；
> 我要学马嘶、犬吠、猪噪，
> 熊一样的咆哮，野火一样的燃烧。
>
> （第三幕第一场：108—111）

然后来了另一个迫克，一个善良的捣蛋鬼，他把自己的受害者从他煽动的暴力中拯救出来。这个妖精不仅是个人幻觉的投射——四个恋人的动物形象，以及波顿的似鸟似人的狮子形象，而且是整个摹仿过程的投射，包括结束危机的集体献祭性方案。

在我们了解献祭之前，我们对仲夏夜做了第一次考查。我使用"投射"这个词的方式与弱化的、非结构性的心理学用法没有什么区别。这些角色当然会把他们的摹仿欲望投射到迫克身上，但

## 第二十七章 好迫克！

是，如果没有受害者机制，这种投射将是不确定的，并且是短暂的；它不会变成一个神话般的存在。

在摹仿性冲突和寻找替罪羊方面，危机的所有参与者或多或少都有相同之处，但由于在寻找替罪羊之时的一致意见，这种摹仿似乎被替罪羊独自垄断了，他利用这种摹仿来达到自己的神秘目的，他既是一个超验的麻烦制造者，又是一个捐助者。迫克并不仅仅由幻觉产生，而是由整个摹仿过程产生的，他是一个扭曲而真实的回忆。这就是希波吕忒拒绝忒修斯提出的琐碎的神话理论时的意思。从受害者机制的角度来看，重读她对他那篇著名演讲的精彩反驳或许是有益的：

> 但他们所说的夜间的全部经历，
> 以及他们心理上受到同样影响的事实，
> 可以证明那不会是幻想。
> 虽然故事怪异而惊人，
> 却并不令人不能置信。
>
> （第五幕第一场：23—27）

迫克没有死的真正原因是他已经死了。他的存在是暴力死亡的变形。即使仲夏夜结束时，剧中并没有正式出现死亡，但有很多迹象表明死亡近在咫尺。首先，奥布朗暗指阴间的象征阿刻戎，之后，同样是奥布朗把将战胜恋人的睡眠定义为"伪造死亡"；睡眠以"铅样沉重的腿和蝙蝠的翅膀，爬上他们的额头"。

在危机刚刚结束之后的场景中，我们仍然听到了暴力解决方案的隆隆声，这种暴力解决方案从来没有出现过，但应该会出现：

各种文本和事件,神话的、文学的、历史的,在那一刻出现的目的不明,除了所有这些都以受害者形象和死亡告终。忒修斯必须从今晚提议的几项娱乐活动中挑选一项。他的戏乐之官给了他一份戏目单子;在他看到单子最后的《皮拉摩斯和提斯柏》之前,他读了单子上另外三种戏目的简短描述,觉得这三种戏目都不适合在一个快乐的场合演出:

"与马人作战,
由一个雅典太监和着竖琴而唱"。
这个我们不听;我已经告诉过我的爱人,
这是表彰我的姻兄赫刺克勒斯的故事。
"醉酒者之狂暴,
特剌刻歌人惨遭肢裂的故事"。
那是老调重弹,当我上次征服忒拜,
凯旋回来时已经表演过了。
"九缪斯女神痛悼学术的沦亡"。
那是一段犀利尖刻的讽刺,
不适合婚礼时的表演。

(第五幕第一场:44—55)

为什么在勉强接受第四种戏目之前,莎士比亚还要提到三种未被接受的戏目呢?这三种戏目都暗指了某种试图强行进入《仲夏夜之梦》的东西,它总是遭到拒绝和驱逐,因为它"不适合婚礼时的表演",它是受害者的集体死亡。受害者形象不可能是《仲夏夜之梦》的中心,却无处不在,虽处于边缘、被排除在外、受到伤害,但毫无疑问地存在着。它将会在《皮拉摩斯和提斯柏》中再次出现,但会以可怕的景象出现,就像"醉酒者之狂暴,特剌刻歌人惨遭肢裂"。

对于仲夏夜来说,后一场集体谋杀将是一个最恰当的结局。这是个原初事件,而迫克给了我们一个经过略加删节的摹本,从而把它变成了适合女士观看的奇观。我们可以看到,在这一点上,当莎士比亚创作这部戏剧时,他必然在想些什么。在摹仿性危机的语境下,提到对俄耳甫斯的集体谋杀,暗示了一种直接导向《裘力斯·凯撒》的伟大启示的思路。

在提供的这三种戏目中,有个诗人碰巧是受害者。第一种戏目中,他被阉割;第二种戏目中,他被撕碎;第三种戏目中,他独自死去,是普遍冷漠的受害者——他的遗体不再被肢解,而是散落在乡野,被所有人遗弃。最后一种是现代的行事方式,是延续最古老的人类制度的最新阶段,也是所有这些制度之母,即一致的暴力。学者们怀疑,这可能是对同时代的诗人格林①之死的暗示。

这种对诗人的关注让我们想起了在《裘力斯·凯撒》中读到的另一位被私刑处死的诗人。西那事件来自普鲁塔克,但暴民中发出的喊叫属于莎士比亚:"撕碎他,因为他写了坏诗!"

我在所有这些受害的诗人身上看到的不是浪漫的自怜,而是对作者自我克制策略的讽刺性影射,这种策略正是《仲夏夜之梦》所开创的。我刚才又引用了希波吕忒对忒修斯的回答,莎士比亚把自己对戏剧的看法表达为那五句并不引人注目的话,而对演说家那令人误解的平庸之处大加赞赏;演说家把仲夏夜归咎于几个声名狼藉的人,其中诗人首当其冲。

---

① 格林(Robert Greene,1558—1592),英国诗人。——译注

我们已经知道了《仲夏夜之梦》的一个先驱,即《维洛那二绅士》(见第一章);让我们来谈谈另一个先驱,即《爱的徒劳》。这部迷人的喜剧的主要人物不是四个恋人,而是八个,就像《仲夏夜之梦》的修辞和文学一样,充满了青春的浮躁和幻想。但是,尽管有多一倍的恋人,这部早期的戏剧缺乏不稳定性的原则,而正是这种不稳定性赋予了《仲夏夜之梦》非凡的动感和讽刺的深度。

毫无疑问,欲望在这部喜剧中是摹仿性的,但还不足以系统地相互交叉,引发情欲替代的旋风,从而产生等级危机。这部早期作品并没有像后期作品那样,以同样一种无比灵活、滑稽、精致的方式传达欲望无穷无尽的躁动。与它的后继者——我不相信《仲夏夜之梦》是更早的作品——相比,《爱的徒劳》是一架还没有完全准备好飞行的飞机。

然而,欲望在这部戏中触发了某种危机,又突然被死亡的力量打断。这种死亡并未被掩盖,也并非隐形,而是以带来噩耗的信使的形式介入:法国君王刚刚驾崩;他的女儿公主殿下必须离开;其他女士必须跟随前去。节日聚会结束了;喜剧到了终场。

《爱的徒劳》中对死亡的介入与迫克在《仲夏夜之梦》中的最后一次介入发生在同样的关键时刻;在两剧中的效果也同样具有决定性。死亡的力量在这部剧中比在《仲夏夜之梦》中更明显,它以哀悼死者的古典形式出现,这当然并非无关紧要,但它在戏剧中没有什么意义,除非它像这里一样,是唯一能真正结束戏剧的力量,即献祭机制。

对精神分析学家来说,国王和父亲的死亡永远是最重要的事件,其他所有结局都必须暗中提及。相比之下,迫克的小伎俩似乎微不足道。事实恰恰相反。死亡的真正力量是献祭。哀悼本

## 第二十七章　好迫克！

身就是由献祭衍生出来的；就像所有文化一样，它也是献祭的产物。大多数作家诉诸这种献祭的力量，却从未发现它的起源。最初的莎士比亚也是如此。当他写《爱的徒劳》时，他似乎还没有发现这一真相；当他写《仲夏夜之梦》时，他当然已有领悟。

《仲夏夜之梦》中魔法运作的一切，显然都根植于纯粹的人类模仿性运作之中，这部喜剧以其自身的神话变形，不断地揭示着这一点。希望我也能同时探究这两方面的问题。对于情人和演员之间的摹仿性互动，读者必须回到第三章至第六章。

《仲夏夜之梦》是莎士比亚所写过的最令人兴奋的作品，对模仿过程的许多方面来说都是最具开创性的。然而，由于它的类型，也可能因为它写于早期，这部剧没有提供我们在《裘力斯·凯撒》中发现的摹仿性周期和受害者机制的明确表现。这就是为什么，在我对这些基本主题的最初讨论中，我不得不先把重点放在《裘力斯·凯撒》上，然后回到《特洛伊罗斯与克瑞西达》，然后再回到《仲夏夜之梦》，以展示献祭性死亡已经出现在这两部戏剧中，但形式上尚不够完整和明确。

从《裘力斯·凯撒》的角度看，《特洛伊罗斯与克瑞西达》及《仲夏夜之梦》中的献祭性替代和对受害者机制的影射都是易于解读的。对于这种相同机制的初次触及，赫克托和迫克尚不会令人满意；他们的献祭作用仍然令人怀疑，然而在凯撒之死的背景下，他们的相关性变得更加明显了。

我本想按顺序连续呈现所有剧本的完整分析，但为了更易于理解，我决定将《特洛伊罗斯与克瑞西达》分成两部分，而将《仲夏夜之梦》分成三部分。

第二十八章

# 诱捕最聪明的人

——《威尼斯商人》和《理查三世》中献祭的矛盾心理

　　对《威尼斯商人》的批评主要集中在夏洛克的两个似乎不可调和的形象上。我的观点是,这两个形象都属于这部戏剧,它们的结合对理解莎士比亚的戏剧实践是至关重要的,而不应使其难以理解。

　　第一个形象是中世纪晚期和现代反犹主义书籍中的犹太放债人。仅仅对犹太人刻板印象的唤起,就暗示了一种强大的二元对立关系,这种关系并不需要完全发展,就能贯穿整部戏剧。首先是犹太人的贪婪与基督徒的慷慨之间的对立,复仇与同情之间的对立,老年的偏执与青春的魅力之间的对立,黑暗与光明、美丽与丑陋、温柔与严酷、音乐与非音乐之间的对立,等等。

　　第二个形象只有在刻板印象牢牢地植入我们的脑海之后才会出现;起初,它并没有像第一个形象那样给人留下深刻的印象,但后来,它的力量逐渐增强,因为基督徒人物的语言和行为反复地证实了夏洛克本人相当简短但至关重要的话语,而夏洛克本人正是这些话语的主要依据。

　　……你们要是搔我们的痒,

我们不是也会笑吗？你们要是用毒药
谋害我们，我们不是也会死吗？
那么你们要是欺侮了我们，
我们难道不会复仇吗？
要是在别的地方我们都跟你们一样，
那么在这一点上也是彼此相同的。
要是一个犹太人欺侮了一个基督徒，
那基督徒怎样表现他的谦逊？报仇。
要是一个基督徒欺侮了一个犹太人，
那犹太人怎样表现他的宽容？报仇。
你们已经把残虐的手段教给我，
我一定会照着你们的教训实行，
而且还要加倍奉敬。

(第三幕第一场:67—76)

引文首先强调夏洛克个人对复仇的承诺。它不支持某些修正论者天真地要求的那种"复原"(rehabilitation)，但它明确地定义了支配基督徒和夏洛克之间关系的对称性和相互作用。

夏洛克明摆着的唯利是图与其他威尼斯人暗藏的唯利是图之间的对称，一定是剧作家有意为之。巴萨尼奥对鲍西娅的求爱主要表现为一种财务运作。在向安东尼奥请求财政支持时，巴萨尼奥首先提到年轻女继承人的财富，然后是她的美貌，最后是她的人品。那些把威尼斯人理想化的批评家写作时，似乎许多与他们的观点相悖的文本线索并不是作者自己植入的，仿佛这些线索在剧中的出现纯粹是一件偶然的事情，就像早晨收到一份账单，而实际上却期待一封情书。在每一个可能的场合,莎士比亚都把巴萨尼奥的风流韵事和安东尼奥典型的威尼斯商业——他的海上贸易——相提并论。比如,葛莱西安诺刚从贝尔蒙特回来,还为这次远征的成功得意洋洋,他招呼萨莱尼奥:

> 葛莱西安诺:你好,萨莱尼奥。威尼斯有什么消息?
> 　　那位善良的商人安东尼奥怎么样?
> 　　我知道他会为我们的成功而高兴,
> 　　我们是伊阿宋,我们取来了金羊毛。
> 萨莱尼奥:我希望你们能够把他失去的金羊毛取回来。
>
> 　　　　　　　　　　　(第三幕第二场:238—242)

事实上,巴萨尼奥和他的朋友就是这么做的。即使安东尼奥的损失是真实的,对鲍西娅的征服也将大大弥补安东尼奥船只的经济损失。

关于夏洛克和威尼斯人之间的这种对称性,已经有很多论述。我只提一点,唯一的原因是我没有在该剧的评论文献中找到它。这个观点如果不是我原创的,请接受我的道歉。

第三幕第二场,巴萨尼奥想奖励他的帮手,他告诉葛莱西安诺和尼莉莎,他们将与鲍西娅和他同时结婚,举行一场双重婚礼,我们可以设想,这将由鲍西娅出钱。"我们的喜宴,"他说,"有你们的婚礼添兴,那真是喜上加喜了。"得意扬扬的葛莱西安诺则对未婚妻说:"我们要跟他们打赌一千块钱,看谁先生儿子。"(第三幕第二场:212—213)

这些年轻人有理由高兴,因为现在他们的未来因巴萨尼奥对

## 第二十八章 诱捕最聪明的人

匣子的巧妙应对而得到了保障，这种赌注听起来没什么害处，但莎士比亚并不沉迷于毫无意义的社交闲聊，一定有其目的。葛莱西安诺的孩子比安东尼奥的一磅肉要便宜两千块钱。在威尼斯，人们经常让人的肉体和金钱互相交换。人变成了金融投机的对象。人已经成为一种商品，跟其他商品一样具有交换价值。我不相信莎士比亚没有看出葛莱西安诺的赌注和夏洛克的那磅肉之间的相似之处。

夏洛克的那磅肉象征着威尼斯人的行为。在某种程度上，威尼斯人看起来和夏洛克不一样。经济考虑对他们来说已经变得如此自然，并如此深植于他们的心中，以至它们变得不那么明显，几乎看不见了；它们永远不能被确定为行为的一个独特方面。比如，安东尼奥贷款给巴萨尼奥，被视为一种爱的行为，而不是一种商业交易。

夏洛克仇视安东尼奥无息贷款。在他看来，这个商人破坏了金融业务。我们可以在第一种形象的背景下，把这理解为卑鄙贪婪者对高尚慷慨行为的怨恨，但我们可能更喜欢另一种解读，这有助于形成第二种形象。安东尼奥的慷慨大方很可能是一种比夏洛克夸张的贪婪更极端的腐败。一般来说，夏洛克放贷时，他只希望得到更多的钱作为回报，别的什么也不要。资本应该产生资本。夏洛克没有将自己的财务运作与基督教慈善混为一谈。这就是为什么与威尼斯人不同，他看起来像贪婪的化身。

威尼斯是一个外表和现实不相称的世界。在鲍西娅的所有求婚者中，只有巴萨尼奥在三只匣子中做出了正确的选择，因为这位精明的威尼斯人知道华丽的外表是多么具有欺骗性。与他不同，那些外国竞争对手显然来自这样的国家——我们可能会说,不太先进的国家——在这些国家,事情仍然或多或少是它们看起来的样子,而巴萨尼奥本能地感到,他所寻找的无价之宝必定隐藏在最不可能的外表之下。

选择铅匣子而不是两个外国人选择的金匣子和银匣子,这一选择的象征意义忠实地复制了真正的威尼斯人和异邦人夏洛克之间的整个关系。当那两个异国求婚者像夏洛克一样贪婪地攫取这两种贵重金属时,他们看起来就像贪婪的化身;事实上,他们相当天真,而巴萨尼奥一点儿也不天真。当他们狡猾的算计导致那只金罐子落入他们手中时,他们看起来就像一幅公正无私的画面,这正是威尼斯人的特点。

威尼斯人的慷慨不是假装的。真正的慷慨使受益人更依赖于他慷慨的朋友,而不是普通的贷款。在威尼斯,一种新的附庸形式盛行,不再以严格的领土边界为基础,而是以模糊的金融术语为基础。缺乏精确的会计核算使得个人债务无限增多。这是夏洛克还没有掌握的一门艺术,因为他自己的女儿完全可以毫无愧疚地抢劫他并抛弃他。优雅的装饰及和谐的音乐未必能让我们认为威尼斯世界的一切都是正确的。然而,准确地说出错在哪里则是不可能的。安东尼奥非常忧郁,但他也说不出为什么,这种无法解释的悲伤似乎是整个威尼斯商业贵族的特征,就像安东尼奥本人一样。

然而,即使在夏洛克的生活中,金钱和人类情感的问题最终也变得混淆起来。但这种混淆中有一些可笑之处,因为即使金钱和情感合而为一,它们仍然在一定程度上保持着独立性,彼此之间仍然是可以区分的。因此,我们就听到这样的话:"我的女儿!啊,我的银钱!啊,我的女儿!跟一个基督徒逃走啦!啊,我的基督徒的银钱!"(第二幕第八场:15—16)还有其他一些你从威尼斯人嘴里永远也听不到的可笑的话。

还有另一个场合,夏洛克在威尼斯的敌人的煽动下,把财务问题和其他感情混为一谈,那就是他借钱给安东尼奥的事。为了复仇,夏洛克对他借出的钱不要任何利息,在违约的情况下也不要求任何积极的担保,除了他那臭名昭著的一磅肉。在这一神秘而怪异的要求背后,我们有一个极好的例子,说明金融与人类之间完全相互渗透,这一点不像夏洛克,而像其他威尼斯人的特点。因此,当夏洛克不再像他自己,而是像威尼斯人的时候,无论是对威尼斯人还是对旁观者来说,夏洛克都显得非常可耻。复仇的精神驱使他比以前更完美地模仿威尼斯人,为了给安东尼奥一个教训,夏洛克变成了怪诞的双面人。

安东尼奥和夏洛克被描述为长期的竞争对手。对于这类人,我们常说他们各有不同,但这种说法会误导读者。悲剧——及喜剧——的冲突相当于消除自相矛盾的分歧,因为它产生于相反的意图。所有参与这一过程的人都设法强调和最大限度地扩大他们的差异。我们发现,在威尼斯,贪婪与慷慨、骄傲与谦逊、同情与残暴、金钱与肉体,往往成为一体。有了这种无差别化就不可能精确地定义任何事物,不可能把一个特定的原因归于一个特定的事件。然而,在所有方面,它都同样痴迷于展示和强化一种越来越不真实的差异。如第二幕第五场,夏洛克说:"你可以亲眼瞧瞧夏洛克老头子跟巴萨尼奥有什么不同啦。"(第二幕第五场:1—2)基督徒也渴望证明他们与犹太人不同。在审理现场,轮到公爵对夏洛克说:"让你瞧瞧我们的不同精神"(第四幕第一场:368)。甚至用词都一样。在任何地方,这种对差异的无谓执着都随着它不断击败自己而加剧。

我相信，这部戏的一句著名台词提到了这种无差别化的过程。当鲍西娅进入法庭时，她问道："这儿哪一个是商人，哪一个是犹太人？"（第四幕第一场：174）即使她从来没有见过安东尼奥或夏洛克，我们也必定感到惊讶，因为鲍西娅无法一眼就认出这位犹太放债人，而所有人都能看到的巨大差异应该能将他与优雅的威尼斯人区别开来。当然，如果这句话出现在下一句话的后面，而不是前面，就会更引人注目："安东尼奥，夏洛克，你们两人都上来。"（第四幕第一场：175）如果这两人一起走上前来，而鲍西娅仍然无法区分夏洛克和安东尼奥，那这个场景将明显地与夏洛克的主要形象，即对犹太放债人的刻板印象相矛盾。这种矛盾会使戏剧的可信度突破极限，莎士比亚也没有这样做，但我相信，在这里和其他地方，他已经尽最大的努力去质疑一种不同的现实，当然，这种不同是他自己首先在戏剧中引入的。

我们刚才用心理学语言说的话，可以翻译成宗教术语。夏洛克的言行之间的关系从来都不是含混的。他对律法的解释可能狭隘、消极，但我们可以指望他按律法行事，按他的行为说话。在论及报复时，他独自说出了一个基督徒虚伪地否认的事实。这部戏的真相是复仇和报应。基督徒甚至设法对自己隐瞒了这个真相。他们并不以慈悲的律法作为生活准则，但这条律法在他们的语言中足以将复仇的法则打入冷宫，使这种复仇几乎不为人知。结果是，这种复仇比夏洛克的复仇更微妙、更高明、更狡猾。基督徒很容易摧毁夏洛克，但他们将继续生活在一个悲伤的世界里，而不知道为什么，在这个世界里，甚至复仇和慈悲之间的差别都被废除了。

## 第二十八章 诱捕最聪明的人

最终，我们不必在夏洛克的正面和负面形象之间做出选择。老式批评家将夏洛克囿于一个独立的实体，一个单独的实体，一个仅仅与其他单独的实体并列在一起而不受它们影响的实体。《威尼斯商人》的讽刺性深度不是源于夏洛克的两个静态形象之间的张力，而是源于那些加强或削弱基督徒和犹太人之间不可逾越的差异这一普遍观点的文本特征之间的张力。

毫不夸张地说，人物塑造本身，作为一个真正的戏剧问题或谬误，在剧中处于危险之中。一方面，夏洛克被描绘成一个高度差别化的恶棍。另一方面，他自己告诉我们，没有恶棍，也没有英雄；所有的人都一样，尤其是当他们互相报复的时候。在复仇的循环面前，他们之间可能存在的任何差异都在报复和还击的互动关系中消失了。莎士比亚在这个问题上的立场是什么？从《威尼斯商人》及其他戏剧中获得的大量证据使这个问题悬而未决。讽刺的主要对象不是犹太人夏洛克。但是夏洛克的名誉恢复只是到基督徒比他更坏的程度，而且与其他威尼斯人的冷酷无情相比，他"诚实"的恶习使他几乎成为一个令人耳目一新的人物。

审判的场景清楚地揭示了基督徒在复仇时是多么无情和老练。在这个最奇特的场景中，安东尼奥以被告的身份出场，夏洛克则是原告。审理到最后，角色互换，夏洛克被判有罪。他没有对任何人造成实际伤害。没有他的钱，剧中的这两场婚姻，这两件幸福的喜事，是不可能发生的。当他获胜的敌人带着人财战利品（其中包括夏洛克自己的女儿）返回贝尔蒙特，与他们可怜的对手相比，他们仍然感到自己有同情和温柔之心。

当我们感到夏洛克的命运不公时，我们通常会说：夏洛克是个替罪羊。然而这一表述是含混不清的。当我说剧中的一个人物是替罪羊时,我的说法可能是指两件不同的事情。它意味着从作者的角度来看,这个人物受到了不公正的谴责。作者本人认为群众对他的定罪是不合理的。在这第一种情况下,我们说在那部戏里有一个替罪羊的主题或主旨。

说一个人物是替罪羊还有第二个意思。它可能意味着,从作者的角度来看,这个人物受到公正的谴责,但在有此表述的批评家眼中,这种谴责是不公正的。作者将谴责受害者的人群描述为理性的,因为作者自己也属于这群人;只有在批评家眼中,群众和作家才是非理性和不公正的。

这一次,替罪羊根本不是一个主题或主旨;作者并没有明确指出这一点,但如果批评家的说法是对的,那么在该剧产生时一定存在替罪羊效应,很可能是一种作者参与其中的集体效应。例如,批评家可能认为,一个作家按照对犹太放债人的刻板印象塑造了夏洛克这样的人物,他必定这么做,因为他个人也参与了产生这种刻板印象的社会的反犹主义。

当我们说夏洛克是替罪羊时,我们的表述仍然含糊不清,毫无用处,除非我们明确指出替罪羊是作为主题还是作为结构,是作为愤怒和讽刺的对象,还是作为被动接受的一个错觉。

在我们能够解决我在本章开始时提到的关键僵局之前,我们必须在替罪羊作为结构和替罪羊作为主题之间找到一个尚未被察觉的替代方案来阐明这个问题。每个人都同意夏洛克是替罪羊,但他只是他所在社会的替罪羊,或者还是莎士比亚的替罪羊?

修正论批评家坚持认为,夏洛克作为替罪羊不是一种结构性力量,而是一个讽刺性主题。传统批评家坚持认为,《威尼斯商人》中的替罪羊是一种结构力量，而不是主题。他们说，不管我们怎么想，这部剧都带有社会的反犹文化色彩。我们不应该因文学的虔诚而对这一事实视而不见。

我的看法是，《威尼斯商人》的替罪羊既是结构也是主题，这部戏，至少在这个至关重要的方面，读者期望它是什么样它就是什么样，不是因为莎士比亚和我们一样困惑，我们在没有指明的情况下就使用了"替罪羊"这个词，而是出于相反的原因：他非常清楚他的观众的文化多样性对他提出的各种要求；他对摹仿性反应和群体行为的矛盾性是如此了解，以至他可以把夏洛克当作替罪羊，完全说服那些想要被说服的人，同时，以讽刺的手法破坏这一过程，这种手法只会触及那些能够被触及的人。如此，他既能满足最粗俗的观众，也能满足最高雅的观众。对于那些不想挑战反犹主义神话，或者莎士比亚本人对这个神话的拥护的人，《威尼斯商人》听起来总像是对这个神话的证实。对那些挑战同样信念的人来说，莎士比亚自己的挑战将变得显而易见。这部戏就像一个不断旋转的物体，通过某种神秘的方式，总是以对每一位观众而言最佳的视角呈现给每一位观众。

我们为什么不愿意考虑这种可能性？无论在理智上还是在道德上，我们都认为替罪羊不可能也不应该既是一个讽刺性主题又是一种结构性力量。要么作者参与集体受害者形象，并不认为这是不公平的，要么他认为这是不公平的，不应该默许它，即使具有讽刺意味。大多数艺术作品都是直接掉在那道篱笆的这边或那边。要是由阿瑟·米勒、让-保罗·萨特或贝托尔特·布莱希特来重写，《威尼斯商人》确实会有所不同。但是，就像我们将其与马洛（Marlowe）的《马耳他的犹太人》(*Jew of Malta*) 进行比较后立即发现的那样,那会是一部仅仅反映其社会的反犹主义的作品。

如果我们仔细观察审判现场,毫无疑问,莎士比亚会像制造替罪羊一样巧妙地破坏替罪羊效应。这种效果有些可怕。这种艺术需要一种技巧,因此需要一种摹仿现象的才智,这种才智不仅超越了那些被动地屈从于受害者机制的无知的不道德行为,而且也超越了一种道德主义,这种道德主义反抗这些行为,却没有意识到作者的双重角色所产生的讽刺性效果。莎士比亚自己必须先在非常戏剧化的层面上制造他后来在隐喻层面上破坏的效果。

让我们来看看莎士比亚是如何同时向两个方向移动的。为什么夏洛克的窘况使人难免感到宽慰,甚至感到高兴呢?当然,最主要的原因是安东尼奥的生命受到了直接的威胁。这种威胁源于夏洛克固执地坚持他有权得到他应得的那一磅肉。

现在那磅肉成了一个神话主题。我们之前发现,这是一个非常重要的寓言,在这个世界上,人和金钱不断地相互交换,但仅此而已。我们可以想象一个纯粹的神话情景:夏洛克真的可以切下属于他的那磅肉,安东尼奥会离开,受尽屈辱和贬斥,但仍然活着。在《威尼斯商人》中,神话的情景被现实的情景所取代。我们获知,安东尼奥必定要在冒生命危险的情况下被割肉。在现实背景中,这当然是真的,但在同样的背景下,尤其是在整个威尼斯的权力机构面前,夏洛克老头也真的不可能做出这样的割肉行为。这个神话只是部分地去神话化了,夏洛克被认为能够冷酷地切割安东尼奥的身体,因为作为一个犹太人和放债人,他被认为是一个异常残忍的人。这种假定的残忍为我们自己的文化偏见做了

## 第二十八章 诱捕最聪明的人

辩护。

莎士比亚知道,必须经由全体一致同意才能使受害者形象生效,而且没有人能有效地提出有利于夏洛克的意见。在场重要人物和社会精英的沉默,把审判变成了社会一致的仪式。只有夏洛克的女儿和他的仆人不在现场,他们和真正的替罪羊制造者意见一致,因为他们是最早拿走夏洛克的钱并抛弃他的人。就像一个真正的《圣经》中的受害者,夏洛克"甚至被他自己家里的人"背叛了。

随着替罪羊现象影响了越来越多的人,并趋于一致,这种传染变得势不可挡。尽管其司法和逻辑都很荒谬,审判情景仍有巨大的表演性和戏剧性。该剧的观众和读者不能不受到影响,无法克制自己不去体验夏洛克的失败,就好像这是他们自己的胜利一样。剧场里的观众与舞台上的观众融为一体。寻找替罪羊的传染效应也会波及观众。

作为威尼斯司法的化身,公爵应该是公正的,但在诉讼开始的时候,他就对被告表示同情,并对夏洛克进行了抨击:

> 我为你感到遗憾。你来跟一个
> 心如铁石的对手当庭对质,
> 他是个不懂得怜悯、没有慈悲心的
> 不近人情的恶汉。

(第四幕第一场:3—6)

这些话为整个场景定下了基调。基督徒美德无懈可击,慈悲是痛击夏洛克的武器。基督徒如此任性地使用"慈悲"这个词,以至他们可以用它来为自己的报复辩护，充分放纵自己的贪婪，但仍能问心无愧地振振有词。他们觉得他们通过不断重复这个词本身，就已经履行了仁慈的义务。至少可以说，他们仁慈的品质并不特别。它非常随意和简单。当公爵严厉地问，"你将来怎么能够希望人家对你慈悲呢？"（第四幕第一场：88），夏洛克以无可挑剔的逻辑回答道："我又不做错事，怕什么刑罚？"(89)

夏洛克太相信法律。威尼斯的法律怎么可能建立在仁慈的基础上，怎么可能等同于黄金法则呢，既然它赋予威尼斯人拥有奴隶的权利而不赋予奴隶拥有威尼斯人的权利？莎士比亚如此巧妙地发挥了替罪羊效应，我们怎么能确定他没有被它愚弄，哪怕只有几秒钟？我们的确定性是完美的，而且很可能如有些批评家所言，不仅仅是"主观的"。它很可能是非常"客观的"，因为它正确地再现了作者的意图，但对某种类型的读者而言仍然是未揭开的秘密。如果反讽是可以论证的，它就不再是反讽了。反讽不能过于明确，不能破坏替罪羊机制在那些最初为其建立的人心中的功效。反讽不能像它所承载的对象那样具体可感。

有人会质疑我的阅读是"自相矛盾的"。很可能是这样，但为什么要先天地排除莎士比亚可能写出一部自相矛盾的剧本呢？尤其是如果这部剧所基于的悖论在这部剧的中心得到了最明确的表述。我想，莎士比亚这么写并非没有目的：那些外观，尤其是优美语言的外观，是"狡诈的世人用来欺诱智士的似是而非的真理"（第三幕第二场：100—101）。莎士比亚这么写并非没有目的：最糟糕的诡辩，当被一种迷人的声音提炼出来时，可以决定一个审判的结果，或者如果使用得体的词语，最不虔诚的行为听起来也可能是虔诚的。让我们听听巴萨尼奥为什么相信铅而不相信

金和银,我们将看到这些话可以逐字逐句地运用到这部戏剧本身:

> 世人容易为表面的装饰所欺骗。
> 在法律上,哪件卑鄙邪恶的陈述
> 不可以用娓娓动听的言辞掩饰它的罪状?
> 在宗教上,哪桩罪大恶极的过失
> 不可以文过饰非,证明它的确上合天心?
> 任何彰明昭著的罪恶,
> 都可以在外表上装出一副道貌岸然的样子。
>
> (第三幕第二场:74—82)

我把巴萨尼奥在审判现场的短暂介入看作莎士比亚的反讽性距离的另一个迹象。一旦夏洛克开始退缩,在鲍西娅巧妙施加的压力下,巴萨尼奥便宣称他愿意偿还夏洛克现在愿意接受的钱。巴萨尼奥急于结束这桩令人不快的事情,表现出一定程度的仁慈,但鲍西娅固执己见。鲍西娅感到自己的爪子抓住了夏洛克的肉,为了把自己那磅肉抓得更紧,她把爪子抓得越来越深。巴萨尼奥的提议没有结果,但在这一关键时刻提出的建议不可能毫无意义。这是对整个事件唯一合理的解决办法,但戏剧性的是,它不可能被采纳,因为它缺乏戏剧性。莎士比亚作为一个优秀的剧作家,他不会不明白,从戏剧的角度来看,唯一好的解决办法就是把夏洛克当作替罪羊。此外,他想指出由于艺术的需要而强加给他的"净化"性解决方案的不公正性质。他想要在戏剧内部的某个地方阐明合理的解决方案。

说替罪羊是《威尼斯商人》的一个显而易见的主题,这是否过分了?剧中有一处明显暗指替罪羊,就在对夏洛克进行审理的开头。

> 我是羊群里一头不中用的羊,
> 死是我的应分;最软弱的果子,
> 最先落到地上,让我也这样结束了吧。
> 巴萨尼奥,你要活下去,
> 为我写篇墓志铭,那是最好不过的了。
>
> (第四幕第一场:114—118)

是安东尼奥而不是夏洛克说了这些话,这对我的论点不利吗?一点也不,因为他们之间的仇恨已经将安东尼奥和夏洛克变成了彼此的双重形象。这种相互仇恨使所有的和解成为不可能——没有任何具体的东西能把对手分开,也没有任何可以得到仲裁和解决的真正切实的问题——但这种仇恨所产生的无差别化为唯一能够结束这一绝对冲突的解决办法,即替罪羊式解决铺平了道路。

安东尼奥是在回答巴萨尼奥时说出这些话的,后者刚刚宣称,他永远不会让他的朋友和恩人代替他去死。他宁愿自己去死。当然,没有人会死,他们甚至不会被伤一点皮毛。在威尼斯,无论安东尼奥还是巴萨尼奥永远不会受苦,只要有一个夏洛克替他们受苦。

安东尼奥没有严重的死亡危险,但在这一点上,他可以把自己看作替罪羊。这样,莎士比亚可以明确地提及替罪羊,而不用直接指向夏洛克。当然,极具讽刺意味的是,不仅隐喻被替换了——替罪羊是隐喻替换的本质,而且安东尼奥近乎浪漫的自满,暗示着受虐狂的满足。安东尼奥,这个典型的威尼斯人,莫名其妙地悲伤;他可以被视为现代主体性的一个形象,其特征是强烈的自我受害倾向,或者,更确切地说,其特征是替罪羊的过程越来越内部化,这种内部化被理解得太透彻了,以至无法在现实世界中作为真实事件重新上演。摹仿的纠缠不可能完全成功地投射到这个世界所有的夏洛克身上,而替罪羊过程往往会转而反思自身。因此,我们所拥有的是一种受虐狂式的戏剧性自怜,它显示了浪漫的主观性。这就是安东尼奥渴望在巴萨尼奥面前被"献祭"的原因。

我再说一遍,反讽是不可论证的,而且也不应该被论证,否则它会干扰那些只在净化层次上欣赏戏剧的人的净化。反讽是反净化的。反讽是与作者共谋的最微妙的体验,而大部分观众仍然对这些微妙之处视而不见。反讽是作家对自己必须代理的复仇的替代性复仇(vicarious revenge)。如果反讽太过明显,如果所有人都能理解它,它就会违背自己的目的,因为再也没有什么东西可以让反讽破坏了。

我相信,通过《威尼斯商人》与其他戏剧,尤其是《理查三世》的比较,我建议的阅读方式可以得到加强。当莎士比亚写这个剧本时,国王理查三世作为一个恶棍的身份已经确定了。剧作家认同这一普遍的观点,尤其是在开头。第一幕,理查表现得像个可怕的恶棍。他畸形的身体是一面镜子,反映了他自认为丑陋的灵魂。这里我们也涉及一种刻板印象,坏国王的刻板印象可以说是由一致拒绝替罪羊国王而产生或复活的，在整部戏剧的发展势头增强之后，这个过程在最后一幕重新上演。

如果我们暂时忘记开场和终场，把重点放在戏剧本身，理查的另一个形象就出现了。我们身处一个充满血腥政治斗争的世界。剧中所有的成年角色都至少犯过一次政治谋杀或都曾从中受益。正如默里·克里格（Murray Krieger）和伊恩·科特（Ian Kott）等批评家所指出的那样，玫瑰战争是一种政治对抗和复仇的系统，在这个系统中，每个参与者都既是暴君，又是受害者，他们的言行并不取决于永久的性格差异，而是取决于他们在整个动态系统中的任一时刻所处的位置。作为地狱螺旋的最后一圈，理查可能比他的前任更冷漠地杀害更多的人，但他本质上并没有什么不同。为了使相互施加暴力的历史戏剧性地呈现出来，莎士比亚使用了诅咒的技巧。每个人都在不停地激烈地大肆咒骂别人，以至根据观众的情绪，整个效果要么是悲剧，要么几乎是喜剧；所有这些诅咒相互抵消，直到最后，它们都汇聚到理查身上，导致他的最后毁灭，也就是和平的恢复。

同一人物的两种形象往往交替出现，一种高度分化，另一种无差别化。就《威尼斯商人》和《理查三世》而言，可以援引一些相当明显的理由；在这两部戏剧中，主题都很敏感，由社会和政治需要主导，显然莎士比亚对这些需要持怀疑态度，但他不能公开抨击。他采用的方法允许一种间接的讽刺，对知识渊博的少数人非常有效，而无知的大众对此则完全视若无睹，后者只渴望得到莎士比亚总是提供的那种强烈的净化效果。

伟大的戏剧必然是一部差别化与无差别化的戏剧。除非观众能同情或否定角色的同情心,否则角色不会引起观众的兴趣。它们必须是高度差别化的,为了好的效果,一个剧本必须是动态的。戏剧的动态是人类冲突的动态,是报应和复仇的相互作用;这个过程越激烈,对称性就越强,对立双方的所有东西就越趋于相同。

为了好的效果,一部戏必须尽可能地相互作用和无差别化,但也必须有高度的差异性,否则观众将不会对冲突的结果感兴趣。这两个要求是不相容的,但不能同时满足两者的剧作家不是伟大的剧作家;他要么写出过于差别化的剧作,被打上哲理剧(pièces à thèse)的标签,因为它们会被认为缺乏足够的活力,要么写出毫无差别化的剧作,如我们所说,追求大量的行动和悬念,但这种悬念会显得毫无意义,并将被归咎于缺乏知识和道德内容。

成功的剧作家可以同时满足这两个矛盾的要求,即便它们是矛盾的。他是怎么做的? 在许多情况下,他似乎没有完全意识到自己在做什么;他必须以观众那种热情地认同一个对手的本能方式来做这件事。尽管两者之间假定的差异总是转化为相互作用和无差别的行为,但我们对冲突的看法往往是静态的和有差别的。

我相信,我们可以肯定,莎士比亚的情况并非如此。莎士比亚充分意识到静态结构的差异与悲剧行为的无差异之间的差距。他的戏剧充满了对两者之间的差距的讽刺性暗示,并毫不犹豫地进而扩大这一差距,仿佛他知道他可以不受惩罚地这样做,而且很可能他会因此得到回报;他不但不会破坏自己作为一个"角色"创造者的信誉,反而会增加他戏剧的整体影响,让他的戏剧成为充满活力、用之不竭的批评对象,批评家们可以对这些对象进行无休止的评论,而不必指出这些角色模糊不清的真正原因。

在《理查三世》中,这样的实例和《威尼斯商人》一样引人注目。安夫人和伊利莎白,这两个女人在理查的统治下最痛苦,但无法抗拒权力的诱惑,即使付出与他结盟的代价,而理查则邪恶地将权力当作玩具挂在她们面前。在充分咒骂理查,并以这种方式履行她所有的道德义务之后,安夫人真的跨过她父亲的尸体,与理查携手了。稍后,伊利莎白也跨过(至少象征性地)她两个孩子的尸体,为了把第三个孩子交到凶手血腥的手中。

这两个场景结构上相互接近,它们产生了一个并非没有目的的令人厌恶的高潮。这两个女人甚至比理查还要邪恶,唯一能指出这种邪恶,因此在某种意义上成为整部戏中唯一合乎道德的声音的角色,就是理查本人,他的作用几乎可以和《威尼斯商人》中的夏洛克相提并论。

莎士比亚能这么做得益于他的天才。他这么做,不仅为了制造反讽,也为了获得戏剧性效果。他知道这样做会让观众感到不安,他给观众增加了一种道德负担,他们无法用一开始就提出的替罪羊价值观来解决这个问题。驱逐替罪羊的要求因这种驱逐的武断因素而强化了它的自相矛盾。

我完全同意,在像《理查三世》或《威尼斯商人》这样的剧本中,无限的阅读是可能的,而这种无限是由"能指的游戏"决定的。我不同意这种游戏是无缘无故的,正是所有能指(signifier)作为能指的本质才产生了这种无限的游戏。文学能指总是成为受害者。它是所指(signified)的受害者,至少在隐喻的层面上如此,从某种意义上说,它的游戏,它的差异,或者你想要的,几乎不可避免地在列维-斯特劳斯所说的那种单一结构的片面性中牺牲了。

牺牲的能指消失在所指后面。能指的受害者形象只是一个隐喻，还是它如此神秘地与替罪羊联系在一起？从某种意义上说，它根植于仪式空间，在这个空间里，主要的能指也是受害者，不仅在符号学意义上，这一次，也在夏洛克或理查三世的意义上。能指的游戏，因差异结构而任意中断，就像戏剧和仪式的过程一样运作，它的冲突性无差别化突然得到解决，并通过清除受害者而回归静态的差异状态。我所说的一切都表明，至少对莎士比亚来说，所有这些都是一回事。意指（signification）的过程是一个危机的替罪羊解决过程，在这个过程中所有的意义都被溶解，然后重生，即"等级危机"。

## 第二十九章
## 你相信自己的见解吗?
——詹姆斯·乔伊斯的莎士比亚的"法国式的三角关系"

对于摹仿欲望在莎士比亚创作中所起的作用,后人都沉默不语,但有一个显著的例外——写作《尤利西斯》的詹姆斯·乔伊斯。斯蒂芬·迪达勒斯在都柏林国家图书馆的演讲名为"威廉·莎士比亚的生平",但实际上是对戏剧的一次摹仿性阐释。在某种程度上,斯蒂芬声称莎士比亚的妻子给他戴绿帽子,不是和他的一个兄弟,而是和他的两个兄弟通奸。扯这种离奇的八卦目的何在?据演讲者说,安·哈撒韦正在失去对莎士比亚的控制,为了巩固自己的支配地位,她背叛了他。

乔伊斯的这个安·哈撒韦采用了与克瑞西达相同的策略,面对反复无常的特洛伊罗斯,克瑞西达重新获得了她的权力:她将摹仿性对手给了她丈夫。兄弟最适合这个角色,乔伊斯坚持认为他们在神话和文学中都很重要。演讲充满了我们在莎士比亚戏剧中随处可见的摹仿性互动。这就是为什么会有以下的逸事:

> 你们知道曼宁海姆那个关于一个市民老婆的故事:她看了迪克·伯比奇在《理查三世》中的演出,就把他弄上了床。莎士比亚无意中听到了,没费多大力气就制服了母牛。当伯

## 第二十九章 你相信自己的见解吗？

比奇前来敲门的时候,他从阉鸡的毯子下面回答说:"征服者威廉已比理查三世捷足先登啦。"①

市民老婆臣服于对演员——模仿的扮演者——的模仿性迷恋。这个克瑞西达、这个包法利夫人、这个苔丝狄蒙娜愿意做任何事以做一晚上的王后,就像《理查三世》中的女人一样。

莎士比亚应该取代的不是市民床上的市民,而是第一个取代者,一个更有趣的竞争对手,即成功的伯比奇。常被征服的威廉如何成了征服者威廉？他必须拥有他的榜样所渴望的女人。如同《无事生非》,偷听产生了一系列的剧中剧。

这个可疑的逸事非常符合乔伊斯的目的:不是用不可靠的传记来解释莎士比亚,而是在摹仿性作品的基础上仿效他的虚构性传记。乔伊斯并不把莎士比亚的传记当传记来认真对待,但他严肃指出,莎士比亚对摹仿的痴迷必定起源于充满了摹仿性纠葛的生活,这一虚构的传记使《尤利西斯》书里书外的学究们感到愤慨;他们都严肃地谴责那篇精彩的演讲是传记批评的可怕例子。小说中,虚构的伯比奇的挥手仪式被托付给了自负的拉塞尔;他和他的同事不停地向斯蒂芬灌输各种正确的文学观点:

"但是像这样来窥探一个伟大人物的家庭生活,那可……"拉塞尔不耐烦地开了腔。

你在那儿吗,好家伙?②

"只有教区执事才对这感兴趣。我的意思是说,我们有

---

① 詹姆斯·乔伊斯,《尤利西斯》(纽约:现代丛书出版社,1934),第199页。(中译参照萧乾、文洁若译本,译林出版社,1994年。——译注)
② 《哈姆莱特》(第一幕第五场:150)。——编者注

剧本在手。也就是说,当我们读《李尔王》的诗篇时,该诗作者究竟是怎样生活过来的,干我们什么事?窥探并刺探演员当天在休息室里的飞短流长;诗人怎么酗酒啦,诗人如何负债啦。我们有《李尔王》,而那是不朽的。"(第 187 页)

怀疑乔伊斯的批评天真不免天真。演讲真正的谜题更有趣。为什么乔伊斯把莎士比亚变成了自己小说中的一个人物?就《尤利西斯》而言,"虚构"意味着什么?

乔伊斯在莎士比亚的作品、他的生活、有关他的传说、他的批评家——无论好坏——中选择了一些具有代表性的事件和主题;他将所有这些材料与大量直率但绝非无端的虚构结合起来。他那看似毫无意义的拼凑系统地指出了一个过程的动态统一性,而在他写作《尤利西斯》的时候,这个过程还没有名字;这就是摹仿欲望。

演讲中最常被讨论的部分是对《哈姆莱特》的处理,但其重要性主要是负面的;它在乔伊斯摒弃弗洛伊德精神分析学说的过程中发挥了重要的战略作用,他不想把弗洛伊德精神分析学说与自己的摹仿思想混淆起来。斯蒂芬一度提到某个"维也纳学派",他反对其乱伦的概念。乔伊斯式的莎士比亚与《哈姆莱特》中的父亲而非儿子的认同,是对不切实际的俄狄浦斯神话的否定:

> 倘若你认为这位头发花白的男子……已有了五十岁的人的阅历,就是威登堡那个没长胡子的大学生,那么你就必须把他那位七十岁的老母亲看作淫荡的王后。(第 204 页)

第二十九章 你相信自己的见解吗?

演讲中最重要和最困难的部分描述了莎士比亚生活中的挫折和失败的轨迹,据说这种挫折和失败是由这位剧作家与他未来妻子的第一次性接触引发的。我们所知道的只是安·哈撒韦比莎士比亚年龄大。有了这一宝贵的信息,斯蒂芬大胆推断,在和未来丈夫的关系中,她扮演了一个好斗的男性角色。他向我们断言年轻的莎士比亚被"压翻在麦田"。这一想象性事件是威廉·莎士比亚摹仿性生活的触发装置。安,这个"灰眼女神",贪婪地弯下身子,面对一个不情愿的阿都尼,摧毁了她的受害者的自信。从那时起,莎士比亚徒劳地试图重新获得他在麦田里失去的主动权。他的性生活成了对安大胆行为的不成功的模仿。

乔伊斯试图解释莎士比亚所有作品中对摹仿性挫折的极度关注。如果他能这样处理,他的假设将是合理的,但他不想在小说中这么做,即使小说的这一部分应该是一个学术性演讲。乔伊斯必须从批判的角度创造出一些十分具体的东西,而我们作为读者,必须考虑到这个事实。"麦田里"的强暴这一情景过于滑稽,对望文生义的读者来说未尝不是一个幽默的告诫。

在乔伊斯的解读中,《维纳斯和阿都尼》扮演的角色,就像《鲁克丽丝受辱记》和《维洛那二绅士》在我的作品中扮演的角色一样。如果由我自己来选择"原始创伤"(original trauma),我会选择一个男性榜样,无疑是莎士比亚在学校里(他在这里学了一点拉丁语,更少一点希腊语)最好的朋友——他的摹仿性孪生兄弟。我设想,有一天,因某个女孩,这个值得信赖的伙伴变成了凶狠的摹仿性对手,普洛丢斯成了凡伦丁的对手,塔昆成了柯拉廷的对手,赫米娅成了海丽娜的对手,凯西奥成了奥瑟罗的对手,波力克希尼斯成了里昂提斯的对手,而年轻的威廉则彻底崩溃了。在我看来，这个假设比乔伊斯的更符合文本实际。

这两种假设读者都不应太当真。与乔伊斯一样，我相信，一定有与莎士比亚作品相对应的存在，但我们还没有足够的知识来证明任何这样的假设；这就是我不提出这样的假设的原因。我们的无知并不影响我们对作品的理解。

原始创伤的概念意味着第一个榜样/障碍/对手比所有后续的榜样更重要，因为它决定了莎士比亚式摹仿性痴迷的某种永久的独特性。这位剧作家最初是被他的妻子、一个朋友、一个兄弟闹出"丑闻"的吗？我们将永远不会知道，也无关紧要；我甚至不确定原始创伤是否不可缺少，乔伊斯的选择似乎受到了他自己生活中女性角色的影响。

真正重要的不是最初中介者的具体身份，而是她或他以真正的摹仿方式被想象成一个榜样/障碍/对手。整个演讲中最重要的片段表明乔伊斯就是以这种方式构思安的：

> 他的自信心过早地被扼杀了。他曾被压翻在麦田……打那以后，他在自己眼中再也不是赢者了，更不能在笑而躺下的游戏中取胜。无论怎样以唐璜自居，也无济于事。后来再怎么弥补，也无法挽回最初的失败。他被野猪的獠牙咬伤，爱也随之死去。悍妇即使输了，她手中也还有那看不见的女性武器。我感觉，他的言辞中有着刺激肉身使其陷入新的激情的东西，这是比最初的激情还要晦暗的东西，甚至使他对自己的认识都模糊起来。同样的命运在等待着他，两种狂乱汇成一股旋涡。（第194页）

我认为这段文字是对我在喜剧中就模仿欲望所做探究的一种浓缩和存在性投射。我们发现，莎士比亚从《维洛那二绅士》中相对简单的摹仿欲望的形式逐渐过渡到后来戏剧中越来越复杂的形式。乔伊斯给出的存在轨迹反映了从凡伦丁到潘达洛斯以及更远的路，这条路也是作品本身所走的路。乔伊斯用作者的存在经历来描述作品的动态进程。

"以唐璜自居"意味着莎士比亚试图用安在麦田里对待他的方式来对待女人。要在自己的眼里是个赢者，他必须在安自己的比赛中击败她；他必须以她的规则取胜，因此他不可能取胜。在一个完美模仿的世界里，失败者很可能会继续失败。与受虐理论所要求的相反，羞辱和失败仅仅是摹仿性双重束缚的间接结果，不是它的直接对象，但只是在第一阶段。在第二阶段，模仿将结果当作直接对象。所有夸张的重复都是为了消除重复。

摹仿欲望不断转向更复杂和"矛盾"的形式，因为它总是以同样的方式对自身不可避免的失败做出反应。在一种超越自身荒谬的不断更新的努力中，这种欲望变得越来越荒谬和自我挫败。乔伊斯假设首先是异性恋阶段（以唐璜自居），然后是同性恋阶段（新的激情），这不是一种完全独立的欲望，而是最新的摹仿结构，在不断升级的失败中，总是重复之前的失败，试图对抗（"还要晦暗的东西"）。

所有试图打破循环的尝试都会重新激活这一循环。所有想弥补最初失败的努力都导致更糟糕的失败。最后一句话暗示了在异性恋和同性恋阶段同样的失败："两种狂乱汇成一股旋涡。"只要榜样兼对手是安·哈撒韦，最激进的欲望就集中在她和她的替代品上。在"以唐璜自居"的第二阶段，从逻辑上说，同性恋倾向源于榜样兼对手是男子这一事实。

与喜剧逐渐晦暗的情况十分相似,这种坠入地狱的经历并非琐碎的传记,它小说般的真实超越了将"生活"与"作品"生硬分离的非摹仿批评的浪漫主义美学。存在维度和认知维度完全吻合。

我在上述引文中概述的总体情景,得到了对某些特定剧作的一些细致而清晰的摹仿性考察的补充:

> 在《辛白林》中,在《奥瑟罗》中,他(莎士比亚)是老鸨,给戴上了绿头巾。他采取行动,也让别人在他身上采取运动。一个理想的恋人或一个变态者,就像荷西那样杀死活生生的嘉尔曼。他那冷酷严峻的理性有如狂怒的伊阿古,不断地巴望自己内心的摩尔人会受折磨。(第210页)

《辛白林》中,"老鸨,给戴上了绿头巾"的是流放者波塞摩斯,一个苏格兰人,他诱发了一个意大利花花公子对他妻子的欲望,因为他赞美了妻子和所有苏格兰女性,正如凡伦丁、柯拉廷及其他人过分赞美他们的爱人一样。斯蒂芬还特地提到了《维洛那二绅士》和《鲁克丽丝受辱记》。

奥瑟罗是"老鸨,给戴上了绿头巾",自然是相对于凯西奥而言。乔伊斯的解释与本书的研究吻合。当奥瑟罗意识到他对威尼斯的一切都很着迷,这使他把英俊的凯西奥提升到一个性关系和军事上的副将位置时,他立刻断定苔丝狄蒙娜背叛了他。他不需要恶棍来使他信服。他坚持不懈的推理就是他内心的"狂怒的伊阿古"——就像乔伊斯一样(见第三十一章)。

这不仅仅是文字游戏;"活生生的嘉尔曼"真的被杀了,苔丝

## 第二十九章 你相信自己的见解吗？

狄蒙娜与梅里美笔下这个人物的同化表明，乔伊斯和我一样，以模仿和自我毁灭的眼光看待她和她的死亡愿望；她是一个冒险家，而不是十九世纪遗留给我们的平淡浪漫的女主人公。

斯蒂芬想知道所有这些是"老鸨，给戴上了绿头巾"的是不是"理想的恋人或一个变态者"。此前，就《维洛那二绅士》而言，我们发现这个问题是无法判断的。这个主题是为了彼此的友谊单纯地将他的朋友卷入他的爱情中，还是需要他朋友的嫉妒来滋养和激励他自己？从什么时候起，他冲动的自夸会变成对邻居的嫉妒的病态欲望呢？

就像异性恋欲望需要同性之间的中介一样，同性恋欲望也需要异性之间的中介，这是一种"潜在的异性恋"，乔伊斯对它的兴趣不亚于对它的对立面，即弗洛伊德的"潜在同性恋"的兴趣。无论愿不愿意，成为"老鸨，给戴上了绿头巾"的人把他的男性对手推到他想要的女人那里，然后把他的女性对手推到他的男性朋友那里。性别差异是流动的、可变的和非本质的，而三角结构是永久的和基本的。

当斯蒂芬提到十四行诗中的男性朋友时，埃格林顿严肃地表示"他爱上了一位贵族"，斯蒂芬回答说："好像是的，为了这位贵族，并为了所有其他特定的、未被耕耘过的处女的胎，他想尽尽马夫对种马的那种神圣职责。"（第 200 页）这个隐喻可能受到《皆大欢喜》中试金石和牧羊人柯林之间简短对话的影响——只是一个玩笑，但在莎士比亚的语境中意义重大。它重述了莎士比亚式的中间人的整个理论，乔伊斯的"老鸨，给戴上了绿头巾"的解读，即使放在《特洛伊罗斯与克瑞西达》中也不会不合适：

> 柯林：先生，我是一个地道做活的；我用自己的力量换饭吃，换衣服穿；不跟别人结怨，也不妒羡别人的福气；瞧着别人家得意我也高兴，自己倒了霉就自宽自解；我最大的骄傲就是瞧我的母羊吃草，我的羔羊吸奶。
>
> 试金石：这又是你的一桩因为傻气而造下的孽：你把母羊和公羊拉拢在一起，靠着它们的配对来维持你的生活；给挂铃的羊当龟奴，替一头歪脖子的老王八公羊把才一岁的雌儿骗诱失身，也不想到合配不合配；要是你不会因此而下地狱，那么魔鬼也没有人给他牧羊了。我想不出你有什么豁免的希望。
>
> （第三幕第二场：73—85）

斯蒂芬的听众想要逃避演讲者的摹仿性洞察力，所以他们用一连串废话来挑揖回应。他们什么都读，什么都引用，从弗兰克·哈里斯在《星期六评论》上发表的精彩文章，到"亚历山大·小仲马（或者大仲马）说过，天主之外，莎士比亚创造得最多"（第210页）。对于这位"吟游诗人"，一句陈词滥调都没有漏掉。"在所有的伟人中间，"埃格林顿认为，"他是最难以理解的。"（第191页）人们大肆谈论他并不浮夸。（第196页）四个人——拉塞尔、利斯特、穆利根和埃格林顿——回忆起在都柏林由一个女人扮演的哈姆莱特，还有人认为这一切的秘密都必定藏在斯特拉特福德的坟墓里。

演讲的真正思想只是断断续续地闪烁着，是在猪圈踩得稀烂的泥里几乎看不见的小小的珠宝。要不是斯蒂芬,这些爱尔兰的布瓦尔和佩库歇①会过得很开心,但是演讲者破坏了他们的乐趣,渐渐地他们就联合起来对付他了。甚至他们听起来最无害的言论也是毒箭。利斯特说:

> "一场最令人受教益的讨论。穆利根先生想必对莎士比亚其人和他的戏剧也自有高见。应该把人生的各个方面都谈一谈。"
> 他一视同仁地朝四面八方微笑着。(第195页)

这种普遍的慷慨确实提醒了斯蒂芬,这种"有前途的年轻人"多得很。对平淡无奇的多元主义的狂热与对所有新思想最严厉的审查交替出现:"大诗人的同胞们也许对咱们这精彩的议论颇感厌烦了。"(第196页)埃格林顿的殖民思想视英国血统为莎士比亚作品的最高仲裁者。在对我们学术高速公路所做的一个奇怪预言中,他还赞扬了所谓的"批评大道":大道"固然冷清,然而它通向城镇"(第193页)。

斯蒂芬无法为他的学术观点提供听起来体面的论据;他与他的听众没有共同语言。他们在他看来是无用的、陈腐的,正如他在他们看来狂妄自大一样。此外,他还能在书架上看到成千上万的书籍,这是一个巨大的文化传统,不受他所说的话与他周围的人影响。他说话的时候,这种巨大的冷漠压在他身上,他以一种近乎神秘的方式进行补偿。他与莎士比亚的亲近感增强了;他听起来越来越离谱,越来越不可靠,直到埃格林顿出面叫停:"你这

---

① 法国作家福楼拜的小说《布瓦尔和佩库歇》(*Bouvard et Pécuchet*)同名主人公。——译注

是谬论……你带着我们兜了半天圈子,不过是让我们看到一个法国式的三角关系。"(第211页)

法国式的三角关系!斯蒂芬把莎士比亚降低到巴黎卧室闹剧的水平。他的事业甚至不是邪恶的,而是荒唐的!斯蒂芬很沮丧。我们对他的同情不应该把埃格林顿的笑谈妙语当作不相干的东西而置之不理;这一批评家从错误的角度看问题,但他看到了某种本质的东西,即摹仿欲望的三位一体结构。他总结了整个演讲。

到目前为止,他曾觉得自己坚不可摧,论敌的无能保护了他,但现在他面对的是真正的理解,冷漠、轻蔑的理解,然而毫无疑问,这种理解应该是完全相反的。他的自信崩溃了;意识到自己的优势,他的献祭者走向杀戮:

"你相信你的见解吗?"
"不。"斯蒂芬马上说。(第211页)

据我所知,所有论及这一文本的批评家都认为"不"是最后的结论。他们拒绝认真对待斯蒂芬的演讲,这又怎么会受指责呢?斯蒂芬自己也抛弃了自己的孩子。摹仿性的莎士比亚已经死了,被埋了;斯蒂芬想开玩笑,但他的玩笑没有效果。

这是一个巨大的错误。"不"是斯蒂芬大声说出的最后的话,但不是整个事情的最终结论。如果乔伊斯的批评家们真有那么好奇,他们就会读到接下来的十二行,然后会看到一段简短的内心独白,在这段独白中,斯蒂芬改口了。无疑,这些文字必须按照前面的"不"来解读,即我不相信自己的见解:"我信,噢,主啊,但

第二十九章 你相信自己的见解吗？

是我的信心不足，求您帮助我！就是说，帮助我去信，或者帮助我不去信，谁来帮助我去信？我自己。谁来帮助我不去信呢？另一个家伙。"（第211页）这第二个结论证实了斯蒂芬对模仿理论的信仰确实已经消亡，但正在重生；这几句话相当于对演讲者未能捍卫自己观点的一种摹仿性解释。

在困难的主体间情境中，"我自己"（egomen）会被迫相信"另一个家伙"相信的东西。有那么片刻，斯蒂芬真的被埃格林顿和他的同伴附身了，就像在三部对观福音书中格拉森疯子被名叫"群"（Legion）的恶魔附身一样。斯蒂芬暂时屈服于集体压力。他加入了他的指控者的摹仿性一致意见；他的屈服是一个彻底异化的时刻，超越了自我的孤独。他对埃格林顿指令的迅速同意是催眠状态下人们的特点。片刻之间，摹仿性莎士比亚对他的模仿者来说，就像他的听众一致认为的那样，成了无数理论中的一个不可信的理论，比大多数理论更牵强，更可笑。

斯蒂芬成了批评大道上的旅伴；路上的冷清令人无法忍受，这条路甚至没有带你去都柏林。他那过度摹仿的气质是造成这种可耻的崩溃的原因；同样的特质，使艺术家在独处时富有创造力和强大，也可能成为在他人面前几乎无限软弱的根源。

在斯蒂芬死去和复活之间的这段时间里，他觉得自己像犹大。他确实扮演了一个叛徒的角色——背叛了他自己，当然，是"我自己"。他谦卑地向大祭司埃格林顿乞求那三十块银币，只要我们在适当的时候加入适当的人群，我们都觉得有资格得到那三十块银币。斯蒂芬一无所得；屈服后，他似乎太微不足道了，连那点行贿的钱都不值。耶稣被捕后，不仅犹大，还有彼得和所有门徒都屈服于迫害他们的群众的摹仿性压力，并抛弃了他们的

389

主人。

"我信,噢,主啊,但是我信心不足,求您帮助我!"这些话引自《马可福音》(9:24)。这些话是一个被魔鬼附身的儿子的父亲说的,当时孩子正由耶稣治疗,而门徒们又无法让这位父亲信服。我们的内心独白描绘了一个乔伊斯式的、纯粹以自我为中心的奇迹。

一旦摹仿性压力消失,我自己就会复活;本质的自我是私刑者无法触及的;它在基督教三位一体的自我中心的等价物中扮演父亲的角色。摹仿性竞争的险恶三角形是这个三位一体自我的反面形象,它的救赎力量最终战胜了邪恶。

在复活了儿子之后,圣父把自己的圣灵给了他,使他能够把他可怕的经历变成一部名为《尤利西斯》的艺术作品。我自己在他自己创造的高级领域中弥补了他的世俗损失。国家图书馆的趣事是一部小说中的小说,小说中死亡和复活的情节几乎完全发生在我自己内部。"其他人"只扮演迫害他人的群众角色。

谁是我自己?为了回答这个关键的问题,我们应该研究那场关于莎士比亚的演讲之外的摹仿欲望,包括整部《尤利西斯》以及小说作者詹姆斯·乔伊斯的生活。就像斯蒂芬自己,《尤利西斯》的主人公利奥波德·布卢姆也遭遇了法国式三角关系的困境;他讨厌被骗,但表现得好像很喜欢,用莫莉的挑逗性照片引诱斯蒂芬,并邀请他未来的竞争对手到他家做客。他为自己的行为感到羞愧,想要付诸行动,但他所能做的就是与人合作创作他自己的代表作"绿帽子"。

乔伊斯的生活中亦有许多惊人的摹仿性事件。它们与乔伊斯在《尤利西斯》中所描述的事件的相似之处,不限于布鲁姆和斯蒂芬的情况，也包括莎士比亚的情况，这并非巧合。在遇到乔伊斯之前，他未来的妻子诺拉对一个名叫迈克尔·博德金的年轻人有过短暂的情感依恋；博德金英年早逝。她丈夫的忌妒非但没有因年轻人的早逝而减弱，反而更加剧了；这使得乔伊斯完全不可能把他对莫莉的影响和他假定的竞争对手对她的影响进行比较。

另一件逸事是关于的里雅斯特的一名记者，诺拉似乎很喜欢和他在一起；乔伊斯不是出于恶意，而是因为强烈的嫉妒，邀请他到家里做客，并待他像个朋友。整个状况与《尤利西斯》中的布卢姆/莫莉/斯蒂芬三角关系惊人相似。

乔伊斯明确表示，这些事实与他对莎士比亚作品的解读有关。演讲的重点是摹仿性天才和生活中神经质痛苦之间的联系，詹姆斯·乔伊斯在生活和创作中受到了同样的启发，这一点太明显了，不需要进行系统的比较。不同于早期流亡者乔伊斯仍然把摹仿性竞争作为一种理想，无视其中的变态，成熟的乔伊斯对自己很清楚；他知道自己的行为常常会让"正常的"旁观者感到荒唐或疯狂。很明显，他将自己的老鸨-绿帽子综合征看作他对摹仿性关系的异常敏锐所付出的代价。这一有关莎士比亚的演讲表明，在乔伊斯自己眼中，文学天才与摹仿性纠缠密不可分。

凡是了解乔伊斯生平的人都知道他在《尤利西斯》中暗示了他的生活，但这个问题从未被认真讨论过。谁想听起来像个"传记批评家"？乔伊斯自己却无视这一禁忌——不是在自传体写作中，而是在他最伟大的文学作品中。让我们也无视它；让我们跟随作者，无论他把我们带到哪里。

乔伊斯将威廉·莎士比亚视为我自己的替代品。在他所描绘的创作高度摹仿性戏剧的摹仿性剧作家背后，我们可以认出诺拉的丈夫，一个创作了高度摹仿性小说的高度摹仿性小说家。乔伊斯在他的文学作品中大胆暗示的内容，我们不能将之当作无关紧要的闲言碎语而不予理睬。莎士比亚的摹仿欲望相当于斯蒂芬的欲望，也相当于乔伊斯自己的欲望。我自己就是詹姆斯·乔伊斯。与我们经常听到的相反，斯蒂芬是他的创造者的声音。

我自己总是书写自己。莎士比亚是他的代理人之一，但我们不能说莎士比亚只是个代理人。在本书的研究中，我们对莎士比亚的所有了解都证实了斯蒂芬演讲的独特洞察力。根据我们仍然遵循的形式主义或形式解构主义原则，这些原则都是直接从拉塞尔而来的，如果有关莎士比亚的演讲与乔伊斯有关，那么它就不可能与莎士比亚有关，如果它与莎士比亚有关，那么它就不可能与乔伊斯有关。但我自己蔑视这些原则。

我们现在可以大致地重新构造我自己的推理：既然莎士比亚知道摹仿欲望的一切，我也知道，既然除了几个卓越的大师，没人知道，我自己就一定是卓越的大师。据我们所知，大师们的生活被一种摹仿性歇斯底里症所困扰，而我正是受这种歇斯底里症的折磨。莎士比亚可能也是如此，尽管我们不知道他的一生。以我作为小说家的身份，我有资格虚构出一个历史上虚假但在某种意义上真实的威廉·莎士比亚的生活。这就是伟大小说的意义所在。心怀邪念者可耻。

如果我们敢在围绕模仿性莎士比亚的同心圆中认出詹姆斯·乔伊斯的签名，我们也必定会在演讲中认出这位年轻作家自己的摹仿性戏剧，他从爱尔兰流亡的故事。我自己的学说具有令人眩晕的含义。

在对亚里士多德和柏拉图的简短讨论中，斯蒂芬问道："想把

## 第二十九章 你相信自己的见解吗?

我赶出理想国的,是他们两个当中的哪一个呢?"(第184页)演讲刚开始几分钟,著名的拉塞尔就决定离开斯蒂芬。离开时,他邀请他的四个助手参加一个文学聚会;只有斯蒂芬没有受到邀请。如同斯蒂芬,在都柏林,年轻的乔伊斯感到被误解、被蔑视、被忽略、被排斥;演讲是一场知识歧视、驱逐、流放、替罪羊的悲剧,并不断指向乔伊斯本人。

法国人怎样称呼法国式的三角关系?说"法国式的三角关系"当然没有任何意义;即使埃格林顿恐怕也明白这一点。"杂耍三角"(Triangle de vaudeville)听起来太学术化了;法国翻译家瓦列里·拉博(Valery Larbaud)提议用"先生、夫人及另一个"(Monsieur, Madame et l'autre),如果这一称呼没有抹去法语的内涵,它将是完美的,应该被保留,因为它似乎在演讲的两端扮演着重要的角色。在埃格林顿看来,对于莎士比亚的批评家来说,斯蒂芬的智性生活还不够英国化。埃格林顿是先前说过的那种人:"大诗人的同胞们也许对咱们这精彩的议论颇感厌烦了。"(第196页)

整个莎士比亚逸事有一个法国序曲,结尾处的法国式的三角具有战略上的对称性。提及法国文化的人不是斯蒂芬,而是乔伊斯本人,或者,如果你愿意,也可以叫我自己。在序曲中,利斯特提到马拉美作品让人想起一个法国小镇上演《哈姆莱特》的情景。海报上这样写着:

> 他用那只空着的手优雅地比比画画,在虚空中写下小小的字:

《哈姆莱特》

或者

《心神恍惚的男子》

莎士比亚剧作

他对约翰·埃格林顿那再一次皱起来的眉头重复了一遍：

"要知道，莎士比亚的戏剧哩。法国味十足。法国人的观点。《哈姆莱特》或者……"

"《心神恍惚的乞丐》。"斯蒂芬替他把话结束了。

约翰·埃格林顿笑了。

"对，依我看就是这样，"他说，"毫无疑问，那是个优秀民族，可在某些事物上，目光又短浅得令人厌烦。"（第185页）

这一序曲的目的之一是让马拉美成为斯蒂芬大胆的文学批评的守护神。然而，有埃格林顿这样的文化突击队员，一位法国诗人（尽管他可能是伟大诗人）的助阵却会招致灾难。在此所发生的一切预示着斯蒂芬后来的失败。上述引文使埃格林顿的乡土主义在法国文学语境中昭然若揭。这位批评家对马拉美的反讽视而不见。乔伊斯在为他的法国式的三角关系搭建舞台。

多年前我最初读的是拉博译的《尤利西斯》，不求甚解。最近，我读英语原著，法国式的三角关系提供了启示。与此同时，我转向摹仿欲望，并给讲英语的听众做讲座。如此经历总是令人愉快的，但有时也让我想起斯蒂芬的境遇，这让我对乔伊斯的作品有了更多的理解。在提问阶段,我得到警告,说我的摹仿性三角,准确地说,因为它们是如此精致的法国模式,以至不能真正适用于英国或美国作家——当然,尤其不适用于他们中最伟大的作家威廉·莎士比亚。

在法国以外,摹仿欲望往往显得特别法国式,出于同样的原因,它在法国便不能是法国式了。世界上没有地方能让摹仿欲望有宾至如归的感觉,犹如中世纪的瘟疫或十六世纪的梅毒那样。这种危险的添加剂总被认为是进口的。

替罪羊的摹仿性一致以牺牲受害者为代价来伪造自己的意义。尽管受到武断的谴责,但这个受害者似乎也有罪。斯蒂芬在智性上被那些甚至没有意识到自己在参与一场献祭的人做了献祭。

这一文本中有迫害吗?只要书外的读者对书内摹仿性内容视而不见,他们就什么也看不到。他们看不出斯蒂芬的演讲引发了一场他们自己也被卷入其中的微型摹仿性危机。他们看不到斯蒂芬的受害,因为这成了他们自己的"创始暴力"。他们总是引用斯蒂芬的"不"来证明他们的决定,即从莎士比亚和乔伊斯的角度来看,这次演讲是无关紧要的。

这种创始暴力影响书外的每个人,即《尤利西斯》的读者,以及书内的每个人,包括斯蒂芬本人,哪怕只是片刻之间。通过加入他那些友好的私刑暴民,斯蒂芬把对自己演讲的错误解读,变成了几乎无可辩驳的信条。

啊,见鬼!通过他人的眼光来批评。早期一些批评家在这种艺术实践中最无顾忌。我记得至少有个人明确指责斯蒂芬无视拉塞尔对传记批评的明智警告。① 既然《尤利西斯》的作者已经成为伟大的詹姆斯·乔伊斯，就像永恒成就了他自己，没有人会把《尤利西斯》中的这五十页随意扔掉；近来的批评家有些淡然地敦促我们去感受这一"有趣"，甚至"好玩"的演讲。然而，当专家们把它定义为一锅"杂烩"，甚至是一锅"由错误组成的杂烩"时，他们几乎公开承认，他们未能从中获得任何真正的意义。②

据我所知，这一逸事的主题从未确定过。涉及五个主题：斯蒂芬对莎士比亚的摹仿性洞察；四个批评家福楼拜式的陈词滥调；这些批评家摹仿性地联合起来反对斯蒂芬；法国式的三角关系奇妙的相关性和非相关性；主人公的"死亡"和他的自我的"复活"。

《尤利西斯》被误解，但它的作者亦须为这一批评的失败承担责任。显然，他极力误导那些自认是"严肃批评家"的人。当被要求解释时，斯蒂芬什么也没有说，而他的旁白并没有表现出我们认为是"合理批评"的先决条件那种平静的超然："我晓得。闭嘴。该死的。我自有道理。"（第 205 页）谁能相信一个如此明显受到激情驱使的研究者呢？

谁能相信那些甚至不尊重事实的研究者呢？斯蒂芬把莎士比亚小时候在英国天空中看到的一条"火龙"的寿命延长了好几年，把它变成了这位伟人出生的一个不可思议的预兆。然后，他一度傲慢地声称，他的结论适用于"所有（他）没有读过的剧本"。在斯蒂芬否定自己的观点之前，我们对他的信心就已经动摇了。

---

① 威廉·M. 舒特，《乔伊斯与莎士比亚：〈尤利西斯〉意蕴研究》（*Joyce and Shakespeare: A Study in the Meaning of Ulysses*，纽黑文：耶鲁大学出版社，1957）。
② 休·肯纳，《尤利西斯》（*Ulysses*，巴尔的摩：约翰·霍普金斯大学出版社，1980），第 114 页；约翰·奥哈拉，《民族周刊》，1982 年 3 月 15 日，第 312 页。

当这一切最终发生时，这种否定似乎对他不利。我们注意力分散，大部分人不再阅读。因此，我们错过了最后一次发现真相的机会，乔伊斯固执地将其埋在离演讲很远的地方，在密密麻麻的字里行间，狗对它喜欢的骨头也是一样，唯一的目的就是防止它被发现。

总是令人惊叹的詹姆斯·乔伊斯，虽然显得表面，却系统性地破坏表达他自己观点的这个人物的可信度。他显然预见了并系统性地鼓励对整个事件的误读。批评家决不应该欺骗他的读者，但我们不能责怪斯蒂芬屈服于这种特殊的诱惑。在他提出的所有观点中，唯一能激发听众想象力的是荒谬的火龙。他们盲目地谴责"传记批评"，但他们认为最糟糕的圣徒传没有错。

乔伊斯在文本中插入了许多含混的信息。除非我们感知到所有事物的摹仿性维度，否则它们暗示的是与它们的真正含义相反的东西。斯蒂芬比表面上要严肃得多，但他的严肃是另一种严肃永远也认不出来的。

斯蒂芬孩子气，挑衅性十足，但他的主张并不像看上去那么放肆。他的见解不像通常意义上那样依赖学问。有人看完一部戏就能领会，而另一些人却永远也记不住整部戏。重要的不是信息的数量，而是我们如何利用信息。

斯蒂芬从未提及《特洛伊罗斯与克瑞西达》；这必定是他从未想去读的剧本之一。潘达洛斯理应在乔伊斯的图景中占有一席之地，然而并没有。没有哪个人物比他更能体现"老鸨，给戴上了绿头巾"这种想法。要么是乔伊斯不熟悉这一原型人物，要么就是乔伊斯觉得潘达洛斯太显眼，不适合玩猫捉老鼠的游戏，因而故意避开了他。

不管这种遗漏的原因是什么，最终都无关紧要。比起那些知道关于潘达洛斯的一切，却无法把他置于莎士比亚式欲望的更大图景中的审慎的学者，一个完全忽略潘达洛斯的文本可以让我们学到更多的东西。这些审慎的学者的作品远非一无是处，但它们的用处与乔伊斯的不同。

除了乔伊斯，没有人布下那些似乎使斯蒂芬名誉扫地的线索；除了乔伊斯，没有人在每一个转折点上都提出了错误的解释，并做足表面文章，让批评家信以为真。乔伊斯狡猾地哄骗那些摹仿性盲目者，使他们陷入他们喜好的误读之中。

乔伊斯将他的文本变成一台语言机器，就像我们在莎士比亚的作品中发现的那样。法国式的三角关系的溃败在小说中相当于一个悲剧性结局。这种强烈的高潮可以用两种不同的方式来解读。如果我们不赞成这个模仿性莎士比亚，其暴力似乎是正当的，因此它的不公正便消失了。埃格林顿的裁定证实了我们对斯蒂芬的所有负面印象，并成为解释性神话的主要故事，这种神话仍然主导着对《尤利西斯》的批评，主导着演讲的"杂烩"概念。

这种矛盾心理大致是献祭性的，因此让人想起莎士比亚的几部戏剧，如《威尼斯商人》。我们发现我们对这部戏的解释取决于我们如何解读最后那场审判。我们参与了夏洛克的替罪羊行为，以至我们没有察觉到它的任意性。同样，我们也参与了斯蒂芬的替罪羊行为，以至我们不理解他的演讲的真实性。

为什么有这种献祭性操控？就莎士比亚而言，我们推断，这种矛盾心理使剧作家能够消除两类完全不同的公众的偏见并满足他们的需求。解释的多样性不是写作的本质属性，而是作者为特定目的而设计的东西。但这一目的不能在乔伊斯身上体现出来,至少不是在同样的意义上体现出来。一个"先锋"作家不会为大量没有经验的读者写作。他的写作动机是什么?

第一个答案是,乔伊斯不仅理解莎士比亚作品中的摹仿欲望,也理解与之相伴的献祭的矛盾心理,并有意在他自己的文本中复制莎士比亚作品的这一显著特征。他决定,在他表达对莎士比亚的崇高敬意时,他应该尽可能莎士比亚化,不仅揭示,而且模仿莎士比亚的献祭性策略。

这种献祭的矛盾心理使得乔伊斯的视角几乎隐而不显,但也不是完全这样。作者压制自己的声音,向他的对手让步,成了一个文学上与"老鸨,给戴上了绿头巾"的形象相当的人物。我想,他热切希望我们中有些人能发现真相,但他在通往这一发现的道路上设置了重重障碍。换句话说,他违背了自己的利益,他作为作家的行为与布鲁姆作为情人的行为是一致的。

我们在莎士比亚身上发现了类似的情况。在《仲夏夜之梦》中,诗人最重视忒修斯的视角,而不是他自己的真正视角;他把自己的观点放在几乎看不见的地方,但也不是完全看不见,因为他写了希波吕忒那五行珍贵的台词,这五行台词我详细地解释过。

正如乔伊斯在斯蒂芬的面具下讲述自己被驱逐的经历一样,我相信莎士比亚的反讽也体现在反复出现的诗人主题上,在这个对诗艺充满敌意的世界上,诗人成了首当其冲的替罪羊。再以《仲夏夜之梦》为例,第五幕中提供给忒修斯的所有戏目,都是关于诗人受到同时代人迫害的故事。(见第二十七章)同样,在乔伊斯的文本中,集体的受害者是整个群体中唯一真正的诗人。

莎士比亚被斯蒂芬神秘地称为"穿着鞣皮紧身裤的基督狐。

一个亡命徒,藏到枯树枝里,躲避喧嚣"(第191页)。他和斯蒂芬/乔伊斯永远都是彼此的镜像,他们的生活似乎是一场大型集体狩猎,他们总是扮演着猎物的角色。

关于为什么乔伊斯在这一逸事中故意模糊自己的观点的完整讨论会让我们走得太远,但必须提到他最明显的目的;它可以被定义为延时讽刺(delayed-action satire)。乔伊斯很不喜欢他那个时代的文坛。他可能觉得,他迟早会被那些在他一生中排斥过他的人奉为圣人,他把他的文本变成了一个名副其实的雷区,我想,他一定乐在其中;他死后很长一段时间,他的某个引擎会不时爆炸,对文学景观造成一些破坏。

当乔伊斯第一次成为尽人皆知的丑闻的中心人物,并因此成为名人时,有传言说他的作品具有巨大的神秘性。后来,随着有关他的学术论著不断增多,这种不严肃的目的被默认为与他文学创作的严肃性不相容。这是一种危险的错觉。当我自己快乐地发现我能看到的乔伊斯式陷阱时,我一定是掉进了我看不到的陷阱里。我觉得,无法夸大这位作家的恶作剧能力。

第三十章

# 哈姆莱特无聊的复仇

——《哈姆莱特》中的复仇

莎士比亚作品所达到的近乎神圣的地位，总是与现代批评的各种陈词滥调——如意图谬误，对反讽的感知是致命的——相结合，使我们无法就莎士比亚对我们最宝贵的邀请做出应有的反应；他邀请我们成为他的同谋，并分享他对某个戏剧性进程的奇妙认知，这一进程总是以某种受害者形象或献祭为形式，这一进程在我们内心深处根深蒂固，其影响是如此矛盾和隐蔽，以至它可以同时被重新激活和加以嘲笑。《第十二夜》中的马伏里奥就是这种矛盾心理的一个很好的例子。

伟大的艺术家是一个磁场发生器；他可以把我们的摹仿性冲动导向他所选择的方向。在他的一些戏剧中，莎士比亚显然觉得激起愤怒而不是同情是多么容易，把悲剧变成喜剧或者把喜剧变成悲剧是多么容易。如《仲夏夜之梦》中的戏中戏，滑稽的《皮拉摩斯和提斯柏》就是对《罗密欧与朱丽叶》的戏拟式倒置。那个把英雄变成恶棍，又把恶棍变成英雄的人，那个诗人，实际上是魔法师的学徒。任何时候，他都可能成为自己游戏的受害者。如果观众不接受他提供的受害者，他们会转而反对他，他们会选择他作为他们的替代受害者；诗人将成为他自己戏剧的真正替罪羊。

当昆斯背诵《皮拉摩斯和提斯柏》的开场诗的时候，句读错了，原本想要赞美的话听起来像是一连串的侮辱之言。他几乎没费什么事就把巴结讨好（captatio benevolentiae）变成了*污言秽语*（captatio malevolentiae）。对于昆斯和他的朋友们来说，幸运的是，忒修斯是一位明智的统治者，他在错读的语言背后看到了良好的意图。我们在这里感觉到的是戏剧创造者对他的手艺的危险本质的极端敏感。他不仅要担心他的意图和他的言辞之间的差距，还要担心演员们的说话方式，当然，最重要的是，担心观众对他们的接受。

戏剧诗人过于依赖群众而不了解其本质的易变性。成功或失败与其说是由于作品的内在质量，不如说是由于集体的反应，这些反应是不可预测的，因为它们本质上是摹仿性的；从一次表演到另一次表演，这些反应可能在没有明显理由的情况下突然从一种极端转向另一种极端。当然，它们类似于替罪羊现象，所有戏剧，更确切地说，所有仪式都是建立在替罪羊现象之上的。剧作家对大众摹仿冲动的依赖，当然不能解释他对人类事务中随机受害者所扮角色的惊人洞察力，但它肯定会提高他天生的敏感性；它必定增加这一效果，即无论他对类似现象的个人经验如何，都可能在他的前一段历史中首先对他后来作为剧作家的"才能"做出贡献。

诗人无论选择什么都能引导群众，诗人必定为他的这种力量而激动。在早期的戏剧中，莎士比亚对这种力量的一些暗示，确实经由它们几乎难以置信的才华和智慧，表达了一种喜悦。但在运用这种力量的过程中，肯定也有另一个更消极的方面。诗人对净化的理解非常透彻，因此不会像文学批评家那样对此感到怡然

## 第三十章 哈姆莱特无聊的复仇

自得。莎士比亚自己对于他作为创造者的角色的看法远没有我们所认为的那么高贵。即使在他提及一些被社会迫害的诗人时，我们偶尔也能听到一些同情和严肃的调子，但他对这一主题的整体处理，与我们从浪漫主义时代继承下来的那种自怨自艾毫无关系。剧作家是在玩火，如果他被烧伤了，他只能怪自己。

诗人为什么要为向群众提供替代性受害者而感到自豪呢？事实上，他自己不是被愚弄的人，他从远处操纵无知的观众，却渴望有知识的人欣赏这种距离，这并没有使这种操纵更值得称赞。精英们被邀请分享一种比低层次净化更复杂和微妙，但本质上仍是净化性质的快乐。唯一的区别是，少数人的满足是以牺牲多数人的利益为代价的。现在真正的替罪羊是逆转的大众观众，而这已成为现代文学的规则。然而，这似乎并非来自这种倒置的净化。莎士比亚确实得到了一种个人安慰，这种安慰至今仍滋养着现代世界无数知识分子和艺术家的自我。

当然，上述言论是探讨性的，如果它们并不涉及对我还没有提到的一些戏剧采用一种新的方法，尤其是对至今仍是最神秘的一部戏剧（尽管它受到了几乎难以置信的大量批评关注），它们不会真有什么价值。

《哈姆莱特》属于复仇悲剧的类型，就像我们今天的电视编剧所写的"惊悚"作品一样，在莎士比亚的年代里显得老套而又无法规避。在《哈姆莱特》中，莎士比亚把剧作家继续写同样古老的复仇悲剧的必要性，变成了一个几乎公开讨论我所界定的问题的机会。我相信，在早期戏剧的字里行间可以读到对复仇和净化的厌倦，这种厌倦必定是真实存在的，因为在《哈姆莱特》中，它被移到了舞台的中心，并被充分地表达出来。

我们听说，一些甚至未必是最差的作家发现，在这部伊丽莎白时代冗长的戏剧中，很难把一个起始就未有怀疑，并始终如一的行动推迟到整部戏剧的最后。莎士比亚可以把这种乏味的苦差事变成戏剧双关语中最辉煌的壮举，因为复仇的乏味正是他真正想要谈论的，他想用莎士比亚式的方式来谈论它；他将以最大的勇气谴责复仇戏剧及其所有作品，而不否认它所要求的大众观众的净化，也不剥夺自己作为剧作家的职业生涯所必需的戏剧成功。

如果我们假设莎士比亚真怀有这样的双重目标，我们便会发现剧中一些无法解释的细节变得易懂，许多模糊场景的作用也变得清晰起来。

为了坚定地复仇，你必须相信自己的正义。这就是我们之前注意到的，复仇者不会相信他自己的事业，除非他相信他的目标受害者有罪。而目标受害者的罪行反过来又意味着受害者的受害者是无辜的。如果受害者的受害者已经是一个凶犯，如果复仇的追求者对复仇的循环反应过度，那么他对复仇的信念就一定会崩溃。

这正是我们在《哈姆莱特》中看到的。莎士比亚暗示老哈姆莱特，即那个被谋杀的国王，他自己就是一个杀人犯，这是不无道理的。不管克劳狄斯看起来有多讨厌，如果他出现在之前的复仇场景中，他看起来再讨厌也不为过；作为一个恶棍，他无法像哈姆莱特那样，有着绝对的激情和奉献精神。哈姆莱特的问题在于他不能忘记这个背景。因此，克劳狄斯所犯下的罪行在他看来就像是一根已经很长的链条上的又一个环节，而他自己的复仇之路也

## 第三十章 哈姆莱特无聊的复仇

将是另一个环节，与其他所有环节完全相同。

在一个世界上，每个鬼魂，无论是死是活，都只能做同样的事情，即复仇，或者从坟墓里出来大声要求更多相同的东西，在这样一个世界上，所有的声音都是可以互换的。你永远无法确定哪个鬼魂在对谁说话。哈姆莱特质疑自己的身份，与质疑鬼魂的身份及其权威，是一回事。

在复仇中寻求独特性是一项徒劳的事业，但在一个视复仇为"神圣职责"的世界里，逃避复仇则是把自己排斥在社会之外，再次成为一个无足轻重的人。哈姆莱特没有退路；他不停地从一个僵局进入另一个僵局，无法做出决定，因为哪个选择都没有意义。

如果所有的人物都陷入了复仇的怪圈，而且复仇的范围超出了行动的极限，那么《哈姆莱特》就没有开头，也没有结尾，戏剧就会崩溃。主人公的问题在于，他对自己行动的信心不及评论家的一半。他非常了解复仇和戏剧，所以不愿意接受别人为他选择的角色。换句话说，他的情感正是我们在莎士比亚身上所推断出的。主人公对于复仇行为的感受，正是创作者对于戏剧作为复仇的感受。但公众想要替代受害者，剧作家必须予以满足。悲剧即复仇。莎士比亚厌倦了复仇，但他不能放弃复仇，否则就会放弃他的观众和他作为剧作家的身份。莎士比亚把一个典型复仇主题的《哈姆莱特》变成了对自己作为剧作家的困境的沉思。

克劳狄斯和老哈姆莱特并非先是亲兄弟再是敌人；他们是谋杀和复仇意义上的兄弟。在作为大多数悲剧的源头的神话传说中，兄弟情谊几乎总是与复仇的互相作用联系在一起。仔细研究就会发现，在所有神话主题中，最常见的可能是兄弟情谊，它代表的是这种互动关系，而不是它所指定的特定家庭关系。作为大多数亲属制度中差别最小的关系，兄弟的地位可能成为一种无差别化的标志，一种剧烈去象征化的象征，一种矛盾的迹象，即没有更多的迹象，到处都是交战的混乱。

这一解释得到了神话中大量对手关系的证实，他们不仅是兄弟，而且是双胞胎，例如雅各和以扫，或厄忒俄克勒斯和波吕尼克斯，或罗穆卢斯和雷穆斯①。双胞胎在最大程度上拥有神话般的兄弟情谊所必备的品质：他们难以辨别；他们完全缺乏所有原始和传统社会认为的维持和平与秩序不可缺少的差别化。

至少可以说，令人惊讶的是，现代人类学还没有重新发现双胞胎在神话和原始宗教中的重要性。结构主义及其后学独特的对差别的强调非但没有指向一个新的方向，反而构成了最强大的古老传统的最终实现，这不仅是我们的社会科学和哲学的传统，也是宗教本身的传统。这种倾向在最好的情况下会极大地减少，最坏的情况下则完全抑制理解莎士比亚这样一位作家所必需的一切；从人类冲突的摹仿性本质开始，由此导致敌对双方的行为越来越相似的倾向，因为他们错误地感知到彼此之间越来越多的差异。

如果莎士比亚与我们的社会科学学者和文学批评家一样，对神话中的双胞胎和兄弟关系一无所知，他永远不会写《错误的喜剧》。这部戏剧最引人注目的特点是，由于未被发现的双胞胎的主题，许多与悲剧冲突中未被察觉到的调节作用非常相似的效果，可以用一种喜剧性误解的方式加以利用。

双胞胎和兄弟的重要性不仅体现在神话中，也体现在戏剧传

---

① 雅各和以扫（Jacob and Esau）、厄忒俄克勒斯和波吕尼克斯（Eteocles and Polynices）、罗穆卢斯和雷穆斯（Romulus and Remus），分别是圣经神话、希腊神话和罗马神话中的孪生兄弟。——译注

统中，当然，包括普劳图斯的《孪生兄弟》，如果我们要正确地解释以下情景，这一意义就必须呈现在我们的脑海中：哈姆莱特手里拿着他父亲和叔叔的肖像，或者他指着墙上他们的画像，试图让他母亲相信他们之间存在巨大的差异。如果主人公真的相信他所说的话，就没有哈姆莱特"问题"了。因此，他试图说服的也是他自己。他愤怒的声音、夸张的语言以及他语言中冷酷做作的隐喻表明，他的努力是徒劳的：

> 瞧这一幅图画，再瞧这一幅；
> 这是俩兄弟的肖像。
> 你看这一个的相貌多么高雅优美：
> 太阳神的卷发，天神的前额，
> 像战神一样威风凛凛的眼睛，
> ……
> 这一个完善卓越的仪表，
> 真像每个天神都在上面打下印记，
> 向世间证明这是一个男子的典型。
> 这是你从前的丈夫，你再看这一个：
> 这是你现在的丈夫，像一株霉烂的禾穗，
> 损害了他健硕的兄弟。你有眼睛吗？
>
> （第三幕第四场：53—65）

这位绅士抗议得太多了。整个表现形式与哈姆莱特自己的表述的对称倾向于重申他所否认的相似性："这是你从前的丈夫……这是你现在的丈夫……"

哈姆莱特恳求他母亲放弃与克劳狄斯的婚姻关系。大量的弗洛伊德理论倾泻到这段引文上，模糊了它的意义。哈姆莱特还没有愤怒到冲出去杀死那个恶棍。结果，他对自己感到不满，并责怪他的母亲，因为她显然对整个事情比他更漠不关心。他希望他母亲为他启动复仇程序。他想在她身上激起他自己感觉不到的愤怒，也许是出于某种假装的同情，想间接地从她那里得到这种愤怒。在乔特鲁德和克劳狄斯之间，他希望看到一种戏剧性的破裂，以迫使他坚定地站在母亲一边。

如今人们普遍认为，乔特鲁德一定对克劳狄斯有很深的感情。以下几行话非但没有证实这一观点，而且恰好相反：

> 无论怎样丧心病狂，
> 总不会连这样悬殊的差异
> 都分辨不出来。（74—76）

哈姆莱特没有说他母亲疯狂地爱着克劳狄斯；他说，即使她爱克劳狄斯，她也应该能够感觉到她的两个丈夫之间的一些不同。因此，他假定他母亲和他自己一样，看不出有什么不同。这一假定显然是正确的。乔特鲁德在儿子长篇大论时保持沉默，因为她无话可说。她之所以能很快地接连嫁给这两兄弟，是因为他们长得太像了，她对他们俩都漠不关心。哈姆莱特觉察到的正是这种压倒一切的冷漠，他憎恨这种冷漠，因为他试图与自己内心的冷漠做斗争。就像莎士比亚的其他女王，如《理查三世》中的女王一样，乔特鲁德生活在一个声望和权力比激情更重要的世界里。

如今，我们在文学批评中常常被一种所谓的"色情指令"所支

## 第三十章 哈姆莱特无聊的复仇

配,这种指令的要求和之前的性禁忌一样教条,最终也一样幼稚。让我们希望,随着时间的推移,这位清教主义的叛逆之子将逐渐变老,届时我们可能会认识到,他对莎士比亚式反讽的影响并不亚于他父亲,同样令人厌恶和具有破坏性。

哈姆莱特需要的是一部比他自己的复仇戏剧更有说服力、比莎士比亚正在写的戏剧更彻底的复仇戏剧,来激发他的复仇精神。幸运的是,对于这位主人公和那些热切盼望着最后一场血战的观众来说,哈姆莱特有很多机会在他的戏剧中观看激动人心的场面,并试图创造出更多的场面,以尽力使自己处于杀死克劳狄斯的正当情绪中。哈姆莱特必须从别人那里,从一个可以摹仿的榜样那里,获得他在自己身上找不到的冲动。我们发现,这就是他试图在他母亲那儿达成的目标,但没有成功。他在为他扮演赫卡柏的演员那里也没有成功。很明显,在这一点上,哈姆莱特达到他的社会——或观众——的要求的唯一希望,是成为一个"真诚的"表演者,就像一个演员,当她假扮特洛伊女王时,能流下真正的眼泪!

> 这个伶人不过在一本虚构的故事、
> 一场激昂的幻梦之中,
> 却能够使他的灵魂融化在他的意象里,
> 在它的影响之下,他的整个脸色惨白,
> 眼中洋溢着热泪,神情流露着仓皇,
> 他的声音是这么呜咽凄凉,
> 他的全部动作和他的意象一致,

> 这不是极其不可思议吗?
> 而且一点也不为什么!为了赫卡柏!
> 赫卡柏对他或他对赫卡柏,
> 有什么相干,他却要为她流泪?
> 要是他也有了像我所有的
> 那样使人痛心的理由,他将要怎样呢?
>
> (第二幕第二场:551—562)

哈姆莱特另一个引人注目的例子来自前往波兰的福丁布拉斯的军队。战争的目的是争夺一小块没有价值的土地。成千上万的人将为之丧命:

> 为了区区弹丸大小的一块不毛之地。
> 真正的伟大不是轻举妄动,
> 而是在荣誉遭遇危险的时候,
> 即使为了一根稻秆之微也要慷慨力争。
>
> (第四幕第四场:53—56)

这场景既荒谬又凶险。如果主人公真的相信自己事业的优越性和紧迫性,这场景不会给哈姆莱特留下如此深刻的印象。他的话经常出卖他,这里就像和他母亲在一起的场景。作为激情的暗示,他的复仇动机并不比舞台上演员的暗示更引人注目。他也必须"为了区区弹丸大小的一块不毛之地",甚至"为了一根稻秆之微也要慷慨力争"。

军队场景的效果显然来自,至少部分来自参与其中的大量人

## 第三十章 哈姆莱特无聊的复仇

员,来自这一例子的几乎无限的增多效应,这不能不极大地增加模仿的吸引力。莎士比亚是个描写暴民效应的大师,在此不由让人想起摹仿性榜样的累积效应。为了激起对克劳狄斯开战的热情,就像对波兰的战争一样,非理性的感染也是必要的。哈姆莱特在这一点上"受益于"一种模仿的刺激,这种刺激很像当公民决定参战时,政府为公民组织的一种奇观:一场振奋人心的阅兵式。

但我相信,最终决定哈姆莱特的行动的不是演员,也不是福丁布拉斯的军队,而是雷欧提斯。雷欧提斯提供了最有说服力的场面,不是因为他提供了"最好"的例子,而是因为他的处境与哈姆莱特相似。作为哈姆莱特的同辈,至少在某种程度上,他的愤激姿态构成了可以想象的最强大的挑战。在这种情况下,即使最麻木不仁的人,也必定要有一种奋发向上的劲头,才能最终达到复仇所要求的那种灾难。

头脑简单、不假思索的雷欧提斯可以对克劳狄斯大喊"还我父亲",然后跳进他妹妹的坟墓,表现出疯狂的悲伤。就像一个适应环境的绅士或一个完美的演员,他可以用最大的诚意实施所有的行动,满足社会环境的要求,即使它们相互矛盾。这一分钟,他可以哀悼一个人的无谓死亡,而在下一分钟,如果有人告诉他,他的荣誉危在旦夕,他又可以无端地杀死数十人。对他来说,父亲和妹妹的死亡几乎没有葬礼的不够隆重和华丽那么令他感到震惊。

在奥菲利娅的葬礼上,雷欧提斯不断要求牧师举行"更多的仪式"。雷欧提斯是一个形式主义者,他就像所有的形式主义者一样来理解他置身其中的这场悲剧。他不怀疑复仇的有效性。他不怀疑这一文学类型。他不怀疑复仇与哀悼之间的关系。这些对他来说都不是有效的关键问题;他从来不去想这些问题,正如大多数批评家从未想到莎士比亚本人会质疑复仇的有效性一样。

哈姆莱特看到雷欧提斯跳进奥菲利娅的坟墓,这对他产生了电击般的震动。与霍拉旭谈话时的沉思情绪让位于对对手戏剧性哀悼的疯狂模仿。此时此刻,他显然决定,他也应该按照社会的要求行事,换句话说,他应该成为另一个雷欧提斯。因此,他也必须跳进一个已经死去的人的坟墓,即使他为那些还活着的人准备了更多的坟墓:

> 哼,让我瞧瞧你会干些什么事。
> 你会哭吗?你会打架吗?
> 你会绝食吗?你会撕破你自己的身体吗?
> 你会喝一大缸醋吗?你会吃一条鳄鱼吗?
> 我都做得到。你来这儿哭泣吗?
> 你跳下她的坟墓是要羞辱我吗?
> 你要跟她活埋在一起,我也会。
> ……
> 你会吹,我就不会吹吗?
>
> (第五幕第一场:274—283)

为了达到复仇的目的,哈姆莱特必须进入摹仿欲望和竞争的圈子;这是他迄今未能实现的,但在这里,由于雷欧提斯,他终于达到了歇斯底里的程度,"苍白无力的竞争",从而构成了本体论疾病的最后阶段,莎士比亚在其他地方也经常这样描写,当然包括《特洛伊罗斯与克瑞西达》《仲夏夜之梦》。

第三十章　哈姆莱特无聊的复仇

这些话清楚地表达了导致受害者形象的摹仿性狂热。当我们听他这么说，我们应该知道结局近了。这一段直言不讳的引文是喜剧性的，真的，对全剧的理解至关重要，它在我们已经读过的所有场景之后出现，确认那些场景仍然是半心半意的摹仿性刺激的场景。

莎士比亚可以把这些令人难以置信的台词放进哈姆莱特的嘴里，而不会破坏后续剧情的戏剧可信度。在乔特鲁德的引导下，观众会把哈姆莱特的爆发归咎于"疯狂"。

> 这不过是他一时的疯话。
> 他疯病发作起来总是这样。
> 可等一会他就安静下来，
> 正像母鸽孵育她一双金羽的雏鸽
> 一样的温和。（284—288）

哈姆莱特冷静下来并决心杀死克劳狄斯，稍后，他自己会用最重要的话语回忆刚才的爆发：

> 我很后悔，好霍拉旭，
> 不该在雷欧提斯面前失去自制；
> 因为他遭遇的惨痛，正是我自己
> 怨愤的影子。我要取得他的好感。
> 可是他倘不是那样夸大他的悲哀，
> 我也决不会动起那么大的火性来。

（第五幕第二场：75—80）

像所有摹仿性暗示的受害者一样，哈姆莱特颠倒了他者和他自己之间真实的等级关系。他会说："他遭遇的惨痛，正是我自己怨愤的影子。"这显然是正确的说法，适用于所有影响过哈姆莱特的场景。演员的眼泪和福丁布拉斯的军力展示已经作为摹仿性榜样呈现出来。为了认识到雷欧提斯也是一个榜样，最后两行是必不可少的。在此，哈姆莱特冷静的决心，是他之前徒劳地试图发动的"那么大的火性"的转变，雷欧提斯终于通过"夸大他的悲哀"感染了他。

摹仿过程的急性发作期比早期阶段更明显地具有强迫性和自毁性。但它们只是之前作为萌芽的完整发展。这就是为什么这些阶段，相对来说，是滑稽性摹仿的。一切模糊不清的东西至此都变得透明和清晰。所谓的正常人，必须借助"疯狂"的标签，不去感知这种滑稽性模仿和他们自己的摹仿欲望之间的连续性。面对哈姆莱特在坟墓里的爆发，一个博学的精神病学家必定诊断出属于"表演型精神分裂症"的症状类型，或者这一类疾病。除了纯粹的病理学，他看不到任何东西，完全脱离所有的理性行为，包括他自己的理性行为，他不认为这是摹仿的。天才作家不抱有这种幻想。如果精神分裂症经常以"复仇的方式"进行模仿，如果它变成了壮观的"表演"，其原因可能不是病人特别渴望模仿，或有模仿的天赋，而是他缺乏无意识模仿的天赋，这是他周围的正常人一直在默默追求的。

"精神分裂症患者在表演时想要达到什么目的？"这个问题在《哈姆莱特》中得到了答案。他努力实现其他人似乎能毫无困难地实现的目标。他自己也想做个正常人；他是在模仿雷欧提斯那种适应性强的性格；雷欧提斯能在适当的时候拔剑，也能在适当

第三十章　哈姆莱特无聊的复仇

的时候跳进妹妹的坟墓，而不显得像个疯子。

疯子让我们感到不安，不是因为他的游戏和我们的不同，而是因为它们是一样的。它们是同样的古老的模仿游戏，我们和疯子都参与其中，但对我们来说，疯子的游戏的口味有点过重，就像一个缺乏分寸感的人玩得太投入了。这种疯子拼命地想要像我们一样，或许他只是假装嘲笑我们压倒性的奴性，从而让我们感到羞耻。我们宁可置之不理，不愿意在提供给我们的镜子里照照自己。

莎士比亚自身与戏剧的暧昧关系就像哈姆莱特与复仇的关系。但从创造者作为剧作家的问题来定义此剧，仅仅是必要的第一步。如果莎士比亚像他写的那样，按照当时剧本的流行趋势，考虑自己的圣经要义，《哈姆莱特》就不会是《哈姆莱特》了。他就不会创作出这样一部经久不衰、广受欢迎的戏剧了。作者对复仇的倦怠及其悲剧描写的哈姆莱特式的转换中，一定存在某种超越数个世纪且仍与我们自身文化困境相对应的东西。

我们发现，戏剧的净化效果仍然依赖尚未完全被发现的替罪羊过程，当然，这种方法的效果已经大大减弱，但在结构上与原始宗教的仪式完全相同。这种关系得到了某些批评家的认可。在其论《科利奥兰纳斯》的文章中，肯尼斯·伯克（Kenneth Burke）认为，那部悲剧中的一切都是按照主人公的受害者心理来规划的，而最有效的受害者策略符合亚里士多德《诗学》中所定义的"审美规则"。[①]

---

[①] 肯尼斯·伯克，《科利奥兰纳斯与喜悦派》，见《作为符号行为的语言》（*Language as Symbolic Action*，伯克利：加州大学出版社，1966），第 81—100 页。

在其《批评的解剖》中,诺思罗普·弗莱(Northrop Frye)同样认为悲剧是一种不流血的、虚构的献祭仪式的转换。[1] 为了不夸大这种转换所带来的不同,我们必须记住,献祭仪式本身始终是一种更自发的受害者形式的转换。

不管戏剧效果会变得多么微妙和精致,它们仍然相当于最初的替罪羊效应的新的取代,到最后肯定还会有一个真正的受害者,其作为一个受害者的效力与受害者形象所带来的满意程度成正比,也因而与我们不能承认其任意性的程度成正比。很有可能,传统文化形式,如戏剧,永远无法完全免除受害者形象。然而,如果认为人类的思维将处于无休止的循环过程中,那就错了。就我们所知,现代文化有一种独特的能力,能够将受害者的遭遇,也就是替罪羊效应理解为一种心理及社会现象,而不是宗教或美学上的顿悟。

似乎直到中世纪末期,"替罪羊"一词才有了无意识受害者的含义,尤其是集体受害者的含义,而对我们来说仍然如此。在所有现代语言中,替罪羊(scapegoat)一词,包括法语 bouc émissaire 和德语 Sündenbock 等,指的是这种无意识的受害者行为,以及《利未记》第16章中描述的宗教仪式,或其他文化中的类似仪式。对这个词的双重接受是对现代世界的一次征服,它很可能是文化诠释学中最伟大,也是唯一决定性的一步,至少可能是科学人类学的创造中最具决定性的进展。

社会学家马克斯·韦伯在关于古代犹太教的文章中,正确地观察到《圣经》倾向于站在受害者一边。[2] 他把这种独特的视角解

---

[1] 诺思罗普·弗莱,《批评的解剖》(Anatomy of Criticism,纽约:阿森纳出版公司,1965)。

[2] 马克斯·韦伯,《古代犹太教》(Ancient Judaism,自由出版社,1952)。

释为犹太人历史上的不幸，以及他们作为帝国缔造者的失败所造成的扭曲。如果历史上的不幸足以说明《圣经》的存在，那么世界上应该有更多这样的文本。能够被称为成功，能够在一段足够长的时间内产生影响的文化，当然是非常少的，而无数的文化甚至比犹太文化更不成功。然而，他们都没有产生过类似《圣经》的文本。

像马克斯·韦伯这样的观点的有趣之处在于，就如所有最近的观点一样，它无意中承认了真相。认同受害者形象是神话的规范，而不认同则是《圣经》文本独有的特征。马克斯·韦伯从纯粹情感主义和道德主义的角度来看待这种独特性；他不怀疑它对人类文化知识的重大影响。因为他和几乎所有人一样，完全无视受害者形象的结构作用，不仅涉及神话主题，还有从神话中衍生出来的文化制度和价值观，当然包括俾斯麦时期的德国对成功的帝国主义的思想美德的信仰。

马克斯·韦伯的解释源于尼采对犹太-基督教的怨恨（ressentiment）的解读，包括弱者对强者的怨恨、奴隶对主人的怨恨、受害者对迫害者的怨恨。尼采这种态度的近乎疯狂之处在于，尽管他接近了人类文化的真相，却故意信奉其谎言。他将受害者的康复看作对超强力量的铁律的反抗，而这种反抗是徒劳和破坏性的。尼采的狂热表明，文化的真理即将在现代世界的知识领域爆发。压制的力量和启示的力量其实是一样的。压制变得越歇斯底里，它作为压制也必定变得越明显。当然，今天，原始神话被极度歌颂，而《圣经》文本，即使没有完全被忽视，也遭到谩骂和贬损。在我们这个哲学诠释学和所谓"科学"解释的世界里，《圣经》文本占据了未被发现的替罪羊的中心位置，这个替罪羊秘密地构建一切。

　　即使《圣经》作者站在受害者一边的原因主要是心理的或社会的，但这种态度是如何形成的问题，与形成本身相比，就显得微不足道了。批评家可以忽略《圣经》视角所代表的巨大变革，因为他们从来没有怀疑过神话、受害者和替罪羊机制背后的真正原因。

　　即使在最原始的层面，《圣经》文本已经趋于去神话化，比任何现代去神话化更有效。在摩西五经中，这种去神话化仍然发生在神话框架内，在某种程度上，希腊悲剧也是如此。在流亡前和流亡时期的预言中，这个框架消失了，先知们公开谴责暴力和对暴力的偶像崇拜。《旧约》中的这一启示可能在《约伯记》、某些《诗篇》以及《以赛亚书》耶和华受苦的仆人之歌中达到了更高的境界。这些文本的一项成就是在任何特定的背景之外，充分明确了替罪羊作为宗教团体创始人的角色。每个阐释学派，主要是犹太人和基督徒，都试图提供自己的语境，排斥他人，却从未意识到，如果启示的第一个对象是所有人类文化的生成机制，那么所有语境都是同样有效的。

　　同样，在福音书中，耶稣的受难必须首先被解读为人类暴力的启示。完美的受害者并不是为了确保在献祭的神眼中是完美的祭物而死的。这一概念意味着，一个完全非暴力和公正的受害者不仅会用自己的话语，而且会通过受到威胁的人类社会的敌对两极分化，完成对暴力的揭露。这一受害者的死亡不仅揭示了所有献祭崇拜的暴力和不公，也揭示了神性的非暴力和正义，神性的意志因此在历史上第一次也是唯一一次完全得以实现。

　　对于以前所有的宗教律法，福音书代之以单一的戒条："放弃任何形式的报复和复仇。"这不是一个乌托邦计划,也不是一个浪漫改革者幻想出来的民间无政府主义。如果受害者机制必须被误解才能继续发挥作用,它的充分揭示将使人类社会失去献祭性保护的机会。

许多福音主题的传统解读都遭受了献祭性扭曲。在非献祭性解读中,所有的主题都找到了自己的位置,但没有提到一位复仇的神明。例如,启示录主题,至少在福音书中,是由纯粹的人类威胁构成的。《启示录》预言意味着理性地预测,如果在一个没有道德和献祭精神保护的世界里,人们继续无视反对复仇的警告,他们可能会对彼此和社会有何举动。

正如许多人所认为的那样,犹太教和基督教的启示远未达到几近枯竭的地步,其影响可能只是因为普遍未能正确阅读经文而受到阻碍。他们的颠覆性力量被反宗教、宗教和传统阅读的献祭性面纱所过滤。

对福音书的献祭性误读使基督教文化的各个阶段成为可能。如在中世纪,福音书原则表面上与贵族的个人荣誉及复仇伦理相调和。文艺复兴期间,这座大厦开始倒塌,莎士比亚是这一事件的主要目击者。即使在血仇、决斗和类似习俗消失之后,基督教文化也从未完全摆脱植根于复仇的价值观。虽然名义上信奉基督教,但社会态度本质上仍然与真正的犹太-基督教启示格格不入。

这种启示从未消失,但它往往变得太软弱,无法挑战普遍的妥协,甚至无法充分认识到自己。它使人感到它的影响是一种无名的、模棱两可的力量,是对所有社会价值和态度的逐步颠覆。

哈姆莱特当然不是懦夫;我们看到,他的不作为,他遵循鬼魂的命令,是由于他没有唤起适当的感情。这种失败从未得到它所要求的对复仇伦理反感的直接和明确的解释。我们可能会觉得奇怪的是,在这个时代,血腥复仇确实已经过时,它的原则受到了广泛的挑战。但从戏剧和文学的角度来看,莎士比亚的沉默并不奇怪。《哈姆莱特》所属文类,要求复仇伦理被认为是理所当然的。复仇悲剧不适合用来激昂地抨击复仇。

至少表面上,莎士比亚必须尊重当时的文学传统。在复仇悲剧中,所有的雄辩都必须站在复仇的一边;主人公对复仇行为的厌恶,以及创作者对其审美利用的感受,仍是一个尚未成形的想法,一种几乎不连贯的情感,最终肯定无法完全控制主人公的行为,以免剥夺了此剧作为复仇剧的官方地位。观众得到了他们所期望的受害者。

莎士比亚的天才把这种约束变成了一种资产。《哈姆莱特》的核心部分的沉默,已经成为这部戏剧经久不衰的魅力的一个主要原因,亦是其最神秘的暗示功能。这怎么可能呢?

如果之前的考察是正确的,人类文化对复仇和受害者形象的依赖是如此重要,以至无法在消除对受害者的实际谋杀这一最粗暴的身体暴力之后继续存在。如果犹太-基督教的动荡还没有结束,就必须进行一场隐晦的斗争,以对抗暴力与人类文化之间越来越深层的本质性共谋。随着斗争深入这些层面,我们缺乏描述这些问题的词汇;任何概念都不能包含价值观和制度必定经历的那种颠覆性。当语言失效时,沉默比言辞更能说明问题。

在《哈姆莱特》中,没有任何反对复仇的理由,这有力地暗示了现代世界的本质。即使在我们文化的后期阶段,当身体上的报复和血仇完全消失,或者被限制在像黑社会这样的边缘环境中,似乎没有任何复仇剧,甚至是不情愿的复仇剧,能够在现代心灵中引起真正深刻的共鸣。事实上,这个问题从来没有完全得到解决,《哈姆莱特》中心的这种奇怪的空白成了西方人和现代人萎靡不振的一种象征性表达,其力量不亚于为捍卫这个问题所做的最杰出的努力,比如陀思妥耶夫斯基的秘密复仇。我们的"症状"总是类似于无法形容的意志瘫痪,无法形容的精神堕落,不仅影响了哈姆莱特,也影响到其他人物。这些人物的迂回方式,他们策划的离奇阴谋,他们对看而非被看的喜好,他们的偷窥和暗中监视的倾向,以及人类关系的通病很好地解释了一个无差别的真空地带,介于复仇和没有复仇之间,而我们自己仍然生活在其中。

克劳狄斯就像哈姆莱特一样,无法迅速而健全地报复他的敌人。国王应对波洛涅斯之死做出更明确、更果断的反应,毕竟他是国王的私人顾问;这一罪行是对他个人的冒犯。他犹豫不决,然后只进行秘密行动的原因,可能不同于哈姆莱特,但最终的结果是一样的。当雷欧提斯问克劳狄斯为什么他没能惩罚一个杀人犯,他的回答暴露了他的尴尬。

甚至克劳狄斯也表现出类似哈姆莱特的症状。不是哈姆莱特一个人,而是时代脱节了。当哈姆莱特描述他的复仇是"病态的",或"无聊的",他代表了整个社会。为了了解这种病症的性质和程度,我们必须意识到,我们倾向于在剧中解读为表现策略或阴谋的所有行为,也可以被解读为"病态复仇"的症状。

当某一种冲突成为地方病时,它的相互结构就变得很明显。对手可以预测对方的举动。为了有效地行动,每个人都必须让对方感到意外,做一些互动所不需要的事情,让对方失去平衡,或相反,他必须再一次按照互动原则行事,他必须让对方认为他的举动太过明显,因此,这一举动再次成为最不可预测的。

每个人都必须同时设想同样的策略伎俩,而且每个人都试图同时通过同样的手段回避的互动关系从长远来看仍必定获胜。因此,战略思维要求越来越精到;它涉及的行动越来越少,算计越来越多。最后,很难区分策略和拖延。策略的概念本身可能就是策略性的,因为没有人愿意面对(至少现在还没有人愿意面对)复仇的自我挫败性质,所以复仇的可能性并没有完全从场景中消失。由于策略的概念,人们可以无限期推迟复仇而不放弃它。他们同样对激进的解决方案感到恐惧,并尽可能长时间地生活在病态复仇的真空地带,即使不是永远的话。

在这一真空地带,什么都不可能定义。所有的行为和动机都是它们自身的对立面。哈姆莱特在克劳狄斯祈祷时没有抓住机会杀死他,这可能是意志的失败,也可能是算计的结果;这可能是本能的人性,也可能是极度的残忍。哈姆莱特自己也不知道。等级危机已经到达了个人意识的最深处。人类的情感就像《仲夏夜之梦》中的季节混杂在一起。即使经历过这些的人也不能再说明问题的关键是什么,而批评家对细微差别的探索完全没有抓住问题的关键。大多数解释者坚持这样一种错觉,即在虚假的相似性背后,只有差异才是真实的,但恰好相反。只有相似性才是真实的。我们决不能被奥菲利娅的金发和可怜的死亡所误导。或者更确切地说,我们必须认识到,莎士比亚有意识地用这些关于一个纯洁的女主角应该怎样的粗俗的戏剧符号来误导那些不是很细心的观众。就像罗森格兰兹和吉尔登斯吞一样,奥菲利娅也听任自己成为她父亲和国王手中的一个工具。她也受到了时代病的影响。她另一个被感染的迹象是,她的语言和行为被克瑞西达和其他最令人讨厌的莎士比亚女主角的情色策略所污染。哈姆莱特在奥菲利娅身上所憎恨的,正是任何一个人在另一个人身上所憎恨的,那就是他自己疾病的明显迹象。因此,正是这种疾病腐蚀了奥菲利娅对哈姆莱特的爱,也贬低了哈姆莱特对戏剧的爱。

哈姆莱特设置剧中剧时,他的目的是揭露乔特鲁德和克劳狄斯,或者更确切地说,迫使他们暴露自己。这和今天许多剧作家的行为惊人地相似,除了哈姆莱特还没有达到自欺的最高阶段,在这个阶段,理论家们加入进来,整个事业被证明是审美责任的一种优越形式。在让-保罗·萨特和他的继任者看来,怨恨的表现被认为是作者最严格的道德义务,他必须不加区别地谴责所有"资产阶级"观众。

游戏规则是让观众中所有的乔特鲁特们和克劳狄斯们在演出中途站起来,在一片哗然中离开剧场。公众没有愤怒地拒绝,就没有什么是不能接受的。不幸的是,公众也可以学习规则,并以一种已经成为第二天性的热情接受自己的谴责,甚至不再需要假装。丑闻与惯例、反抗与顺从之间不再有什么区别。对立面的融合,不是在某种辉煌的黑格尔式的综合中,而是在一种不可名状的怪事中。社会精英甚至不知道他们已经失去了优势,最辛辣的解惑,最复杂的解构,变成了波洛涅斯的陈词滥调。

这一困境没有改变;它只是采取了更为极端和壮观的形式,这应该会让我们比莎士比亚更容易理解和定义这一困境,但奇怪的是,莎士比亚作为一个"揭秘者"(demystifier)仍然领先于我们。我相信,我们需要他,以便更好地理解我们被强大的技术力量推入的奇怪的历史处境。

我并不想开玩笑。技术进步使我们的战争武器具有如此大的破坏性,以至使用它们将挫败任何理性的侵略企图。在西方历史上第一次,对复仇的原始恐惧再次变得显而易见。整个地球已经变成了任何原始部落的对等物,但这一次没有献祭仪式可用来抵御和改变这种威胁。

没有人想要启动复仇循环,这一循环实际上可能毁灭人类,但也没有人想要完全放弃报复。如同哈姆莱特,我们在完全报复和根本不报复之间徘徊,无法下定决心,无法报复,但又无法放弃。在这一巨大威胁的阴影下,所有的制度都瓦解了,包括"学校中的班次和城市里的兄弟情谊",所有的人际关系也破裂了;"一切都互相抵触"。正义将不复存在,"那最微贱的人,也可以和最有才能的人分庭抗礼",事业岌岌可危。

如今,许多人诅咒几年前他们仍然崇拜的科学技术发现。《圣经》中的上帝,在早期被指责减缓了这一进程,现在事情开始变味,这位上帝被指控煽动和促进了现代人的这一危险行为。我们仍然试图用我们自己的暴力对付那个上帝,但这一次是徒劳的,因为我们不再相信他了。

事实上,如果人类对整个世界的统治会给人类带来危险,那不可能是某个神明的过错,而只能是人类的复仇精神的过错,这种复仇精神并没有随我们彻底灭绝。如果我们没有决定把犹太-基督教的经文排除在我们的文化问题之外,单这一事实就立即使我们想起仍未被注意或只被部分注意到的反对复仇的福音派的警告。毕竟,犹太-基督教的文本可能比西格蒙德·弗洛伊德的俄狄浦斯神话和弗里德里希·尼采的酒神神话更与我们的命运相关。到目前为止,我们应该怀疑,对复仇的警告不仅仅是乌托邦式的无政府主义和感性的道德主义。

## 第三十章 哈姆莱特无聊的复仇

我们也应该开始理解《哈姆莱特》。

有人说,将《哈姆莱特》解读为反对复仇是不合时宜的,因为它违反了复仇文类的传统。说得没错,但莎士比亚是否可以在一个层面上按照游戏规则行事,而在另一个层面上破坏这些规则呢?这种模棱两可的做法不是已经成为现代批评的家常便饭了吗?对于这样一个设置,莎士比亚是不是反应太慢了?有大量迹象表明,在其他许多戏剧中,莎士比亚正是这么做的,他在为观众提供他们所需要的奇观的同时,也在字里行间为所有能读懂的人做出对同一奇观的毁灭性批评。

如果我们担心从目前的角度来看,《哈姆莱特》会成为评论时政的借口,那么让我们看看另一种选择。传统的《哈姆莱特》观远非中立;它们的第一个结果是,复仇的伦理被视为理所当然;这部剧中最具争议性的问题是无法触及的;我们先验地排除它。因此,哈姆莱特的问题就从复仇本身转移到面对复仇时的犹豫。为什么一个受过良好教育的年轻人在杀死一个恰好是这个国家的国王及他母亲的丈夫的近亲时要三思而行呢?这确实是一个谜,问题不在于我们从来没有找到令人满意的答案,而在于应该继续寻求答案。

如果我们关于《哈姆莱特》的大量批评文字有一天落入那些对我们的道德观一无所知的人之手,他们不能不得出这样的结论:我们的学术部落必定是个野蛮的种族,确实如此。经过四个世纪的争论,哈姆莱特暂时不愿杀人的行为在我们看来仍然是那么怪异,以至越来越多的书被写出来以试图解开这个谜题,但都以失败告终。要解释这一奇特的文学现象,唯一的方法是假设在二十世纪,只要有鬼魂的请求,就不需要更多的东西,一般的文学教授也会毫不留情地屠杀他的整个家庭。

与我们所谓的官方学说相反，将哈姆莱特插入我们的当代处境，特别是涉及某些与文学明显不同的东西，如我们的核困境，并不能使批评家误入歧途；这不会分散他的注意力，使他偏离他应有的职责——阅读文本。令人惊讶的是，结果适得其反。涉及核问题会使我们感到震惊并使我们回到现实中来。

让我们想象一个手指按在核按钮上的当代哈姆莱特。经过四十年的拖延，他还没有找到按下按钮的勇气。他身边的批评家越来越不耐烦了。精神病学家们自愿提供服务，并得出了他们通常的答案：哈姆莱特是个病人。

他得了什么病？欧内斯特·琼斯（Ernest Jones）博士是弗洛伊德的朋友和传记作者，他进行了诊断。他是大师的直系继承人，备受尊敬，他的意见很有分量。他是一个很有科学头脑的人，不会草率做出诊断。即使在对病人进行了认真检查之后，他也心甘情愿地承认，面对哈姆莱特犹豫的严重症状，他不得不在两种截然不同的病理之间犹豫不决：意志的歇斯底里麻痹症和特定的意志缺失症。但这只是微小的不确定性。对于最终原因，精神分析学家从不犹豫。如同之前的波洛涅斯，欧内斯特·琼斯确信哈姆莱特的问题完全与性有关。

琼斯与波洛涅斯评估的唯一不同之处在于，从分析师的女儿转向患者的母亲。这种转变让一切变得更加有趣和富有现代色彩。我们的时代是两者中更脱节的那一个，就应该而且确实产生了它理应得到的更有经验的波洛涅斯。

如果精神分析学家能让当代的哈姆莱特坐在他们的沙发上，如果他们能厘清他的俄狄浦斯情结，他特定的意志缺失症就会消失；他会停止犹豫不决，像一个真正的男人那样去按下核按钮。

今天几乎所有的批评家都坚持复仇伦理。精神病学家把抛弃复仇伦理的想法看作一种他必须治愈的疾病，而传统的批评家把复仇看作一种他必须尊重的文学规范。另一些人仍然试图通过我们这个时代流行的意识形态之一来解读《哈姆莱特》，比如政治反叛、荒谬、个人拥有攻击性人格的权利等。如果复仇的神圣性为所有现代怨恨的面具提供了一个完美的载体，这并非偶然。我相信，赞成复仇的显著共识，证实了该剧的构思，即完全复仇和完全不复仇之间的真空地带，这是到处都充满病态复仇的现代空间。

现在流行的说法是，我们生活在一个全新的世界里，即使是我们最伟大的杰作也变得无关紧要。我绝对不会否认我们的世界有一些独特之处，但《哈姆莱特》也有一些独特之处，我们很可能在自欺欺人，以免面对一种我们不欢迎的相关性。

与此无关的不是《哈姆莱特》，而是我们以创新而非传统的名义围绕该剧所筑起的习俗和仪式之墙。随着我们周围越来越多的事件、物体和态度越来越大声地宣告同一个信息，为了不听到这个信息，我们必须更多地谴责我们的经验是无意义和荒谬的。如今，随着我们最时尚的批评家的出现，我们已经到了这样一个阶段：历史毫无意义，艺术毫无意义，语言和意义本身毫无意义。

虽然表面上让人放心，但我们想用以围绕自己的这种胡言乱语构成了一种对力量的默认屈服，正是这种力量导致哈姆莱特走向戏剧的最后一幕，而这一幕今天可能会在全球范围内上演。这绝不是一个偶然的巧合，如果四个世纪前诞生《哈姆莱特》，现在则发现自己陷入了我们宁愿不去思考的历史僵局的那个世界，也是其唯一的宗教律法就是放弃复仇的世界,这个世界现在甚至拒绝提及复仇,但不能再忽视复仇,这个世界发现自己越来越被迫遵守这一律法——否则就会灭亡。

我们自己在没有任何帮助的情况下制造了这种局面。我们不能把这归咎于某个复仇心重的神灵。我们再也不能把责任推卸给神灵了,而当神灵看起来没有威胁性的时候,我们曾如此骄傲地假设要承担责任。虽然我们现在的处境是完全可以预测的,但大多数哲学家和科学家无法对其进行预测;少数能预测到的人却没有被认真聆听。

当现代文化转向科学和哲学,当我们继承的希腊文化占据主导地位,以至严格意义上的神话学,像精神分析学这样的学科,在知识生活中重新出现,犹太-基督教的文本被排挤到我们知识生活的边缘;它现在被完全排除在外。

因此,我们当前的历史困境是完全无法理解的。我们开始怀疑一些基本的东西从我们的知识领域中消失了,但是我们不敢严肃地问这些基本的东西是什么。前景太可怕了。我们假装没有看到我们的文化生活的瓦解,在这个人类精神的奇特间歇期,木偶戏占据着空荡荡的舞台,令人绝望而无奈。寂静降临在大地上,仿佛一位天使即将揭开《启示录》的第七印,也是最后的封印。[①]

《哈姆莱特》不仅是文字游戏。通过参照复仇,我们可以理解《哈姆莱特》,就像我们可以理解我们的世界一样。这是莎士比亚想要《哈姆莱特》被阅读的方式,也是很久以前就应该被阅读的方式。如果现在,在我们历史的这样一个时刻,我们仍然不能参照复仇阅读《哈姆莱特》,那谁能呢?

---

① 参见《圣经·启示录》(6—8)。——译注

第三十一章

## 难道我们要把圣殿拆毁？
——《奥瑟罗》及其他戏剧中的欲望与死亡

《奥瑟罗》不仅仅是一部轻信的情人遭恶棍愚弄的戏剧；为了了解这个摩尔人的遭遇，将他的悲剧同莎士比亚所有作品中与之最相似的戏剧《无事生非》进行比较是很有用的。悲剧的主要成分已经出现在这部喜剧中。克劳狄奥在梅西那是个局外人，是个缺乏自信的没有经验的年轻人。因此，在求爱过程中，他觉得不得不求助于中间人，便转而求助于他的军事指挥官，即亲王堂·彼德罗。正如克劳狄奥，奥瑟罗往往不相信自己的好运。一个美丽的威尼斯姑娘怎么会真的爱上他呢？想到要初次进入威尼斯的贵族世界，他就惊慌失措，因而求助于一个中间人，他自己的副将凯西奥。

在这两部剧本中，主人公和他的中间人都是有不同军衔的军人。在《无事生非》中，当事人的地位比他的中间人低，这并不是无关紧要的。在《奥瑟罗》中，等级关系正好相反，但中间人凯西奥似乎觉得自己比奥瑟罗优越得多。凯西奥和奥瑟罗完全不同：他是白人，年轻、英俊、优雅，尤其是他是真正的威尼斯贵族，是真正属于这个世界的人，和苔丝狄蒙娜这样的人在一起总是很自在。奥瑟罗非常欣赏凯西奥，所以他选择凯西奥而不是伊阿古做他的副将。

使一个人成为有吸引力的中间人的那些品质,也会使他成为一个令人生畏的对手。我们熟悉莎士比亚这种典型的矛盾心理。主人公的嫉妒既不源于苔丝狄蒙娜的所作所为,也不源于伊阿古的花言巧语,而是源于奥瑟罗内心的软弱,这种软弱迫使他一开始就求助于中间人。当苔丝狄蒙娜向她的丈夫为凯西奥辩护时,她回忆起那个年轻人"陪您来求婚"(第三幕第三场:71)。她的措辞弄巧成拙,因为这表明凯西奥在和她的关系中扮演的角色与奥瑟罗本人完全一样,而这正是奥瑟罗所害怕的。她很天真地让奥瑟罗想起了他最想忘记的事情。但正如克劳狄奥,奥瑟罗也并不真正需要一个中间人。苔丝狄蒙娜甚至在他注意到她之前就爱上了他;要不是他开始向她求爱,她自己也会求爱的。

《奥瑟罗》和《无事生非》之间另一个相似之处是,两位主人公都对他们现在或未来的妻子所谓的乱交很着迷。诽谤性的指控并没有消除他们对这些女子的兴趣,而是改变了这种兴趣的性质。在这两部戏中,男主们一想到这些女人可能和许多男人做爱,就会产生一种摹仿性冲动,并想要加入这群想象中的歹徒。当色情成为集体欲望的时候,它就会变成低级的欲望,并开始渴望堕落的对象。在克劳狄奥和奥瑟罗看来,希罗和苔丝狄蒙娜成了我们所说的"性对象",她们被强烈地渴望和鄙视。

《奥瑟罗》和《无事生非》之间最后的相似之处是这两部戏中恶棍的角色。如果决定两个主人公行为的摹仿性自我毒害过于公开,他们就不能有效地发挥主人公的作用;他们看起来会太可怕。最低程度的观众认同是不可或缺的。这就是为什么在喜剧和悲剧中,莎士比亚都在主人公的身边设置一个恶棍,这个恶棍实际上是主人公的献祭替代品。

堂·约翰相当粗鲁,令人难以置信,但伊阿古是复杂和迷人的。通过让他既嫉妒成功的职业对手凯西奥,又嫉妒奥瑟罗——他怀疑奥瑟罗与他妻子有染,莎士比亚给了这个恶棍一种摹仿的一致性,从而成功地把奥瑟罗应有的许多丑恶的东西转向他。在光天化日之下,出现了一幅充满地狱般的猜忌和嫉妒的景象,这种猜忌和嫉妒在《无事生非》中是始终隐藏着的——藏而不露使这部喜剧有时显得高深莫测,令人费解。

伊阿古的背信弃义似乎是无关紧要的,这一点可以从这个事实看出,他几乎不需要把他的思想组织起来,就可以向奥瑟罗表明这一点:

伊阿古:尊贵的主帅——

奥瑟罗:你说什么,伊阿古?

伊阿古:当您向夫人求婚的时候,

迈克尔·凯西奥知道你们在恋爱吗?

奥瑟罗:他从头到尾都知道。你为什么问起?

伊阿古:不过是解释我心头的一个疑惑。

并无其他用意。

奥瑟罗:你有什么疑惑,伊阿古?

伊阿古:我以为他本来跟夫人是不相识的。

奥瑟罗:啊,不,他常在我俩之间传递消息。

伊阿古:当真!

奥瑟罗:当真?嗯,当真。你觉得有什么不对吗?

他这人不老实吗?

伊阿古：老实，我的主帅？

奥瑟罗：老实。嗯，老实。

(第三幕第三场：93—103)

伊阿古是个完美的知己，因为他是奥瑟罗的摹仿性双重形象，因此有时他和奥瑟罗非常亲密，以至两人成为对方的镜像，就像刚刚引用的对话的后续部分：

奥瑟罗：老实。嗯，老实？

伊阿古：主帅，照我所知道的——

奥瑟罗：你有什么意见？

伊阿古：意见，我的主帅？

奥瑟罗：天哪，你在学我说话……

(第三幕第三场：103—106)

不信任的种子不必播种；伊阿古的主要作用是把奥瑟罗徒劳地加以压抑的思想表达出来：

奥瑟罗：我怎么也不能不相信苔丝狄蒙娜是贞洁的。

伊阿古：但愿她永远如此！但愿您永远这么想！

奥瑟罗：可是一个人往往容易迷失本性——

伊阿古：嗯，问题就在这儿。说句大胆的话，

当初多少跟她同国族、同肤色、同阶级的求婚者，

照我们看来，要是成功了，那真是天作之合，

可她都置之不理,这明明是违反常情的举动;
嘿!从这儿就可以看到一个荒唐的意志、
乖僻的习性和不近人情的思想。
可是原谅我,我不一定指着她说;
虽然我恐怕她因一时孟浪跟随了您,
也许后来觉得您各方面,
不能符合她自己国中的标准
而懊悔她的选择的错误。

(第三幕第三场:223—236)

苔丝狄蒙娜迟早会爱上一个来自她自己世界的人;这是伊阿古甚至没有提出的想法,因为奥瑟罗自然而然地这么相信。和所有恋爱中的人一样,这个摩尔人并没有意识到他妻子与他的相似之处远远超过外表所显示的。她被他吸引的原因和她吸引他的原因是一样的。两个人都没有意识到对方也遵循着他或她所示范的摹仿欲望的离心动力学。

我已经表明,苔丝狄蒙娜想要的不是"真实的奥瑟罗",而是通过他对自己冒险生活的激动人心的描述而想象出来的一个摹仿性形象。他是她的高卢的阿玛迪斯①。她和喜剧中的浪漫女性的主要区别在于,作为一个悲剧主人公,她的品味更倾向于史诗,而不是拉山德和赫米娅甜蜜的诗歌。

勃拉班修是苔丝狄蒙娜的第一个奥瑟罗,不是弗洛伊德意义上,他和女儿或她与父亲存在性爱关系,而是更现实的意义上,他

---

① 高卢的阿玛迪斯(Amadis of Gaul),中世纪骑士小说中的英雄。——译注

为她的欲望提供了第一个榜样。勃拉班修自己对奥瑟罗可怕冒险的好奇是这部戏剧的真正起源（见第二十章）。她没有听父亲的话，也没有顺从他对她明确的愿望，而是跟随他的异国情调的冲动，模仿他内心深处的弱点，向贪婪的狼敞开了羊圈。

摹仿欲望总是直接指向它的中介者的真实，即使后者的语言隐藏了这个真实。我们可以从苔丝狄蒙娜和勃拉班修身上看到这一点，勃拉班修非常了解他女儿的愿望，因为这和他自己的愿望是一样的。当他说，在欺骗了她的父亲之后，她也将欺骗奥瑟罗，他说得非常犀利；伊阿古会对那位嫉妒的丈夫重复这些可贵的话。

即使奥瑟罗误以为苔丝狄蒙娜会爱上凯西奥或像凯西奥这样的人，他的焦虑也并非毫无根据。在日常的婚姻生活中，丈夫的异国情调的价值不可能不蒸发；如果她活着，她可能会转向其他年轻的奥瑟罗们。苔丝狄蒙娜渴望看到暴力场面，对即将到来的围绕塞浦路斯的战斗着迷，她得去那里，即便她必须乘坐自己的船。她自己有力地定义了她的欲望的性质：

> 我不顾一切跟命运对抗的行动
> 可以代我向世人宣告：我因为爱这摩尔人，
> 所以愿意和他过共同的生活；
> 我的心灵完全为他高贵的德性所征服。
>
> （第一幕第三场：248—251）

苔丝狄蒙娜是如此着迷于奥瑟罗的黑暗和暴力的世界，以至当她发现他的谋杀意图时，她没有采取任何措施来挽救自己的性命。相反，她为死亡做准备，就像她为爱情之夜做准备一样。她是奥瑟罗的"娇美的战士"(第二幕第三场:182),这一悲剧结局满足了她最隐秘的期待。《奥瑟罗》是一部关于最黑暗的欲望的戏。当榜样和障碍真正合而为一时,爱欲和毁灭性冲动也合而为一,这就是莎士比亚在结局中所描绘的。

这种力比多与暴力死亡的融合,是冲突性摹仿的最终结果,是喜剧中不能涉及的最大冲突。甚至在《奥瑟罗》里,莎士比亚也没有把那种灾难性的欲望启示录写得太明显。在这里,他必定再次想到他的观众,因此求助于他的献祭性替代品。对于暴力的结局,似乎只有伊阿古一个人有责任,而不是奥瑟罗,更不是苔丝狄蒙娜自己。

最终的悲剧远不是误解,而是奥瑟罗和苔丝狄蒙娜之间最终的谅解。我如何能确定这一点呢?《奥瑟罗》中只是半隐半显的真实在前一部戏剧《第十二夜》中是完全明确的。或者更确切地说,在一部戏剧中,真实就像在另一部戏剧中一样含糊其词、模棱两可,但对这两个平行文本稍做比较将消除它们各自的含糊其词,使一切变得清晰明了。

在《第十二夜》结尾,当公爵奥西诺发现奥丽维娅爱上薇奥拉,他变得极度嫉妒。他想要报复被认为是罪魁祸首的薇奥拉,他误认为薇奥拉是一个小伙子。在这种激烈的情绪下,他简短地提到了某个埃及人的蛮性嫉妒,这个埃及人在"临死时"杀死了自己的爱人,他想要以此为榜样:

奥西诺:我还有什么办法呢?

奥丽维娅:办法就请殿下自己斟酌吧。

奥西诺:假如我狠得起那么一条心,

　　为什么不可以像临死时的埃及大盗一样,

把我所爱的人杀死呢?
蛮性的嫉妒有时也带几分高贵的气质。
但你听着:既然你漠视我的诚意,
我也略知谁在你心中夺去了我的位置,
你就继续做铁石心肠的暴君吧;
可你所爱的这个宝贝,
我发誓曾经那样宠爱着他,
我要把他从你那双冷酷的眼睛里除去,
免得他傲视他的主人。
来,孩子,跟我来。我的恶念已经成熟。
我要牺牲我钟爱的羔羊,
白鸽的外貌乌鸦的心肠。

(第五幕第一场:115—131)

我的读者也许会质疑:薇奥拉不是奥丽维娅,公爵的嫉妒是完全正当的,而奥瑟罗的嫉妒不是。这是事实,但情况比看上去更接近悲剧。奥西诺的暴力榜样埃及大盗,实际上是奥瑟罗的一个预兆。当公爵计划杀害一个爱他、他也爱的女人,他也是如此。使整个场景明显"奥瑟罗式"的是薇奥拉对奥西诺威胁的反应,她渴望死在一个起杀心的情人手里,这喜剧性地对应苔丝狄蒙娜心甘情愿接受死亡:

我甘心愿受一千次死罪,
只要您的心里得到安慰。

(第五幕第一场:132—133)

当然，死亡在莎士比亚戏剧中经常有性的意味，在此情况下也确实如此。但这一涉性双关语非但没有破坏我的观点，反而强化了我的观点。就像莎士比亚戏剧中的其他内容一样，死亡和欲望之间的亲缘关系既可以以喜剧的形式来解读，也可以以悲剧的形式来解读。

无论它是否"真的发生"，无论它是否成了一个双关语，暴力的结局暗示了摹仿过程中死亡的压倒性存在。当欲望越来越痴迷于它不断产生的障碍时，它就不可阻挡地走向自我和他人的毁灭，就像情欲追求走向性满足一样。

为了理解苔丝狄蒙娜和奥瑟罗，我们可以把他们比作罗密欧与朱丽叶。这两个年轻人的死并不是他们父辈争吵的结果，而是他们自己荒谬和鲁莽的结果，这必须被解读为罗密欧在与劳伦斯神父的谈话中明确表达的愿望的实现。由于献祭性替代决定了我们之前所说的表层戏剧的所有表现，这些死亡的责任被归咎于某个背信弃义的恶棍，最好是一个父亲（这儿是凯普莱特老爹），但这部戏剧的真相在于自愿冲向毁灭和死亡。

与莎士比亚以往的戏剧一样，卑鄙的父亲和家族的世仇都是空心稻草人，与悲剧结局基本无关，除了在反文化神话的表层和献祭层面。凯普莱特老爹与整部戏剧的关系就像《仲夏夜之梦》第五幕里的墙、狮子和父亲——总是父亲——与皮拉摩斯和提斯柏之死的关系一样。

这些可笑的恋人必定是《罗密欧与朱丽叶》情节的主要原型。《仲夏夜之梦》是在这部悲剧之后不久写的，剧中剧讽刺了早期作品中的献祭技巧，讽刺了愤世嫉俗地利用浪漫的轻信。皮拉摩斯和提斯柏跟罗密欧与朱丽叶一样死于荒谬和鲁莽。这是第二次，莎士比亚公开嘲笑一个年轻人匆忙自杀,甚至没有核实他的爱人是否真的死了。劳伦斯神父向罗密欧发出了明智的警告,试图阻止这疯狂的死亡,但没有成功:"这些狂暴的快乐将会产生狂暴的结局。"(第二幕第六场:9)

如同《奥瑟罗》,《罗密欧与朱丽叶》也是一部至暗欲望的戏剧,欲望不再受任何东西的诱惑,除了它自己末日般的自我毁灭。这种至暗欲望在莎士比亚戏剧中表现出多种多样的形式;其中一处最引人注目的表现发生在《一报还一报》中:安哲鲁对伊莎贝拉突然产生的激情是由一个只对宗教禁欲主义感兴趣的年轻女子天使般的纯洁所激发的。她对男人的冷漠与他对女人的傲慢相称。他把她的贞洁看作对他个人的侮辱,一种残忍的行为,一种不可抗拒的挑战,故意在他的道路上设置的障碍,他最大的丑闻。

> 狡恶的魔鬼为了引诱圣徒,
> 会把圣徒作他钩上的美饵;
> 因为爱慕圣洁的事物
> 而驱令我们犯罪的诱惑最危险。
> 娼妓用尽她天生的魅力,人工的狐媚,
> 都不能使我心中略起微波,
> 可这位贞淑的女郎却把我完全征服了。

(第二幕第二场:179—185)

伊莎贝拉的纯洁成为安哲鲁清教主义的摹仿性双重形象,一个必须被征服的生死对手。这与克劳狄奥和奥瑟罗对淫乱的欲望是相反的,但又是一回事。安哲鲁公开承认他的欲望具有破坏性。他的话语表明,在他的激情中有更多的风险,而不是一些令人遗憾但无关紧要的反复无常。就像一道闪电,欲望的整个可怕的维度突然显现出来:

> 明明有许多荒芜的旷地,
> 难道我们要把圣殿拆毁,
> 种植我们的罪恶吗?

(第二幕第二场:169—171)

仅仅用了三行,莎士比亚就定义了对邪恶的无限渴望,摹仿欲望趋向极端。在这种邪恶中没有宿命,没有无意识的决定论,只有对意志的欣然认可。拆毁圣殿的欲望不能归结为某种莫名的力量,比如熵或"死亡本能",更不能归结为我们"死亡意愿"的虚伪的温柔。最后一种说法是最容易误导人的,因为它表明,走向毁灭和死亡的驱动力与主流欲望在某种程度上是分离的,是一种微不足道的补充,一种必然与美好纯真的欲望相异的东西,这是我们最顽固的偏见,因为它也是我们仅存的最后的神话,是一大堆我们已经抛弃的幻想的唯一替代品。就此而言,奥古斯丁比弗洛伊德和他的全部后现代追随者更能帮助我们理解莎士比亚。

第三十二章

# 你所以爱她，因为晓得我爱她
## ——十四行诗中的修辞手法

莎士比亚的十四行诗包含了一些惊人的模仿材料，当然值得在这本书中占有一席之地。我们不知道莎士比亚具体是什么时候写这些诗的，但大多数学者认为，那必定是在他职业生涯的早期。如果我严格按照假定的时间顺序来探讨这些作品，我早就讨论过了。

其中一些是如此精彩，以至有一段时间，我都在考虑用它们来开始全书的写作。这个方案将进一步推进我的总体策略，即最大限度地将作者本人作为他自己作品的阐释者。最后，我决定不这么做，因为我害怕给"传记谬误"的永恒之火火上浇油。对十四行诗的过早强调可能表明，我对戏剧的看法源于它们，而不是戏剧本身。关于十四行诗的首要问题总是一样的："它们是自传体的还是非自传体的？"如果我从十四行诗开始写这本书，它可能会被误认为是对这些诗中占主导地位的模仿性三角关系的大量推断。根本不是这样。就我个人对莎士比亚的发现而言，正如许多读者毫无疑问猜测的那样，《仲夏夜之梦》是最初、最具开创性的作品。

十四行诗的三个主人公是诗人本人、一个他喜欢的年轻人，以及著名的"黑肤女士"(dark lady)，一个感性而不可靠的情人。在许多十四行诗中，只有两个人物出现，诗人和年轻人，或诗人和黑肤女士。在较小但仍然相当大的组合中，三个人物相互作用。其中两个是诗人和他的年轻人。第三个是争夺后者感情的对手——要么是第二个诗人，要么就是黑肤女士本人。

第二个诗人仍是一个相当模糊和不重要的人物；黑肤女士是作者的主要竞争对手，也是作者的情欲对象。在这些诗中，三位主人公都公开讨论了他们所形成的复杂且不断变化的摹仿性三角关系。以下是第一个例子（十四行诗第42首）：

> 你占有她，并非我最大的哀愁，
> 可是我对她的爱不能说不深；
> 她占有你，才是我主要的烦忧，
> 这爱情的损失更能使我伤心。
> 爱的冒犯者，我这样原谅你们：
> 你所以爱她，因为晓得我爱她；
> 也是为我的缘故她把我欺瞒，
> 让我的朋友替我殷勤款待她。
> 失掉你，我所失是我情人所获，
> 失掉她，我朋友却找着我所失；
> 你俩互相找着，而我失掉两个，
> 两个都为我的缘故把我磨折。
> 　　但这就是快乐：你和我是一体；
> 　　甜蜜的阿谀！她却只爱我自己。

自传性的问题是无法回答的,也没有什么真正的意义。但"存在"问题完全是另一回事。在这首十四行诗和所有十四行诗中所描绘的欲望和在戏剧中所描绘的欲望是一样的。认为像莎士比亚这样的作家毕生都在写一个与自己无关的主题,简直是荒唐可笑。

诗人怀疑他的两个朋友之间有暧昧关系,并为此感到苦恼,但想到他们因为他而对彼此感兴趣,他又感到安慰。"你所以爱她,因为晓得我爱她",诸如此类,意味着诗人是"爱的冒犯者"的中介。如果这种影响仍然是最重要的,那么他可以宽宏大量;他的自尊心完好无损。但这是真的吗?"甜蜜的阿谀"表明不然。这首十四行诗的曲折推理可能是自欺欺人的艰辛尝试。

没有摹仿理论,我们甚至不能很好地概括这首诗。仅这一事实就令人震惊。几乎所有的批评家都会告诉你,摹仿欲望与诗歌无关,甚至本质上是反诗歌的。它可能对讽刺文学有用,是法国式的才智,但它与诗歌无关,众所周知,诗歌是文学的内在圣地。

这首十四行诗和其他类似的作品不该由尤其像莎士比亚这样的诗人来写。我们应该怀疑它们的真实性吗?但这是不可能的;它们和《第十二夜》及《特洛伊罗斯与克瑞西达》一样,是莎士比亚的经典之作。它们让人回想起莫里哀作品中的那些疾病,十七世纪的医生们对此并不在意:它们的存在没有得到专家的承认。

我个人的偏见会不会夸大这些十四行诗给文人学士带来的尴尬呢?如果绝大多数十四行诗都是双重关系(dual)的,那么一些三角关系(triangular)的十四行诗就无关紧要了;即使最伟大的诗人偶尔也会犯错。我们有大量真正具有诗意且没有受到摹仿性传染的影响的十四行诗可供选择，为什么要担心一些令人遗憾的例外呢？

让我们来探讨一首写给黑肤女士的"双重"关系的十四行诗。乍一看，这似乎是为了安抚正统的监护人：

> 哦，从什么威力你取得这力量，
> 连缺陷也能把我的心灵支配？
> 教我诬蔑我可靠的目光撒谎，
> 并矢口否认太阳使白天明媚？
> 何来这化臭腐为神奇的本领，
> 使你的种种丑恶不堪的表现
> 都具有一种灵活强劲的保证，
> 使它们，对于我，超越一切至善？
> 谁教你有办法使我更加爱你，
> 当我听到和见到你种种可憎？
> 哦，尽管我钟爱着人家所嫌弃，
> 你总不该嫌弃我，同人家一条心：
> 　既然你越不可爱，越使得我爱，
> 　你就该觉得我更值得你喜爱。(150)

我们在这首十四行诗中发现的不是情欲三角，而是许多引人注目的修辞手法。这就是现代阐释者喜欢在诗歌中发现的东西。他们受到教导要强调语言。在当代批评中，语言就是一切——这是我们时代的伟大发现。诗歌的真正意义不在于它说什么，而在于它怎么说。

我们的修辞手法使我们想起了喜剧中的修辞。它们包含在并列的词语中，意思相反，如有力和无力、最差和最好、爱和恨、无价值和有价值。如果两个对立的事物有密切的接触，它们的两种意思就会互相取消，就像物质和反物质一样。这是我们经常听到的，听起来很有逻辑。如果诗人坚持这种无意义的连接，他一定有某种目的，而不只是正常的语言交际功能。

什么目的？在我看来，目前对这个问题的所有答案，似乎仍源于罗兰·巴特所说的文学性（littérarité）。无论一首诗在文体上有何不同，它都能把读者的注意力集中在诗歌本身，即诗歌的特性上。通过其修辞手法，也通过其形式——此处是十四行诗的形式——诗歌说道："我是文学"。尤其在诗歌中，也在散文中，单一的外延让位于多种内涵。其主要特点是文学作为文学的特殊性，即"文学性"（literarity）。

其中一些无疑是正确的。在我们的十四行诗中，不断重复同样的修辞手法，说明了它在文学中的特殊性。但它是这首诗中矛盾修饰法的唯一功能，甚至是主要功能吗？显然不是。这种风格效果在这里和在喜剧中一样有意义，而且意义是一样的。

尽管十四行诗第150首似乎是双重关系的，但稍加注意就会发现它和十四行诗第42首一样是三角关系的，只是不那么明确而已。由于缺少第三个人物，诗人不能把这位女士的诡计的全部细节都写出来，而只能通过他的修辞手法来暗示。但是，诗人对他情人的抱怨不应轻易置之不理。他是她摹仿性策略的受害者。并非愚蠢地相互抵消，正如单词"矛盾修饰法"（oxymoron）的后半部分——moron在希腊语和英语中的意思几乎是一样的——表明的那样，这两个对立面表达了作者经历的相反的方面。它们远非和平共处，但也不至于相互破坏而导致毫无意义的结果。

这位女士的摹仿性诡计，就是不断玩弄不止一个男人的感情。这就是她凌驾于诗人之上的力量之源。忠诚不会像不忠那样让她有更多的吸引力。这就是为什么诗人对她的感情是"矛盾的"。他觉得她既可爱又讨厌，既讨人喜欢又令人厌恶。这让我们想起愤怒却无能为力的特洛伊罗斯，他看着克瑞西达躺在狄俄墨得斯的怀里。

因此，就这位女士而言，"她的种种丑恶超越一切至善"，这是真实的。毫无疑问，诗人对她的爱和恨都是狂热的。从非摹仿逻辑的观点来看，他应该终结的奴性反而得到了强化。事实上，这位女士之所以有力量，是因为她自身的不足——换句话说，是因为道德上的缺陷，使她能够接受其他男人的追求。事实上，正是在"种种丑恶不堪的表现"中"具有一种灵活强劲的保证"，使诗人永远处于枷锁之中。

既然这位女士"越不可爱"，越能在诗人身上唤起爱，那么他确实配得上她的爱。这两个人当然彼此合适。道德义愤是两个人都负担不起的奢侈。但是，如果诗人所追求的是真正的爱情，那么他和这位情人之间的那种亲近感就不会带来爱情。这对恋人的共同之处也是他们之间的不同之处——他们的超级摹仿性气质。由于过去的侮辱，诗人变得越顺从，他的情人就越有可能表现得更加放肆。就模仿而言，她的反应是有道理的。她的"智慧"与克瑞西达从她和特洛伊罗斯令人沮丧的经历中汲取的智慧是一样的。

矛盾修辞法是摹仿性悖论的一种隐晦表达。只是从一种试图通过坚持女生心理学来保持虚假理性的语言来看，这似乎是荒谬的。毫无疑问，相反就会产生对比，这暗指他们相遇时的智力丑闻。但这种丑闻只是对女生心理的明显让步。诗人并不把它当真；他想让我们超越它，思考他自己的思想混乱，他的情人的暴政所带来的混乱。

摹仿性悖论就像手套一样适合矛盾修饰法。对立双方既没有互相破坏，也没有互相补充，它们累积起来的效应在仲夏夜的意义上是可怕的。修辞手法粗略地对待传统语言，是为了尽可能经济地、引人注目地表达诗人的困境。我们没有理由恐慌，宣称我们的十四行诗是"纯粹的修辞"，更不宜断言语言本身无法应付，语言本身已经崩溃。

有关黑肤女士的三角关系的十四行诗和双重关系的十四行诗具有共同的摹仿性内容。当然，传统批评家从来没有明确地提及这一内容，但当他们认为所有十四行诗中只有一位女士时，他们就默默地依赖于这一内容。他们没有想到这位女士在不同的十四行诗中会有所不同。毫无疑问，他们做得没错，但在什么基础上呢？不可能是她头发的颜色，因为它很少被提及。一个从未缺失的特点是她的摹仿策略，即三角关系的十四行诗中解释的有意识背叛。

在伊丽莎白时期的伦敦，摹仿性技巧当然不是一个女人的专利。至少在理论上，不可否认的是，黑肤女士并非十四行诗中唯一的女性。然而，具体地说，这个假设无关紧要。这位女士总是一样的，因为她和诗人的关系总是一样的，而且其效果总是一样的。通过修辞手法这位女士是否受到一般的谴责，或者她的主要武器是否得到讨论，她是否可能与诗人最好的朋友之间有风流韵

## 第三十二章 你所以爱她,因为晓得我爱她

事,这并没有什么不同。

要么十四行诗有三个人物,其中的摹仿性互动被戏剧化了,就像在戏剧中一样,要么十四行诗有两个人物,而三角关系的维度既表现又隐藏在修辞手法中。矛盾修辞法可以被看作对第三个人物的一种献祭性替代,是将戏剧性散文转变为"真正的诗歌",即批评家所欣赏的诗歌类型的具体方法——在诗歌中,情欲三角关系仍然存在,但隐藏在一层看似毫无必要的语言丰富的面纱背后。那些大声赞美"语言"的批评家从未揭开那层面纱。精神分析学从未揭开那层面纱。为了评估摹仿性维度的重要性,我们必须记住,嫉妒不仅是古典诗歌中的一个主题,而且是最优秀的主题。

莎士比亚能像他那些平庸的对手一样娴熟地玩文学性的文字游戏。不同之处在于,他将现实生活重新注入游戏中,将其转变成对困扰他的欲望的另一种表达。文学性理论忽视了伟大诗人的真正优势,吊诡的是,摹仿理论恰恰揭示了这一点。

对文学性的过分强调,标志着一种自恋式的文学贫乏。只有势利小人才会为了被贴上"文学"的标签而创作艺术作品。平庸的诗人之所以平庸,是因为他们墨守成规,也就是说,为了成规而成规。

摹仿理论远非反诗性的,它本身就触及了西方爱情修辞的本质,而西方爱情修辞从来都不像它看起来那么空洞。它是我们拥有的最接近摹仿性互动的语言载体。如果这种语言像批评家们一直声称的那样毫无意义,它就不会存在这么久了。即使在今天,当一个作家能够理解摹仿性策略的错综复杂时,他也会被那些不愿为他所说的真正含义费心的人贴上"修辞的"标签。当前

447

对修辞学的赞美和对前者的指责一样无关紧要,因为它仍然暗示着原先对内容的漠不关心。作家自己对自己作品的内容绝非漠不关心,如果他们是优秀作家,他们就会尽可能简单、经济地表达自己作品的内容。

大多数双重关系的十四行诗是写给那个年轻人的。很容易看出它们也隐含着三角关系。即使没有作为对手的诗人的恶魔般诱惑,这种关系也永远不会平静。弥漫在这些文本中的不安全感对它们的诗意至关重要。它的原因在某些十四行诗中不太明显,但绝非难以发现。一如既往,这是对不忠的恐惧。

> 你是否故意用影子使我垂垂
> 欲闭的眼睛睁向厌厌的长夜?
> 你是否要我辗转反侧不成寐,
> 用你的影子来玩弄我的视野?
> 那可是从你那里派来的灵魂,
> 远离了家园,来刺探我的行为,
> 来找我的荒谬和耻辱的时辰,
> 和执行你的嫉妒的职权和范围?
> 不呀!你的爱,虽多,并不那么大,
> 是我的爱使我张开我的眼睛,
> 是我的真情把我的睡眠打垮,
> 为你的缘故一夜守候到天明!
> 　　我为你守夜,而你在别处清醒,
> 　　远远背着我,和别人却太靠近。(61)

诗人的失眠症由这个年轻人引起，由于没有一个特定的对手，他的焦虑一开始似乎没有原因。嫉妒再次成为真正的问题，但这只有在极端情况下才会显现出来，如最后一句所表明的。对其他所有人不分青红皂白地感到恐惧，没有人能免于怀疑，这证实了这种嫉妒的强迫性。承认这一点无疑是软弱的表现；诗人在屈服于说出来的冲动之前，会尽可能地抗拒。

即使是十四行诗中最传统的主题，如时间的流逝，也充满了这种嫉妒。例如，当诗人悲叹年老时，他这样做并不是因为年老使他痛苦，而是因为年老使他在年轻的竞争对手面前处于不利地位。

就像黑肤女士的情况一样，这个年轻人可能的不端行为让诗人感到恐惧，但这是他们关系的必要组成部分，甚至是最重要的组成部分，原因和以往一样。这种行为并没有让诗人对出轨者的依恋有所减弱，正如传统观点所说，不忠反而加强了这种依恋。

关于年轻男子的十四行诗往往没有关于黑肤女士的十四行诗那么明显的三角关系，原因很明显。这位诗人对他的男性朋友没有他对他的情妇那么严格。她那种马基雅维利式的计划似乎在他这儿被视为天真、男性的漫不经心，甚至是过分的善良。在十四行诗第41首中，这种温和对待年轻人的态度是非常明显的，然而嫉妒则和那位女士的情况一样。在这两种情况下，这种关系都遵循同样的摹仿性法则：

你那放荡不羁所犯的风流罪
（当我有时候远远离开你的心）
与你的美貌和青春那么相配，

> 无论到哪里，诱惑都把你追寻。
> 你那么温文，谁不想把你夺取？
> 那么姣好，又怎么不被人围攻？
> 而当女人追求，凡女人的儿子，
> 谁能坚苦挣扎，不向她怀里送？
> 唉！但你总不必把我的位儿占，
> 并斥责你的美丽和青春的迷惑：
> 它们引你去犯那么大的狂乱，
> 使你不得不撕毁了两重誓约：
> 　　她的，因为你的美诱她去就你；
> 　　你的，因为你的美对我失信义。

摹仿原则使我们在十四行诗中看到的不仅仅是诗歌的异质组合。某个统一的主题出现了，既不是年轻人也不是黑肤女士，甚至不是他们两个在一起，而是诗人的痛苦，由他的过度摹仿性敏感造成的痛苦。

在我看来，这些明显三角关系的十四行诗最具原创性，最引人注目，并不是因为它们可能引起的"自传性"共鸣激起了偷窥的兴趣，而是因为它们最清晰有力地描绘了诗人的困境。最典型的可能是十四行诗第144首：

> 两个爱人像精灵般把我诱惑，
> 一个叫安慰，另外一个叫绝望：
> 善的天使是个男子，丰姿绰约；
> 恶的幽灵是个女人，其貌不扬。

## 第三十二章 你所以爱她，因为晓得我爱她

> 为了促使我早进地狱，那女鬼
> 引诱我的善精灵硬把我抛开，
> 还要把他迷惑，使沦落为妖魅，
> 用肮脏的骄傲追求纯洁的爱。
> 我的天使是否已变成了恶魔，
> 我无法一下子确定，只能猜疑；
> 但两个都把我扔下，互相结合，
> 一个想必进了另一个的地狱。
> 可是这一点我永远无法猜透，
> 除非是恶的天使把善的撵走。

在有关乔伊斯的那一章里，我把乔伊斯笔下的安·哈撒韦和莎士比亚的两个兄弟做爱的场景描绘成一幅"漫画"，她的唯一目的就是永远驾驭莎士比亚。看来我太羞怯了。黑肤女士被指控使用的策略与乔伊斯的发明如出一辙。

在我们最初引述的三角关系的十四行诗第42首中，诗人通过夸大自己作为他的两个朋友之间中介者的角色，勇敢地试图改变一个根本上令人反感的局面。在十四行诗第144首中，他采取相反的立场，把自己描绘成一个接受中介的人，一个受害者，而不是一个建议的提出者。提出建议的是年轻人和黑肤女士。所有的位置都颠倒了。

在所有十四行诗的背后，我们必须想象单一的三角关系，它永远不会以完全相同的方式被解释两次。我们对这个真实的三角关系没有真正的了解，也不了解它可能不时发生的变化。诗人自己对任何事情都不确定。我们所拥有的只是连续不断的印象，

这些印象从来没有给他或我们带来任何永恒的确定性。

十四行诗中看起来"最不像三角关系"的部分,一定与诗人认为自己的嫉妒过于强烈和牵强,以至他的嫉妒完全消失或几乎消失的那些时刻相对应。在另一个极端,背叛似乎是如此确定,三个主要人物必定同时在场。在其他十四行诗中,仍然存在不确定性。

最后一种态度最终是最重要的,并不是因为它在统计上占主导地位——它只在十四行诗第 144 首中才变得完全明确——而是因为如此多的解释最终等于根本没有解释。向一个方向的摆动之后总是跟着向另一个方向的摆动。如在十四行诗第 42 首的最后六行中,预示着不是一次而是两次连续的摆动。它们只是在永不停息的循环运动中暂时中止。所有的解释迟早会以一种"永恒的回归"重现。

隐含或明显地,所有十四行诗都试图解决同一个问题:诗人是双重不忠的受害者吗?这个问题很简单,答案不外乎是"是"或"不是",但事实证明,它是无法回答的。答案完全取决于与诗人最亲近亲密的两个人。一个小小的单词就可以一劳永逸地解决这个问题,但它永远不会到来。诗人日夜不停地研究他的奥秘,但总是徒劳。他的极度敏锐和洞察力非但没有帮助他,反而让所有人和所有事都变得更加不透明。

在这些十四行诗中,谁是爱人,谁是被爱的人?谁是主体,谁是客体?谁是中介者,谁是被中介者?谁是骗子,谁是被骗者?我们不知道。整体上浑然无知。十四行诗第 144 首概括了这种极端的怀疑。第十行是对此的首次承认:"我无法一下子确定,只能猜疑"。然后在倒数第二行,他又承认了自己的怀疑:"可是这一点我永远无法猜透"。如果我们把最后一行理解为一个绝望的玩笑，而不是对发现真理的信念的真实表达，那么这首诗的真正含义就是彻底的怀疑。

在莎士比亚的时代，彻底的怀疑似乎是一个过于"现代"的文学主题。它让我们想起历史上与我们关系更近的作家，如卡夫卡，或者《女囚》(La Prisonnière)的作者普鲁斯特，他们和十四行诗中的诗人一样，都被一种嫉妒所困扰。这和我们在詹姆斯·乔伊斯的作品中发现的嫉妒是一样的。

当然，我们在戏剧中也能找到这种组合，尤其是在《无事生非》《奥瑟罗》中，最重要的是，我们很快就会在《冬天的故事》中看到。它应该被定义为情爱三角关系的解体，其内部差异的崩溃，不仅影响到两个竞争对手，而且影响到他们共同的对象。在十四行诗第144首中，一些明确发生的事情在其他地方只是一个暗示。在黑肤女士的影响下，善良天使变成了恶魔：他也受到了模仿性传染的影响。十四行诗的主要差别被消解了。

所有的关系都变得不可知，这不是由于解释的缺乏，而是由于解释过度。当分歧即将消失，就在它们完全消失之前，它们会疯狂地扩散。受害者成为许多虚幻的恶魔——《仲夏夜之梦》中的"空谈"——的猎物。由此释放出来的差异很微弱，而且都趋于彼此遮蔽。

十四行诗是一个万花筒，包含了所有可能的解释、态度和策略，当一个人陷入支离破碎的三角关系中时，当他徒劳地试图解决自己的困境时，他会赞同这些解释、态度和策略。而这种折磨，反过来，是我们在戏剧中随处可见的一种内省版本，即等级危机和它可怕的双重形象（他们都半是天使，半是恶魔）的扩散。由于这种折磨所引发的狂热的精神活动，以及它所产生的许多相互矛盾的假设，这种瓦解可能正是一个作家需要的，以便在相同的模仿性三角关系上产生不同的调节：莎士比亚式戏剧。

如果我们从戏剧的角度来审视十四行诗，我们总能在一部戏剧中找到某个人物，每首十四行诗都可以用他的名字来命名。在十四行诗第42首中，我们发现，诗人尽一切努力，不仅让自己屈服于痛苦的处境，而且热情地拥抱它。这种态度让人回想起喜剧里的老鸨-绿帽子综合征，所有的角色都因为不明智的自满而招致背叛。潘达洛斯是这种智力诱惑的漫画像。我们不难想象，十四行诗第42首的作者为了进一步扩大他自己的作用，会怎样积极地促成他所极度恐惧的情爱的结合，从而把自己变成克瑞西达的舅舅的完美复制品。

十四行诗第144首是另一个极端。它不是让人想起潘达洛斯，而是让人想起真正的嫉妒。如果我们能确定诗人相信自己被欺骗是合理的，甚至是可信的，我们就会称这种嫉妒是"正常的"。但三角关系的"悲观"版本并不像它的反面一样令人怀疑。如果诗人的嫉妒是没有根据的，那么十四行诗所唤起的不是潘达洛斯，而是克劳狄奥对希罗和亲王的疯狂怀疑，或者奥瑟罗对苔丝狄蒙娜和凯西奥的疯狂怀疑，或者里昂提斯对赫米温妮和波力克希尼斯的疯狂怀疑。

强烈的嫉妒可能是智力上的骚动，由此产生了这样的人物形象，如菲苾、西尔维斯、奥西诺、潘达洛斯、克劳狄奥、奥瑟罗、里昂提斯及其他许多人物形象。我们在十四行诗中所思考的情感和智力图景，可能是莎士比亚在一个充满创造力的时代的思想形象。所有阐释的永恒回归，就像戏剧得以诞生的熔炉。

## 第三十二章  你所以爱她,因为晓得我爱她

乔伊斯在其论莎士比亚的文章中没有提及十四行诗,但它们比任何单一的戏剧作品都更能支持他对剧作家创作过程的构想。正如我们先前指出的,这位伟大的自我观察者确信,他自己的文学天赋与他的摹仿性嫉妒是分不开的。他推测,莎士比亚也一定是这样的。

大量的迹象表明,许多伟大的摹仿欲望的揭示者,在乔伊斯式的意义上,即莎士比亚十四行诗的意义上,都是强迫性的"三角关系"。除了乔伊斯、普鲁斯特和莎士比亚本人,我脑海中立刻浮现的例子都是我过去研究过的:拉辛、莫里哀、陀思妥耶夫斯基和尼采。①

这些伟大作家比我们大多数人对摹仿性传染在人类事务中所起的作用更为敏感,他们似乎有一种倾向,即在他们周围出现的哪怕最微小的迹象,都能引起他们的注意。他们过分夸大自己与最亲近的人之间出现摹仿性波动的风险。因此,他们的日常生活永远受到不确定性和不稳定性的威胁。他们为文学天才所付出的代价,就是精神上缺乏某种平衡。

如果客体离观察者的距离不够远,摹仿性洞见所产生的光可能如此耀眼,以至最轻微的占有欲都会使它完全失明。这个中心盲点意味着,尽管这位专家的摹仿性技能在本质上是有效的,但它对他自己毫无用处,甚至更糟。这个盲点成了他自己悲剧性幻想的根源。

---

① 见勒内·基拉尔,《约伯,他的民众的受害者》(*Job, the Victim of His People*,伦敦:阿斯隆出版社,1987;斯坦福,加州:斯坦福大学出版社,1987),第七章;《陀思妥耶夫斯基:从双重到完整》(*Dostoevsky: du double à l'unité*,巴黎:普隆出版社,1963);《疯狂的策略:尼采和陀思妥耶夫斯基》,见《双重束缚》(*To Double Business Bound*)(巴尔的摩:约翰·霍普金斯大学出版社,1978;伦敦:阿斯隆出版社,1988)。

上述观点在《冬天的故事》中表现得很明确,我们将在接下来的五章中展开讨论。我在本章对十四行诗的简短探索,以及在前一章对《奥瑟罗》的讨论,都可以看作对最后一个重点的准备。《冬天的故事》在很多方面很独特。它比其他任何剧本更公开地涉及最黑暗的欲望。这是剧中主人公最像十四行诗诗人的一部戏剧。病态嫉妒的里昂提斯将这些诗歌中卡夫卡式的不确定性与奥瑟罗毁灭性的嫉妒结合在了一起。

《冬天的故事》还有一个方面是独特的。也许因为它探索了最黑暗的欲望,没有妥协,也没有减弱,它找到了走出迷宫的方法,一个奇妙而神秘的方法,这次不是死亡而是新的生命,一次真正的重生。现在让我们转向莎士比亚所有戏剧中我认为是最深刻、最个人化的表述,它的开场是最阴郁的,但它是第一部有着真正光明和救赎结局的戏剧。

第三十三章

# 诱导您作恶一样

## ——《冬天的故事》(第一幕第二场)

莎士比亚作品中最可怕的嫉妒不是奥瑟罗的嫉妒,而是《冬天的故事》中主人公里昂提斯的嫉妒。没有人在他身边毒害他的思想,而这位西西里国王几乎毁灭了他的整个家庭。他多年的忠实妻子赫米温妮无私地奉献于他;所谓的竞争对手波力克希尼斯,波希米亚国王,是个非常忠诚的朋友。然而在第一幕第二场,我们看到里昂提斯突然变成一头怪兽。与许多批评家所说的相反,这一了不起的场景包含了充分理解这位主人公的嫉妒所需要的一切。

在对里昂提斯和赫米温妮进行了九个月的访问后,波力克希尼斯宣布他必须回家并管理波希米亚的事务。里昂提斯对这一决定深感痛苦,他恳求朋友再多待几天。他是如此迫切地想把波力克希尼斯留在西西里,以至变得语无伦次,突然地,甚至无礼地转向静静地站在他身边的赫米温妮:"你变成结舌了吗,我的王后?你说句话儿。"(第一幕第二场:27)

这个场景中唯一"结舌"的角色就是里昂提斯自己。他知道妻子很有说服力,所以他希望她能主动介入。他依赖她就像依赖他的朋友一样,他觉得生命中两个最重要的人背叛了他。赫米温

妮觉察到他的慌乱,便先设法使他放心:

> 我在想,陛下,等您逼得他发誓
> 决不耽搁的时候再开口。
> 陛下的言辞太冷淡了些。(28—30)

然后,她继续以自己热情友好的方式向波力克希尼斯"游说",而没有失去她的尊严。里昂提斯非常高兴。他再次开口,"说得好,赫米温妮"。当波力克希尼斯很快顺从赫米温妮的请求,决定推迟离开日期时,里昂提斯充满了钦佩和感激:

> 我请他,他却不肯。
> 赫米温妮,我亲爱的,
> 你的三寸舌建了空前的奇功了。(87—89)

赫米温妮问她丈夫,他是否真的是这个意思。他用一种轻松的语气回答说,在另一个场合,她说得和刚才一样好,就是他求婚的那一天,她说"好的"。在那之后,她所做的就是或多或少重复她丈夫刚才所说的:

> 你们瞧,我已经说过两回好话了:
> 一次我永久得到了一位夫君,
> 一次我暂时留住了一位朋友。(106—108)

当赫米温妮说这些话的时候,她把手伸给波力克希尼斯。就在这

## 第三十三章 诱导您作恶一样

一刻,里昂提斯感到强烈的嫉妒之情:

(旁白)
太热了!太热了!
朋友太亲密了,难免有情欲纠葛。
我的心在跳;
可不是因为欢喜——不是欢喜。(108—111)

就像在里昂提斯面前发生的那样,赫米温妮对波力克希尼斯的感情表达并不代表她丈夫现在想要表达的意思。里昂提斯知道这一点,却坚持他那疯狂的新的意念。他突然嫉妒的原因是什么?在他妻子和波力克希尼斯谈话时,里昂提斯已经离开了,因为听不见,他问道:"他有没有答应?"——指波力克希尼斯。在后来的交谈中,赫米温妮把"得到了一位夫君"和"留住了一位朋友"这两个想法联系起来时,她只是借用了里昂提斯的隐喻。

当里昂提斯见他妻子模仿他,他感到害怕。长达九个月,他一直梦想着与波力克希尼斯和赫米温妮建立一种完美的三角关系。他觉得,这两个人之间应该存在同样密切的关系,就像他,里昂提斯,已经分别和他们相处甚欢。在他朋友整个来访期间,他感到自己对妻子有些沉默,而妻子则对朋友有些沉默。他把他们的相互沉默理解为对自己的含蓄指责;也许他因为选择了错误的朋友而被妻子鄙视,或者因为他选择了错误的妻子而被朋友鄙视。

在这一场开始的时候,里昂提斯还在试图让波力克希尼斯与赫米温妮和解,他仍然相信自己是失败的。因此,他对波力克希尼斯宣布离开感到不快,对赫米温妮没有主动表示反对感到恼火。然而突然间,当他听到他妻子附和他的话时,这个极度缺乏安全感的人完全改变了主意。他认为自己通过努力终究是成功了,太成功了。他对自己的影响的估计从一个极端转向了另一个极端。

赫米温妮让波力克希尼斯明白,她的丈夫的朋友多待一会儿对她丈夫来说是多么重要,而不是对她自己,波力克希尼斯答应了她的请求。里昂提斯很清楚地意识到这种对他最微小的愿望的顺从,这种赫米温妮和波力克希尼斯变成他自己的翻版的倾向。

里昂提斯一直利用妻子作为他和另一个男人的中间人。考虑到这一事实,他认为自己是一个摹仿性榜样,与他想要成为的人完全不同,他成了一个无意识的潘达洛斯,将他妻子推到他朋友怀里,将他朋友推到他妻子怀里。

长达九个月,里昂提斯相信,他戴了一顶华丽的绿帽子,只有他一个人不知道。大家肯定都在背后取笑他。当卡密罗拒绝相信赫米温妮的背叛,里昂提斯认为他也必定是阴谋的一部分:"卡密罗是他的同党,给他居间拉拢"(第二幕第一场:46)。国王指责他的大臣坚持在他面前扮演他这个自满的丈夫摹仿性地邀请大臣扮演的角色。

这一切的意义都是由可靠的卡密罗首先阐明的,他是里昂提斯的大臣和知己,最了解他的主人在做什么。他对吃惊的波力克希尼斯说话时,只用一句话便概括了里昂提斯的错觉:

他以为,不,他十分确信地发誓,

## 第三十三章 诱导您作恶一样

确凿得好像他亲眼看见，
或是曾经诱导您作恶一样，
说您已经跟他的娘娘发生暧昧。

（第一幕第二场：414—417，字体强调系本书作者所为）

里昂提斯从未用这么多话表达过，"我自己在妻子和朋友的心中植入了淫乱的欲望"，谨慎的卡密罗将自己的判断说成是试探性的，但绝对不是臆测；里昂提斯在这一场的结尾、赫米温妮在第三幕的开头都充分证实了这一点，在第三幕的开头，赫米温妮为自己辩护，反对她丈夫不公正的指控。

让我们先听一下赫米温妮。她说的完全是真的，充分证明了她的正确性，但也揭示了里昂提斯的嫉妒中的敏锐性，这是批评家们从未意识到的关键点：

您说我跟波力克希尼斯有不端的情事，
我承认我是按照他应得的礼遇，
用合于我的身份的那种情谊来敬爱他；
那种敬爱正是您所命令于我的。
要是我不对他表示殷勤，
我以为那不但违反了您的旨意，
同时对于您那位在孩提时
便那么要好的朋友也未免有失敬意。

（第三幕第二场：61—71，字体强调系本书作者所为）

赫米温妮说，她对波力克希尼斯的情感是真诚的，这种感情也源于她的丈夫；里昂提斯命令她仿效他对儿时伙伴令人钦佩的友谊，她心甘情愿地服从了。与其说她是根据他直接对她说的话来解读这项命令，不如说是迫于波力克希尼斯宣布要离开后他的举动所表现出的那种压力，当时里昂提斯觉得自己被她所谓的冷漠背叛了。

赫米温妮证实，在与波力克希尼斯的关系中，她丈夫确实是她摹仿的榜样。里昂提斯发现了一些真实的东西，但他误解了这个事实，这种关系是完全清白的，压根不是他所想象的。极度摹仿性的里昂提斯让他妻子陷入了古典式的两难境地。无论她做什么，在他眼里都是错的：如果她保持谨慎超然的态度，她似乎是麻木不仁；如果她对波力克希尼斯表示同情，她就会被控通奸。

里昂提斯是摹仿欲望方面的一流专家；他认为自己是那种错误的摹仿性榜样，不仅是对赫米温妮和波力克希尼斯而言，也是对卡密罗而言。他的心态出了问题，但出于更为复杂和微妙的原因，这一心态也能被普遍感知。他不能被当作一个愚蠢的疯子而被忽视。

里昂提斯那段关于感情（affection）的著名独白经常被认为是莎士比亚作品中最晦涩难懂的文本之一，也许可删除"之一"二字。根据我们刚刚发现的东西，这种晦涩消失了：

> 感情！你深入一切事物的中心；
> 你会把不存在的事实变成可能，
> 和梦境互相沟通——

## 第三十三章 诱导您作恶一样

> 怎么会有这种事?
> 你能和伪妄合作,和空虚联络,
> 难道便不会和实体发生关系吗?
> 这种事情已经无忌惮地发生了,
> 我已经看出来了,
> 使我痛心疾首。
>
> (第一幕第二场:138—146)

里昂提斯自然会反思我们穿透他人真实情感的能力,就像普鲁斯特的《追忆逝水年华》中嫉妒的叙述者一样。里昂提斯的陈述看起来有些混乱,但它应该反映一种混乱的精神状态,因此某种混乱的形式具有戏剧性的意义。莎士比亚自己的摹仿性观点在这段引文中得到了忠实的再现,里昂提斯说的每件事从自身的角度来看都是完全连贯的。

有些批评家认为"感情"这个词指的是里昂提斯和他的嫉妒,另一些人则认为这意味着赫米温妮对波力克希尼斯的欲望,或波力克希尼斯对赫米温妮的欲望。从里昂提斯的角度看,这三种欲望相互复制,是相同的。我们必须把这两种解释结合起来,而不是在这两种解释之间做出选择,好像它们是不相容的。"感情"和"感染"(infection)是分不开的;前者的意思是摹仿欲望的所有形式。

在莎士比亚看来,不用说,通过把我们自己的情感投射到别人身上,我们不仅误解了他们,还理解了他们。如《第十二夜》中,奥西诺只是根据自己的想法来讨论奥丽维娅的欲望(见第十三章)。在里昂提斯的言辞中,同样,所有试图抓住其他欲望的投射性质也被认为是理所当然的。如果欲望和空虚联络,如果它不摹仿性地复制自己,那么它所投射的主体形象就没有客体的对应物;我们以为自己了解了一些外界的东西,而实际上我们所掌握的只是幻影。要么欲望不会产生真正的知识,因为它没有模仿性后代;要么它会产生欲望的知识,因为它已经产生了知识的客体。

因此,并非所有的预测都具有欺骗性;如果它们都具有欺骗性,就根本不会有对他人欲望的知识。莎士比亚不承认我们可以方便地区分这两者:一方面,投射的和"主观的"知识总是虚假的,另一方面,"客观的"知识可以是"科学的"和真实的。非主观无意识的概念可以被系统地探索,这使弗洛伊德能够暗中重新引入客观知识。拉康所称的象征界(symbolique)和想象界(imaginaire)之间的神秘区别也是如此。对莎士比亚来说,所有关于欲望的知识都是投射性的。

在这段引文中,我们至少有四个不同的词或隐喻来描述模仿欲望的模仿性知识。第一个是父权形象;第二个是沟通的观念;第三个是一种欲望的主题,这种欲望可能或不能与另一种欲望相互结合,这种想法已经存在于"相互作用的艺术"中了;第四个是与第一个分离但又密切相关的欲望,因为它是由第一个或其始作俑者引起的。所有这些公式把欲望的真正知识建立在知识者对已知事物的有效参与的基础上。上述引文是一段了不起的文字,论及本书研究的主题,即"和伪妄合作"——摹仿欲望及其知识。

如果欲望的共同促进已经发生,里昂提斯的妻子与朋友的爱就像里昂提斯爱他们一样强烈,这"已经无忌惮地发生了":他戴上绿帽,"痛心疾首",这与他"脑子发昏"是同时发生的,他对摹仿的痴迷与日俱增。里昂提斯认为他是赫米温妮对波力克希尼斯感情的父亲，这不无道理。在他设想的两种可能性之间，他做出了正确的选择。然而，当他意识到他通过努力已经取得了成功，赫米温妮和波力克希尼斯已经意气相投，他花了这么多时间来培养这一关系，他的不自信使他感到自己被排除在这一关系之外；他把这种关系变成了某种反对他的联盟，一种通奸的同谋。

像许多现代阐释者一样，里昂提斯因过度怀疑而出错。他妻子对波力克希尼斯的感情深受他的影响，但他误解了。他的不安全感总是让他从自己的立场出发，做出最坏的解释，他那可怕的错误与他那精明的摹仿性洞察力是分不开的。在他需要帮助的时候，他的洞察力非但没有帮助他，反而加速了他的垮台。这就是许多理论家的命运！要知道模仿是否已经发生是足够困难的，但是，即使我们在这一点上猜对了，对于我们所发现的模仿类型，我们仍然可能会猜错。

第三十四章

# 你能和伪妄合作!

——《冬天的故事》中的嫉妒

引文中就感情所定义的两种可能性与我们在莎士比亚戏剧中遇到的两类摹仿性主人公相对应。第一类,涉及一大群主人公——偶尔也有女主人公——他们是"欲望伙伴":凡伦丁、柯拉廷、仲夏夜的四个恋人、奥西诺、特洛伊罗斯及其他人物。通过摹仿性夸口,他们总是设法把自己的欲望传达给别人,从而产生危险的对手,他们太愚蠢了,认不出这是他们自己制造出来的结果。

第二类,人数不多,他们的欲望"和空虚联络",或者几乎如此,如克劳狄奥和奥瑟罗。这些忧郁、内省的主人公非常不信任自己,经常把忠诚的同事和朋友误认为是竞争对手,他们错误地认为,这是由他们对摹仿性认同的过分渴望造成的。通过他们的草率和暴力的对策,他们带来的灾难比他们预期的要严重得多。里昂提斯无疑属于第二类,但他身上有某种东西是第一类人的特征,那就是他与波力克希尼斯的关系。这两位国王是儿时朋友,如同瓦伦丁与普洛丢斯、海丽娜与赫米娅、罗瑟琳与西莉娅。

尽管第一类的所有成员并不都是儿时朋友,但《冬天的故事》之前的所有儿时朋友都是这一类的成员。理由很明显:儿时朋友不断地互相模仿,持续被模仿:他们的欲望只能是"有样学样"。

## 第三十四章 你能和伪妄合作!

没有一个恋爱中的儿时朋友能容忍他的朋友对他所爱女人的冷淡。他尽力激起朋友的欲望,却又谴责朋友试图侵犯自己对该对象的优先权利。我们意识到了这个古老的机制,当我们听到里昂提斯低声威胁那个人——当然是波力克希尼斯——的时候,波力克希尼斯"像骗子在赌钱用的骰子一样不可捉摸"(第一幕第二场:133—134)。

由于里昂提斯自己的行为就像莎士比亚作品中的双重形象一样,他希望波力克希尼斯也能这样做,但波力克希尼斯没有。与所有之前的例子相反,波力克希尼斯和赫米温妮都没有屈服于里昂提斯在他们面前设置的诱惑。从爱到恨的摹仿性转变只是里昂提斯的片面经验,这种片面使它具有欺骗性。

《无事生非》和《奥瑟罗》中毫无道理的嫉妒并没有削弱《冬天的故事》的独特性。在之前的两部戏剧中,怀疑对象不是亲密的朋友,也不是同辈,在最严格的等级制度中,怀疑对象要么是主人公的上级,要么是他的下级:堂·彼德罗是克劳狄奥的上司;凯西奥是奥瑟罗的副将。根据摹仿法则,这种等级上的差异应该产生无伤大雅的摹仿欲望,即外部中介的多样性,事实也的确如此。堂·彼德罗一度想为自己勾引希罗,但他的责任感阻止了他与克劳狄奥进行竞争。同样,凯西奥也不同奥瑟罗竞争。

在这些戏剧中,缺乏事实依据的主人公的嫉妒验证了摹仿法则,但《冬天的故事》另当别论。它的三位主要人物并没有被社会或文化障碍所分隔,这些障碍可能会阻碍内部中介。内部中介的可能性由于里昂提斯的积极干预而增加了。在他表现得像陀思妥耶夫斯基的"永恒的丈夫"九个月之后,他突然转向嫉妒,这一点也不荒谬。在之前所有与童年伙伴有关的剧本中,里昂提斯不会无缘无故地借用潘达洛斯的角色;在三角关系的两个伙伴中,他至少会在一个那里获得"成功",或许在两个那里都能成功。

我们是否应该得出这样的结论:莎士比亚在这部戏剧中放弃了他对摹仿法则的信任,把它改写成一个聪明的疯子偏执的胡言乱语,这暗示着,也许《特洛伊罗斯与克瑞西达》及类似的愤世嫉俗的戏剧都是由这样一个疯子写的?我在《冬天的故事》中看到了自我批评,但这种自我批评表明需要修改而不是拒绝摹仿法则。毕竟,赫米温妮就像她丈夫想象的那样具有摹仿性,但在某种程度上与他想象的大相径庭。

里昂提斯错误地认为,一旦人类之间的社会和文化障碍消除,内部中介就必定接管并破坏它们之间的互动关系。三角关系中唯一能证实这种情况的只有里昂提斯本人。

赫米温妮把对波力克希尼斯的喜爱归功于一种并非惯常意义上的内部中介,因为它仍然纯洁、无辜,尊重所有当事人的权利和义务;然而它也不是外部中介。当里昂提斯的嫉妒之心诞生的那一刻,波力克希尼斯和赫米温妮就像兄妹一样亲密无间。他们的失控极大地增强了里昂提斯的嫉妒。

首先,赫米温妮自己,她良好的判断力,她与生俱来的高贵精神,她对自由的明智利用,都是阻止盲目摹仿带来可怕后果的力量。她身上没有丝毫包法利夫人的气息。她比莎士比亚笔下如朱丽叶和苔丝狄蒙娜这样的女性更令人钦佩,在我们的眼中,这些女性得益于植根于摹仿性倾向的模仿氛围。莎士比亚如此伟大,以至我们倾向于阅读和误读他的想象性创造,就像我们阅读和误读我们周围的人一样。

从后半部分的剧情来看,波力克希尼斯并没有赫米温妮那么出色,但这并不重要。一个男子不必非得是道德上的巨人,才能不去追求他最好的朋友的妻子。他可能想着其他很多事情,而作者不必告诉我们。此外,我们不能忘记,赫米温妮从来没有做过任何事情,导致波力克希尼斯的迷恋。这是她丈夫早些时候愚蠢地怨恨的;他发现她在他亲爱的朋友面前令人难以忍受地缄默不语。

里昂提斯的思想不是一贯有条理的;他没有把摹仿原理错当成因果律。他体谅那种"和空虚联络"的欲望。他一直梦想着现在存在于波力克希尼斯和赫米温妮之间那种非常纯洁的情谊。然而,当他面对它存在的证据时,他却被嫉妒淹没了。

在现实世界的某个地方存在某种真正的纯真的可能性越小,人们就越有可能把它错当成对立面,并试图粉碎它。里昂提斯不仅不认可与他最亲近的人的真实本性,而且,作为他所误解的善的主要受益者,他不可能在不毁灭自己的情况下毁灭善。这种高度智慧的愚蠢甚至比它的罪恶更可怕。

里昂提斯的行为类似于莎士比亚本人长期以来在自己的戏剧里运用摹仿法则的方式,他创作的戏剧几乎完全摒弃了纯真。在涉及儿时朋友的三角关系中,纯真尤其不可能。在后来的《科利奥兰纳斯》中,莎士比亚还提到亲密朋友之间那种摹仿性矛盾心理,仿佛这是一种自然法则。如果我们重读一下奥菲狄乌斯关于这个主题的言辞,可能会让我们更容易理解里昂提斯的思想状态:

刚才还是誓同生死的朋友。
两个人的胸膛里好像只有一颗心,

> 睡眠、饮食、工作、游戏，
> 都是彼此相共，亲爱得分不开来，
> 转瞬之间，为了些微的争执，
> 就会变成不共戴天的仇人。
>
> （第四幕第四场：12—18）

在描写毫无根据的嫉妒的剧本中，《冬天的故事》并不仅仅因为其纯真的童年朋友和纯真的妻子而不同寻常。还有一件事让它与众不同，那就是其中没有一个恶棍。为了评估这一特点的重要性，让我们首先回顾一下堂·约翰在《无事生非》、伊阿古在《奥瑟罗》中的戏剧性作用。

当我们从摹仿性角度来理解这些戏剧中的两个主人公时，很明显，他们的嫉妒和里昂提斯的嫉妒如出一辙；它是自我诱导和自我解释的。从"深层戏剧"来看，堂·约翰和伊阿古是多余的。只有当我们对两部剧的摹仿性起源视而不见时，我们才需要用恶棍来解释主人公的嫉妒。

如果出于某种原因，我们想不出真正的解释，那么恶棍提供了一个略显做作但有用的替代品。从严格意义上说，他们是献祭性工具，因为他们的功能完全取决于替罪羊效应。如果没有外部"动机"为克劳狄奥和奥瑟罗的残忍与犯罪行为提供动力，他们必然会激起人们的愤怒，而恶棍们的恶行则将这种愤怒转向了自身。没有恶棍，观众根本无法认同这些主人公。堂·约翰和伊阿古是各自戏剧的"表层"版本赖以建立的两根支柱。我觉得，"表层戏剧"和"深层戏剧"的区别在于，摹仿性互动在前者是不可见的，而在后者是可见的。

## 第三十四章 你能和伪妄合作！

在《无事生非》和《奥瑟罗》中，恶棍替罪羊所产生的献祭性结构与《威尼斯商人》中夏洛克作为替罪羊所产生的献祭性结构相似。一旦我们开始理解受害者机制，献祭性解释就会减弱，摹仿性解释就会受到威胁。如果我们把对《无事生非》的批评与对《奥瑟罗》的批评进行比较的话，我们可以清楚地看到这一点。尽管克劳狄奥在这两位主人公中犯罪较少，但人们对他比对奥瑟罗更困惑不解；唯一可能的原因是，堂·约翰是个比邪恶的伊阿古单薄得多的恶棍，作为一种祭品，他引起的满足感要低得多。

对《冬天的故事》的批评使得莎士比亚笔下的恶棍角色的戏剧性作用更加明显。传统的批评家总是发现里昂提斯既令人不安又令人难以理解。他们抱怨说，他的嫉妒没有"足够的动机"，他们发现他作为"严肃戏剧"的主人公并不令人满意。事实上，他是一个没有伊阿古的奥瑟罗，是一个没有堂·约翰的克劳狄奥，是在前几部戏剧中仍部分隐藏着的真实的全面揭示。

里昂提斯应该是莎士比亚戏剧中嫉妒的最伟大的象征，但我们可以很好地理解为什么选择了奥瑟罗。当然，他在各个方面都更丰富多彩，但主要原因在其他方面。嫉妒是一种情绪，在某种程度上我们都有同感，它必须通过献祭来减轻。里昂提斯所体现的形象太过鲜明，不能被普遍接受。

戏剧——并非悲剧——的标准形式是英雄与恶棍的二分法；广受欢迎的成功要求这一模式永远重复下去。它所要求的差别化必须以一些邪恶的罪犯为基础，观众津津有味地等待着他们受到惩罚。献祭性替罪羊必须使他们的敌意极端化，从而使这些敌意偏离这位主人公，他其实是同一个双重形象。要与主人公平等互动，恶棍必须足够像主人公，但就恶棍的品质而言，他又必须截

471

然不同。这些矛盾的要求是所有献祭性受害者的特征,从祭祀仪式开始。

在《冬天的故事》中,莎士比亚把所有的预防措施都抛到九霄云外,把表层戏剧下面的道具也搬了出来。整个可怕的真相被揭露出来,作者让里昂提斯破坏了他的童年友谊和他的整个家庭并毁灭了他爱的女人,这让事情变得更加可怕。与他的两位前辈相比,他看起来更像是已经相当黑暗的事物的更黑暗版本。他是莎士比亚所有超级摹仿性人物中最聪明、最抑郁、最具破坏性的一个。

如果对恶棍的压制发生在同一部戏中,这使摹仿性自我毒害的罪恶变得极端,并第一次使两个童年朋友中的一个纯真无辜,那么这绝不是一个简单的巧合。这同时表明莎士比亚正在接受他过去的一些东西,这些东西想要得到公众的关注,但没有完全成功。正如我在有关乔伊斯那一章已经提到的,这两个童年朋友的故事很可能是他自己的,但我们不需要精确的传记性对应,以便在后期戏剧中感受到真实的动态发展,从《哈姆莱特》开始,接着是最初两部传奇剧,并在《冬天的故事》中达到高潮。

我相信,我们可以强化这一假设,如果我们不是像目前所做的那样,只比较三部戏剧,而是加上第四部,《辛白林》,又一部描写毫无根据的嫉妒的戏剧。让我们回顾一下情节:波塞摩斯在娶了辛白林的女儿伊摩琴之后,因违背了她父王的意愿而被迫离开苏格兰。他流亡到了罗马,在那儿,在一些当地花花公子面前,愚蠢地吹嘘苏格兰女性,特别是伊摩琴的优越,使得一个名叫阿埃基摩的年轻人对他美丽的妻子产生了"竞争性"欲望。

最典型、最可笑的是,波塞摩斯为竞争对手写了一封给伊摩琴的介绍信,帮助他达成心愿。阿埃基摩去了苏格兰,然后带着一些非法获得的证据回来,证明伊摩琴被引诱失身了;他对她的身体很了解,这证明他看到了她的裸体,他确实看到了,因为他藏在她卧室的一只箱子里。波塞摩斯马上认定他妻子背叛了他并无可挽救。

在他的郁闷阶段,波塞摩斯是轻率的、欠考虑的、自我挫败的,一如先前大男子主义的吹牛。就像所有超级摹仿性人物一样,他是极端的躁狂抑郁症患者,总是在自大狂的兴奋和彻底的沮丧之间摇摆,从一个极端走到另一个极端,甚至没有时间在常识上停留片刻。

然而,波塞摩斯远远超过了他的前辈:他有一种自我理解和悔过的能力,这预示着里昂提斯的出现。在与岳父的一次会面中,他对自己的老鸨-绿帽子综合征进行了责备,他并没有斯蒂芬·迪达勒斯那么愤世嫉俗,但同样坦然:

> 我是波塞摩斯,
> 我害死了你的女儿;
> 像个恶人一般,我又说了谎;
> 我差遣了一个助恶的爪牙,
> 一个亵渎神圣的窃贼,
> 毁坏了她这座美德的殿堂;
> 是的,她原是美德的化身。

(第五幕第五场:217—221)

通过称阿埃基摩和他自己都是恶棍,波塞摩斯承认自己是摹仿性对手完美的双重形象。恶棍不仅仅是被诱惑的对手，还是摹仿性诱惑者，而诱惑者是更大的恶棍。波塞摩斯讲出了一个真相，不仅针对凡伦丁们、柯拉廷们和特洛伊罗斯们，对克劳狄奥和奥瑟罗也一样。他是莎士比亚笔下第一个谦逊而诚实地公开承认真相的主人公。

波塞摩斯真的恳求观众不要用阿埃基摩这个恶棍作为原谅自己的借口，他是这么一个克劳狄奥，会说："别瞧着堂·约翰，我是那个罪人。"这个新的奥瑟罗声称，"我比伊阿古更应受到谴责"。堂·约翰和伊阿古并不是"助恶"的人，而是被涂上了非常丑陋的色彩，以至他们所谓的受骗者克莱狄奥和奥瑟罗几乎完全摆脱了本应属于自己的罪恶。在《辛白林》中，我们看到这种罪恶感又回到了它的合法拥有者身上——这一过程最终在《冬天的故事》中得以实现。《辛白林》是莎士比亚第三部描写不正当嫉妒的戏剧，在剧中，他间接地谴责了他以往对恶棍形象的使用。他没有像前两部戏剧那样鼓励向替罪羊转移，他不再鼓励这么做。在第四部戏里，他将使这种转移成为不可能。

《辛白林》是一部平庸的剧本，其中一部分可能是弗莱彻（Fletcher）或其他人写的。然而，我确信莎士比亚也参与其中，尤其是在塑造这位名叫波塞摩斯的主人公时，莎士比亚对自己不久的将来太有预见性了，不会不受到影响。这个角色引起了批评家的极大兴趣，因为他在克劳狄奥及奥瑟罗与里昂提斯之间提供了一种明显的"缺失的环节"。《辛白林》的相对失败可能部分是由于它的过渡性质，即介于两大戏剧性模式之间。这部剧由两个戏剧体系组成，从莎士比亚的意义上说，它确实很"怪异"；它仍然有一个恶棍，但这个恶棍如此平淡和"破碎"，以至不再能构成一种有效的戏剧性手段。

《辛白林》对于理解莎士比亚的最终演变是不可或缺的，但并没有显著的效果。好的戏剧需要一个清晰的结构原则；在真正接受《冬天的故事》的"堕落与救赎"模式之前，莎士比亚不得不彻底抛弃旧的替罪羊结构。《辛白林》两者都不是，它试图通过大量夸张的事件来弥补其结构上的犹豫。

在第一部传奇剧中，莎士比亚似乎在与一些他无法完全克服的事情做斗争。如果这是正确的，我之前的概念，即"表层戏剧"作为纯粹的策略手段，作为深思熟虑的计划的结果，并不是完全错误的，但并不完整。即使就戏剧而言，嘲弄式的操控态度从来不像看上去那样透明和能够自控。如果操控者不试图在某些方面欺骗自己，他也不会试图欺骗他人。

第三十五章

# 既不是恶意也不是事件

——《冬天的故事》中的原罪

在《冬天的故事》中,儿时朋友不完全像以前那样"起作用",但也差不多。由于波力克希尼斯在剧中下半部分几乎和上半部分的里昂提斯一样邪恶,不良的互动关系只是推迟了,作为朋友,他们可以扮演惯常的角色,在最坏的情况下,作为享有特殊权益的例证和人际纷争的象征。在通常是莎士比亚作品中必不可少的开场部分,卡密罗提供了友谊的第一个写照:

> 西西里对于波希米亚的情谊,是怎么也不能完全表示出来的,两位陛下从小便在一起受教育;他们彼此间的感情本来非常深切,无怪现在这么要好。自从他们长大之后,地位和政治上的必要使他们不能再在一起,但是他们仍旧交换着礼物、书信和友谊的使节,代替着当面的晤对。虽然隔离,却似乎朝夕相处;远隔重洋,却似乎携手相亲;一在天南,一在地北,却似乎可以互相拥抱。但愿上天继续着他们的友谊!
> 
> (第一幕第一场:21—32)

聪明的卡密罗祈祷这种美好的关系能继续下去,但是他的对

话者,一个名叫阿契达摩斯的小角色,认为不需要神的帮助;友谊应该坚不可摧:

> 我想世间没有什么恶意或事件可以改变他们的心。
>
> (第一幕第一场:33—34)

"恶意"(malice)指的是某个恶棍可以做什么来破坏和谐的关系。"恶意"是指《无事生非》中的堂·约翰和《奥瑟罗》中的伊阿古。"事件"(matter)指的是朋友、兄弟和同事的争吵辩解所依据的所有看似合理的理由:诸如激情、利益、声望、权力的冲突,凡是被认为足以为敌意辩护的因素。

确实,无论是恶意还是事件都不会在这部剧中扮演任何角色。堂·约翰或伊阿古设法瞒过克劳狄奥和奥瑟罗的所有事实,都在里昂提斯面前显著地、不断地展现出来。安提哥纳斯的妻子宝丽娜比以往任何一个代表欺骗和邪恶的恶棍都更不懈地、雄辩地代表真理和正义。里昂提斯身边没有人会有悖常理地奉承他的嫉妒之情;没有人假装和他有同样的错误信念,甚至包括那些胆小的朝臣,他们当然缺乏宝丽娜的勇气,但他们至少保持沉默。

赫米温妮和波力克希尼斯都没有说过什么暧昧的话;他们也没有交换过暧昧的目光。两位国王和睦相处。他们的王国甚至没有共同的边界。谁都不会侵占对方的财产。无论是恶意还是事件都不能为此背锅,然而友谊被摧毁了。作者第一次拒绝为我们饥渴的乐观主义提供献祭性受害者,以保持它对人类内在善良的信念。

我们再也见不到阿契达摩斯了;友谊的突然破裂应该动摇了

他乐观主义的根基,但可能并非如此。没有什么能动摇这种人的根基。这个世界的阿契达摩斯们是出色的反悲剧人物。他们经常面临对他们乐观预言的拒斥。在他们周围,友谊破裂,长期的盟友开战,稳定的关系瓦解,恋人分手,配偶离异,但他们依然泰然自若。他们把每一场新的灾难都看作前所未闻的例外,一个永远不会重演,也不会影响全局的奇迹。他们对彼此说,这是一个违背宇宙自然秩序的事件而已。

无论发生什么,人类冲突的摹仿性真相从未得到承认。如果事情变得太糟,人类会毫不犹豫地编造出隐藏所需要的恶意和事件来。戏剧反映了这种状况,莎士比亚也是如此,至少表面上如此,直到《冬天的故事》。阿契达摩斯的话间接告诫我们,这一次情况将有所不同;面对真相将不会再有妥协。

第一次唤起童年友谊之后不久,在赫米温妮和波力克希尼斯的私下谈话中有了第二次温馨的回忆:

> 我们就像是阳光下欢跃的孪生羔羊,
> 彼此交换着咩咩的叫唤。
> 我们各以一片天真相待,
> 不懂得做恶事,
> 也不曾梦想到世间上会有恶人。

(第一幕第二场:67—71)

一开始是两个童年的朋友,或者更好是两个兄弟,最好是孪生兄弟。他们的差异越小越好,莎士比亚不是将波力克希尼斯和里昂提斯比作普通羔羊，而是将他们与孪生羔羊做比较。然而他们不是双胞胎，甚至不是兄弟；他们的相似之处完全是摹仿性的。当一个人咩咩叫时，另一个人也跟着咩咩叫。就像《仲夏夜之梦》中海丽娜和赫米娅一样，羔羊是一种非冲突性摹仿的隐喻。

童年时代的朋友与任何两个人一样和真正的罪恶相去甚远；他们所做的一切都是用纯真换取纯真。然而，随着他们长大，他们成了贪婪的狼——无论是同时还是先后，这并不重要。即使在这些羔羊身上——特别在他们身上——邪恶的潜力是巨大的，并且与它所源于的纯真完美地持续存在。

这是一直困扰着莎士比亚的一个显而易见的谜。在戏剧生涯的最后时期，莎士比亚重新开始了我们第一次在《维洛那二绅士》中发现的明显轻浮背后的沉思。波力克希尼斯说：

> 要是我们继续过那种生活，
> 要是我们脆弱的心灵从未被激烈的情欲所激动，
> 那么我们可以大胆向上天说，
> 人类所继承下来的罪恶，
> 我们是无分的。
>
> （第一幕第二场：71—75）

羔羊的温顺经常被拿来作为反对原罪观的论据。愤怒的慈善家们抨击这一学说的所谓残暴，他们指出，童年时期的纯真是神学家们的变态的一个惊人证据。莎士比亚并不赞同。

如果孪生的羔羊是人类在纯真道路上所能做的最好的事情，如果毫无意义的冲突总是潜伏在最接近我们所谓完美关系的背后,那么人本质上纯真的观点如何得到辩护呢?在作者看来,羔羊不是对原罪的驳斥,而是对原罪的有力确认。

超越了早期戏剧的恶意和事件,《冬天的故事》让我们直面所有恐怖中的不和谐精神。这一次,对童年朋友的沉思并没有消解在不正当欲望的矛盾中;它直接导向了堕落的教义。赫米温妮善于倾听,理解其中的寓意:

> 照这样说来,
> 你们以后曾经犯过罪了。(75—76)

波力克希尼斯回答道:

> 啊!我圣洁的娘娘!
> 此后我们便受到了诱惑;
> 因为在那些乳臭未干的日子,
> 我妻子还是一个女孩子,您的美妙姿容
> 也还不曾映进我的少年游侣的眼中。(76—80)

在此之前,波力克希尼斯做得很好,但是现在他迷失了:把摹仿性双胞胎的争吵归咎于一个女人是不公平的,因为她只是恰好夹在中间。每当这对摹仿性孪生人物寻求某种暂时的和解时,他们总是以她为代价来实现和解。她是他们共同的替罪羊,但不是真正的解释。

在这一点上,如果我们相信波力克希尼斯仍然代表莎士比亚,我们将是可怜的读者。一个观点出现在作家的作品中,并且在他活着的时候很受欢迎,这并不一定意味着他赞同这个观点。如果我们想知道莎士比亚的真实想法,我们必须等待赫米温妮对波力克希尼斯的回复:

> 您别说下去了!
> 也许您要说
> 您的娘娘跟我都是魔鬼哩。(80—82)

"魔鬼"(diabolos)一词,不是指某种惰性的障碍,而是律法和先知的绊脚石,福音书中的陷阱(skandalon),当我们不断地与这一障碍痛苦地碰撞时,它越来越吸引我们,因为它交织着各种对立的欲望。在我们的剧本中,说明这一现象的人物显然是里昂提斯,后来,则是波力克希尼斯,而不可能是赫米温妮。

在仲夏夜结束时,希波吕忒回答忒修斯时只说了几句话。赫米温妮回答波力克希尼斯时说得更少,但这些话在其语境中是决定性的,就像希波吕忒在《仲夏夜之梦》中所说一样(见第七章)。又一次女人对了,男人错了。在莎士比亚作品中,女人是真理的首选载体。

赫米温妮不是反对《圣经》中关于堕落的观点,而是反对一种严重扭曲了《创世记》文本的解释,这种解释阻碍了其摹仿性意义的呈现。毫无疑问,夏娃是第一个犯罪的,但时间上的优先并不能让她成为真正的原罪。正如她听了蛇的话,亚当也听了夏娃的话。她之于他,犹如蛇之于她:一个摹仿性中介。这俩人成了蛇的延续,他们各自的位置并不会使其中一个比另一个更有罪,或者罪更少。夏娃的欲望和亚当的欲望没有什么不同,就摹仿性而言差不多。

在回答上帝的询问时,亚当把一切都归咎于夏娃;从那时起,他就一直在重复这一指责,不顾《圣经》经文,他非但没有宽恕自己懦弱地逃避责任,反而明显地认为这是对原罪的延续和加重。《圣经》没有理由把夏娃单独列为罪魁祸首。只有从最狭隘的角度来看——亚当永恒的非摹仿视角——夏娃时间上的优先顺序才能让她成为亚当脱罪的牺牲品。从一开始,亚当就试图把一个小问题转变成整个故事的主旨。他这样做是为了掩盖他欲望的真相。我们从他那里继承来的,不仅是欲望,还有随之而来的寻找替罪羊的嗜好。

这是当前知识状况的典型表现。许多当代女权主义者并没有回到《圣经》的源头,用不带偏见的眼光来阅读,而是顺从地接受了亚当对堕落的解释,并将性别歧视归咎于真正为此蒙羞的《创世记》。反女权主义的偏见如此根深蒂固,以至它战胜了女权主义者自身。幸运的是,有一些非常敏锐的读者——我现在正在关注他们卓越的洞察力——在《创世记》的文本中发现了摹仿性解释的可贵模型,确实如此。①

我再说一遍,关于波力克希尼斯和赫米温妮的争论并不是对原罪的攻击,而是对此种解读的一种含蓄的反驳,此种解读抽空了它的真实内容,并将其变成另一种以牺牲女性为代价的替罪羊

---

① 雷蒙德·施瓦格,《必定有替罪羊吗?》(*Must There Be Scapegoats?*,纽约:温斯顿出版社,1987),第 79 页;让-米歇尔·乌格里昂,《欲望之摹仿》(*Un mime nommé désir*,巴黎:格拉塞和法斯奎尔出版社,1982),第 38—44 页;艾丹·卡尔·马修斯,《善恶之知识》,见《致敬勒内·基拉尔》(*To Honor René Girard*,加州,萨拉托加:安马图书馆,1986),第 17—28 页。

方案。这种扭曲既矛盾又可耻地说明了圣经观念是如何转变为它们的对立面的。原罪的真正含义是,人类在模仿欲望和寻找替罪羊方面都同样有罪。虽然莎士比亚没有明确地说出来,但是"孪生羔羊"和他们邪恶的转变不可避免地表明他们自己是比受害者夏娃更好的原罪原型。

在拒绝了波力克希尼斯的观点后,赫米温妮没有提出自己对原罪的看法,但她也不必这么做。波力克希尼斯自己对"孪生羔羊"的强调为她做到了这一点,整部戏剧也是如此。我觉得,每当莎士比亚想起原罪的时候,他脑海里就会浮现童年朋友和兄弟的形象。在《哈姆莱特》中,他提到了《圣经》中的该隐和亚伯:克劳狄斯充分意识到他自己的罪是大罪,"最初的诅咒,杀害兄弟的暴行"(第三幕第三场:37—38)。《冬天的故事》表达了同样的意思。在《创世记》中,该隐和亚伯是亚当和夏娃的后代,这并非偶然。这两个故事概括地说明了整个摹仿性过程。

对原罪的关注和对恶意及事件的拒斥是同一问题的两个方面。但是在罪被承认为《创世记》中所描述的原罪之前,扭曲必须被清除掉,当赫米温妮成为它的受害者的那一刻,她正确地抗议了这种扭曲。赫米温妮不是魔鬼,但她总是被当作魔鬼,先在波力克希尼斯的言辞中,然后在里昂提斯的行为中。波力克希尼斯与赫米温妮的争论是对整部《冬天的故事》的宗教和哲学浓缩,是其精神层面的套层结构。

波力克希尼斯不公平地怪罪女人,不仅预示了里昂提斯对赫米温妮的不公平,也预示了他自己在后半部分对潘狄塔的不公平。里昂提斯和波力克希尼斯很相像;他们同气相求比他们意识到的更多。

多年来,摹仿原则使莎士比亚着迷,因为它是复杂的结构模式和矛盾性反转的源泉。他在喜剧中以惊人的才华和力量对模仿原则加以刻画。后来,渐渐地,在后期的悲剧中,他对摹仿竞争的机制失去了兴趣,越来越关注它的伦理和人性后果,以及这种疯狂所带来的不必要的痛苦。

后期戏剧,尤其是传奇剧,往往围绕着受到不公正迫害的女性展开,通常是一个年轻的和一个年长的,一个女儿和一个母亲。由此,一些批评家为这一主题的存在性共鸣,甚至为某种负罪感提出了很好的理由。与莎士比亚之前的绝大多数女主人公不同,这些受害者没有摹仿性反常行为,却被像波力克希尼斯和里昂提斯这样的超级摹仿者不公正地怀疑。这类人物的第一个很好的例子是《李尔王》中的考狄利娅。

在我看来,把《冬天的故事》当作某种个人忏悔来读,似乎是一个合理的假设。莎士比亚似乎为自己过去对一些与他非常亲近的女人的行为感到后悔,同时又为自己过去对某个他既深爱又极恨的朋友的行为感到后悔。这并不是从传记的角度来看有趣,而是因为它符合早期戏剧和传奇剧的不同视角,尤其是《冬天的故事》。

比较《冬天的故事》与《维洛那二绅士》尤为有趣。根据我们的假设,两剧是同一个故事。我们发现,早期那部剧中已有暗示,凡伦丁至少要对普洛丢斯的恶劣行为负部分责任。但这种行为确实令人憎恶,而在《冬天的故事》中,这只是里昂提斯的想象。此剧中的普洛丢斯,即波力克希尼斯,他没有背叛他的朋友,也没有爱上此剧中的西尔维娅。

## 第三十五章　既不是恶意也不是事件

我们有理由相信,莎士比亚指责自己过度怀疑,这反映在他以前对摹仿法则的无情运用上,反映在他无法塑造无辜的人物,尤其是童年朋友或兄弟上。这一假设并不意味着莎士比亚在《冬天的故事》中必然指控自己与里昂提斯犯了同样的过失;从象征意义上思考恶行的等效就足够了。

我们是否应从这个自我批评的方面,从书中对堕落的强调来得出结论,说写《冬天的故事》时,莎士比亚必定沉浸在一种病态的内疚感中？在我看来,恰恰相反。对于处在里昂提斯境况的人来说,原罪的概念意味着解脱。

原罪并没有把信徒变成罪孽最深重的人;只有骄傲才能做到这一点,它给我们带来了无法想象的负担。原罪甚至超过了笛卡尔的常识,是世界上最为人们共享的东西。相信原罪可能是对抗最危险的诱惑的最好良药,渴望独特性是一种骄傲,它首先将这种独特性描绘为必须赢得的奖品,然后又视之为一种难以忍受的负担,我们极力想把它推卸给别人。对他人的伤害是对自我伤害的一种防御,而骄傲的失败不可避免地会导致自我伤害。

第三十六章
# 向您的影子贡献我的真情
——《冬天的故事》(第五幕第一、二场)

　　《冬天的故事》第一幕第一场可以被命名为"里昂提斯的最后诱惑"。在前三幕的悲剧发生十六年后,波力克希尼斯的儿子弗罗利泽和里昂提斯失散多年、身份未曾被披露的女儿潘狄塔来到西西里。他俩逃避他父亲的愤怒,国王不希望儿子娶一个看起来卑微的牧羊女。在他们与国王里昂提斯的第一次会面中,这两个年轻人声称波力克希尼斯亲自派遣他们作为使节拜见他的老朋友,但真相突然暴露,弗罗利泽请求里昂提斯做他和他父亲的中间人：

　　　　为我说句话吧,再怎么宝贵的东西,
　　　　他都会看作戋戋小物而答应给您的。
　　　　　　　　　　　　(第五幕第一场:221—222)

　　里昂提斯的回答表明他非常喜欢潘狄塔：

　　　　要是他真会这样,那么我要向他要求
　　　　你这位宝贵的姑娘,被他看作戋戋小物的。(223—224)

## 第三十六章 向您的影子贡献我的真情

一向警惕的宝丽娜这时猛地提醒老国王别忘记他死去的妻子:

> 宝丽娜:陛下,您的眼睛里有太多的青春。
> 　　　不到一个月娘娘未死之前,
> 　　　她是更值得您这样注视的。
> 里昂提斯:我这样注视的时候,
> 　　　心里就想起她。(224—228)

里昂提斯没有说谎;他非但没有忘记赫米温妮,反而记得更清楚了。潘狄塔看上去很像她的母亲,弗罗利泽很像他的父亲,整个过去似乎复活了。

弗罗利泽和潘狄塔身上散发出的那种自得的快乐,就像十六年前的波力克希尼斯和赫米温妮一样,当时他们牵着手站在里昂提斯面前,里昂提斯又一次感到嫉妒的痛苦,又一次感到被排除在天堂之外。这对恋人要求一个保护者,但在里昂提斯眼里,他们并不需要,他们似乎神圣般坚不可摧,十分自信。

宝丽娜从里昂提斯眼中看到的光芒反映出弗罗利泽对潘狄塔的渴望,也反映出潘狄塔对弗罗利泽的渴望。里昂提斯再次受到模仿性传染的威胁。这情景再现了一个从未消失的过去,里昂提斯因嫉妒而扭曲的过去。这一次,这对可能的恋人真的渴望对方;他们真的要求里昂提斯做中间人。这种对虚假原型的真实重复,给往日的痴迷蒙上了一层真实性的假象。我们可以很好地理解,为什么里昂提斯又一次受到诱惑,要把这种幸福据为己有,而如果他不能拥有,就要毁掉它。

除非我们察觉到里昂提斯最可怕经历的离奇重复,否则我们将无法理解他为何如此接近第二次跌倒；我们将不会感受到他第一次应得的同情。这个情节的重点不是他的诱惑，而是他最后的胜利，这与他之前的失败形成了鲜明的对照。这一情景多半不是要破坏，而是要加强里昂提斯悔过的可信度。

在这一简短的情节的结尾，里昂提斯再次对弗罗利泽说：

可是我还没有回答你的请求。
我可以去见你的父亲；
只要你的荣誉没有因你的欲望而颠覆，
**我就是它们和你的朋友**。(228—231，字体强调系本书作者所为)

里昂提斯的个人危机已经结束，这对恋人的幸福结局指日可待。所有这些似乎太明显了，不需要进一步讨论。

然而最后一句的措辞很奇怪。里昂提斯没有说，"我就是你的朋友"，而是说"我就是它们的朋友"，"它们"指"你的欲望"。我们是否应该假设这两种表达是等同的，句末的"和你"①是多余的？我们在本书研究中所获知的一切都表明，"朋友""欲望"和"你"这三个词的排列方式，是对情境中摹仿性矛盾心理的有意暗示。如果两种欲望是彼此的朋友，他们会觊觎同样的目标，同一个潘狄塔，而拥有这些欲望的人最终不会成为朋友，而是成为敌人。人们之间的友谊意味着和谐与和平，而他们欲望的友谊意味着嫉妒

---

① 引文中"我就是它们和你的朋友"原文是"I am friend to them and you"，所以"和你"(and you)是在句末。——译注

和战争。直到最后的"和你",里昂提斯的话里暗藏着发生一场新悲剧的可能性。

莎士比亚在《仲夏夜之梦》中再次演示了"取决于朋友的选择"的欲望。"朋友"和"友谊"这些词再一次暗示了摹仿性竞争的险恶性质——当我们的意图最纯粹的时候,它会悄悄靠近我们。我们可以诚实地相信,朋友的利益仍然支配着我们的反应,而事实上,为了这个朋友的欲望,友谊已经被背叛了。

最后一句总结了他短暂的经历。在"我就是它们的朋友"——"它们"即你的欲望——之后,扮演里昂提斯的演员应该稍做停顿,以便发出一声几乎觉察不到的遗憾的叹息;然后,他说"和你",听起来应该像一个突然摆脱了无形负担的人说的话。这种战胜诱惑的胜利当然应该谨慎,但也不能谨慎到仍然觉察不到。

在随后的场景中,我们看到宝丽娜请里昂提斯和他的客人波力克希尼斯、卡密罗、弗罗利泽和潘狄塔,去观赏他们已故妻子、母亲和朋友的一座栩栩如生的雕像。这雕像就是赫米温妮本人,她在宝丽娜家生活了十六年。如此,一件艺术品展示为原始模型本身,而不是它的摹仿性复制品。存在的幻觉似乎就是存在本身。这一场景颠倒了艺术的摹仿性过程。目的何在?为了回答这个问题,我们必须首先提出另一个已经触及的问题:莎士比亚对待艺术的态度问题。

如果莎士比亚能像在《仲夏夜之梦》和《特洛伊罗斯与克瑞西达》中那样粗略地对待戏剧,我们可以期待他对那些他自己没有实践过的艺术也能有一些严厉的态度。审美摹仿与摹仿欲望的同质性统一是绘画的特征,其影响不亚于戏剧,莎士比亚在对摹仿欲望的最早和最直接的描述(《维洛那二绅士》中的普洛丢斯)中已经就其中一些后果做了阐明。

这位主人公对西尔维娅画像的过度渴望,意味着他区分真实女性和复制品的能力下降了;这是一种遍及他整个生命的摹仿性疾病的症状:

> 普洛丢斯:小姐,您既然这样心硬,
> 　　　　就把您卧室里挂着的那幅小像赏给我,
> 　　　　安慰我这一片痴心吧;
> 　　　　我要对它说话,向它叹息流泪;
> 　　　　因为既然您卓越的本人爱着他人,
> 　　　　那么我不过是一个影子,
> 　　　　只好向您的影子贡献我的真情了。
> 朱利娅:(旁白)这画像倘使是一个真人,
> 　　　　你也必定会有一天欺骗她,
> 　　　　使她像我这样变成一个影子。
> 西尔维娅:先生,我很不愿意被你当作偶像,
> 　　　　可是你既然是个虚伪成性的人,
> 　　　　那么让你去崇拜虚伪的影子吧,
> 　　　　明天叫个人来,我把它给你。
>
> 　　　　　　　　　(第四幕第二场:119—131)

从形象崇拜的意义上说,西尔维娅是一个偶像。普洛丢斯把自己变成凡伦丁的影子,在西尔维娅的影子里寻求一种朦胧的满

## 第三十六章　向您的影子贡献我的真情

足。这两个女人——普洛丢斯的初恋,朱利娅,她出场时乔装打扮——的轻蔑反应暗示了性无能,这一暗示与普洛丢斯后来试图强奸西尔维娅并不矛盾。这两种行为都源于极度摹仿性人物典型的躁郁症振荡。

图像和符号从一开始就完全是非实质性的,当它们似乎对人类陷入的摹仿性纠缠负有责任时,它们不会像实体那样令人失望。因此,图像和符号超越它们所代表的客体,具有一种似是而非的优越性。就其本身而言,作为最令人愉悦的事物的女性之美,如此受到模仿性欲望的纵横交错的负面影响,以至对于极度渴望摹仿的人来说,它在本质上似乎是令人沮丧和恶魔般的。由于有了图像,被禁止的物品可以被间接地、替代性地、献祭性地享用。

在《第十二夜》中,当奥丽维娅想要唤起薇奥拉的欲望时,她隆重地撩开面纱,好像她就是一幅画。这个伪自恋的女主人公"本能地"知道图像在她的世界里有着至高无上的力量,她把自己变成了一件虚假的艺术品,薇奥拉的一面镜子,仅仅是这个女人的外表。

当然,这种消极态度并不意味着莎士比亚"不喜欢艺术"。他非常喜欢它,就像对待其他激情一样,他把它看作奴役的一种形式。对我们大多数人来说,艺术不过是一项"有价值的事业",受到热烈而温和的欢迎,有点像生态学和社会正义。艺术和艺术价值在我们的世界上有许多敌人,我们勇敢地拿起武器反对他们,自觉地认为我们所钦佩的伟大艺术家也一定如此。我们相信,如果莎士比亚能看到我们为捍卫他毫无疑问的主张,即我们自己的"更高价值"而进行的伟大斗争,他会感激我们的。

对莎士比亚来说,金融词汇"价值"的现代用法是陌生的,其背后的哲学也是陌生的。四个世纪前,艺术家需要的是辩护者,而不是艺术本身。艺术仍然与文艺复兴时期和现代早期的发现精神密切相关。审美精神与科技发展的精神的分裂尚未发生。

绘画中现实主义的进展,似乎是人类自由创造力得到释放后所能取得的成就的一个例子。这并不完全是我们"进步"的概念,但它已经开始看起来像进步了。一幅画中引人注目的逼真细节可以引起与发明某种巧妙的机械装置同样的兴奋。在贵族赞助者中,对艺术的热爱常常使他们幻想着下一步会发生什么。这是为当今最先进的计算机或超导技术保留的品质。

艺术作品和当下的技术奇迹经常一起展出。我们在《冬天的故事》的最后一个场景中似乎也看到了这一点。在前往假想中的赫米温妮的雕像的路上,里昂提斯穿过宝丽娜的私人画廊,对它的"奇异"之处产生了浓厚的兴趣:

> 我已经浏览过你的收藏,
> 果然有许多奇异之处;
> 可是并没有瞧见我女儿来看的
> 她母亲的雕像。
>
> (第五幕第三场:10—14)

里昂提斯是典型的文艺复兴时期的鉴赏家,对一切新奇而非凡的事物都充满好奇。这当然包括一尊如此逼真的雕像,以至无法与其人体模型区分开来。"奇异"(singularity)一词对艺术作品和精巧的工艺品来说是无所谓的。假定赫米温妮的雕像同时属于这两类，我们可以很好地理解为什么里昂提斯希望在宝丽娜的藏品里找到它。

对我们来说，对逼真（true-to-life）的崇拜比过时（outdated）更糟糕，它是审美性盲目的证明。在过度的现实主义之后，我们转向了另一个极端，我们的旗帜仍然插在那里。毫不夸张地说，一个多世纪以来，艺术的荣耀与它同我们轻蔑地称为"照相现实主义"的背离成正比。古老的对逼真的痴迷已经变成了一种尴尬，我们试图将其作为一种无害的怪癖加以摒弃，这是我们前人审美心理中的一个小缺陷。实际上，这是艺术的一个主要原则；它表明了我们失去的动态的统一，即美学、科学与技术抱负的和谐结合。

艺术的摹仿性定义从古希腊一直统治到十九世纪末，从未受到挑战，但几年后就被推翻了。这场革命如此激烈，以至我们很难看到现代晚期和早期之间有任何连续性。莎士比亚将暗示一种连续性。在我们看来，对逼真的崇拜似乎太屈从于外表，太尊重事物的本来面目。莎士比亚也持负面的看法，但原因几乎与我们截然相反。他认为这是一种骗局的登堂入室，第一次背离了存在，这种存在可以授权给其他许多人。

在《威尼斯商人》中，当巴萨尼奥打开铅匣子，看到了鲍西娅的肖像，他目不转睛地看着：

> 美丽的鲍西娅的副本！
> 谁的神化之笔描画出如此的绝世美人？
> 双眼在转动吗？还是因为我的眼球转动，
> 所以仿佛它们也在随着转动？

> 她微启的双唇,因芳香的气息而张开;
> 唯有这样甘美的气息才能分开这样甜蜜的朋友。
> 画师在描画她的头发时,
> 必定曾经化身为蜘蛛,
> 织下这么一个金丝的发网,
> 来诱捉飞蛾投网的男子们的心。
>
> (第三幕第二场:115—123)

当然,巴萨尼奥是想娶鲍西娅的,因为她的财富和美貌;毫无疑问,成为竞争的对象让她看起来更有吸引力。然而,当他看到她的肖像时,她的威尼斯求婚者就知道竞争结束了。鲍西娅是他的了,我担心,她的魅力马上就减损了。

尽管巴萨尼奥尽职尽责地抗议,认为原版比副本好得多,但他还是被后者吸引住了,以至在长达十五行华丽而冗长的诗句中,他无法回到前者。他似乎不能同时注视她的全部形象,甚至不能注视她的整个肖像,她的整个脸,甚至她的头发,甚至她头发上真实的金丝发网;他把注意力集中在所画人物的脆弱装饰上。与此同时,那个真实的女人站在他身后,无人搭理。一个完美的自我复制品使她变得毫无用处。

这段文字是西尔维娅画像前的普洛丢斯的一个柔和优雅的版本。为了理解巴萨尼奥的审美观照,我们需要一种对自己的审美虔诚的解毒剂:让我们转向帕斯卡尔对艺术爱好者的一种嘲讽的观察,这些艺术爱好者非常欣赏他们所鄙弃的原作的忠实复制品。对我们来说,这似乎是纯粹的庸俗;我们很少注意这个观点,在这种思想的基础上,有帕斯卡尔自己对摹仿欲望的理解,即娱乐。在对逼真的拜物教背后，帕斯卡尔和莎士比亚一样，感觉到一种远离存在的演化，这反映了一场巨大的摹仿性危机的迫近。

文艺复兴时期之前，出于对现实的真正尊重，绘画试图遵从现实。神圣之物超越人类创造，拥有绝对的至高无上，这被认为是理所当然的。随着文艺复兴运动的展开，事情开始改变：重点从复制的现实转移到复制本身。艺术家仍然模仿自然，但竞争精神使他们变得越来越大胆。不久，他们开始希望人类的创造能赶上甚至超越它的模仿对象。

如果我们把莎士比亚的摹仿观推到后期，它将解释过去两个世纪的美学剧变，虽然不像艺术史学家迄今所做的那样谦逊，但更连贯、更有效。在为他们所谓的自然真理而展开竞争之后，艺术家们宣称这个目标无关紧要，他们之间直接展开竞争。与此同时，他们断定，模仿根本不是必不可少的，而是令人憎恶的；害怕重复别人已经做过或将要做的事情的观点，取代了以前害怕模仿不够忠实的观点。然而，对审美风尚和时尚的普遍追求并没有终结，对原创性的普遍探索反而加速并成倍地增加了对时尚的追求；它产生了摹仿性服从的模式，比由直接模仿产生的模式更专制。

拒绝摹仿作为一种理论原则并不真的意味着它在实践中的终结；它取代了模仿，并将其推向地下。现代进程作为一个整体（除了一些局部和精彩的例外），反映了现代社会由外部中介向内部中介的总体转向。

当摹仿从积极的方面转向消极的方面，当它试图避免复制时，它会通过无意识的互动产生越来越多的摹仿。竞争的逻辑破坏了过去的仪式，迫使艺术首先进入歇斯底里的扭曲，然后进入无形和混乱,最后进入绝对的虚无,进入纯粹和简单的自我毁灭。鲍西娅的金丝发网技术上的完美是摹仿性升级的第一次欢呼,这看似矛盾,但逻辑上导致了对存在的现代排斥,甚至导致我们对"指涉物"的讽刺性摒弃。我们不必接受莎士比亚戏剧中摹仿激进主义的所有方面,也能欣赏其预言性的洞察力。

在《冬天的故事》中,就像在《威尼斯商人》中,一种谨慎但明确无误的讽刺气息附着在那个时代艺术的摹仿性现实主义之上。正如里昂提斯是他的朝臣的镜子一样,朝臣也是他们的国王的镜子,和他一样对艺术感兴趣。当他们听说了赫米温妮的新雕像,他们想知道是谁在什么时候雕刻的。他们被告知:

> 那是意大利名师裘里奥·罗曼诺费了几年辛苦新近才完成的作品,那真是巧夺天工,简直就像赫米温妮活过来的模样,他就是她的模仿者;人家说谁只要一见这座雕像,都会向她说话而等着她的回答。

(第五幕第二场:94—110)

在这段引文中,最重要的一个词"模仿者"(ape)就像一根疼痛的拇指那样在主句的末尾突出,微妙地破坏了围绕它的一堆陈词滥调。宫廷生活是对各种形式的一味摹仿的迷恋,在里昂提斯的宫廷里,对我们当代评论家仍然称为摹仿现实主义的崇拜是它的表现之一。

由于这座雕像根本不存在,对裘里奥·罗曼诺(Julio Romano)的提及完全是毫无理由、异想天开的,毫无疑问,这是因为这位时尚的艺术家被誉为逼真艺术的高手。散布谣言的那位先生是宝丽娜的管家,没有她的同意,他是不会这么做的。这个玩笑必定是她的主意;这位高贵的女士取笑了那些依然胆小的势利小人,十六年前,他们让她独自面对嫉妒得发狂的里昂提斯。

## 第三十七章
## 那石头不在责备我比它心肠更硬吗?
——《冬天的故事》(第五幕第三场)

当里昂提斯终于看到了这座雕像,他被它与他妻子惊人的相似吓了一跳。作为深爱妻子的丈夫,他很受感动,但作为鉴赏家,他仍然希望发表意见。他仔细检查了这个让他好奇的奇特石像,得出了一个惊人的发现:

可是宝丽娜,
赫米温妮脸上没有这么多皱纹,
并不像这座雕像一样老啊。

(第五幕第三场:27—29)

据宝丽娜说,雕刻家想把赫米温妮塑造成"她现在的样子"。他对逼真的投入如此之大,以至他把不真实的生活也表现得很逼真。一个不那么复杂的里昂提斯可能已经猜到了,在这一点上,这位好心的女士在开他的玩笑,我们的这位男士却什么也没有怀疑。十六年前,他盲目的愤怒毁了他的妻子,因这份罪过,他拒绝接受自己感官的信息,是可以理解的。然而,他过于固执,他无法不要求更多的解释。莎士比亚谨慎地指出了审美上的势利。

### 第三十七章 那石头不在责备我比它心肠更硬吗？

在时尚的西西里社会，一个聪明的绅士永远不能混淆即使是最完美的复制品与被复制的原作。据一位希腊作家说，希腊的鸟被一幅希腊画——这位画家是逼真作品的超级冠军——上的葡萄完全愚弄了，它们试图吃掉葡萄。谁要像那些鸟？"现代艺术家变得如此优秀，"里昂提斯对自己说，"他们可以愚弄我们所有人；我不会被愚弄；我不相信这个雕像是我的妻子；我坚持这是块石头，我的眼睛认定它不是我的妻子。"在里昂提斯的世界，最大的耻辱已然是被艺术表现带偏。每一代人的这种羞耻感都略有不同，但对我们来说，这种羞耻感仍然存在。

当代知识分子一直在谴责他们的同胞，因为他们确实可悲，但也相当感人地倾向于混淆符号和它所代表的客体。相反的错觉呢？我们习以为常，以至觉得无法想象。仅仅一个符号就变成了真实的存在？即使我们亲眼看到奇迹，我们也会觉得这是可耻的，我们不会相信它。里昂提斯很像我们，所以要警惕一种错觉，即他对另一种错觉毫无抵抗力。在宝丽娜和赫米温妮无伤大雅的诡计中，他是最理想的上当受骗者。

莎士比亚温和地嘲笑西方社会极度的轻信，即对轻信的痴迷。当有疑问时，专家总是选择不相信；这就是他们成为专家的原因。和其他人一样，可怜的里昂提斯也想成为一位专家，因此，在美学和情欲方面，他通过否定自己的感知来寻求安全感。这是我们老故事的一个新变种，老故事包括传闻之爱、选择爱人要依赖他人的眼光。雕像就像"铁石心肠的顽石"，所有的仲夏夜恋人都会本能地被它吸引。在纯粹的喜悦和石头之间，我们小心谨慎地选择了石头。

我们不能因此而看不起里昂提斯。他悔改的态度是毋庸置疑的。赫米温妮在他心中是第一位的：

> 唉！我当初向她求婚的时候，
> 她也这样站着，带着庄严的神情
> 和温暖的生命，如同她现在冷然立着一样。
> 我好惭愧！那石头不在责备我
> 比它心肠更硬吗？（34—38）

里昂提斯变了，变得如此突然，但他性格的次要方面保持不变；他需要更多时间来调整。他的审美时尚感紧抓住他，就像刚救了一个溺水的人，湿衣服贴在他背上——溺水者恰好是他自己；他兴奋得不想换衣服。

如果这一情节无关紧要，那又为什么要表现出来呢？从象征意义上讲，它非常重要。里昂提斯的犹豫再现了他以前对待赫米温妮的摹仿性困境。概括地说，终场重复了整场戏；它以低调的形式(in a minor key)再现了里昂提斯的"悲剧性缺陷"，让我们看到他过去的罪过一劳永逸地消失在我们眼前。

起初，我们作为观众，和主人公一样无知；我们也认为赫米温妮死了。当这座雕像首次亮相时，它看起来像是真正的雕塑，毫无生气。我们发现真相的速度很慢，但没有里昂提斯那么慢。当第一次提到皱纹的时候，情况应该有所改变。我们认出了扮演赫米温妮的女演员，知道了全部真相，但里昂提斯没有。在短暂分享了他的错误之后，我们对此可以理解。我们第一次完全同情这位主人公。

如果处理得当，这部戏的最后一些场景某种意义上甚至会影

## 第三十七章 那石头不在责备我比它心肠更硬吗?

响那些对宗教没有特别兴趣的人,这种意义只能被定义为宗教的,或近乎宗教的。不可抗拒地,复活这个词出现在我们的嘴边。有些人对此感到懊恼;他们注意到没有真正的复活发生,也没有使用宗教语言,他们否认《冬天的故事》的结尾有宗教的成分。

复活效应是宗教狂热者编造出来的,他们总是试图把宗教注入文学? 即使最能接受这一情景的观众也绝不会把它误认为是某种基督教化的皮格马利翁①故事。除非我们出于难以言表的原因武断地反对宗教影响,否则我们将像承认其他任何一种影响一样承认它们。如果以其背后没有明确的宗教话语为由,否认这一点,就等于否认文学中所有的色情效果,除非附有从性学教科书中选取的图片。

里昂提斯战胜诱惑的胜利与宝丽娜设计的舞台情景协调一致。如果摹仿欲望是败坏并最终摧毁真实的魔鬼,那么真正的放弃应该产生相反的结果。一个解脱了的里昂提斯终究应该体验到真正的存在,事实上,他确实体验到了——只是稍微有些延迟。

这种摹仿欲望的失败比起违反某些愚蠢的自然法则是更了不起的奇迹。我们在本书研究中真正了解到的一件事是,一旦这种欲望牢牢地控制了某人,它就不会放弃它的猎物。在第二幕死去并在第五幕复活的角色不是赫米温妮,而是里昂提斯,最后的场景必须从他的立场出发。反观 T. S. 艾略特的用语,我们可以说,赫米温妮表面上的复活是某种最客观、最真实的东西——里昂提斯对自己不良欲望的放弃——的主观对应物(subjective correlative)。当我们意识到这两个方面在主人公的经历中合而为一时,复活效应就产生了。从这个场景中唯一重要的角度,里昂提

---

① 皮格马利翁(Pygmalion),希腊神话中的雕刻师,塞浦路斯国王。——译注

斯的角度来看,"复活"一词当然是恰当的,甚至是不可避免的。我觉得使用这个词并不可耻。

第五幕第一场和第三场彼此形成鲜明对照。作者显然是想让赫米温妮"假"复活,然后再"真"复活。两者的并置显然是有意的,并证实了复活一词的相关性。当然,这两次都不是真正的复活;它们都是里昂提斯生活中一个失散多年的女人意外而又自然的再现,先是他女儿,然后是他妻子。在第一个场景中,当里昂提斯看到潘狄塔时,他猛然想起了他的妻子,她似乎复活了;这种错觉一开始很有说服力,但一旦它引发的诱惑被消除,它就会很快消失。在这一摹仿欲望的幻景中,复活的赫米温妮看上去和里昂提特最后一次见到她时一样年轻,仿佛有某种神奇的永恒力量使这之间的十六年化为乌有。

第二个场景颠覆了第一个场景的错误印象,赫米温妮的身体背负着年代的烙印。这就是为什么她有皱纹。第二次复活是真的,就像第一次复活是假的一样。这是他消除不良欲望的奖赏。这一精神上的真实也是真正的实情。宝丽娜起初由于她主人最后的诱惑非常不安,后来完全放心了,聪明的她断定赫米温妮可以安全地回到她丈夫身边。

赫米温妮的皱纹不应成为误解的根源。里昂提斯在雕像上发现皱纹而感到疑惑,这是可以理解的。我们不应该认为,一旦帷幕落下,他就会梦想着为妻子做一次整容手术,或者为了他自己快速离婚。当然,如今他可能不得不这么做。毕竟,他是个成功人士,身边应该只有无可挑剔的东西。最重要的是,他应该确保他的性对象引起其他男人的嫉妒。

## 第三十七章 那石头不在责备我比它心肠更硬吗？

在我们这个"复杂"的现代世界——这就是媒体常说的，"老鸨-绿帽子"规则已经达到了如此的……摹仿性程度，以至我们把它误认为是一个伦理原则，我们唯一坚不可摧的原则。我想，里昂提斯的文艺复兴世界从一开始就不那么"复杂"，而他的转变进一步"简化"了这个世界。

雕像这一场景是真实与幻觉、存在与非存在之间关系的独特逆转，《冬天的故事》之前，这种关系在莎士比亚作品中一直占主导地位。在所有的喜剧和悲剧中，我们总能发现主要的推动力从即时性（immediacy）转向越来越多的摹仿，越来越形而上的幻觉。最初被认为是真实的东西后来被证明是虚构的；原本以为真实的陈述结果却是虚假的；那些一开始就是虚假的东西则完全消失了。尖锐的差别变得模糊；清晰让位于混乱。和谐的形体互相污染，变成了怪物。名人消失了，然后又以幽灵的形式出现。形式瓦解；差异消解；坚硬的物体液化了，"淹没整个世界"。象征解体；虚无获胜。

有人可能会反对说，在之前的许多戏剧中，结局已经暗示回归现实。这是对的，但是，在我们研究的所有结局中，所谓的逆转最终被证明是表层戏剧的虚构，基于一些献祭性技巧，这一逆转谨慎但有效地被深层戏剧破坏了。等级本身作为集体暴力的结果而被暴露，并名誉扫地。

《冬天的故事》的结局完全是另一回事。这一次存在的胜利是真实的，不再源于献祭性死亡。这场革命的原因是什么呢？先前，我们发现莎士比亚许多令人着迷的主题在这部剧中再次出现，但总是有所不同。里昂提斯的模仿心理学和莎士比亚自己的一样微妙和深刻,然而,当接受测试时,它失败得很惨。在这部戏中,那种受到污名化的偏执的洞察力是作者对自己不宽容心理的谴责?在所有传奇剧中,那些受迫害的女人是他的虚构,还是真实的女人?第一次,他对摹仿性双重人物的思考使作者想到了原罪的概念。这一切是否反映了一种非神秘化立场的非神秘化,一种自我批判,甚至一种忏悔的情绪?

里昂提斯的转变和复活极大地支持了这一假说。根据我们前面的章节,这几乎不可能是毫无根据的捏造;它必定源于这部戏剧以及之前的戏剧的许多方面,这似乎是这些戏剧的内在要求。

莎士比亚是如何从《特洛伊罗斯与克瑞西达》辉煌而绝望的愤世嫉俗转变到《冬天的故事》后半部分所揭示的态度的?在我看来,他的转变并不是美学上的反复无常。它是逐渐形成的,对于像莎士比亚这样强大而有经验的作家来说,它的第一个表述是波塞摩斯①,这听起来很奇怪。然而,波塞摩斯显然预示了对里昂提斯悔过的巧妙处理。

如果我们假设创作者在这些主人公身上投入了大量的自我,那么《冬天的故事》中所有主题的具体差异就完全有意义了,包括我们根本没有探讨的第三幕和第四幕。随着莎士比亚对自己的要求越来越严格,而对他人越来越宽容,对纯真的刻画获得了前两部传奇剧所缺乏的力量。我将《冬天的故事》和它的结局看作对一次创造性经历的间接描述,这是基于作者越来越深刻的认识,即他过去对摹仿欲望患者的过激行为,仍然是由他自身的疾病的毒性所助长的。

---

① 《辛白林》主人公。——译注

## 第三十七章 那石头不在责备我比它心肠更硬吗？

我把《冬天的故事》看作一个长期未实现的目标的成功实现，它不仅可以追溯到头两部传奇剧，还可以追溯到《李尔王》中的考狄利娅，更隐晦地追溯到奥瑟罗的恐怖，追溯到哈姆莱特的献祭式的厌恶，甚至追溯到那些颇具虚无主义色彩的戏剧，如冲突尖锐的《特洛伊罗斯与克瑞西达》，它只能在自我疯狂的否定中被解读，在对任何可以想象得到的救赎的系统消灭中被解读。

作家在作品中的自我投入常被认为是批评家无法企及的；如今，这一观念比以往任何时候都不受欢迎，与文学作为"语言游戏"的流行概念相冲突。在这场战争中，甚至摹仿也被同一群人征召，而这些人原则上否认自己与摹仿有任何关联。我们被告知，作家就是这样的哑剧演员，他们可以假装出一千种从未经历过的心理状态。这无疑是正确的，但这不是全部的真理，部分的真理则会误导人。一个真诚的作家真正想表现的是他自己的心态。

质疑作家参与他的作品的论点从未给我留下很深的印象；以《冬天的故事》为例，那种论点给我的印象比以往任何时候都要少。它们让我想起了雕像前的里昂提斯。我们不想为表面的装饰所欺骗。由于害怕显得幼稚，当代批评家们坚持幻想的假象；他们对艺术的虚假认识蒙蔽了他们的双眼，使他们看不到虚假雕像后面真实的赫米温妮。

我在《冬天的故事》的字里行间读到的精神体验是通过文本演绎出来的。这不是"自传体"的假设，也不是一种"观点"或"信念"，我不会把它毫无理由地归功于一个叫威廉·莎士比亚的人。

一个作家作为模仿性揭示者的伟大不可避免地意味着会在

他的职业生涯的某个时刻,接受双重人物的具体事实,而这种经历只能以他自己为代价,以他的摹仿性自我为沉重代价。为了接受构造其作品的摹仿性意识,他必须发现与他自己的讽刺对象一致的身份;他必须接受在他个人的自我辩护体系中任何最重要的虚构性差异的崩溃。并非理论上,而是从他的切身体会,他必须证实保罗对罗马人所说(2:1):"你这论断人的,无论你是谁,也无可推诿。你在什么事上论断人,就在什么事上定自己的罪。因你这论断人的,自己所行却和别人一样。"①

所有再现人类关系的摹仿性真实的写作都必然源于一种精神体验,这种体验可以直接写成《冬天的故事》中的悔过,也可以隐喻成死亡、疾病或其他个人灾难,并将复活的象征嫁接到这种体验之上。

摹仿的循环不是一个"感觉"、意识形态、宗教信仰的问题;这是一个棘手的人类冲突结构,只有在犹太教和基督教《圣经》中才得到了明确承认。所有伟大的作家都含蓄地承认这一真实,但并非所有人都明确承认。无知、残留的偏见和其他因素都在妨碍人们的认知。

这其实没有什么关系。经验本身总是呈现相同的特征形式,即献祭的形式、"死亡和复活"的模式,但有一种矛盾的反转,因为实体是非献祭性的。不是某种替罪羊的转移,情况恰好相反,主题回到他自己身上,也就是真正的自我批评。

在我对欧洲小说的研究中,我发现所有的重要小说家都有一部关键作品,有时是两部,甚至更多,其结局虽然不尽相同,但都属于同一个容易辨认的群体,因为他们都再现了死亡和复活的模

---

① 《圣经·罗马书》。——译注

## 第三十七章 那石头不在责备我比它心肠更硬吗？

式。这种模式是平庸的，可能没有什么意义，但它也可能与我刚刚定义的体验有关，这种体验对于伟大作品的伟大之处是如此重要，这种体验如此强大，以至创作者不可抗拒地通常会在作品中最适合这一目的的地方，即结尾提到它。在《欺骗、欲望与小说》中，我把这些重要的结局命名为"浪漫的转化"（conversions romanesques）——我恐怕这是一个误人的标签，因为这种现象超越了所有的文学差别，包括文类的差别。①

我将《冬天的故事》的结尾视为莎士比亚作品中创造性转化的第一个例子，也将其视为一个例外，不仅因为它的美丽和它处于作者创作年表的晚期，而且因为它的整体结构的非凡典型性，这种典型性是通过那些似乎完全是莎士比亚独创的方式而获得的。

然而，在大多数小说中，复活的方面被简化为三言两语，莎士比亚则把这种单薄的象征扩展到雕像场景的宏大场面。死亡的情况正好相反，是这种双重结构的另一极。虽然在大多数小说的结尾，死亡是至高无上的，但在此剧的结尾，它被缩减到了绝对的最小值，那就是赫米温妮只是作为一块石头而存在的幻觉，虽然持续时间稍长，但仍然短暂。

如果这些结局真如我所认为的那样，那么死亡在其中，被复活所消解，只应作为一种短暂的支配性观点出现，而这种观点很快就会遭到质疑，成为一种迅速消失的背景。如果没有那些神奇技巧，这似乎是不可能做到的，会从一开始就毁掉整部作品，但莎士比亚在《冬天的故事》中轻而易举地做到了。如果他有意阐述

---

① 勒内·基拉尔，《欺骗、欲望与小说》（巴尔的摩：约翰·霍普金斯大学出版社，1966），第12章。

非献祭性死亡和复活的过程,那他不可能做得更有效了。

尽管这一结局没有明显的宗教内容,但它与基督教福音书中某些复活场景的相似性非常明显,这绝非偶然。耶稣复活以后,无论什么时候显现,他的门徒无法立刻认出他来。抹大拉的马利亚误以为他是一个园丁,在埃玛乌斯的门徒也把他当作一个普通的过客。多马的怀疑是同一主题的变体。这种延迟的认知是什么意思?

问题不在于耶稣,而在于门徒,他们从来没有"足够的转变"。他们的不完美在结构上是特定的,因为他们总是围绕着某种被视为外部现实的障碍旋转,即使它源于个体本身。这个障碍会伴随那些想要改变信仰的人一段时间,在通往更高信仰的道路上,它只是一个微小但顽固的障碍;然后,随着信仰的实现,它消失得无影无踪。因此,转变(conversion)和复活(resurrection)是密切相关的;这一点在《马可福音》中体现得尤为明显,其最初的结尾非常短。

耶稣被钉死在十字架上两天后,圣洁的妇女们想给耶稣一个合适的葬礼。她们在复活节早晨走向坟墓,她们担心那块大石头挡住入口,石头太重,她们推不开。她们来到墓地,石头已经挪开了,坟墓也是空的。(《马可福音》16:1—4)在《冬天的故事》中,雕像的作用类似于这块石头。这是认出赫米温妮的障碍。即使里昂提斯感受到了她双手的温暖,他仍然无法相信她还活着。

石头和雕像是摹仿性绊脚石的象征性物体。尽管不现实,但这一障碍物会造成很大的限制。它源于摹仿性竞争的主体间——个体间——协作,不仅构建了我们个人的心理,还构建了整个人类世界,把我们都禁锢在它的循环模式中。它所产生的暴力是严重限制我们视野的虚假的超越形式的真正起源。如我们所知,偶像崇拜的原则使献祭不可或缺,因为它不仅使我们与上帝隔绝,而且让我们彼此隔绝。

在前往坟地的路上,妇女们已经做好了人类所能做的最好的准备去见她们的主,但是在这种情况下,我们人类最好的准备仍然是不够的;我们的眼睛里总是残留着一些障碍物,让我们永久失明。这就是福音书和《冬天的故事》中迟迟不能确认的含义。

为了让雕像的场景充分发挥作用,在里昂提特眼里,似乎是赫米温妮化身的那块石头不仅意味着她肉体上的死亡,更重要的是,意味着他自己精神上的死亡。莎士比亚让里昂提斯本人在前面引用的那段话的末尾,指出这种象征的双重意义,从而把这一切都讲得很清楚:

……那石头
不在责备我比它心肠更硬吗?

(第五幕第三场:37—38)

在《奥瑟罗》中,同样的背景下,石头亦是精神死亡的象征。当摩尔人要杀死苔丝狄蒙娜,而她对无辜的声明使他第一次怀疑她的罪行时,他感到他的心变成了石头:

欺罔神明的妇人!你叫我心变石头了,
让我把想干的事叫作杀害,
而我原本想的是一种献祭。

(第五幕第二场:63—65)

自从里昂提斯发现妻子是无辜的,以为是他杀了她之后,他就一直有这种感觉。仅用一句话,莎士比亚就把奥瑟罗的认罪变成了献祭的启示。人是一种奇怪的动物,坚持认为他的谋杀是"献祭",好像他在服从某个神的命令。

将献祭揭示为谋杀不仅是奥瑟罗的真相,也是《裘力斯·凯撒》的真相,所有悲剧的真相,献祭文化的终极真相,比以往任何一部戏剧都更充分地体现了《冬天的故事》的真相。莎士比亚所揭示的这一伟大真相在福音书中也能发现。

奥瑟罗不仅了解这个真相,而且把它运用到自己身上,这使他成为里昂提斯的另一个先行者。使我们的心变成石头的,是我们的一个发现,即在某种意义上,我们都是假装献祭者的屠夫。当我们明白这一点时,我们总是设法推到替罪羊身上的障碍物,就成了我们自己的责任,就像克里斯托弗传说①中耶稣自己压在圣徒肩上一样,沉重得无法承受。

只有一件事可以结束这地狱般的折磨,那就是肯定会得到宽恕。这是里昂提斯最终看到赫米温妮活着回到他身边时所得到的。这是莎士比亚作品中第一次出现这样的奇迹;在《李尔王》的结尾,这仍然是极不可能的,但现在第一次实现了。随着雕像从石头变成血肉之躯,里昂提斯的心也一样。

这一结局模式只能是福音书本身,可以解释为刚刚唤起的对障碍物的消解。莎士比亚必定在福音书中认识到,真实的启示,不仅是上帝的启示,也是人类的启示,揭示了摹仿性囚禁对人有怎样的影响。他的天才,以及他除天才之外的东西,使莎士比亚

---

① 克里斯托弗(Christopher),西方宗教传说中的圣徒,曾背负耶稣过河,也是旅行者的守护神。——译注

能够在这个结局中重新获得福音书独有的东西,即他们的复活既非魔幻的,又非自然而然的。我们越仔细探究雕像的场景,就越会想到复活应该是什么,肉体的复活,这与摹仿性偶像崇拜所产生的虚幻世界形成鲜明对照。对耶稣的延迟承认与他复活后身体的可见度较低无关,因为他现在所属的鲜为人知的来世的现实性较低。反之亦然。这种复活太真实了,不可能被摹仿性偶像崇拜的虚假变形所蒙蔽。

在莎士比亚众多的杰作中,《冬天的故事》值得作为最感人的作品放在一个特殊的位置。在这部戏之前,戏剧中并不缺少幽默和激情的迹象,但很少,这似乎证明作者把自己描述为一个面目不清的人、一个无足轻重的人、一个没有地位的人、一个无名小卒、一个小人物、一个"无人"。这就是豪尔赫·路易斯·博尔赫斯在他的散文集《制造者》(*El Hacedor*)中对莎士比亚做了既异想天开又严肃的解释的缘故。他以 *nadie*① 这个词为主题,实际上暗示,作家是以他自己的灵魂为代价购买了他的天才。

与一个名叫"摹仿"(mimesis)的魔鬼签订浮士德式的协议无疑是一个绝妙的主意,但当然,除了莎士比亚惊人的天才及几乎无限的模仿能力之外,没有任何证据可以证明他的个性。在博尔赫斯的文章背后,我读到了同样的恐惧的一种微妙的说法(我们在前几页已经遇到过两次),即西方和现代的极度恐惧,那就是为表面的装饰所欺骗。面目不清的莎士比亚是最后一个摹仿性神话,它是由一位作家创造的,他和乔伊斯一样,对模仿在文学中的真正作用有深刻的理解,但始终没有提出终极问题。

---

① 西班牙语,意为"无人"。——译注

对博尔赫斯最有力的反驳是《冬天的故事》本身,在这部戏剧中,作者的人性闪耀着独一无二的光芒,而且可以肯定,最耀眼的是,在这个关键时刻,在这个剧场里,一种超然的视角第一次悄然打开了。

## 第三十八章

# 他们就会像猫儿舔牛奶似的

## ——《暴风雨》中的自嘲

《暴风雨》是个蛛网,在其中心,普洛斯彼罗或莎士比亚看着自己的创作过程。整部剧处于剧中。在无所不能的魔术师临近终场折断自己的手杖时,我们看到剧作家本人宣布他决定放弃戏剧。

根据目前的观点,上述解释超出了批评家对一部文学作品的合理讨论范围。我们被告知,走得"太远了"。但在我看来,走得还不够远。《暴风雨》中并非只有普洛斯彼罗一人,而是所有人和所有事都暗指莎士比亚的创作过程,从凯利班开始,这是真正理解这部戏剧的主要绊脚石。我们对莎士比亚的虔诚违背了一个显而易见的事实:当莎士比亚创作最后一个怪物时,他主要考虑的是他自己和他自己的戏剧。

普洛斯彼罗在剧中对凯利班的严厉与他早期的仁慈形成了鲜明的对照。这两个人物之间有过一个相互协作的时期。无知的凯利班能为普洛斯彼罗这样有学问的人做些什么呢?他向他的主人介绍这座岛的美丽:

把这岛上一切的富源都指点给你知道,

什么地方是清泉盐井,什么地方是荒地和肥田。

(第一幕第二场:337—338)

在那些日子,凯利班是普洛斯彼罗唯一的伙伴和忠诚的仆人。这段关系类似后来与爱丽尔的关系,但似乎更有感情:

你刚来的时候,
抚拍我,待我好,给我有浆果的水喝,
教给我白天亮着大光的叫什么名字,
晚上亮着小光的叫什么名字……

(第一幕第二场:332—336)

凯利班爱他的岛,而且对小岛非常熟悉,对不了解小岛的人,如普洛斯彼罗,他能教导许多事情,但说不出一句能让人听懂的话。为了回报他的服务,普洛斯彼罗赋予他这位友好的怪物说话的能力。

凯利班和普洛斯彼罗的这种密切合作与剧中实际发生的事情没有任何关系。它只有与过去有关才有意义。但作者显然对这一过去很重视;普洛斯彼罗教导凯利班说话的主题被普洛斯彼罗本人重复和放大了:

可恶的贱奴,
不学一点好,坏事样样都来得!
我看你可怜,辛辛苦苦教你讲话,
每时每刻教导你这样那样。

## 第三十八章 他们就会像猫儿舔牛奶似的

那时你这野鬼连自己说什么也不懂，
只会像一只野东西那样咕噜咕噜；
我教你怎样用说话来表达你的意思。(351—358)

当莎士比亚写下这些句子时，他显然有一些超越字面意义的想法。尽管他身体和道德上都很丑陋，但凯利班是真正的诗人；批评家常常注意到剧中一些最优美的台词是属于凯利班的：

别怕。这岛上充满了种种声音和悦耳的乐曲，
让人听了愉快，不会伤害人。
有时成千的叮叮咚咚的乐器在我耳边鸣响，
有时在我酣睡醒来的时候，
听见了那种歌声，
又使我沉沉睡去……

(第三幕第二场：135—140)

凯利班象征着未受过教育的诗情画意，先于语言的诗歌，这类诗歌是无形的、不道德的，甚至非道德的，因此是危险的，可能应受谴责，然而是真正的诗歌。普洛斯彼罗教导凯利班如何说话，是莎士比亚自己将来自凯利班的仍然是非语言的诗歌灵感转化为实际的诗歌和戏剧。这个怪物代表了一种文学模式，后来的莎士比亚并不赞成它，但承认它在他的职业生涯中发挥了关键作用。

凯利班象征着莎士比亚作品中充满怪物的部分，亦可被视为某种怪异的东西。莎士比亚并不否认自己过去作品的诗性，但在这些作品中发现了一种混乱、痛苦、暴力和道德困惑的原则，他事

后将其斥为"怪异的"(monstrous)。如果我们没有把凯利班误认为十九世纪的怪物,就像弗兰肯斯坦或维克多·雨果笔下巴黎圣母院的驼背怪物卡西莫多①,那这个寓言是易于理解的。我们对神话中怪物的无知使凯利班成了一个畸形人(freak)。

重要的是,在凯利班作为怪物的主要领悟中,凯利班不只是凯利班,还是其他人;他和斯丹法诺融合在一起。两个人挤在某种毯子下面。当醉醺醺的特林鸠罗遇到这个奇怪的群体时,他误以为这是一个怪物,而当他开始对它进行混乱的探究时,他自己也倾向于成为这个怪物的一部分。

与《仲夏夜之梦》有关,我们把神话中的怪物定义为一种生物或其中有部分生物的混合体,在某种献祭性危机达到顶峰时,怪物似乎失去了它们的独特性。这儿的情况正是如此。凯利班既是产物,即神话中的怪物,也是制造它的过程——当然是我们的摹仿性过程。一旦人际关系开始发挥作用,我们就能看到这一点。凯利班对特林鸠罗献上的酒印象深刻,于是请求这位可怜的醉汉做他的神明:

> 那是一位英雄的天神;
> 他还有琼浆玉液。我要向他跪下去。
> ……
> 我要指点给您看这岛上每一处肥沃的地方;
> 我要吻您的脚。请您做我的神明吧!
>
> (第二幕第二场:117—118、148—149)

---

① 分别见玛丽·雪莱(Mary Shelle,1797—1851)的小说《弗兰肯斯坦》(*Frankenstein*)和维克多·雨果的小说《巴黎圣母院》。——译注

## 第三十八章 他们就会像猫儿舔牛奶似的

凯利班的偶像崇拜倾向比他的丑陋外表更重要；前者可以解释后者，反之则不然。凯利班是个怪物，因为他崇拜特林鸠罗，而不是相反。如果我们记得仲夏夜，我们马上就能看到这一点。凯利班谈到特林鸠罗，正如海丽娜谈到赫米娅和狄米特律斯一样。声称海丽娜崇拜这些朋友，因为她是一个可怕的野兽，这将是荒谬的。海丽娜觉得自己像一头可怕的野兽，因为她愚蠢地崇拜人类。

偶像崇拜的欲望并不是一种毫无意义的喜剧色彩，可以在不改变其性质的情况下从剧中删除。如果我们把这个怪物从他的摹仿性危机中分离出来，他作为一个怪物就没有任何意义了。特林鸠罗的酒是三角关系的一个对象，特林鸠罗本人和凯利班占据了三角关系中另外两个角。酒是四个恋人的爱欲对应物，或者是工匠的戏剧扮演的对应物。

当我们选择特林鸠罗作为他的中介者时，凯利班给了他与先前对普洛斯彼罗相同的提议；他想向他的新神展示他美丽的小岛。当摹仿疾病加剧时，它的受害者会越来越快地交换他们的中介者。当这些取代物成倍增加时，它们的不稳定效应就会恶化，从而造成严重混乱，导致怪物的繁殖。凯利班放弃了对普洛斯彼罗的崇拜，如果他不立即转向并不神圣的特林鸠罗，他就应该得到我们的掌声。

当凯利班发现特林鸠罗的不幸时，他明白了自己的错误；当超级摹仿性人物现有偶像的神圣威望崩溃时，他具有所有这些人物特有的洞察力：

> 我真是一个比六头蠢驴合起来还蠢的蠢货！

> 竟会把这种醉汉当作神明,
> 
> 向这种蠢材叩头膜拜!
> 
> （第五幕第一场:295—297）

我们不能由此得出结论,凯利班已经真正吸取了教训,他永远不会重新陷入偶像崇拜。凯利班体现了盲目性和洞察力的矛盾结合,这是冲突性摹仿的较低层次的特征。有时他看起来如此愚蠢,我们不由得怀疑他的人性;在其他时候,他似乎比剧中的任何人都聪明。

就像《裘力斯·凯撒》中的凯歇斯,凯利班争取斯丹法诺和特林鸠罗作为同谋反对普洛斯彼罗,即他之前的神明和现在的魔鬼。这个阴谋就是我们先前看到的那个趴在毯子下面的三头怪物。在《裘力斯·凯撒》中,我们还记得,勃鲁托斯说过这个阴谋的"怪异面目";凯利班证实了那段话中"怪异"一词的准技术意义。当可怕的幻觉在摹仿性危机的高潮成为常态时,阴谋就开始萌芽了,在这个时候,欲望如此强烈,以至变得残忍,对手替代的现象也开始发生。简言之,凯利班是整个怪异理论的集大成者。

为了引诱他的攻击者离开,普洛斯彼罗让爱丽尔在路上放置"华丽的衣服"。凯利班的同伙被这些服装所吸引,以至忘记了他们最初的目标。只有凯利班仍然对普洛斯彼罗耿耿于怀,并苦涩地嘲笑同伙的无能。由于普洛斯彼罗无所不能的法力与对手的可怜和软弱,这一幕几无悬念。它的目的更具说教性而非戏剧性。它说明了两种不同的情况:一方面,两个水手仍然有着面向对象的欲望,表面上的消费主义属于摹仿性过程的高级阶段;另一方面,凯利班阴险而深刻的专一性,是极度欲望的特征,此时激

## 第三十八章 他们就会像猫儿舔牛奶似的

烈摧毁既是障碍又是榜样的东西成了唯一的目标,是执着追求的目标。这一切都在一片喧嚣中结束,猎狗集体追捕阴谋者,这显然暗示一致的受害者,从而导致某种等级危机。整个摹仿性过程被象征性地表现出来。

这一表现是如此精简,以至整体效果与其说是真正戏剧性的,不如说是寓言性的,不同于他早期成熟的伟大戏剧,如《仲夏夜之梦》《裘力斯·凯撒》和《特洛伊罗斯与克瑞西达》。然而,这一过程的所有主要方面都被如此清晰地勾勒出来,并不会被误解。

凯利班说明了摹仿的强化和瓦解的螺旋式下降,我们发现,这一点在喜剧不断增长的摹仿极端主义中也得到了反映。在本书第一部分,我们发现,按时间顺序考察,所有剧作的简介都类似于凯利班所象征的急速下降的螺旋状。在乔伊斯之后,我们得出结论,这一轨迹必定反映了作者本人的审美和存在体验。我相信,莎士比亚在把凯利班和他自己的创作过程联系起来时,也证实了这一点。这种联系在戏剧结尾普洛斯彼罗的著名声明中最明显:"这个坏东西(凯利班)我必须承认是属于我的。"(第五幕第一场:275—276)这句话表明,凯利班对作者的影响,尽管可能令人遗憾,仍然太大,不能完全超越,至少在审美方面。

当莎士比亚创造凯利班的时候,他还沉浸在《冬天的故事》的自我批评的情绪中。但重新审视该"岛"过去的历史将使我们相信,为了减轻自责的严重性,他提出了情有可原的境况。当普洛斯彼罗到达岛上时,爱丽尔及凯利班已在那里了,但是被囚禁在一棵松树里,所以新来者不能立即遇见他。岛上原先的统治者,

邪恶的女巫西考拉克斯,凯利班的母亲,对爱丽尔进行惩罚,因为他拒绝服从她的命令:

> 你是个太柔善的精灵,
> 不能奉行她粗暴、邪恶的命令,
> 违拗了她的意志,暴怒中,
> 她借着强有力的妖役的帮助,
> 把你囚禁在一株坼裂的松树中;
> 在那松树的裂缝里,
> 你挨过了十二年痛苦的岁月……
>
> (第一幕第二场:272—279)

爱丽尔代表了后来莎士比亚想要用以取代凯利班的那种更优雅、更有道德、更高尚的文学模式。正如所有批评家所指出的,《暴风雨》在一些文学"技巧"方面与早期戏剧明显不同。这是莎士比亚的一个成熟的剧本,严格符合亚里士多德所谓时间、地点和行动的"整一"。这可能是爱丽尔与凯利班形成对照的一个重要方面,但还有其他更重要的方面。

西考拉克斯在普洛斯彼罗到来之前就死了,但爱丽尔仍然被囚禁在松树里,凯利班是此地事实上的主人,女巫的幽灵仍然主导了一段时间。我认为,这意味着在他的作品中,凯利班式的因素——现在被作者痛斥——至少一定程度上源于他开始写作时英国舞台的可悲状态。普洛斯彼罗应该为自己对凯利班的过分溺爱而受到指责,但在某种程度上,他是恶劣环境的受害者。

《暴风雨》不是永恒的"艺术家肖像",而是莎士比亚作品的动态"历史",它分为两个时期,一个以凯利班为代表,另一个以爱丽尔为代表。当普洛斯彼罗第一次任命凯利班做他的助手时,爱丽尔受到很大的压制;当爱丽尔为了取代凯利班而被释放时,轮到凯利班被压制了。凯利班保留了一定的行动自由,而且他现在受到的监禁没有爱丽尔以前那么残酷。然而,象征性的是,他的监狱更加严密,由坚硬的岩石而不是更柔嫩的松木建成。我想,在后来的莎士比亚看来,这反映了凯利班所代表的威胁的严重性,无论在道德上还是在美学上。

我们不能确切地说凯利班和爱丽尔之间的界线应该划在哪里,也不应这样做,因为,尽管这两个精灵在原则上是不相容的,但实际上是共存的。在爱丽尔被囚禁期间,他那可怜的呻吟"传遍了全岛";我认为这意味着,即使被压抑和虐待,良善的精灵已经存在于凯利班所启发的作品中。反之亦然:无疑,凯利班在莎士比亚的作品中无处不在,因为他在我们可以肯定归于爱丽尔的作品——《暴风雨》本身——中扮演了重要角色。

凯利班的某些内涵让我想起了亚瑟·兰波①的《地狱一季》(*A Season in Hell*)。一个诗人回想他的过去,并没有完全否定它,而是看到了一些真正地狱般的东西。另一个诱人的参考是尼采的酒神。其相似之处在于神话和现实因素的混合,以及我们在凯利班和酒神身上发现的"原始"和"颓废"的内涵。

而爱丽尔,相反有一种宁静、高贵、有序的东西,使人想起尼采关于阿波罗日神的思想。我把写《暴风雨》的莎士比亚看作尼采的反面,他警告他的公众提防凯利班/酒神的黑暗吸引力——在现代献祭性危机的虚无主义迷乱的背后,隐藏着无差别的暴力

---

① 亚瑟·兰波(Arthur Rimbaud,1854—1891),法国诗人。——译注

和神秘的变形。

爱丽尔和凯利班都想要自由,但目的不同。作为一个天生的奴隶,凯利班渴望自由,却又把它浪费在更多的中介者身上。我认为,莎士比亚由此表明,他发现自己的文学生涯受到的限制越来越难以忍受。爱丽尔渴望真正的自由,渴望摆脱一切模仿性奴役。以爱丽尔为象征的革命让人想起里昂提斯的转变。如果说《暴风雨》续写了《冬天的故事》留下的其创作者的故事,这将是一种简化,但这是一种有益的简化,因为它有助于把这两部剧作联系起来。

普洛斯彼罗从凯利班到爱丽尔的转变并没有使他成为里昂提斯意义上的"皈依者"。我们可以称他为"改革者",但我们必须立即说明,他的改革程度没有他想象的那么高。他真诚地爱着女儿,但他自负、自以为是、独裁,而且言行极富戏剧性。所有这些特征都指向他过去的某件事情,一次他无法忘记的他犯下的不法行为。

莎士比亚创作《暴风雨》,并不是事后对里昂提斯转变的"真实性"进行诋毁,而是为他自己的反讽搭建舞台。关键的场景是普洛斯彼罗向米兰达解释,为什么他,作为合法的公爵,米兰的绝对统治者,会被遗弃在一个孤岛上,身边只有女儿。他的死敌是他的弟弟安东尼奥。两兄弟当然是很好的朋友,但是当普洛斯彼罗愚蠢地邀请安东尼奥暂时代替他执掌权力时,他们的友谊结束了。这个恶棍接受了他的新角色,如鱼得水:

像一个说谎的人相信自己的欺骗一样,

## 第三十八章 他们就会像猫儿舔牛奶似的

他俨然以为自己便是一个不折不扣的公爵。
处于代理者的位置上,却铺张着外表的庄严:
他的野心于是逐渐旺盛起来——
你在不在听我?……
作为代理公爵和所代理的公爵,
还有一重屏障,他希望撤除屏障,
使自己成为米兰大权独揽的主人。

(第一幕第二场:102—109)

如果普洛斯彼罗有意把一个潜在的对手变成一个真正的对手,他不可能比自己做得更机敏了:

我这样遗弃了俗务,
……
谁知这样引起了我那恶弟的毒心。
我给予他无限大的信托,
正像善良的父母生出刁顽的儿女一样,
得到的酬报
只是他的同样无限大的欺诈。(89—97)

普洛斯彼罗任性地激起了这种兄弟般的对自己公爵身份的欲望。尽管如此,他还是把自己描绘成一个天真的受害者,一个只对书本感兴趣的理想主义者,完全与他激情地分析的激情格格不入。

我们的长期经验让我们立刻认出了又一个超级摹仿性主人

公,一个更加痴迷的瓦伦丁,在他面前晃着的是一个公国,而不是一个女人。然而他一旦失去它,就急切地想把它弄回来。这幅画面里的一切都既滑稽又真实。他的夸夸其谈暴露了这个人:"世上真有这样奸恶的兄弟!……告诉我那算不算得是一个好兄弟!"(第一幕第二场:67—68,117—118)真的吗?莎士比亚还描绘过什么样的兄弟情谊?两者之间一定有比普洛斯彼罗愿意承认的更多的对称。

一个冷酷无情的实干家和荒岛上一个无能为力的知识分子之间有什么对称呢?当然是所有复仇心切的双重人物的那种对称。一个人的武器库中有真正的武器,而另一个人只是说说而已,这两者之间并没有根本的差别。言辞可能比枪支更具杀伤力,而普洛斯彼罗是一个言说的人——对米兰达言说,对公众言说,言说中充满了复仇。由于普洛斯彼罗和女儿独自在岛上,她的赞成票相当于普遍的掌声。这是又一位李尔王,是个典型的文学家。

普洛斯彼罗随意开启和关闭,但不会造成丝毫伤害的这场暴风雨是什么呢?就像维克多·雨果说的,这是一场"脑海中的风暴"——普洛斯彼罗自己的风暴,一部纯粹想象的作品,是我们正在观看的戏剧。这场暴风雨只有一种效果:它把普洛斯彼罗的所有敌人都置于他的强力之下,在他的岛上,在这个不存在的文学创作的世界里。他所有的愿望都得以实现。这是每个作家都可以随意做的事情——把他的敌人变成自己小说中的人物,他可以根据自己的想法来对待他们。普洛斯彼罗的复仇的想象性质在戏剧的最后变得清楚,但缺乏一个结局。安东尼奥从不在他兄长面前卑怯;普洛斯彼罗的文学式复仇化为乌有。

## 第三十八章　他们就会像猫儿舔牛奶似的

大多数作家写作是为了满足他们一生都在谴责的欲望。他们在世俗上的无能使他们有了无可挑剔的美德。戏剧是虚构的战场,剧作家在这里赢得了"现实生活"所不能提供的复仇之战。

普洛斯彼罗超越真实人类的力量与他的文学力量并不相称。当普洛斯彼罗看到腓迪南和米兰达相爱时,他惊叹道,这很"有效",意味着他的魔力起了作用。普洛斯彼罗认为自己是这一爱情的唯一工程师,就像他的剧本里的其他的一切;当然,他是如此,但只是在他的剧本范围内。与米兰达和腓迪南这样真实的人相比,普洛斯彼罗是一个无能的老人。

我们可以从他笨拙但感人的手段中看到这一点,他试图使米兰达免受一个善变的情人的伤害。看到他们一见钟情,这位模仿性专家很担心:

>他们已经彼此情丝互缚了,
>但是这样顺利的事儿,
>我需要给他们一点障碍。

(第一幕第二场:451—453)

由于米兰达太天真,无法给腓迪南什么教训,她父亲便像往常一样亲自掌控。在此剧的大部分时间里,腓迪南将在这位未来岳父的"痛苦禁令下"去搬运大堆原木。

在这奇怪的折磨背后,我们作为摹仿性专家,认识到普洛斯彼罗思想的偏移。他知道,要增强新生的欲望,不可逾越的障碍很重要——当然是摹仿性障碍。在没有障碍的情况下,必须找到替代品,普洛斯彼罗想到了搬运原木。当我们听到这对恋人用凯利班要求特林鸠罗成为他的神明的同一种语言交谈时,我们怀疑这种方法是否能治愈不忠,但作为一个父亲该怎么做?

第一幕第一场的"暴风雨"不是自然现象,而是船上一场荒谬的权力之争,而这艘船本应因暴风雨而沉没。在任何时候,特别是在紧急情况下,这艘船的指挥权都应该掌握在可靠者手中,但在这艘特殊的船上,所有合法的权力都被不守规矩的乘客破坏了,他们都是贵族,包括一位公爵和一个国王。这两群人没有各自为政,而是在暗中摹仿性地争夺对这个小小国度的统治地位,结果,船只下沉越来越快。随着这两个阶层在一场双重人物的争斗中瓦解,灾难降临,而他们有序的合作本可以阻止这场灾难的发生。

这又是一次"等级魔咒",一场极度无差别化的献祭性危机,这是所有莎士比亚戏剧中无一例外的背景。这是人类自身的暴风雨。要触发这场危机,不需要气象性质的暴风雨;普洛斯彼罗的魔法是无关紧要的。

这场暴风雨仅仅发生在普洛斯彼罗的想象中,像我们最初提出的那样,还是发生在现实世界中,像我们现在认为的那样?这部戏的天才之处在于两个答案同时为真。鉴于莎士比亚的摹仿性循环的假设,普洛斯彼罗的想象力可以是一切,可以是虚无,或几乎一无所有,只是时不时有些轻微的夸张。一个大作家的创造并不一定要与现实世界吻合,因为两者本质上是一样的。作家的"魔力"是由与现实世界相同的物质构成的,而现实世界总能提供继续其不那么快乐的摹仿过程所需的东西。尽管他可能歇斯底里,但这位超级摹仿性作家看到了一些真实存在的东西,一些更

## 第三十八章 他们就会像猫儿舔牛奶似的

老练的观察者从未察觉到的东西。

普洛斯彼罗的弟弟安东尼奥就是一个很好的例子,他甚至比普洛斯彼罗所描绘的还要糟糕。第二幕第一场,我们看到他和西巴斯辛密谋杀害在他们面前睡着的两个人:西巴斯辛的哥哥,即那不勒斯国王阿隆佐,以及大臣贡柴罗:

> 西巴斯辛:我记得
> 　　你曾经篡夺过你哥哥普洛斯彼罗的位置。
> 安东尼奥:是的;
> 　　你瞧我穿着这身衣服多么称身;
> 　　比从前神气多了! 本来我哥哥的仆人
> 　　和我地位相同,现在他们在我手下了。
> 　　……
> 　　这儿躺着你的兄长,
> 　　跟身下的泥土也不差多少,
> 　　假如他真像现在这个样子,跟死了一般;
> 　　我用这柄称心如意的剑,刺进三吋——
> 　　就可以叫他永远安静;而你照我的样子,
> 　　也可以叫这个老头子,
> 　　这位老成持重的老臣,从此长眠不醒,
> 　　再也不会来咬咬指责我们。
> 　　至于其他人,只要用好处引诱他们,
> 　　就会像猫儿舔牛奶似的流连不去;
> 　　假如我们说黄昏,
> 　　他们也不敢说这是早晨。

西巴斯辛：好朋友，我要以你为榜样；

如同你得到米兰一样，

我也要得到我的那不勒斯。

(第二幕第一场：270—292)

像所有摹仿性成瘾者一样，安东尼奥也在四处传播他的福音，试图向西巴斯辛灌输普洛斯彼罗曾灌输给他的欲望的更罪恶的版本。他想让西巴斯辛成为那不勒斯的统治者，就像他自己成为米兰的统治者一样。就镜像和套层的摹仿性诡计而言，我们对这一情景如此熟悉，所以我把分析的乐趣留给读者。

《暴风雨》包含所有莎士比亚的经典的主题；摹仿性诱惑、献祭性危机、摹仿性竞争的神秘话语、怪异的双重人物等，但是它们彼此之间缺乏联系，也没有真正的戏剧性。它们更像是之前戏剧的系列暗示，是自我戏仿的精美小品。

通过暗示他自己属于他的戏剧经常阐明的摹仿性关系系统，莎士比亚削弱了他的视野的认识论基础，但也可以说没有削弱。让观察者置身其中是为了使画面更完整。我们发现，随着每一部传奇剧的问世，作者自身参与其中的问题变得越来越迫切，而在《暴风雨》中，这个问题是最迫切的。莎士比亚总是能察觉到欲望的循环，但在喜剧和悲剧中，他主要在外部世界看到欲望，把它看作其他人的特征，他所创造的人物的特征。当这种循环向他逼近时，他也许会用麦克白的话说："把毒药投入酒杯里的人，结果也会自己饮鸩而死，这就是一丝不爽的报应。"(第一幕第七场：10—12)

然而，在这种情况下，循环的结束是一种虔诚的愿望，普洛斯

## 第三十八章 他们就会像猫儿舔牛奶似的

彼罗唯一真正的胜利,是他对自己的胜利。如同先前的里昂提斯,普洛斯彼罗或莎士比亚最终克服了他的复仇欲望:

> 虽然他们给我这样大的迫害,
> 使我痛心切齿,但是我宁愿压服我的愤恨,
> 而听从我的更高尚的理性;
> 道德的行动较之仇恨的行动可贵得多。
> 要是他们已经悔过,我唯一的目的
> 也到达终点,不再对他们有什么怨恨。
>
> (第五幕第一场:25—30)

让我们短暂回到普洛斯彼罗与米兰达的那个独特场面(第一幕第二场)。尽管这位了不起的魔术师多次警告、插话,要求专心听讲,他还是不能强迫他的女儿集中注意力:"听好……你在不在听我?……你没有在听!……听好。……你在听吗?……你再听我讲下去……你静静地坐着,听我讲完。"米兰达试图感受普洛斯彼罗的痴迷,并回馈给他,但她感到越来越困,昏昏欲睡。她急于表现出感兴趣的样子,想到什么就脱口而出。她并不想让她亲爱的父亲难堪,但她未能如愿;她的问题揭示了他故事中的一些漏洞:

> 米兰达:为什么那时他们不杀害我们呢?
> 普洛斯彼罗:问得不错,孩子;
> 　　　　　　谁听了我的故事都会发生这个疑问。
>
> (第一幕第二场:138—140)

普洛斯彼罗的理由再平常不过：他的臣民非常爱他，篡夺者不敢把他处死。我们在《哈姆莱特》中听到过这种论调。如果普洛斯彼罗真的像他声称的那样受爱戴，为什么没有人站出来保护他呢？

尽管普洛斯彼罗做了巨大努力，但他甚至不能迷住一个忠实听众。在天气发生变化的瞬间，米兰达轻轻地、安静地睡着了。莎士比亚可能讽刺性地自嘲——"兄弟之间和朋友之间的这种嫌隙已变得如此反复，"他自忖道，"这让年轻人感到厌烦而麻木不仁。时代变了；人们需要的是新奇，而不是这种老年激情的常年不变的编年史。第一排有个漂亮女孩，第一幕结束前就睡着了。这是我自找的。我为什么还要再写一个戏呢？"

如果莎士比亚自己最终觉得受够了，那他的批评家怎样呢？要么我的研究多年前就显然够了，要么永远不够。我本可以聪明地结束这一研究，换一种方式，用莎士比亚式的得体的句式，大家都会看出并欣赏的，比如"简洁是智慧的灵魂"。想要优雅地离开已经太迟了，但莎士比亚不是那种会让朋友陷入困境的作家；他在向我招手；他已经为我的事业提供了最合适的结果，即我所做研究的必然结局。米兰达因摹仿欲望睡着了！面对这样一个启示，本书的研究也就无须再多写一行了。

Originally published in France as:
*Shakespeare: Les feux de l'envie* by René Girard
© Grasset & Fasquelle, 1990
Current Chinese translation rights arranged through Divas International, Paris 巴黎迪法国际.
Simplified Chinese translation copyright © 2021 by NJUP
All rights reserved.

江苏省版权局著作权合同登记　图字：10-2018-547号

**图书在版编目(CIP)数据**

莎士比亚：欲望之火／（法）勒内·基拉尔著；唐建清译. —南京：南京大学出版社，2021.7(2022.2重印)
ISBN 978-7-305-23716-4

Ⅰ.①莎… Ⅱ.①勒… ②唐… Ⅲ.①莎士比亚(Shakespeare，William 1564-1616)—戏剧文学—文学研究 Ⅳ.①I561.073

中国版本图书馆CIP数据核字(2020)第155164号

| 出版发行 | 南京大学出版社 | | |
|---|---|---|---|
| 社　　址 | 南京市汉口路22号 | 邮　编 | 210093 |
| 出版人 | 金鑫荣 | | |

| 书　　名 | 莎士比亚：欲望之火 |
|---|---|
| 著　　者 | 〔法〕勒内·基拉尔 |
| 译　　者 | 唐建清 |
| 责任编辑 | 甘欢欢 |
| 照　　排 | 南京紫藤制版印务中心 |
| 印　　刷 | 南京玉河印刷厂 |
| 开　　本 | 880×1230　1/32　印张17.125　字数370千 |
| 版　　次 | 2021年7月第1版　2022年2月第2次印刷 |
| ISBN | 978-7-305-23716-4 |
| 定　　价 | 90.00元 |

网　　址　http://www.njupco.com
官方微博　http://weibo.com/njupco
官方微信　njupress
销售咨询　025-83594756

＊ 版权所有，侵权必究
＊ 凡购买南大版图书，如有印装质量问题，请与所购图书销售部门联系调换